Benner / Meyer / Peng / Li

Beiträge zum chinesisch-deutschen Didaktik-Dialog

In Erinnerung an
Wolfgang Klafki (1927-2016)
Qilong Li
gewidmet.

Dietrich Benner
Hilbert Meyer
Zhengmei Peng
Zhengtao Li
(Hrsg.)

Beiträge zum chinesisch-deutschen Didaktik-Dialog

Verlag Julius Klinkhardt
Bad Heilbrunn • 2018

Dieser Titel wurde in das Programm des Verlages mittels eines Peer-Review-Verfahrens aufgenommen. Für weitere Informationen siehe www.klinkhardt.de.

Bibliografische Information der Deutschen Nationalbibliothek
Die Deutsche Nationalbibliothek verzeichnet diese Publikation in der Deutschen Nationalbibliografie; detaillierte bibliografische Daten sind im Internet abrufbar über http://dnb.d-nb.de.

Kalligraphie Umschlagseite 1: © Die Titel-Vignette ist konzipiert von Li Qilong, Shanghai, und gezeichnet von dem bekannten Shanghaier Kalligraphen Fanbo Meng. Die Übersetzung der acht Schriftzeichen lautet: „Lehren mit guter Methode" – „fleißiges Lernen" – „hartes Üben".

Druck und Bindung: AZ Druck und Datentechnik, Kempten.
Printed in Germany 2018.
Gedruckt auf chlorfrei gebleichtem alterungsbeständigem Papier.

ISBN 978-3-7815-2238-1

Inhalt

Teil III: Vergleichende allgemein- und fachdidaktische Forschung

Teil IV: Unterrichtsqualität

Teil V: Lehrerbildung

Vorwort für die deutschsprachigen Leserinnen und Leser

Der chinesisch-deutsche Didaktik-Dialog hat sich in den letzten Jahren vertieft. Das ist auch daran abzulesen, dass viele Beiträge in diesem Band von einem chinesisch-deutschen Autorenteam geschrieben worden sind. Es gibt heute eine ganze Reihe fest etablierter wissenschaftlicher Kooperationen und gemeinsamer Forschungsprojekte, von denen einige in diesem Band vorgestellt werden. Die Intensivierung des Dialogs ist an Forschungsaufenthalten und umfangreichen Vortragstätigkeiten deutscher Didaktikerinnen und Didaktiker in China, an vielen Promotionsvorhaben chinesischer Nachwuchswissenschaftler an deutschen Universitäten, an Übersetzungen deutschsprachiger Didaktiklehrbücher ins Chinesische und nicht zuletzt an einer Serie von Konferenzen zum *Chinesisch-Deutschen Didaktik-Dialog* abzulesen, die seit 2013 an der East China Normal University in Shanghai, an der Carl von Ossietzky Universität in Oldenburg und an der Christian-Albrechts-Universität zu Kiel durchgeführt worden sind.
Der Austausch zwischen China und Deutschland ist intensiv, aber unausgewogen. Es gibt ein starkes chinesisches Interesse an deutschsprachiger Didaktik, insbesondere an deren bildungstheoretischer Tradition. Demgegenüber ist auf deutscher Seite der Kenntnisstand zur aktuellen chinesischen Didaktik – vorsichtig formuliert – ausbaufähig, obwohl es auch in China einen hoch spannenden und perspektivenreichen Didaktikdiskurs gibt, von dem wir lernen können. Es existieren nur zwei oder drei deutschsprachige Aufsatzsammlungen zur Schulentwicklung und zur Lehrerbildung in China, in denen aber die Allgemeine Didaktik nicht thematisiert wird. Wir wollen versuchen, diese Lücke durch die Herausgabe dieses Bandes zu schließen. Der Grundstock seiner Beiträge stammt aus den Vorträgen, die chinesische und deutsche Didaktiker auf den bisher 4 Konferenzen zum *Chinesisch-Deutschen Didaktik-Dialog* gehalten haben. Er wird ergänzt durch neu für diesen Band verfasste Texte.
Zwischen den chinesischen und den deutschen Didaktik-Diskursen lassen sich sowohl *Gemeinsamkeiten* als auch *Unterschiede* ausmachen:

- Didaktik bedarf – wie jede andere Disziplin auch – einer historischen Vergewisserung. Deshalb beginnt der Band mit einer exemplarischen Aufarbeitung ihrer problemgeschichtlichen Grundlagen (siehe die Beiträge von Benner; Peng & Gu).
- In beiden Staaten ist der Didaktikbegriff – anders als im englischsprachigen Raum – seit langem bekannt: im deutschsprachigen Raum seit den Zeiten des Johann Amos Comenius, in China seit gut hundert Jahren, als deutsche Didaktik in der Tradition der Herbartianer in China rezipiert wurde (siehe Deng).

- Eine Wahlverwandtschaft besteht darin, dass in Deutschland zwischen Erziehung und Bildung unterschieden und in konfuzianischen Traditionen das Lehren und Lernen mit „Selbstkultivierung" verknüpft wird (siehe die Beiträge von Benner und Peng & Gu).
- Ein deutlicher Unterschied besteht darin, dass in China intensiv über das Verhältnis von Curriculum und Didaktik diskutiert wird, wobei Curriculum zumeist aus der US-amerikanischen Forschungstradition heraus definiert wird, während die an Didaktik interessierten chinesischen Wissenschaftler sich gern der deutschen Bildungstradition vergewissern, aber einen eigenständigen dritten Weg zu entwickeln suchen, auf dem sie inzwischen deutliche Fortschritte gemacht haben (siehe die Beiträge von Li & Li, Zheng & M. Meyer und Lan Ye).
- Die chinesische Didaktikdiskussion ist ähnlich wie die deutschsprachige hoch ausdifferenziert. Es gibt viele unterschiedliche Strömungen, die hier und dort auch die eigenen theoretischen und empirischen Grundlagen radikal in Frage stellen – z.B. in China in der Diskussionen über den „sowjetischen Schatten" und den „verschimmelten Käse" (siehe Deng; Zheng & M. Meyer).
- Die deutschsprachige Allgemeine Didaktik befindet sich seit gut dreißig Jahren in einer zunächst kaum bemerkten, heute aber deutlich zu erkennenden Krise, deren Ende nicht abzusehen ist und deren Überwindung davon abhängig sein dürfte, dass es zu neuen Kooperationen zwischen Allgemeiner Didaktik, Fachdidaktiken und empirischer Unterrichts- und Bildungsforschung kommt. Das wird im Beitrag von Terhart erläutert. In China ist dies anders. Hier ist Allgemeine Didaktik immer noch die Leitdisziplin für die Mehrzahl der Fachdidaktiken, auch wenn ähnlich wie im deutschsprachigen Raum die Fachdidaktiken stärker werden und Schritt für Schritt eine eigenständige theoretische Grundlegung aufbauen und selber empirische Forschung betreiben (siehe die Beiträge von Zheng, Wang & Lin; von Tao Peng und von Neubrand & Xu).
- Chinesische und deutsche Kataloge für Unterrichtsqualität zeigen viele Gemeinsamkeiten, auch wenn in beiden Nationen darum gerungen wird, wie die den Katalogen zugrunde liegende Unterrichtstheorie gestaltet werden soll (siehe Yang & Wang; Meyer & Ye). Eine chinesische Besonderheit besteht allerdings darin, dass in allen Didaktikmodellen eine Prozesstheorie des Lehrens und Lernens entwickelt wird (vgl. Li & Li), während in den klassischen westdeutschen Modellen, z.B. bei Klafki oder Heimann, Otto & Schulz, eine solche Prozesstheorie fehlt.
- Die Art und Weise, in der in China eine systematisch angelegte Lehrerweiterbildung betrieben wird, überzeugt durch Umfang und Tiefe (siehe den Beitrag von Huang). Auch hier können wir von China lernen.

Didaktik ist auf interdisziplinäre Zusammenarbeit angewiesen. Das sieht man auch in diesem Band. Es gibt vielfältige Bezüge zu wissenschaftstheoretischen Grundlagen, zur Geschichte, zur empirischen Lehr-Lernforschung und zur Professionalisierungsforschung. Deshalb liegt hier einer der Schwerpunkte dieses Bandes (siehe die Beiträge von Benner; Peng & Gu; Brinkmann; Grammes, Zhang & Zhu; Praetorius u.a.; Yang & Wang; Huang).

Der chinesisch-deutsche Didaktik-Dialog ist eingebettet in weltweit ähnlich diskutierte theoretische und schulpraktische Fragestellungen. Die im Folgenden aufgeführten *drei Trends* werden dabei immer wieder genannt: „Vom Lehren zum Lernen“; „Vom Frontalunterricht zum individualisierenden Unterricht“; „Von der Stoffvermittlung zum kompetenzorientierten Unterricht“. Die Sinnhaftigkeit dieser Trends kann im Blick auf den aktuellen Zustand des Unterrichts mit empirischen Forschungsergebnissen plausibel gemacht werden. Aber im Lichte der didaktischen Theorietradition sind sie zu Recht umstritten:

- Der Perspektivwechsel vom gelenkten Lehren zum mehr oder weniger selbstregulierten Lernen wird im deutschsprachigen Raum in verschiedenen Traditionen der Reformpädagogik gefordert und durch die global aufgestellte Konstruktivistische Didaktik vorangetrieben. Aber wenn der Blick nicht wieder zum Lehren zurückgeführt wird, greift die Umorientierung zu kurz.
- Die Vorstellung, man könne das gesamte Unterrichtsangebot einer Schule von der direkten Instruktion auf individualisierende und kooperative Unterrichtsformen umstellen, ist illusionär.
- „Outcome-based education“ ist weltweit angesagt. Stoffpläne sind out, kompetenzorientierte Lernaufgaben sind in. Das ist nicht falsch, aber doch zu kurz gegriffen: Es gibt keine Kompetenz ohne Inhaltsbezug und Wissensanteile! Deshalb bleibt die Orientierung am Fächerkanon und an den Fachdidaktiken auch in kompetenzorientierten Curricula unverzichtbar.

Die Idee, den gesamten Unterricht im Sinne der genannten drei Trends umzuorganisieren, unterläuft den in China und Deutschland erreichten Stand der allgemein- und fachdidaktischen Theoriebildung. Um dies in Erinnerung zu rufen, sind grundlagentheoretische Analysen unverzichtbar. Dies wird in mehreren Beiträgen dieses Bandes versucht (siehe Benner; Peng & Gu; Li & Li; Terhart; Brinkmann).

Wir bewegen uns in einem umfassenden *Globalisierungsprozess*, der von komplex miteinander verbundenen ökonomischen, politischen und technologischen Triebkräften vorangetrieben wird. Die Didaktik hat so gut wie keine Einflussmöglichkeiten auf diesen Prozess, aber sie muss sich dazu verhalten. Eine Möglichkeit einer fachlichen Stellungnahme könnte darin liegen, in der Didaktisierung von

Lernprozessen ein unverzichtbares Element der Globalisierung selbst zu erkennen (so Zheng & M. Meyer, in diesem Band). Die Didaktik könnte die Grundlagen für eine reflektierende Auseinandersetzung mit Globalisierungsphänomenen und -sachverhalten erarbeiten: Was in modernen Gesellschaften nicht von selbst gelernt und nicht im praktischen Leben eingeübt werden kann, ist auf didaktisch strukturierte Lehr-Lernprozesse angewiesen, in denen durch Unterricht die Voraussetzungen dafür geschaffen werden, dass Grundlagen und Traditionszusammenhänge der modernen Welt, die sich im Leben nicht von selbst erschließen, in Schulen reflexiv vermittelt werden. Was besagt das für die Theoriebildung?
Didaktik lebt von einer Vielfalt lokaler, regionaler und nationaler theoretischer Entwürfe und praktischer Versuche, die auf globale Entwicklungen antworten. Das bedeutet *nicht*, dass wir eine *Eine-Welt-Didaktik* konstruieren sollten. Wir hätten nicht viel davon, wenn alles auf einen globalen gemeinsamen Nenner gebracht würde, der dann ja immer nur der kleinste gemeinsame Nenner wäre und kaum innovative Kraft entfalten würde, sondern blutleer und inhaltsarm von den konkreten Entwicklungsproblemen und Traditionen der einzelnen Gesellschaften abstrahieren müsste. Was wir brauchen, sind internationale didaktische Diskurse, die uns helfen, die blinden Flecken unseres didaktischen Denkens und Handelns zu erkennen, aber auch am Fremden das Eigene neu zu begreifen und in Wechselwirkung mit ihm neue Erfahrungen zu machen. Dazu möchte dieser Band, der zeitnah zur deutschen Ausgabe auch in chinesischer Übersetzung erscheinen wird, einen Beitrag leisten.

Die Herausgeber dedizieren den Band *Wolfgang Klafki* und *Qilong Li*, die beide Grundlegendes zur Didaktik ihres Landes und zum chinesisch-deutschen Didaktik-Dialog beigesteuert haben. Wolfgang Klafki hat die Didaktik der Reformpädagogik, die Geisteswissenschaftliche Pädagogik und die Problemstellungen der Kritischen Theorie zusammengeführt und seine Überlegungen auf Vortragsreisen in China vorgetragen und zur Diskussion gestellt. Qilong Li hat Deutschland oftmals besucht. Er wird in China als einer der besten Kenner der deutschsprachigen Pädagogik und Erziehungswissenschaft angesehen. Auf ihn geht eine umfassende Neuübersetzung der Schriften Johann F. Herbarts und einiger weltbürgerlicher Abhandlungen von Immanuel Kant ins Chinesische zurück, welche die chinesische Herbart-Rezeption und Kant-Interpretation von Fehldeutungen befreit und Herbart als einen modernen Pädagogen lesbar gemacht hat, der den Begriff der Erziehung aus seiner eigenen Logik heraus entwickelte. Wolfgang Klafki und Qilong Li haben sich persönlich gekannt und geschätzt. Von daher ist es legitim zu sagen: Der aktuelle chinesisch-deutsche Didaktik Dialog ist von beiden entscheidend geprägt worden.
Der chinesisch-deutsche Didaktik-Dialog stellt eine große Bereicherung unserer wissenschaftlichen Arbeit dar. Viele dauerhafte Kooperationen und persönliche

Freundschaften sind entstanden. Dafür sind wir dankbar. Wir hoffen, dass der Dialog in Zukunft noch mehr Früchte tragen und sich zu einem Modell für den internationalen Austausch zu Erziehungs- und Bildungsfragen im Zeitalter der Globalisierung entwickeln wird.

Im Februar 2017,

Zhengmei Peng, East China Normal University
Zhengtao Li, East China Normal University
Dietrich Benner, Humboldt Universität zu Berlin
Hilbert Meyer, Carl von Ossietzky Universität Oldenburg

P.S.: In China wird erst der Nach-, dann der Vorname gesetzt. In diesem Band weichen wir davon ab und orientieren uns an der in Europa üblichen Reihenfolge.

Teil I: Problemgeschichtliche Grundlagen

Zhengmei Peng und Juan Gu

Die Unaufhörlichkeit des Lernens. Über Zusammenhänge von Lernen und Lehren im Konfuzianismus[1]

Mit einer Bildungstradition von mehr als *5000* Jahren verfügt China über eine eigentümliche Lern- und Lehrkultur, die sich von der westlichen deutlich unterscheidet, aber auch Berührungspunkte und Anschlussmöglichkeiten kennt. Von den für China grundlegenden Hauptkulturen des *Konfuzianismus*, *Taoismus* und *Legalismus*[2] betont der Taoismus, dass das Lernen dem Weg (Tao) der Natur folgt und dass die Orientierung an einem natürlich vorgegebenen Weg nach einem Abbau von und Verzicht auf Subjektivität verlangt, der am Ende auf eine Abschaffung jeglicher Erziehung zielt. Der Legalismus erkennt in der Orientierung an gesetzlichen Regeln das Zentrum aller Bildungsinhalte und weist den staatlichen Beamten die Rolle von Lehrenden zu. Sein Verständnis von Erziehung tendiert dazu, pädagogisches Handeln als Ausübung staatlicher Herrschaft zu definieren. Einzig der Konfuzianismus respektiert die Notwendigkeit eines lehrenden Lehrers und nur er betont auf politischer Ebene das Erfordernis einer Bildung des Volkes. In diesem Beitrag werden die von Konfuzius (vermutlich 551-479 v. Chr.) sowie von seinen Schülern Mong Dsi (vermutlich 479-381 v. Chr.) und Hsün-Tzu (etwa 298-220 v. Chr.) entwickelten Vorstellungen vom Lehren und Lernen in der hier gebotenen Kürze dargestellt und interpretiert (Abschnitte 1 bis 3). In den Abschnitten 4 und 5 werden im Anschluss an den Neokonfuzianer Zhu Xi (1130-1200 n. Chr.) Gemeinsamkeiten und Unterschiede der drei Positionen analysiert und gefragt, ob sich das Verhältnis von Lehren und Lernen dialektisch deuten lässt. In Abschnitt 6 folgen einige wenige Anmerkungen zur Wirkungsgeschichte des Konfuzianismus bis in die heutige Zeit.

---

1 Originalbeitrag für diesen Band, in deutscher Sprache verfasst von Zhengmei Peng & Juan Gu; die Fußnoten sind von den Herausgebern ergänzt.

2 Eine Einführung in die philosophischen Grundlagen des Konfuzianismus, Legalismus und Taoismus bringt Wolfgang Bauer (2001).

1 Konfuzius' Ideen zum Lernen und Lehren: Einführung in die unendliche Dialektik von Lernen und Üben

Konfuzius ist der Begründer mehrerer sich auf ihn berufender Geistesrichtungen und Schulen. In einer politisch wirren Zeit geboren, verspürte er eine Berufung, die Welt zu ordnen und zu befrieden. Nachdem seine Versuche, in dem im Nordosten Chinas liegenden Fürstenstaat LU die Riten der Zhou-Dynastie wiederherzustellen und eine humane Politik zu begründen, keinen Zuspruch fanden, fing Konfuzius an, mit seinen Schülern mehrere Staaten des damaligen Chinas zu bereisen, um die in diesen herrschenden Fürsten von seinen Reformideen und Konzepten zu überzeugen. Obwohl er überall auf Ablehnung stieß und während 14 Jahren keine Erfolge erzielen konnte, versuchte er unermüdlich weiter zu arbeiten und Neues zu lernen. Hieran erinnern der Eigenname Konfuzius (= Meister Kong) und der Ehrentitel „Heiligster Meister des Altertums". Seine Gedanken über Lernen und Lehren und die auf ihn zurückgehenden bzw. auf ihn verweisenden literarischen Dokumente[3] bilden nicht nur das Zentrum der Kultur des alten China, sondern weisen die chinesische Kultur bis heute als eine Lern- und Bildungskultur aus.

Erziehung im klassischen Verständnis zielt darauf, einen „Edlen" mit konfuzianischen Tugenden auszubilden. Dies soll durch eine Vertiefung des Lernenden in den konfuzianischen Kanon erreicht werden. Er enthält fünf dem Konfuzius zugeschriebene Werke:

- das *Buch der Wandlungen* (Yijing: eine Sammlung von Strichzeichen[4] und Sprüchen),
- das *Buch der Lieder (*Shijing: eine Sammlung chinesischer Lieder und Gedichte),
- das *Buch der Urkunden* (Shujing: eine Sammlung und Kommentierung von Gesetzen und Erlassen),
- das *Buch der Riten, Sitten und Gebräuche* (Li Gi: Riten für den Umgang mit dem König und der eigenen Familie)
- und das *Buch der Frühlings- und Herbstannalen* (Chunqiu: eine Chronik der Ereignisse in Konfuzius' Heimatstaat Lu).

---

3 Die Quellenlage zu Konfuzius' Schriften ist unübersichtlich und hoch komplex; dies betrifft auch die Klärung der Autorenschaften der ihm zugeschriebenen Texte, die circa 100 Jahre später von seinen Anhängern aufgeschrieben wurden (vgl. Roetz, 2006, S. 23).

4 Strichzeichen sind die frühestens Formen der chinesischen Schrift, die von Orakelpriestern auf Knochen aufgeschrieben wurden (vgl. Bauer, 2001, S. 39).

Diese Texte werden als die *Fünf Klassiker* bezeichnet, die eine bleibende Bedeutung haben und in China über die Zeit und den Raum ihrer Entstehung hinaus als gültig erachtet werden. Jeder der fünf Texte hat eine ihm zugeschriebene Erziehungs- und Bildungsfunktion:

- Das *Buch der Wandlungen* erzieht zum inneren Frieden und Verstand.
- Das *Buch der Lieder* erzieht zu Sanftmut und Toleranz.
- Das *Buch der Urkunden* erzieht zur richtigen Einsicht und Weitsicht.
- Das *Buch der Riten, Sitten und Gebräuche* erzieht zu Hochachtung und Ehrfurcht.[5]
- Die *Frühlings- und Herbstannalen* erziehen zur Einübung in das Erzählen der Geschichte.

Die *Fünf Klassiker* stehen auch für verschiedene Ausformungen des menschlichen Interesses: das Buch der Wandlungen für das Interesse an Metaphysik, das Buch der Lieder für das Interesse an Ästhetik, das Buch der Urkunden für jenes an Politik, das der Riten für das Interesse an Gesellschaft, die Frühlings- und Herbstannalen für das Interesse an Geschichte. Die *Fünf Klassiker* machen deutlich, dass in China Philosophie, Dichtung, Lieder und Musik sowie Geschichte, Gesellschaft und Politik eine Einheit bilden und so etwas wie sechs liberale Künste darstellen. Der Konfuzianismus fördert damit ein allseitiges Lernen, während Themen der Berufsbildung eher in den Hintergrund treten (vgl. Hu, 2007, S. 177).

Die bekannteste Quelle für die Erarbeitung der konfuzianischen Vorstellungen vom Lehren und Lernen findet sich in den erst 500 Jahre nach dem Tod des Konfuzius aufgeschriebenen *Gesprächen* (Lún-yǔ), die auch als *Analekten* bezeichnet werden und aus Zitaten und Gesprächen des Meisters mit seinen Schülern bestehen.[6]

Eine Neuordnung der Schriften des Konfuzius erfolgte fünfzehnhundert Jahre später durch den Neokonfuzianer Zhu Xi (s.o.). Seine Zusammenfassung heißt bis heute die *Vier Bücher*. Wichtig für unsere Analyse der konfuzianistischen[7] Lehr- und Lernvorstellungen sind dabei das erste und das dritte der *Vier Bücher*: *Das Große Lernen* und das *Buch von Maß und Mitte* (siehe Abschnitt 5 dieses Beitrags).

---

5 Riten haben in der konfuzianischen Philosophie eine hervorgehobene Bedeutung. Sie sind nicht nur äußerlich einzuhaltende Zeremonien. Ihre Einhaltung bedeutet, überlieferte Ordnungsgefüge nach Möglichkeit unangetastet zu lassen. Ihre Grundlage ist die kindliche Pietät gegenüber dem Vater, dem älteren Bruder und dem Herrscher, die sogar Vorrang vor der Wahrheitsliebe haben soll (vgl. Bauer, 2001, S. 59-63; siehe auch die Abschnitte 3.3 und 3.5 dieses Beitrags).

6 Siehe das Nachwort von Ralf Moritz in Konfuzius (1982); zur philosophischen Bedeutung der *Gespräche* siehe Wolfgang Bauer (2001, S. 53-63) und Heiner Roetz (2006, passim).

7 Von „konfuzianisch“ sprechen wir in diesem Beitrag, wenn die Konfuzius direkt zugeschriebenen Schriften gemeint sind, von „konfuzianistisch“, wenn die Schriften seiner Schüler Mong Dsi und Hsün-Tzu und die des Neokonfuzianisten Zhu Xi gemeint sind.

1.1 Die Leitidee einer lernenden Vervollkommnung des Menschen

Das konfuzianische Lernen zielt darauf, den „Edlen“ hervorzubringen und auszubilden, einen Menschen, der sich – besorgt um die Anderen und das Volk – selbst kultiviert und der Gemeinschaft Sicherheit und Glück bringt. Die Betonung des Edlen weist darauf hin, dass der Weg des Lernens das ganze Leben umfasst und in der Gemeinschaft gesucht und beschritten werden muss, um die eigene Individualität zu verbessern und sich zu vervollkommnen und zugleich der Vervollkommnung der Gemeinschaft zu dienen. Die Einzelnen sollen sich nicht, wie im Taoismus, der Gemeinschaft durch Weltflucht entziehen, sondern selbst initiativ werden und Handlungsbereitschaft zeigen, um sich auch scheinbar unüberwindlichen Herausforderungen zu stellen und die Gemeinschaft zu retten.

Das konfuzianische Verständnis des Lernens[8] setzt sich aus zwei Elementen zusammen: aus Überlegungen zum Lernen und aus Ausführungen zur Bedeutung des Übens. Während Üben auf praktische Bewährung ausgerichtet ist, zielt Lernen darauf, dass der Mensch zum Menschen wird. Seine Bestimmung ist ihm weder von Geburt gegeben, noch wird sie durch die Stellung definiert, die er in einer vorgegebenen Gesellschaft einnimmt. Das Sein des Menschen ist nach Konfuzius ursprünglicher als die Bestimmungen, die ihm durch Geburt und gesellschaftliche Hierarchie zugewiesen werden. Mit der Aussage, ihrer „Natur nach“ seien alle Menschen „ähnlich“, den „Gewohnheiten nach aber voneinander entfernt“, betont Konfuzius einen Vorrang der Existenz vor der Essenz, der allerdings nicht mit dem Existentialismus eines Sartre verwechselt werden darf, sondern eine spezifisch chinesische Prägung aufweist.
Den Vorrang der Existenz begründet Konfuzius damit, dass das postnatale Lernen, das Üben und Praktizieren die wesentlichen Verursacher der Unterschiede zwischen den Menschen sind. Ausdrücklich betont er, dass niemand mit angeborenen Kenntnissen zur Welt kommt, sondern dass jeder sich Kenntnisse und Tugenden erst lernend aneignen muss. Selbst an seinem Lebensabend stellte er mit Blick auf seinen eigenen Bildungsgang fest:

> „Falls ich noch mehrere Jahre leben könnte und in 50 Jahren auch noch das Y-Ging lernte, würde ich keine Fehler mehr machen.“ (Konfuzius, 2010, S. 77; Zhu, 1987, S. 139)

Unter dem Y-Ging verstand er die Fähigkeit, Wechsel zwischen Glück und Unglück, Aufstieg und Fall, Fortschritt und Rückschritt, Sein und Nichtsein ertragen

8 Im Chinesischen ist das Wort für Lernen (学, Xüe) älter als das Wort Lehren (教, Jiao). Im Deutschen und Englischen gibt es keinen äquivalenten Begriff für Lernen in Sinne dieser Tradition, in der zwei aufeinander verweisende Sachverhalte benannt werden: das Lernen selbst und die es unterstützende Praxis. Beide Bedeutungsmomente werden im Chinesischen vom Lernenden und von der Lerngemeinschaft her bestimmt und nicht aus der Sicht eines agierenden Erziehers oder Lehrers definiert.

und aushalten zu können. Diese Reife zu erwerben, sei härter als das Büffelleder, das zum Zusammenbinden von Bambustäfelchen dreimal gebrochen werden muss. Von sich selbst sagte Konfuzius:

> „Ich kann so fleißig lernen, dass ich das Essen vergesse; ich bin so glücklich, dass ich den Kummer vergesse und nicht ans Altwerden denke." (Konfuzius, 2010, S. 77; Zhu, 1987, S. 139)

Diese Freude am Lernen war es, die Konfuzius dazu brachte, von sich zu sagen, er habe mit 70 Jahren die Grenze zum Reich des Weisen überschritten. Immer wieder zitiert wird dazu aus den *Gesprächen* (Lún-yŭ, 2.4):

> „Als ich fünfzehn war, war mein ganzer Wille aufs Lernen ausgerichtet. Mit dreißig Jahren stand ich fest. Mit vierzig hatte ich keine Zweifel mehr. Mit fünfzig kannte ich den Willen des Himmels. Als ich sechzig war, hatte ich ein feines Gehör, um das Gute und das Böse, das Wahre und das Falsche herauszuhören. Mit siebzig konnte ich den Wünschen meines Herzens folgen, ohne das Maß zu überschreiten." (Konfuzius, 2010, S.11; Konfuzius, 1982, S. 10)

Nach Konfuzius ist das Lernen für den Menschen so bedeutsam, dass er ohne Lernen kein Mensch sein könnte, sondern zu einem Dieb herabsinken würde, dem kein langes, sondern nur ein kurzes Leben beschieden ist. Von einem des Lernens unwilligen Menschen sagte er einmal:

> „Als Kind zeigst du keine Pietät, als Erwachsener keine Leistung, als Alter kein Anzeichen für Tod. So bist du wirklich eine Pest." (Konfuzius, 2010, S. 191) Und er fragte sich: Kann man „am Abend ruhig zum Lebensende kommen, wenn man sich am Morgen die Regeln im Weltall angeeignet hat?" (Konfuzius, 2010, S. 35)

Den Regeln spricht Konfuzius damit eine andere Bedeutung als der Taoismus zu. Ihr Wert liegt nicht in dem, was sie zur Natur des Menschen erheben, sondern in ihrer Bedeutung für das postnatale Lernen, Handeln und Praktizieren. Vom Menschen sagt Konfuzius, er sei das Werk seiner selbst, nämlich das Ergebnis seiner eigenen Anstrengungen und Bemühungen zu lernen.

1.2 Lernfreude als Grundhaltung des Menschen

Dass der Mensch erst durch das Lernen Mensch wird, heißt, dass das Lernen keinem äußeren Zwang, sondern einer inneren Aufgabe entspringt. Weil die Lerntätigkeit dem menschlichen Wesen entspricht, wird sie im Wesentlichen mit innerlicher Freude vollzogen. Konfuzius sah die Lernfreude als eine Grundhaltung des Menschen an. Der allererste Satz im ersten Kapitel der *Gespräche* (Lún-yŭ, 1.1) lautet:

> „Etwas lernen und sich immer darin üben – schafft das nicht auch Befriedigung?" (Konfuzius, 2010, S. 3; Konfuzius, 1982, S. 5)

Lernen dient der Vervollkommnung des Lernenden und erweitert dessen Tugenden, ohne dass dieser dies gegenüber anderen zur Schau stellen sollte. In den *Gesprächen* heißt es, dass die Menschen „nicht murren, wenn sie den anderen nicht erkennen." (Konfuzius, 2010, S. 3) Und weiter:

> „Ein Edler, der beim Essen nicht nach Sättigung fragt, beim Wohnen nicht nach Bequemlichkeit, der eifrig im Tun und vorsichtig im Reden ist und sich denen, die Grundsätze haben, nähert, um sich zu verbessern: der kann ein das Lernen Liebender genannt werden." (Konfuzius, 2010, S. 9)

Lernfreudigkeit führt dazu, dass man täglich weiß, was einem noch fehlt, und von Monat zu Monat nicht vergisst, was man kann (Konfuzius, 2010, S. 247). Nur von der Lernfreudigkeit kann das selbstständige Lernen angetrieben werden. Aus diesem Grund lobte Konfuzius einen seiner Schüler mit Namen Yan Hui[9]:

> „Hui war doch wirklich ein guter Mensch! Eine Holzschüssel voll Reis, eine Kürbisschale voll Wasser, in einer elenden Gasse. Andere Menschen hätten es in einer so trostlosen Lage gar nicht ausgehalten. Aber Hui ließ sich seine Fröhlichkeit nicht rauben." (Konfuzius, 2010, S. 61)

Wer gerne lernt, leidet nicht unter dem Lernen, sondern sorgt sich um das Lernen und gibt sich viel Mühe. Mit der Lernfreude hängt zusammen, dass der Konfuzianismus großen Wert auf Fleiß und Eifer statt auf Anlage, Begabung und Geburtsstand legt. Eine der großen Leistungen von Konfuzius ist die Vorstellung, dass das Lehren und Lernen keine Standesunterschiede kennt (Konfuzius, 2010, S. 207). Das bedeutet, dass der Mensch einen eigenen Stand durch sein Lernen gewinnt, nicht aber durch Geburt oder Blutverwandtschaft zugesprochen bekommt. Jeder muss lernen und jeder ist der Bildung wert. Wer durch Lernen Kenntnisse und Tugenden erwirbt, dem gilt die gleiche Achtung, die denen entgegengebracht wird, die eine Anlage und Begabung zum schnellen Lernen besitzen. Wenn es um Weisheit geht, ist es einerlei, ob sie angeboren ist oder erst durch Lernen erworben wurde und der Weg zu ihr über Frustrationen und Misserfolge führte. Im *Buch von Maß und Mitte* heißt es:

> „Andere können es vielleicht aufs erste Mal, ich muss es zehnmal machen; andere können es vielleicht aufs zehnte Mal, ich muss es tausendmal machen. Wer aber wirklich die Beharrlichkeit besitzt, diesen Weg zu gehen: mag er auch töricht sein, er wird klar werden; mag er auch schwach sein, er wird stark werden." (Li Gi [Konfuzius], 2007, S. 45)

1.3 Lernen – Denken – Handeln als Trias im Lehr- und Lernmodell

Die zwei Sätze „Lernen, ohne zu denken, ist nichtig. Denken, ohne zu lernen, ist ermüdend." (Konfuzius, 2010, S. 15) weisen darauf hin, dass das konfuzianische

9 Yan Hui (521 – 490 v. Chr.) war, so die Legende, der Lieblingsschüler des Konfuzius.

Lernen unmittelbar mit dem Denken verbunden werden soll, aber dass keines von beiden einen Vorrang gegenüber dem anderen hat oder das andere ersetzen darf. Konfuzius sagt:

> „Sittlichkeit lieben, ohne das Lernen zu lieben: diese Verdunkelung führt zur Torheit; Weisheit lieben, ohne das Lernen zu lieben: diese Verdunkelung führt zu Ziellosigkeit; den Mut lieben, ohne das Lernen zu lieben: diese Verdunkelung führt zu Unordnung; die Festigkeit lieben, ohne das Lernen zu lieben: diese Verdunkelung führt zu Absonderung." (Konfuzius, 2010, S. 225f.)

Damit weist er das Lernen als eine Praktik aus, die eigentümliche Beziehungen zum Denken entfaltet. Ohne Nachdenken über Tugenden und sittliches Handeln würde sich das Lernen radikalisieren und einseitig entwickeln. Aber das Denken ist nicht unabhängig vom Lernen. Es ist mit inhaltsbezogenen Lernprozessen auf natürliche Weise verbunden. Anders gesagt: Erst durch das inhaltliche Lernen kommt das Denken zustande. Konfuzius sagt:

> „Ich habe oft den ganzen Tag nicht gegessen und die ganze Nacht nicht geschlafen, um nachzudenken." (Konfuzius, 2010, S. 203)

Damit meinte er nicht, dass das Denken auf Wissensaneignung basiert, sondern dass Denken, Wissen und Lernen eng miteinander verbunden sind und Denken lernend und Lernen denkend erfolgen sollen. Einer der Schüler von Konfuzius mit Namen Zi Xia hatte ein tiefes Verständnis vom Zusammenhang zwischen Lernen und Denken, wenn er sagte:

> „Ausgebreitete Kenntnisse erwerben und fest aufs Ziel gerichtet sein, ernstlich fragen und vom Nahen aus denken: darin besteht Sittlichkeit." (Konfuzius, 2010, S. 247)

Beim Lernen achtet der Konfuzianismus auf sachliche Inhalte und auf das Nachdenken und die Reflexion über das bereits Gelernte. Nur so können sich weise und sittliche Einstellungen entwickeln und moralische Handlungen gefördert werden. Man kann daher sagen, dass der Konfuzianismus stets die Wirkungen des Lernens mit im Blick hat. Das Ziel eines lernenden Denkens erblickte Konfuzius darin, die Welt zu retten, die Ordnung wiederherzustellen und das Zusammenleben auf Praxis und Handeln auszurichten.

Lernen – Denken – Handeln bilden somit die zentrale Trias im Lehr- und Lernmodell des Konfuzius. Wie in der deutschen Bildungstradition besteht auch in der chinesischen die wesentliche Aufgabe der Erziehung darin, Lernende in den Dreischritt von Lernen – Denken – Handeln einzuführen. Stärker als die deutsche Bildungstradition achtet die chinesische Erziehung dabei auf die Wirkungen des Lernens, die nicht unbedingt davon abhängig sind, dass die Aufgaben des Lehrers von ein und derselben Person wahrgenommen werden. Hierauf verweist der Spruch: „Wenn drei zusammengehen, finden sie bestimmt einen Lehrer!" (Konfuzius, 2010, S. 77)

1.4 Der Lehrende als Vorbild für das Lernen

Wenn nach Konfuzius jeder Mensch ein Lernender ist, der in der Trias von Lernen – Denken – Handeln nach seiner eigenen Menschlichkeit sucht, dann ist der Lehrende auch ein Lernender, oder genauer gesagt: ein erfahrener und reiferer Lerner, der auf seinem Lernweg bereits einen weiteren Weg gegangen ist. Ganz in diesem Sinne betonen die von Konfuzius entwickelten Gedanken über das Lehren und Lernen weniger das Lehren als vielmehr das Lernen. Durch Lehren soll der Lernende auf den Lernweg, der das ganze Leben umfasst, hingeführt werden. Konfuzius betont, dass der Lehrende beim Lernen als Vorbild vorangehen und dem Lernenden die Tugenden vorleben soll; dass niemand lehren kann oder darf, was er selbst noch nicht kann und gelernt hat. Darum wird Konfuzius in den *Gesprächen* nicht nur als ein Lehrender, sondern auch als ein Lernender dargestellt, der sich lernend darum bemüht, die Schwelle zum Reich des Weisen zu erreichen und sie zu überschreiten (vgl. Peng, 2017).

Diesem Verständnis von Lehren und Lernen entspricht, dass die Vorbildfunktion des Lehrers als eines lernenden ein didaktisches Prinzip im Konfuzianismus ist. Zum Vorbild wird der Lehrer, wenn er ein Vorbild als Lerner ist und die Eigenschaften eines guten Lerners aufzeigen und vormachen kann. Die Erziehung durch ein solches Vorbild und Beispiel wirkt immer besser als eine Erziehung durch Gebote und Verbote. Für Konfuzius bedeutet Lernen, dass man unaufhörlich und bescheiden nach Lehre und Führung fragt und sucht. Das erhöht die Chance, einen Lehrer zu finden, von dem man lernen kann. In den *Gesprächen* heißt es hierzu:

> „Als Konfuzius das königliche Heiligtum betrat, erkundigte er sich nach jeder einzelnen Verrichtung, obwohl er mit der Religion der Zhou-Dynastie vertraut war." (Konfuzius, 2010, S. 27).

Durch dieses Verhalten vermittelte er seinen Schülern, wie ein echter Lerner aussehen soll. Wenn Konfuzius sagt: „Der Himmel redet nicht, aber die vier Zeiten gehen ihren Gang, alle Dinge werden erzeugt" (Konfuzius, 2010, S. 231), dann meint er, dass der Lehrende nicht durch Gebote, sondern durch das Selbstsein als Vorbild den Lernenden so erziehen soll, wie der Himmel durch seinen vitalen Verlauf den Edlen zu ständiger Selbstvervollkommnung anhält. Dieser Grundsatz gilt nach Konfuzius nicht nur für den erzieherischen Bereich, sondern auch für die Politik. Nach Konfuzius ist Politik in einem weiten Sinne Erziehung und Bildung. Dabei trat er für eine Art von Politik ein, in der Staat und Volk nach sittlichen Grundsätzen regiert werden. So sagte er:

> „Das Wesen des Herrschers ist der Wind, das Wesen der Geringen ist das Gras. Das Gras, wenn der Wind darüber hinfährt, muss sich beugen." (Konfuzius, 2010, S. 149)

Deshalb ist in den politischen Traditionen des Konfuzianismus die Regierung dafür zuständig und verantwortlich, dass sich das Staatsvolk bildet.

Ein auf dem „großen Weg" (tao) nach der Weltregel suchender konfuzianischer Edler zu sein, bedeutet, dass dieser für andere ein Erzieher ist. In diesem Sinne heißt es im *Buch von Maß und Mitte*: „Was den Weg ausbildet ist die Erziehung." (Konfuzius, 2007, S. 32) Für die zu Erziehenden besteht der richtige Weg in der Nachahmung. Der Konfuzianismus erkennt das Ziel des Lernens also darin, den Weisen nachzuahmen. Für jeden Einzelnen gibt es ein Bild, das dem Weisen ähnlich ist. Der Lernende muss sich darum nicht nur um sein eigenes Lernen sorgen, er muss auch für andere Lernende Verantwortung übernehmen. Konfuzius fragt:

> „Schweigen und so erkennen, forschen und nicht überdrüssig werden, die Menschen belehren und nicht ermüden: was kann ich dazu tun?" (Konfuzius, 2010, S. 71)

Nach Konfuzius ist solches Forschen gleich wertvoll wie Belehren. Erst wenn man unaufhörlich lernt, kann man andere erziehen. Zu den Dingen, die Konfuzius Sorge bereiten, gehört, wenn Anlagen nicht gepflegt werden, wenn über Gelerntes nicht gesprochen wird, wenn jemand seine Pflicht kennt, von dieser aber nicht angezogen wird, oder wenn jemand Ungutes an sich hat und nicht imstande ist, sich zu bessern (Konfuzius, 2010, S. 71).

1.5 Schrittweise Anleitung mit Geschick und Geduld

Dass Konfuzius die Erziehung durch ein Vorbild betonte, heißt nicht, dass er keine Erziehung durch Worte und Gebote kannte. Im Gegenteil. Konfuzius leitete jeden seiner Schüler mit Geschick und Geduld. Sein Lieblingsschüler Yan Hui (s.o.) sagte einmal:

> „Ich sehe empor, und es wird immer höher, ich bohre mich hinein, und es wird immer undurchdringlicher. Ich schaue es vor mir, und plötzlich ist es wieder hinter mir. Der Meister lockt freundlich Schritt für Schritt die Menschen. Er erweitert unser Wesen durch Kenntnis der Kultur, er beschränkt es durch die Gesetze des Geziemenden. Wollte ich ablassen, ich könnte es nicht mehr. Wenn ich aber alle meine Kräfte erschöpft habe und glaube, das Ziel sei schon erreicht, so steht es wieder klar und fern." (Konfuzius, 2010, S. 99)

Um einen Lernenden mit Geschick und Geduld anzuleiten, muss man auf die Fähigkeit des Lernenden, selbstständig zu lernen, ebenso achten wie auf die eigentümlichen Gesetze des Lernprozesses.
Nach Konfuzius kann man Neues nur durch das Üben des Alten erkennen und verstehen. Nur so wird man zum Lehrer (Konfuzius, 2010, S. 15). Für ihn entwickeln sich neue Kenntnisse und Fähigkeiten auf der Basis der alten und bekannten. Die neuen Kenntnisse lassen sich aber nur schwer erlernen und nicht im echten Sinne selbstständig erwerben, wenn sie nicht in Zusammenhang mit den alten gebracht werden. Insofern gründet Lehren darauf, dass Lernende den Zusammenhang zwischen Altem und Neuem erkennen. Konfuzius meinte, der

Lehrende solle das selbstständige Lernen schätzen, den Lernenden entsprechend seinem Lernstand anregen und inspirieren. Hierzu steht in den *Gesprächen*:

> „Wer nicht strebend sich bemüht, dem helfe ich nicht voran, wer nicht nach dem Ausdruck ringt, dem öffne ich ihn nicht. Wenn ich eine Ecke zeige, und er kann es nicht auf die andern drei übertragen, so wiederhole ich nicht." (Konfuzius, 2010, S. 73)

Weiter heißt es:

> „Trifft man einen, mit dem zu reden es sich lohnte, und redet nicht mit ihm, so hat man einen Menschen verloren. Trifft man einen, mit dem zu reden sich nicht lohnte, und redet doch mit ihm, so hat man seine Worte verloren. Der Weise verliert weder einen Menschen noch seine Worte." (Konfuzius, 2010, S. 197)

Diese Sätze weisen darauf hin, dass der Lehrende den richtigen Moment treffen muss, um einen Lernenden zum selbstständigen Lernen anzuregen.
Dass der Lehrende den Lernenden mit Geschick und Geduld schrittweise anleiten soll, bedeutet auch, dass das Lernen ein sich ständig weiter entwickelnder Prozess ist, der einer eigenen Logik folgt. Als der Schüler Zi Gong Konfuzius fragte, „wie muss einer sein, damit man ihn einen Gebildeten nennen kann?" (Konfuzius, 2010, S. 165), antwortete dieser ihm nicht direkt, sondern leitete ihn schrittweise an. Mit Blick auf eine erste Stufe sagte Konfuzius, man solle in seinem persönlichen Benehmen ein Ehrgefühl entwickeln, dürfe im Auftrag seines Fürsten keine Schande bereiten; von der zweiten Stufe sagte er, man solle von seinen Verwandten als gehorsam erkannt, von seinen Landsleuten Bruder genannt werden; für die dritte Stufe führte er aus, man solle ein gegebenes Wort unter allen Umständen halten und seine Arbeit unter allen Umständen zu Ende führen (ebd.). Durch solche Anleitungen suchte er Prozesse zu unterstützen, in denen Lehrende und Lernende voneinander lernen. In diesem Zusammenhang stellte er fest:

> „Die Sittlichkeit ist jedes Menschen Pflicht. Hier darf man sogar dem Lehrer nicht den Vortritt lassen." (Konfuzius, 2010, S. 207)

Von der Suche nach der Wahrheit meinte er, der Lernende müsse sich nicht dem Lehrenden unterwerfen, sondern könne von diesem als einem selber Lernenden etwas lernen und Fortschritte erzielen (Konfuzius, 2010, S. 23).

1.6 Über Lehren in Übereinstimmung mit Anlage und Begabung des Lernenden

Echte Anleitung mit Geschick und Geduld muss nach Konfuzius stets in Übereinstimmung mit Anlage und Begabung des Lernenden stehen:

> „Wer über dem Durchschnitt steht, dem kann man die höchsten Dinge sagen. Wer unter dem Durchschnitt steht, dem kann man nicht die höchsten Dinge sagen." (Konfuzius, 2010, S. 65)

Weil Anlage und Begabung der Menschen verschieden sind und sich auf unterschiedlichen Niveaustufen entwickeln, erreichten von den 3000 unterschiedlich talentierten Schülern des Konfuzius, so die Legende, nur 72 das Stadium eines Edlen (vgl. Sima, 2007, S. 171).

Jemanden entsprechend seiner Anlage und Begabung anzuleiten und zu belehren, setzt voraus, dass der Lehrer die individuelle Eigentümlichkeit und die Stärken des Lernenden erkennt. In den *Gesprächen* zeigt sich, dass Konfuzius mit den Individualitäten seiner Schüler vertraut war. Er hatte Schüler mit großen Unterschieden im Alter, im geistigen Verstand, Charakter und in der Stärke; er kannte Menschen, die über dem Durchschnitt lagen, die mittelmäßig waren oder sich unterhalb des Durchschnitts bewegten und viel dazu lernten. Von dem Schüler Chai sagte er, dieser sei töricht, von Shen, er sei beschränkt, von Shi, sie sei eitel, von You, sie sei roh (Konfuzius, 2010, S. 129). Von seinem Lieblingsschüler Yan Hui sagte Konfuzius, dieser sei ihm in mancher Hinsicht überlegen:

> „Wenn Hui Eines hört, so weiß er zehn. Ich bin ihm darin nicht gleich." (Konfuzius, 2010, S. 47)

Unterschiedliche Menschen müssen unterschiedlich belehrt werden. In den *Gesprächen* wird berichtet, dass mehrere Schüler Konfuzius nach dem Wesen der Sittlichkeit fragten. Dem klugen und lernfreudigen Schüler Yan Hui antwortete er:

> „Sich selbst überwinden und sich den Gesetzen der Schönheit zuwenden: so bewirkt man Sittlichkeit." (Konfuzius, 2010, S. 139)

Yan Hui verstand dies sofort und bat um weitere Erläuterungen. Zu den vier Merkmalen der Sittlichkeit führte Konfuzius hochgemut weiter aus:

> „Was nicht dem Gesetz der Schönheit entspricht, darauf schaue ich nicht; was nicht dem Gesetz der Schönheit entspricht, darauf höre ich nicht; was nicht dem Schönheitsideal entspricht, davon rede ich nicht; was nicht dem Schönheitsideal entspricht, das tue ich nicht." (Konfuzius, 2010, S. 139)

Dem reichen Geschäftsmann Zi Gong, der Almosen geben wollte, aber nicht wusste, wie er dies anfangen solle, antwortete Konfuzius:

> „Was den Sittlichen anbelangt, so festigt dieser andere, weil er selbst wünscht, gefestigt zu sein, und klärt andre auf, weil er selbst wünscht, aufgeklärt zu sein." (Konfuzius, 2010, S. 69)

Dem vorlauten Schüler Sima Niu antwortete er:

> „Der Sittliche ist langsam in seinen Worten." (Konfuzius, 2010, S. 141)

Selbst für die unterschiedlichen Altersstufen gab Konfuzius unterschiedliche Belehrungen:

> „Der Edle hütet sich vor dreierlei. In der Jugend, wenn die Lebenskräfte noch nicht gefestigt sind, hütet er sich vor der Sinnlichkeit. Wenn er das Mannesalter erreicht, wo die Lebenskräfte in voller Stärke sind, hütet er sich vor der Streitsucht. Wenn er das Greisenalter erreicht, wo die Lebenskräfte schwinden, hütet er sich vor dem Geiz." (Konfuzius, 2010, S. 215)

In den *Gesprächen* äußerte sich Konfuzius mehrmals zu Pietät, Politik und Edelmut, wobei er je nach Adressat und Lage unterschiedliche Antworten gab, sich hierin von Sokrates unterscheidend, der stets nach einem universellen Begriff für Wahrheit, Schönheit oder Frömmigkeit suchte. Sokrates orientierte sich stärker an Problemen des richtigen Wissens, Konfuzius am richtigen und guten Handeln in Abstimmung mit verschiedenen Akteuren und Situationen. Die in den *Gesprächen* wiedergegebenen Dialoge sind nicht auf Wissen und Begriffsbildung ausgerichtet, sondern auf Handlungen, und sie fragen nicht nach der Wahrheit, sondern wollen die Welt retten und harmonisch gestalten. Konfuzius suchte sein ganzes Leben lang die Pflicht als Lehrer zu erfüllen, indem er die Tugenden eines guten Lerners entwickelte.
Zusammengefasst: Die Trias Lernen – Denken – Handeln kann nicht nur als ein Lernmodell, sondern immer auch als ein Lehrmodell verstanden werden. Noch heute wird Konfuzius in China wegen seiner großen Leistungen auf dem Gebiet des Lernens und Lehrens als heiligster Weiser, Lehrer für alle Zeiten und Lehrer der Nation verehrt.

2 Lehren und Lernen als Bereicherung und Stärkung der menschlichen Neigung zur Güte: Das Konzept des Lehrens und Lernens von Mong Dsi

Mong Dsi, auch Mengzi und latinisiert Menzius genannt (um 370 bis um 290 v. Chr.), war einer der bekanntesten Schüler des Konfuzius. Sein Hauptwerk hat den Titel „Die Lehrgespräche des Meisters Mong Dsi", kurz auch nur *Mong Dsi* genannt.[10] Darin entwickelte er die konfuzianische Philosophie weiter und trug wesentlich dazu bei, dass sie in der Han-Dynastie (206 vor bis 220 n. Chr.) zur Staatsphilosophie wurde (siehe Abschnitt 6).
Konfuzius ging davon aus, dass jeder Mensch Sittlichkeit erreichen könne, wenn er nur danach strebe

10 Mong Dsis Werk, hier zitiert nach der deutschsprachigen Pekinger Ausgabe (2009), ist von dem bekannten deutschen Sinologen Richard Wilhelm im Jahre 1916 unter dem Titel „Die Lehrgespräche des Meisters Meng K'o" das erste Mal in deutscher Sprache veröffentlicht worden (Mong Dsi, 2015; vgl. auch Bauer, 2001, S. 98-103).

(s.o.). Warum dies bei den einen besser gelinge als bei anderen, darüber sagte Konfuzius nichts. Dies beschäftigte Mong Dsi. Er ging davon aus, dass der Mensch von Natur aus gut sei und entwickelte auf dieser Grundlage auch Konfuzius' Vorstellungen zum Lehren und Lernen weiter.

2.1 Lernen als Bereicherung und Stärkung der menschlichen Güte

Nach Mong Dsi entwickelt sich Sittlichkeit von innen und nicht durch Einwirkungen von außen. Das Mitleid im Herzen, das jeder Mensch habe, sei der Anfang der Liebe; das Schamgefühl im Herzen, das jeder Mensch besitze, der Anfang des Pflichtbewusstseins; die Bescheidenheit im Herzen, die jedem Menschen zukomme, der Anfang der Sitte; das Gefühl für die Unterscheidung zwischen Recht und Unrecht, das jeder Mensch entwickle, der Anfang der Weisheit (Mong Dsi, 2009, S. 73). Jeder besitze von Natur aus diese vier Anlagen ebenso, wie er vier Körperglieder (Arme und Beine) habe. Wer behaupte, die vier Anlagen nicht üben zu können, zerstöre sich selbst (Mong Dsi, 2009, S. 75). Man müsse daher diese Anlagen anerkennen, um sie wissen und sie selbstständig üben, ohne darüber nachzudenken, was sie sind. Wenn man heute z.B. ein kleines Kind in einen Brunnen fallen sieht, hat man Mitleid, nicht weil man sich mit den Eltern dieses Kindes in Verbindung setzen oder einen guten Ruf unter seinen Verwandten, Freunden und Landsleuten gewinnen will, auch nicht, weil einen das Weinen des Kindes ekelt, sondern weil das sittliche Mitleid angeboren ist. Hierdurch unterscheidet sich der Mensch nach Mong Dsi vom Tier.

Die wesentliche Aufgabe des Lehrens und Lernens besteht darin, die menschliche Neigung zur Güte zu stärken, die familiäre Harmonie zu schützen, die Ordnung des Staates und der Welt zu sichern. Jeder Mensch muss die Anlagen der Liebe, des Pflichtbewusstseins, der Sitte und der Weisheit entfalten und kultivieren. Wer dies tut, kann die Welt schützen, wer sie nicht entwickelt, kann nicht einmal den Eltern dienen (Mong Dsi, 2009, S. 75). Ohne Entwicklung dieser Anlagen ist der Mensch nichts anderes als das Tier. Mong Dsi mahnte immer wieder, es sei zu wenig, dass der Mensch sich nur äußerlich vom Tier unterscheide. Aber es gebe Menschen, die den unedlen und geringen Teil pflegten, und andere, die edel seien, weil sie den edlen und wichtigen Teil pflegen (Mong Dsi, 2009, S. 263). Jeder kann ein Heiliger wie Yao und Shun[11] werden. Der Heilige unterscheidet sich nur darin vom gewöhnlichen Menschen, dass er das Heilige gefunden und geübt hat.

2.2 Sich selbst erkennend, dringt der Lernende in die Sittlichkeit ein

Wie Konfuzius trat auch Mong Dsi für ein umfassendes Lernen ein, das ein reiches Hören, Sehen und Fragen erfordert. Das Lernen hat den Zweck, durch Selbster-

11 Zwei mythische Gestalten, die in der chinesischen Tradition als weise und moralisch vollkommene Gelehrtenkaiser gelten.

kenntnis zur Sittlichkeit zu gelangen. Der Lernende soll die Wissensaneignung nach außen und das Denken nach innen verbinden und somit zu einem tiefgründigen Lernen gelangen. Im Vergleich zu Konfuzius betonte Mong Dsi stärker die Rolle des innerlichen Denkens und der Reflexion im Lernprozess. Denn erst hierdurch verbindet sich das Lernen in der Welt mit der Entwicklung der menschlichen Anlage der Güte und deren Stärkung und Steigerung. Ohne eine solche Verbindung bliebe das Lernen oberflächlich und nur an Utilität orientiert. Es trüge nichts zur Aneignung von Sittlichkeit bei und wäre letztlich zu nichts nütze.

Die Wahrheit und ihre Schichten muss der Edle selbstständig erkennen (Mong Dsi, 2009, S. 179). Die *erste Schicht* ist die des Denkens, das vom Menschen vollzogen werden muss und die wichtigste Voraussetzung für die Erwerbung der Wahrheit darstellt. Die *zweite Schicht* verweist darauf, dass sich das Lernen auf eigene Erfahrungen beziehen muss, die es reflektierend zu bearbeiten gilt. So forderte Mong Dsi: Wessen Liebe zum anderen keine Antwort bekomme, solle seine eigene Gütigkeit prüfen; wer andere regieren wolle, aber keine Bereitschaft zur Unterwerfung finde, solle seine eigene Weisheit prüfen; wer andere ehre und keine Antwort finde, solle seine Achtung prüfen; wenn er zu wirken suche, aber keinen Erfolg habe, solle er bei sich selber den Grund ausmachen (Mong Dsi, 2009, S. 157). Die *dritte Schicht* ist die der Konzentration des Geistes. Zwar hob Mong Dsi die gute Natur des Menschen hervor, aber er lehrte nicht, dass die Sittlichkeit aus sich selbst entstehe. Vielmehr sei der Lernweg voller Hindernisse und Schwierigkeiten und verlange nach einem starken Willen und nach Ausdauer und geistiger Konzentration. Ohne Wille verlieren die Bemühungen und Anstrengungen ihre Richtung, ohne Beharrlichkeit lässt sich die Sittlichkeit nicht festigen (Mong Dsi, 2009, S. 257)

Mong Dsis Lernkonzept basiert auf der Idee, dass alle Anlagen bereits im Inneren eines jeden Menschen vorhanden sind und das Lernen daher den Weg der Selbsterkenntnis und Güte beschreiten kann und soll. Selbsterkenntnis dient dazu, eine edle Persönlichkeit zu entwickeln, die von Reichtum und Ehre nicht gelockt, von Armut und Schande nicht in die Irre geführt und von Macht und Drohung nicht gebeugt wird (Mong Dsi, 2009, S. 131). Erst wenn man sich selbst erkannt und seine Erfahrungen und Einsichten reflektiert hat, kann man allen Schwierigkeiten und Hindernissen furchtlos gegenübertreten und seinem Gewissen keine Schande bereiten.

2.3 In Trauer und Schmerzen lebt man, in Wohlsein und Lust stirbt man

Auch Mong Dsi wusste, dass Sitten und gesellschaftliche Ordnungen negative Einflüsse auf die Entwicklung der Menschlichkeit ausüben können: In fetten Jahren seien die jungen Leute meistens gutartig, in mageren Jahren meistens roh. Dies liege nicht daran, dass der Himmel ihnen verschiedene Anlagen gegeben hätte, sondern daran, dass ihr Herz durch die Verhältnisse erstickt werden könne (Mong Dsi, 2009, S. 253). Mong Dsi war davon überzeugt, dass die Umwelt die Entwicklung der

Anlage zur Güte beeinträchtigen und die Anlagen verbergen kann. Eine Metapher hierfür erblickte er in den „Bäumen des Kuhbergs". Sie stehen in ihrer Kahlheit da, weil sie wegen ihrer Nähe zu einer Großstadt mit Axt und Beil gefällt worden waren. Es sei aber verfehlt daraus zu schließen, die Natur des Berges bestehe darin, keine Bäume wachsen zu lassen. Negative Einflüsse der Umwelt auf die Menschlichkeit suchte Mong Dsi deshalb zu begrenzen, indem er dem Lernen die Funktion zuwies, das verlorene Herz und die verborgenen Anlagen zu suchen.

Es gibt nach Mong Dsi keine direkte Beziehung zwischen (schädlichen) Umwelteinflüssen und individuellem Lernen. Negative Einflüsse der Umwelt können sogar die Suche nach verborgenen Anlagen – ähnlich wie ein Schleifstein, der die Schere schärft – fördern und unterstützen. Wenn der Himmel jemandem ein großes Amt anvertraut, dann setzt er diesen erst der Bitternis im Herzen, der Mühsal in Nerven und Knochen und dann dem Hunger und der Not in Magen und Leib aus.

Negative Erfahrungen sind also echte Lernressourcen zur Herausbildung eines großen Heiligen und Weisen. Männer von Charakter, Scharfsinn, Klugheit und Weisheit haben in der Regel lange in Not und Elend gelebt (Mong Dsi, 2009, S. 301). Wohlsein und Genuss können dagegen der Entwicklung des Einzelnen schaden. So heißt es bei Mong Dsi:

> „In Trauer und Schmerzen lebt der Mensch, in Wohlsein und Lust stirbt er." (Mong Dsi, 2009, S. 293).

2.4 Vermittlung der Wahrheit und Weisheit als wesentliche Aufgabe des Lehrens

Es gehört zur Ordnung des Lehrens und Lernens, dass Menschen mit abgeschlossener Bildung die Unfertigen und Unwissenden erziehen. Letztere freuen sich, wenn sie tüchtige Väter und Brüder haben (Mong Dsi, 2009, S. 177 und S. 221). Zu den Lebensfreuden zählt Mong Dsi, kluge und talentierte Leute um sich zu scharen und sie zu erziehen.

Auch die Erziehung und Bildung des Herrschers ist eine wichtige Aufgabe. Sie besteht nicht zuletzt darin, unangemessene Gedanken des Herrschers zu verbessern. Nur Herrscher mit guter Bildung und gefestigter Sittlichkeit können Verwaltung und Politik angemessen gestalten (Mong Dsi, 2009, S. 73). Mong Dsi war der Auffassung, in wirren Zeitaltern mit Kriegen und Gewaltausbrüchen gehe die Rettung davon aus, dass Herrscher im Sinne der „humanen Politik" des Konfuzius erzogen werden. Wenn der Mensch am Ertrinken sei, müsse er an die Hand genommen werden; wenn die Welt am Ertrinken sei, könne sie nur durch Verkündung der Wahrheit gerettet werden (Mong Dsi, 2009, S. 187 u. 215). Selbst wenn einer nur das Bogenschießen lehre, solle er seinem Schüler nicht nur die Techniken des Bogenschießens beibringen, sondern auch Ethik und Moral vermitteln (Mong Dsi, 2009, S. 183f.).

2.5 Mittel und Methoden des Lehrens

Das Lehren verfügt über viele Techniken und Methoden (Mong Dsi, 2009, S. 293). Eine Methode besteht darin, „vom Nahen" auszugehen, das auf „Fernes" weist (Mong Dsi, 2009, S. 335). Diese Methode ist nach Mong Dsi die effektivste, weil das Lehren auf ihrer Grundlage echte und wahre Wirkungen erzielen kann. Vom König Liang Hui sagte er, er beherrsche diese Methode nicht und regiere sein Volk unsittlich, wenn er in seiner Küche viel zu essen habe, während das Volk verhungere (Mong Dsi, 2009, S. 9f.).
Der Einsatz der Techniken und Methoden des Lehrens muss schrittweise erfolgen, weil sich die Reifung und Entwicklung des Einzelnen nur schrittweise entfaltet. Mong Dsi verweist auf einen Mann aus dem Reich Sung, der Pflanzen künstlich in die Höhe zog, um ihrem Wachstum nachzuhelfen, worauf sie alle verwelkten (Mong Dsi, 2009, S. 63). So wie das fließende Wasser jede Vertiefung seines Bettes ausfüllen muss, um weiterfließen zu können, so müsse auch beim Lehren auf Kontinuität in der Wissensaneignung geachtet werden (Mong Dsi, 2009, S. 307). Unterbrechungen seien hier wie dort schädlich.

2.6 Niemand soll sich gegenüber anderen als Lehrmeister aufspielen

Mong Dsi betonte, dass die Wirkung des Lehrens durch die selbsttätigen Lernprozesse der Lernenden begrenzt sei:

> „Ein Zimmermann und ein Wagner können ihrem Lehrling wohl Zirkel und Richtmaß in die Hand geben; aber Geschicklichkeit können sie ihm nicht geben." (Mong Dsi, 2009, S. 323)

Lehrende können Lernende auf einen Weg bringen. Aber die auf diesem Weg zu überwindenden Verirrungen müssen die Lernenden durch selbstständiges Denken selbst klären. Das Lernen hängt somit wesentlich vom Lernenden selbst ab. Ohne Fleiß und Beharrlichkeit gibt es keinen Lernerfolg, wie tüchtig und begabt der Lernende auch sein mag. Mong Dsi erläutert dies am Schachspiel. Dieses sei nur eine kleine Kunst; aber um sie zu beherrschen, bedürfe es einer starken Konzentration des Geistes. Wenn zwei Menschen vom besten Schachspieler unterrichtet würden und nur einer sich auf die Worte des Lehrers konzentriere, würden die Lerneffekte bei beiden doch sehr verschieden ausfallen (Mong Dsi, 2009, S. 259). Zugleich wies Mong Dsi darauf hin, dass viele Lehrer wegen mangelnder Gelehrsamkeit und Sittlichkeit unqualifiziert seien. Erzieher und Lehrer müssen die Inhalte ihrer Lehre zuerst für sich selbst erwerben und ihre eigene Sittlichkeit vervollkommnen. Nur dann sind sie in der Lage, anderen Wahrheiten und Weisheiten zu vermitteln und Lernende zu erleuchten (Mong Dsi, 2009, S. 329).
Zu Mong Dsis Zeiten verschafften politische und militärische Stärke hohes Ansehen. Trotzdem war er davon überzeugt, dass nicht nur die Starken, sondern jeder die Anlage zur Güte besitze, die für die sittliche Verwaltung und Regierung eine unbe-

dingte Voraussetzung ist. Hier komme es auf die Verantwortung jedes Einzelnen an. Von sich selbst sagte er: Wenn „außer mir sonst keiner vorhanden (wäre), die Welt zu ordnen“ würde ich „die Verantwortung auf mich nehmen und versuchen, die Welt zu retten und harmonisch zu gestalten.“ (Mong Dsi, 2009, S. 99)
Wir fassen zusammen: Jeder, der seine Anlage zur Güte entfaltet, kann nicht nur sein eigenes Leben, sondern auch das der ganzen Welt erhöhen (Mong Dsi, 2009, S. 299). Von diesen Gedanken sind viele chinesische Lehrer und Schüler inspiriert und ermutigt worden. Sie haben Bedeutung auch noch für das heutige China.

3. Lehren und Lernen als Transformation der menschlichen Neigung zur Bosheit: Das Konzept des Lehrens und Lernens von Hsün-Tzu

Nahezu zeitgleich zu Mong Dsi schuf Hsün-Tzu, auch Xunzi („Meister Xun“) genannt (etwa 298 bis 220 v. Chr.), ein unter dem gleichem Namen *Xunzi* überliefertes Werk (1999), das ebenfalls eine lange nachwirkende, aber von ganz anderen anthropologischen Prämissen ausgehende Weiterentwicklung des Konfuzianismus darstellt.[12] Hsün-Tzu teilte nicht Mong Dsis Auffassung, dass die menschliche Natur eigentlich gut sei. Im Gegenteil behauptete er, der Mensch sei von Natur aus böse und die für das menschliche Gemeinschaftsleben erforderliche Sittlichkeit müsse postnatal erworben und gepflegt werden. Während Mong Dsi in der Sicht der guten Natur des Menschen die Gedanken des Konfuzius über humane Politik weiterentwickelte, folgte Hsün-Tzu im Hinblick auf die böse menschliche Natur eher Konfuzius’ Gedanken über Riten und Recht.

3.1 Der Beitrag des Lehrens und Lernens zur Transformation der Menschlichkeit

Nach Auffassung von Hsün-Tzu gehört es zur angeborenen Natur des Menschen, dass dieser des Hungers wegen isst, der Kälte wegen Wärme sucht, nach getaner Arbeit ruhen will und viele sinnliche Bedürfnisse hat, so diejenigen, nach Gewinn zu streben und Verluste möglichst zu vermeiden. Diesem Wesen sind, so Hsün-Tzu, selbst Heilige wie Shun und Jie[13] nicht entflohen. Wenn die

12 Xunzi ist zugleich auch der Name seines Werkes (siehe Xunzi, 1999 und Köster, 1967); einen Überblick über seine Philosophie bringt Bauer (2001, S. 103-108); vgl. auch die Zusammenfassung der sechs Kernaussagen des *Xunzi* im Abschnitt 5.

13 Zwei Figuren aus den 24 Beispielen für „kindliche Pietät“ des Konfuzianismus.

Welt gemäß der angeborenen menschlichen Natur regiert würde, käme es zu Unfrieden und Konflikten.
Für Hsün-Tzu liegt der Unterschied zwischen Mensch und Tier nicht darin, dass der Mensch Sittlichkeit besitzt, sondern darin, dass er sich gesellen kann (Xunzi, 1999, S. 237). Dies ist aber erst durch die Unterscheidung der Klassen und Stände möglich geworden, die auf der menschlichen Wahrnehmung von Moral und Gerechtigkeit basiert. Wenn diese Wahrnehmung zur Unterscheidung von Klassen und Ständen dient, kann Harmonie und Abstimmung in der menschlichen Gesellschaft entstehen; wenn Harmonie und Abstimmung erreicht sind, kommt es zu Einigkeit und Solidarität; wenn es Einigkeit und Solidarität gibt, wird die Kraft der Gesellschaft stark; wenn die Kraft der Gesellschaft stark ist, kommt es zu Aufschwung und Prosperität (Xunzi, 1999, S. 237ff.). Eine in diesem Sinne gerechte Moral basiert auf Ritus und Recht im Sinne der konfuzianistischen Tradition. Wenn alle maßlos nach der Befriedigung ihrer eigenen Bedürfnisse und Begierden streben, entsteht eine solche Moral nicht und es kommt kein wirkliches Gemeinschaftsleben zustande. Damit dieses entsteht, sind Belehrungen durch Lehrer und Disziplinierungen gemäß Ritus und Recht erforderlich.
Die Fähigkeit, Ritus und Recht zu erlernen und die eigene Natur zu transformieren, hilft dem Einzelnen dabei, die Neigung zur Bosheit umzuwandeln und das Handeln an Ritus und Recht anzupassen. Das ist nur durch Lernen möglich. Hsün-Tzu sagt dazu: Das, was man von der Geburt bekommt, ist die menschliche Natur. Zuneigung und Abneigung, Heiterkeit und Wut, Freude und Trauer sind Gemütsanlagen, die in der Natur angelegt sind. Wer solche Gemütsanlagen selbstständig entwickelt und wählt, denkt nach. Wenn die Organe dem Denken folgen, werden sie bewusst gebraucht. Das Denken ständig zu üben und das Handeln andauernd zu vollziehen, ist eine große Aufgabe, denn die bewusste Befolgung von Moral und Gerechtigkeit macht eine gute Tugend aus (vgl. Xunzi, 1999, S. 707ff.). Mit solchen Betrachtungen wies Hsün-Tzu darauf hin, dass der Einzelne durch sein Lernen die eigene böse Natur transformieren und eine gemeinsame Lebensordnung aufbauen kann.

3.2 Lernen als Prozess der Ansammlung von Gelerntem

Hsün-Tzu betrachtet das Lernen als einen unendlichen Akkumulationsprozess. Sein Werk *Xunzi* beginnt mit einer Ermahnung zum Lernen. Der erste Satz lautet:

> „Das Lernen darf niemals enden." (Xunzi, 1999, S. 3)

Die Ansammlung von Gelerntem ist für ihn – anders als für Konfuzius – noch wichtiger als Denken:

> „Ich habe versucht, den ganzen Tag nachzudenken, und doch kam ich nicht heran an das, was ich in einem kurzen Augenblick lernte" (Xunzi, 1999, S. 5).

Erst das unaufhörliche Lernen führt zum Erfolg. Dazu muss jeder Lernende sich anstrengen – ganz gleich, ob er klug oder schwachsinnig ist:

> „Ein Rennpferd kann in einem Satz keine tausend Li[14] zurücklegen, während ein elender Klepper in zehn Tagen tausend Li zurücklegen kann; wer aufhört, immer wieder in dieselbe Kerbe zu schneiden, kommt nicht einmal durch morsches Holz hindurch, wer aber nicht aufgibt, kann sogar aus Metall und Steinen Inschriften hervorholen" (Xunzi,1999, S. 11).

Bei der Ansammlung von Gelerntem kommt es auf jeden Augenblick an (Xunzi, 1999, S. 9). Nur Lernende können Edle und Heilige werden. Der Prozess, der hierzu führt, wird von Hsün-Tzu als ein Prozess der Anhäufung von Kleinigkeiten charakterisiert. Die lernende Ansammlung soll konzentriert erfolgen und am Speziellen von statten gehen. Zu umfangreiches und nicht zusammenhängendes Lernen führt zu nichts. Der Edle wird sich mit keinem befreunden, der trotz vieler Kenntnisse kein bestimmtes Interesse, trotz umfangreich Gelerntem keine Spezialisierung aufweisen kann (Xunzi, 1999, S. 905).
Nur wenn man konzentriert und spezialisiert Gelerntes ansammelt, kann man ein Heiliger werden. Die Klassen und Stände in der Gesellschaft dürfen, wie schon Konfuzius gelehrt hatte, nicht als Resultat von Herkunft und Blutverwandtschaft betrachtet werden, sondern müssen durchlässig sein: Wer nicht imstande ist, Ritualen und sittlichen Anforderungen der Gesellschaft zu folgen, ist der Klasse der gewöhnlichen Menschen zuzuordnen, auch wenn er aus einer adligen Familie stammt. Wer aber beim Lernen konzentriert Gelerntes ansammelt und sein Verhalten verbessert, die Rituale und sittlichen Anforderungen einhält, der kann der Klasse der Beamten und Edlen zugeordnet werden, auch wenn er aus einer gewöhnlichen Familie stammt (Xunzi, 1999, S. 209).

3.3 Lernen dient der Einhaltung der Riten

Hsün-Tzu erhöhte im Vergleich zu Konfuzius den Stellenwert der Riten (s.o., Abschnitt 1). Er betrachtete sie als eine Instanz, vor der sich entscheidet, ob ein Mensch gut oder böse ist und ob eine Gesellschaft befriedet wird oder nicht. Riten sind für ihn die höchsten Richtlinien der Ordnung, der Grundstein der staatlichen Stärke, die effektivste Methode für die Ausweitung der Macht, der Fokus der Suche nach gutem Ruf und hoher Stellung. Ohne sie würde man trotz der besten Waffen keinen Krieg gewinnen, trotz fester Stadtmauern keine Stadt schützen, trotz strenger Strafen keine Autorität festigen können. Erst wenn die Riten eingehalten werden, können der Staat regiert und die Welt befriedet werden. Ohne sie wäre der Staat vom Untergang bedroht (Xunzi, 1999, S. 483).

14 eine alte chinesische Maßeinheit von etwa 500 Metern

Ungeachtet dieser Differenz gegenüber Konfuzius bilden auch für Hsün-Tzu die klassischen konfuzianischen Werke den Inhalt und Kanon des Lernens, wobei jedes Buch der *Fünf Klassiker* einen eigenen Schwerpunkt hat (s.o.), auch wenn Hsün-Tzu die Zielrichtungen anders definiert: Das *Buch der Lieder* drückt die Intentionen der Heiligen aus, das der *Urkunden* die Angelegenheiten des öffentlichen Dienstes, das *Buch der Riten* festigt das Verhalten, das *Buch der Musik* bringt herrliche Gemütsverfassungen hervor, die *Frühlings- und Herbstannalen* tiefsinnige Gedanken. Nach Hsün-Tzu müssen sich Lernende nicht gleichmäßig mit diesen umfangreichen Lerninhalten auseinandersetzen: Die richtige Methode ist, dass man mit dem *Buch der Lieder* und dem *Buch der Urkunden* anfängt und sich erst zum Schluss mit dem *Buch der Riten* auseinandersetzt (Xunzi, 1999, S. 13). Die Beschäftigung mit den Riten ist dabei das wichtigste. Sie bestimmt den gleichbleibenden Kerninhalt allen Lernens.

3.4 Lernen führt durch Handeln zur vollständigen Erkenntnis der Sachen

Auch die von Konfuzius herausgearbeitete Trias von „Lernen – Denken – Handeln" (s.o., Abschnitt 1.3) wird von Hsün-Tzu aufgenommen. Er sieht das Endziel allen Lernens darin, die Handlungen des Menschen zu verbessern und ihre Sittlichkeit zu erhöhen. Das Handeln stellt für ihn die letzte und höchste Stufe im Lernprozess dar, weil es auf klaren Einsichten basiert und im Lernen erworbene Kenntnisse auf ihre Praktikabilität hin prüft.

Lernen, das die Natur des Menschen in Menschlichkeit transformiert, verbessert die menschlichen Handlungen durch die Vermittlung und Aneignung von Wissen. Hierbei sind nach Hsün-Tzu *fünf Stufen* zu durchlaufen, durch die eine Sache vollständig erkannt wird. Sie schreiten vom einfachen Hören über das Sehen und das Wissen zum komplexen Handeln voran: Von einer Sache nichts gehört zu haben, ist weniger gut als von etwas gehört zu haben; von einer Sache etwas gehört zu haben, ist weniger gut, als die Sache selbst gesehen zu haben; sie bloß gesehen zu haben, ist nicht so gut, wie um sie zu wissen; um sie zu wissen, ist nicht so gut, wie sie handelnd umzusetzen.

Um die vollständige Erkenntnis einer Sache zu erlangen, sind zwei Methoden hilfreich. Die eine vergleicht und analysiert eine Sache allseitig und erkennt diese in ihrem Verhältnis zu anderen Sachen; die andere lässt frühere Erfahrungen mit der Sache außer Acht und setzt sich konzentriert und nüchtern mit der Sache auseinander (Xunzi, 1999, S. 681-683).

Erst im Handeln erreicht das Lernen sein Endziel (Xunzi, 1999, S. 197). Nach Hsün-Tzu herrscht die menschliche Seele über den Körper und den Geist des Menschen. Der Mund kann gezwungen werden, zu schweigen oder zu sprechen. Der Körper kann gezwungen werden, sich zu beugen oder zu strecken. Aber die Seele beherrscht sich selbst und lässt sich nicht durch anderes oder andere kontrollieren und beschränken (Xunzi, 1999, S. 687).

3.5 Zur Wichtigkeit des Lehrers bei der Vermittlung der Riten

Hsü-Tzu betonte die Rolle, die dem Lehrer in der Unterweisung und mit Blick auf die Aufgabe der Weltbefriedung zukommt. Er lehrte, der Aufstieg des Staates hänge davon ab, dass der Lehrer und das Lehren geachtet werden, der Untergang des Staates drohe, wenn der Lehrer und das Lehren missachtet werden (Xunzi, 1999, S. 911).

Das Lehren der Lehrer ist für ihn der Schlüsselfaktor dafür, dass Riten vermittelt und eingehalten werden können. Weil Riten als höchste Normen der Gesellschaft die Grundlage der Weltbefriedung bilden, spielen Lehrer als Vermittler der Riten eine wesentliche Rolle. Die Riten ordnet er nach drei Wurzeln. Himmel und Erde sind für ihn die Wurzeln des Lebens, die Vorfahren sind die Wurzeln des Volks, Herrscher und Lehrer aber die Wurzeln der existierenden Weltordnung (Xunzi, 1999, S. 605).

Ohne Unterstützung durch Lehrer können Riten nicht vermittelt und tradiert werden (Xunzi, 1999, S. 39). Der Lehrer hat einen so hohen Stellenwert, dass nicht jeder Lehrer werden kann. Lehrer müssen, ganz abgesehen von ihrer Gelehrsamkeit, vier Voraussetzungen erfüllen. Sie müssen Autorität besitzen, der zufolge sie geachtet und gefürchtet werden; sie müssen Ansehen haben, das sie auch in hohem Alter ehrt und sie vertrauenswürdig macht; Richtigkeit und Genauigkeit zeichnet sie im Vortrag des konfuzianischen Kanons aus, sie verstoßen nicht dagegen; und sie zeigen eine Weisheit, die es ihnen erlaubt, Wahrheiten im feinsten zu verstehen und zu interpretieren (Xunzi, 1999, S. 449).

Als Verkörperung der Riten und der Gerechtigkeit ist der Lehrer eine absolute Autorität, der die Schüler unbedingt gehorchen müssen. Der Schüler muss sich genau an das halten, was sein Lehrer lehrt, auch wenn er die Schulzeit beendet hat und selber Lehrer geworden ist. Wer sich in seinen Worten nicht mit seinem Lehrer abstimmt, gilt als rebellisch, wer sich in seinem Lehren nicht an seinen Lehrer anschließt, als untreu (Xunzi, 1999, S. 901).

Die Autorität des Lehrers beruht nicht zuletzt darauf, dass manche Inhalte von Lernenden allein nicht angeeignet werden können. Für sie ist das Lehren des Lehrers unentbehrlich und entscheidend. Hierzu sagt Hsün-Tzu: Keine andere Methode nütze beim Lernen so viel wie die Annäherung an einen weisen Lehrer. Im *Buch der Riten* und im *Buch der Musik* werden Bildungsinhalte zwar vorgestellt, aber nicht erklärt; im *Buch der Lieder* und im *Buch der Urkunden* wird zwar vom chinesischen Altertum erzählt, aber nicht seine Bedeutung für die Gegenwart dargestellt; und das *Buch der Frühlings-und Herbstannalen* enthält zwar treffende Schilderungen, die jedoch nicht aus sich heraus verständlich sind. Erst wenn Lernende Interpretationen eines weisen Lehrers hören, können sie zu tiefergehenden Kenntnissen gelangen, sich selbst mit der Welt auseinandersetzen und die eigene Sittlichkeit steigern (Xunzi, 1999, S. 17).

3.6 Das Selber-Lernen kann trotz aller Schwierigkeiten gestärkt und entfaltet werden

Angesichts der angeborenen, ungeordneten und bösen Natur des Menschen sind Unordnung und Ausbrüche im Gemeinschaftsleben dann zu befürchten, wenn das Volk nicht durch Riten gebildet wird. Die böse Natur muss in ein reflektierendes Lernen und Sich-Kultivieren überführt werden, das das ganze Leben andauert und grundsätzlich nicht abzuschließen ist.

Obwohl Hsün-Tzu fest davon überzeugt war, dass „ein gewöhnlicher Mensch auf der Straße ein Heiliger wie Yu[15] werden kann" (vgl. Xunzi, 1999, S. 763), war er sich auch darüber im Klaren, dass der Weg zum Heiligsein voller Schwierigkeiten und Hindernisse ist. Heiligwerden ist das Ergebnis von Bemühungen, die mit der Geburt einsetzen. Ohne sie würde es jeden Augenblick zu Unterbrechungen des Lernens kommen. Xunzi hat dies an einem Gespräch zwischen Zi Gong[16] und Konfuzius so erläutert:

> „Zi Gong fragte Konfuzius: ‚Ich bin des Lernens satt. Ich möchte mich ausruhen und dem König dienen.' Konfuzius sprach: ‚Das Buch der Lieder sagt, man müsse immer sanft und höflich sein, den Dienst ernst nehmen und sorgfältig handeln. Dienst für den König ist nicht leicht, dürfte man sich dabei etwa ausruhen?' Zi Gong sagte: ‚Sodann möchte ich mich ausruhen und den Eltern dienen.' Konfuzius sprach: ‚Das Buch der Lieder sagt, die kindliche Pietät, die ihr für euren Stamm aufbringen sollt, sei unendlich. Eltern zu dienen ist nicht leicht, dürfte man sich dabei etwa ausruhen?' Zi Gong sagte: ‚Ich möchte mich ausruhen und dann Frau und Kinder kriegen.' Konfuzius sprach: ‚Das Buch der Lieder sagt, man solle zunächst ein Vorbild für seine Frau und Kinder sein und die positive Auswirkung auf die Brüder ausweiten. Das Zusammenleben mit deiner Frau und deinen Kindern ist nicht leicht, dürfte man sich dabei etwa ausruhen?' Zi Gong sagte: ‚Sodann möchte ich mich ausruhen und mit Freunden verkehren.' Konfuzius sprach: ‚Das Buch der Lieder sagt, Freunde unterstützen einander, der Umgang miteinander basiert auf den Riten. Der Umgang mit Freunden ist nicht leicht, dürfte man sich etwa ausruhen?' Zi Gong sagte: ‚Sodann möchte ich mich ausruhen und ein Bauer werden.' Konfuzius sprach: ‚Das Buch der Lieder sagt, man müsse am Tag Stroh sammeln und in der Nacht Seile machen, ferner das Dach reparieren und bald mit dem Anbau auf den Feldern beginnen. Die Bebauung des Ackers ist nicht leicht, dürfte man sich dabei etwa ausruhen?' Zi Gong sagte: ‚Das heißt, ich darf mich nirgendwo ausruhen?' Konfuzius sprach: ‚Schau mal das Grab dort, das wie ein Gipfel aussieht. Da weißt du, wo du dich ausruhen darfst.'" (Xunzi, 1999, S. 907-911)

Hsün-Tzu betont genauso wie Konfuzius und Mong Dsi, dass das Lernen nach Vervollkommnung der Sittlichkeit streben solle. Aber nach Hsün-Tzu entwickelt sich die sittliche Vollkommenheit von außen nach innen und nicht wie bei Mong Dsi von innen nach außen.

---

15 Die Figur des Yu war der erste mythische Kaiser der Xia-Dynastie (ca. 2224 – 1766 v. Chr.)

16 Einer der in den *Gesprächen* genannten Schüler des Konfuzius.

Im Vergleich kann man sagen, dass Hsün-Tzu eine Erziehungs- und Bildungslehre entwickelte, die auf äußerliche Ansammlungen von Gelerntem setzte, während Mong Dsi Bildung stärker auf Selbstreflexion gründete. Beides, die Ansammlung von Gelerntem, die Disziplinierung durch Riten und die Verehrung des Lehrers, die den Schwerpunkt bei Hsün-Tzu darstellen, und die von Mong Dsi hervorgehobene Bedeutung von Selbstreflexion, gehören bis heute zur konfuzianistischen Bildungskultur.

4 Gemeinsamkeiten und Unterschiede in den Werken von Konfuzius, Mong Dsi und Hsün-Tzu

Die Gedanken von Konfuzius, Mong Dsi und Hsün-Tzu über Lehren und Lernen weisen eine Reihe von Gemeinsamkeiten auf: (1) Lernen dient der Vervollkommnung des Individuums und dauert das ganze Leben lang. (2) Der Lernende selbst ist für die eigene Vervollkommnung verantwortlich. (3) Das für sich selber Lernen schließt die Sorge für die Ordnung und Wohlfahrt der Gemeinschaft ein und hat damit stets auch eine politische Bedeutung. (4) Gleichwohl gibt es Spannungen zwischen dem Lernen für sich und der Politik. (5) Der Lehrer unterstützt durch sein Lehren von außen die Anstrengungen des Einzelnen in dessen Lernen für sich selbst. (6) Lehren und Lernen sollen beide inhaltlich gleich umfangreich sein. (7) Das Lehren soll den Geist des Konfuzianismus vermitteln und die Worte und Handlungen des Lehrers sollen diesen Geist darstellen. (8) Lehren und Lernen sollen auf der Grundlage der Trias Lernen – Denken – Handeln Verbesserungen im Handeln anregen.
Die drei Meister bilden in ihren Abhandlungen zum Lehren und Lernen aber auch eigene Schwerpunkte. Sie betrachten und beurteilen Menschlichkeit auf je besondere Weise:

- Für Konfuzius war sie ein Resultat aus Lernen und Handeln; deshalb hielt er die Lernenden dazu an, fleißig die sich darbietenden Bildungschancen zu nutzen.
- Mong Dsi ging von einer guten menschlichen Natur aus und empfahl den Lernenden, die vorhandene Anlage zum Guten durch eigenes Denken und Reflektieren, aber mit Unterstützung durch einen Lehrer voll zu entwickeln.
- Hsün-Tzu sprach der menschlichen Natur eine Neigung zur Bosheit zu, die durch Disziplinierung und Gegenwirkung begrenzt werden müsse, weshalb er Lernen mit Disziplinierung verband und vom Lehrer forderte, streng mit dem Lernenden umzugehen.

Auch in der europäischen Bildungstradition finden sich ähnlich konträre Positionen. So forderte August Hermann Francke (1702/1957, S. 15) wie nach ihm Hegel im dritten Teil seines „Systems der Philosophie“ (§ 396, Zusatz), „den natürlichen Eigenwillen des Kindes zu brechen“, während Jean Jacques Rousseau im ersten

Buch des *Émile* feststellt: „Alles, was aus den Händen des Schöpfers kommt, ist gut; alles entartet unter den Händen der Menschen." (Rousseau, 1760/1957, S. 109) und daraus die Forderung ableitete, das Kind solle unter einer „klug geregelten Freiheit" aufwachsen (ebd.). Es war das Verdienst des Berliner Theologen und Pädagogen Friedrich D.E. Schleiermacher, ein Erziehungsverständnis zu entwickeln, das bei der Frage, ob der Mensch von Natur aus gut oder böse sei, von der „Unentschiedenheit der anthropologischen Voraussetzungen" ausging und so den metaphysischen Streit beendete (Schleiermacher, 1826/1957, S. 19).

5 Zusammenführung: Die Dialektik des Lehrens und Lernens im *Buch von Maß und Mitte*

Querverbindungen zwischen den Auffassungen der drei großen Meister finden sich in den *Vier Büchern* aus dem 12. Jahrhundert nach Beginn unserer Zeitrechnung. Sie stellen eine von dem Neokonfuzianer Zhu Xi (1130-1200)[17] hergestellte und neu interpretierte Zusammenfassung der konfuzianischen und konfuzianistischen Schriften dar (chinesische Neuausgabe: Zhu, 1987):

- das Buch *Das Große Lernen (*dà xué)
- die *Gespräche* des Konfuzius (lún-yŭ),
- das *Buch von Maß und Mitte* (zhong yong)
- und die von Mong Dsi stammende Schrift gleichen Namens (s.o.).

Wichtig für unsere Analysen sind insbesondere das Buch *Das Große Lernen*[18] und *Das Buch von Maß und Mitte*[19]*, das* auch *Li Gi* genannt wird (Li Gi 2007). Das Buch *Das Große Lernen* sucht zu zeigen, wie die Einzelnen glänzende Tugenden entfalten können, die es erlauben, in der höchsten Güte zu leben, zu helfen und das Volk zu erneuern. Wesentliche Aufgabe richtigen Lernens ist es, die in den Menschen verborgenen Tugenden hervorzubringen und entsprechende Prozesse solange zu unterstützen, bis die höchste Güte erreicht ist. Im *Buch von Maß und Mitte* wird der „goldene Weg des Lernens" erörtert, der durch ein „Mandat des Himmels" bestimmt ist. Ihm zufolge stammt der Mensch vom Himmel ab, der

17 Er lebte während der Song-Dynastie von 1130-1200 n. Chr. und lehrte an der berühmten „Akademie der Weißen Hirsch-Grotte" (vgl. Bauer 2001, S. 255-272).

18 Das *Große Lernen* ist das erste der *Vier Bücher*. Ursprünglich handelte es sich hierbei um ein Kapitel aus dem *Buch der Riten* der FÜNF KLASSIKER.

19 Die Autorenschaft des *Buches von Maß und Mitte* ist ungeklärt, auch wenn es Konfuzius zugerechnet wird (vgl. das Nachwort zu Konfuzius, 2015, S. 67).

ihm den Befehl gab, seine Bestimmung durch lebenslanges Lernen selbst zu suchen und sich zum Edlen zu entwickeln. Das Buch folgt Konfuzius' Forderung, die Staatsregierung durch Sittlichkeit zu erhöhen, betont aber den persönlichen Charakter der politischen Herrschaft und interpretiert den durch edle Tugenden ausgezeichneten Herrscher als großen Lehrer für das ganze Volk.

Das Buch Li Gi basiert auf den *Aufzeichnungen über Schulwesen und Pädagogik* (Hüo Gi). Es fasst die von Konfuzius und seinen Schülern entwickelten Gedanken über Lehren und Lernen systematisch zusammen. Das Lehren soll nun die Hälfte des Lernens bestimmen (Li Gi, 2007, S. 191). Hierunter wird keine schlichte Gleichzeitigkeit des Lehrens und Lernens verstanden, sondern eine Koordination, welche einem dialektischen Verhältnis von Lehren und Lernen verpflichtet ist, das sich durch folgende sechs Kernaussagen charakterisieren lässt:

(1) *Bei einem guten Lehrer fördern sich Lehren und Lernen gegenseitig.* Der Lehrer verbessert seine Kenntnisse vom Lernen durch das Lehren. Denn nur am Lernen erkennt er die Schwierigkeiten der zu vermittelnden Sache. Und nur wer diese Schwierigkeiten kennt, kann sich beim Lernen wirklich anstrengen und anschließend die erworbenen Kenntnisse und Techniken lehrend einsetzen (Li Gi, 2007, S. 191).

(2) *Ein guter Lehrer kennt gleichermaßen die Gründe für Erfolg und Misserfolg seiner Unterweisung.* Erfolgreiche Unterweisung ist darauf zurückzuführen, dass der Lehrer vorbeugend Fehler verhindert, bevor sie sich zeigen. Er handelt gegenüber seinen Schülern so, dass diese aufeinander schauen und sich gegenseitig in ihrem Vervollkommnungsprozess unterstützen. Misslingender Unterricht kommt dadurch zustande, dass der Lehrer den richtigen Zeitpunkt für sein Handeln verpasst und bereits aufgetretene Fehler verbietet. Er ruft dadurch bei den Lernenden Widerstand hervor, der dazu führt, dass diese ohne Freunde und Gemeinschaft mit dem Lehrer lernen, sich in ihrer freien Zeit mit schädlichen Dingen beschäftigen, schlechten Umgang pflegen und dabei ihr Lernen vernachlässigen (Li Gi, 2007, S. 194).

(3) *Ein guter Lehrer versteht es, seine Schüler durch Fragen und Aufklärung anzuregen und zu leiten.* Im Buch *Das Große Lernen* steht, dass der Edle durch Erziehung über sich selbst aufgeklärt wird. Der Lehrer soll die Schüler leiten, nicht aber vor sich her treiben; er soll sie stärken, nicht aber zwingen; er soll sie interessieren, ihnen aber nicht alles vorsagen (Li Gi, 2007, S. 194f.).

(4) *Ein guter Lehrer verbessert den einzelnen Schüler durch die Kultivierung seiner Stärken und die Verringerung seiner Schwächen.* Er trägt nicht bloß den Inhalt eines Buches unter Absehung von den Lernfähigkeiten und dem Lernstand seiner Schüler vor. Er strebt nicht nach raschen Fortschritten und sucht nicht seine Schüler wie ein Gefäß mit Gelerntem zu füllen. Er motiviert den Schüler zur Selbsttätigkeit und zur Entfaltung seines Leistungspotenzials. Falsches Lehren führt dazu, dass der Schüler den Lehrer hasst, unter dem Lernen leidet

und aus dem Lernen keinen Nutzen gewinnt, sondern das Gelernte bald wieder vergisst (Li Gi, 2007, S. 193f.). Vier Fehler sind beim Lernen zu vermeiden: Es kann zu viel, zu wenig, zu leicht, oder zu schwer gelernt werden. Hinter diesen vier Fehlern stehen unterschiedliche Stimmungslagen bei den Lernenden. Erst wenn der Lehrer diese kennt, kann er den vier Fehlern des Lernens vorbeugen und seine Schüler von ihnen befreien (Li Gi, 2007, S. 195).

(5) *Ein guter Schüler wird den Lehrer selbst wählen und ehren.* Niemand ist ein guter Lehrer, wenn er lediglich wiedergibt, was er zuvor gelernt hat (Li Gi, 2007, S. 197). Der Lehrer muss die Regierungskunst beherrschen, und nur der, der Lehrer zu sein vermag, kann auch Führer und Fürst werden (Li Gi, 2007, S. 195f.). Er steht für den „großen Weg" (Tao) und muss diesen in seiner Person sichtbar machen. Ein guter Schüler muss sich selbst einen geeigneten Menschen als Lehrer suchen, diesen wählen und dann auch als solchen ehren. Wenn man den Lehrer ehrt, ehrt man den großen Weg; wenn man den großen Weg ehrt, ehrt man die Wissenschaft, in welche der Lehrer einführt (Li Gi, 2007, S. 196). Das *Li Gi* legt besonderen Wert auf den feierlichen Ritus der Einschulung, mit welcher der große Weg beginnt und der den Schüler einübt, den Lehrer und den großen Weg zu fürchten und zu ehren. Um diese Furcht und Ehre von früh an zu entwickeln, diszipliniert der Lehrer den Schüler bei der Einschulung in einem symbolischen Akt mit einer Rute aus Bambus.

(6) *Ein guter Schüler hat Freude am Lernen und kann Anspannung durch Entspannung ausgleichen.* Beim Lernen sollen Anspannung und Ruhe einander abwechseln. In der Ruhezeit soll sich der Lernende entspannen und so vergnügen, dass eine Balance zwischen Anspannung und Entspannung entsteht. Erst durch diese Balance lässt sich Wissen erwerben und die Lernfähigkeit steigern, entsteht Interesse an umfangreichen Kenntnissen und der Wille, in das zu Lernende einzudringen und es selbstständig auch auf andere Bereiche zu übertragen (Li Gi, 2007, S. 193). Wer sich am Lernen erfreut und enge Beziehungen mit einem Lehrer unterhält, der erfreut sich auch durch Kontaktnahme mit Freunden und hält am Richtigen und Gerechten fest.

Das im *Li Gi* beschriebene Spannungsverhältnis von Lehren und Lernen entfaltet sich im Wechselspiel von Lerneifer des Schülers und Lehrkunst des Lehrers. Die Selbsttätigkeit des Schülers und sein Wille zur Selbstkultivierung sind zentral, aber der Lehrer gibt durch die Beachtung des richtigen Moments und durch die Beobachtung des Lernstands des Schülers entscheidende Hilfestellungen. Das kann als eine chinesische Form dialektischen Denkens angesehen werden. Dadurch entsteht eine Nähe zu klassischen europäischen Traditionen der Dialektik (vgl. Peng, 2011). So argumentiert auch Heiner Roetz, der die Dialektik in den Konfuzius zugeschriebenen Werken betont (Roetz, 2006, S. 22) und sich gegen seine Vereinnahmung als „ordnungsfrommer Tugendlehrer" verwahrt. Der Lernende soll sich in die Gesellschaft integrieren, und das kann er nur, wenn er seine persönliche Integrität wahrt.

6 Anmerkungen zur Wirkungsgeschichte des Konfuzianismus

In der Han-Dynastie (206 vor bis 220 nach unserer Zeitrechnung), die für die Entwicklung Chinas zentrale Bedeutung hatte, wurde die wesentlich von Mong Dsi geprägte konfuzianistische Auffassung von Lehren und Lernen zur Staatsphilosophie erhoben und die von Zhu Xi herausgegebenen *Vier Bücher* (s.o.) *wurden* als Lehrbücher für die kaiserliche Prüfung zur Auswahl der Beamten bestimmt. So entstand ein an Prüfungen orientiertes Bildungssystem, das Lernende dazu anhielt, ihren Bildungsgang eng am konfuzianistischen Kanon auszurichten. Dadurch verlor der alte Konfuzianismus, der Erziehung und Bildung als einen lebenslangen Prozess der Selbstkultivierung interpretiert hatte, allmählich an Bedeutung. Manche Forscher sagen deshalb, dass dadurch die individuelle Kreativität, die einem Lernen für sich selbst entspringt, erstickt worden sei. Das wiederum habe dazu beigetragen, dass die weitere Entwicklung der chinesischen Kultur unter einem Mangel an Dynamik und Kreativität gelitten habe. Im Opiumkrieg 1840 habe dies zur Niederlage Chinas gegenüber England, im Jiawu-Seekrieg (1894/95) gegenüber Japan geführt. Durch sie sei das ganze Land in eine tiefe Krise gestürzt und vom Untergang bedroht gewesen.
In der letzten Phase des chinesischen Kaiserreichs (1915-1923) wurde versucht, China aus dieser Notlage durch eine Neuorientierung an Wissenschaft und Demokratie, nicht aber durch Festhalten an den Traditionen des Konfuzianismus zu befreien. Es entwickelten sich Vorstellungen, China durch eine an Wissenschaft und Demokratie gegründete Erziehung und Bildung zu reformieren und durch diese die Jugend von den konfuzianischen Lehren und Geboten zu emanzipieren. Duxiu Chen (1879-1942)[20], einer der Initiatoren dieser Bewegung, meinte, erst wenn sich eine neue Jugend herausgebildet habe, könnten auch ein neuer Staat und eine neue Gesellschaft entstehen. Für die Erziehung und Bildung der neuen Jugend stellte er sechs Kriterien auf: Sie sollte nicht sklavisch sondern selbstständig, nicht konservativ sondern progressiv, nicht weltabgewandt sondern strebsam, nicht geschlossen sondern weltoffen, nicht leer und unrealistisch sondern praxisorientiert, nicht fiktiv sondern wissenschaftlich sein. Die chinesische Erziehung und Bildung machte sich in der Folgezeit auf den Weg einer Modernisierung, auf dem sie von Ländern wie Deutschland, Japan, Amerika und der Sowjetunion lernte, aber die konfuzianische Kultur des Lehrens und Lernens negierte und vergaß (vgl. Peng, 2015).

---

20 Publizist, politischer Aktivist, Gründungsmitglied und erster Generalsekretär der Kommunistischen Partei Chinas

Mit dem Erstarken Chinas im 20. Jahrhundert und seinem Eintritt in Prozesse der Globalisierung im 21. Jahrhundert beginnt sich die chinesische Gesellschaft wieder stärker für ihre eigene Kultur und Identität zu interessieren und um diese zu sorgen. Hieraus erwächst für den Konfuzianismus eine neue Chance. Die Spitzenleistungen, die Shanghaier Schülerinnen und Schüler in der PISA-Studie 2010 erreichten, werden aktuell zu einer niemals ganz verloren gegangenen konfuzianistischen Kultur in Beziehung gesetzt. In den konfuzianischen und konfuzianistischen Gedanken über Lehren und Lernen werden wieder wichtige Ressourcen für die eigene Entwicklung und für den internationalen Austausch und Dialog gesehen. In einer Welt, in der die Grenzen zwischen Arbeit, Lernen und Leben immer mehr in Auflösung begriffen sind, wird versucht, den Konfuzianismus neu zu beleben und dafür einzutreten, dass das Lernen wieder stärker um seiner selbst willen geschätzt und mit Blick auf ein dialektisches Verhältnis von Lehren und Lernen kultiviert und weiterentwickelt wird. Dies könnte nicht zuletzt auch für ein mit der Ordnung von Lehren und Lernen abgestimmtes Verständnis von Demokratie und Politik bedeutsam werden.

Literatur

Bauer, W. (2001). *Geschichte der chinesischen Philosophie.* München: C.H. Beck.

Francke, A.H. (1957). *Pädagogische Schriften.* Paderborn: Schöningh.

Hegel, G.W.F. (1965). System der Philosophie. Dritter Teil. Die Philosophie des Geistes. In: Ders.: *Sämtliche Werke*, hrsg. von H. Glockner. Band 10. Stuttgart-Bad Cannstatt: Frommann.

Hu, P. (2007). 礼记·孝经 *(Ausgewählte Werke von Li Gi und dem Buch der Pietät).* Peking: Zhonghua Shuju.

Köster, H. (Hrsg.)(1967). *Hsün-tzu.* Kaldenkirchen: Steyler Verlag.

Konfuzius (1982). *Gespräche*, hrsg. und übersetzt von R. Moritz. Stuttgart: Reclam.

Konfuzius (2010). *Gespräche (Lún-yǔ).* In der Übersetzung von R. Wilhelm. Beijing: Lehr- und Forschungsverlag für Fremdsprachen.

Konfuzius (2015): *Das Buch von Maß und Mitte.* Hrsg. von F. Fellmann/U. Fellmann. Stuttgart: Reclam.

Li Gi (2007). *Das Buch der Sitte des älteren und jüngeren Dai.* Köln: Anakonda

Li Gi (2014). *Das Buch der Riten, Sitten und Gebräuche.* Neuauflage der Übersetzung von R. Wilhelm. Wiesbaden: Marix Verlag.

Mong, Dsi (2009). *Mong Dsi, übersetzt von R. Wilhelm.* Beijing: Lehr- und Forschungsverlag für Fremdsprachen.

Mong, Dsi (1916). *Die Lehrgespräche des Meisters Meng K'o.* Übersetzt von R. Wilhelm. Nachdruck (2015). Wiesbaden. Marix Verlag.

Peng, Z. (2011). 德国教育学概观—从启蒙运动到当代 (*A Brief Introduction to German Pedagogy since Enlightenment*). Beijing: Beijing University Press.

Peng, Z. (2015). 求取与反思：新世纪以来全球教育改革研究及中国教育传统的初步考察. (*Transfer und Reflexion: Eine Studie zu globalen Bildungsreformen mit Blick auf die chinesische Bildungstradition*). Fuzhou: Fujian Bildungsverlag.

Peng, Z. (2017). Über Lernen und Sorge in Traditionen des Konfuzianismus. In: *Zeitschrift für Pädagogik*, Jg. 63, S. 476-490.

Roetz, H. (2006). *Konfuzius.* 3. erweit. Aufl. München: C.H. Beck.

Rousseau, J.J. (1963). *Émile oder Über die Erziehung,* übersetzt von M. Rang. Stuttgart: Reclam.
Schleiermacher, F.D.E. (1957). *Pädagogische Schriften*, Bd. 1, hrsg. von T. Schulze & E. Weniger. Düsseldorf: Küpper vormals Bondi.
Sima, Q. (2007). 史记 *(Aufzeichnungen des Chronisten)*. Beijing: Zhonghua Shuju.
Simon, R. (2015). *Shijing. Das altchinesische Buch der Lieder: Chinesisch/Deutsch* Stuttgart: Reclam.
Xunzi (1999). 荀子 *(Xunzi)*. Übersetzt ins Englische von John Knoblock. Changsha: Hunan People´s Publishing House.
Zhu, Xi (1987). 朱熹. 四书集注 *(Si shu Ji zhu – Die vier Klassiker Daxue, Zhongyong, Lunyu und Mengzi, zusammengestellt und kommentiert von Zhu Xi.)* Changsha: Yuelu Shushe.
Zhu, Xi (1996). 朱子语类 I *(Zitate von Zhu Xi, I)*. Changsha: Yuelu Shushe.

Dietrich Benner

Über Lehren und Lernen in ausgewählten westlichen Didaktik-Konzepten[1]

Seit dem Ende des 20. Jahrhunderts ist weltweit eine Neuausrichtung der Allgemeinen Didaktik und der Fachdidaktiken an Konzepten einer empirischen Bildungsforschung zu beobachten, die schulischen Unterricht nicht mehr unter erziehungs- und bildungstheoretischen Fragestellungen analysiert, sondern überwiegend mit psychologischen Literacy-Modellen arbeitet (siehe hierzu Arnold & Koch-Priewe, 2008; Meyer & Meyer, 2008; Terhart, 2015). Der Vorteil dieser Forschung besteht darin, dass sie, ohne unterrichtliche Lehr-Lernprozesse zu untersuchen, vergleichende Kompetenzmessungen vorzunehmen vermag und in der internationalen Schulleistungsvergleichsforschung eingesetzt werden kann. Inzwischen besteht die Gefahr, dass durch die publizistische und politische Aufmerksamkeit, die Großprojekte der empirischen Bildungsforschung weltweit erzielen, weit in die Geschichte zurückzuverfolgende erziehungs- und bildungstheoretische Einsichten in Zusammenhänge von Erfahrung, Lehren und Lernen in Vergessenheit geraten, die aber für Untersuchungen zum erziehenden und bildenden Unterricht weiterhin von grundlegender Bedeutung sind (vgl. Benner, 2015b). Die vielerorts nicht mehr lebendigen Traditionen gilt es heute in Deutschland und anderswo zu erinnern sowie in den chinesisch-deutschen Didaktik-Dialog einzubringen, weil sich mit ihrer Hilfe Problemverkürzungen in nationalen und internationalen Diskussionen und Forschungsprogrammen erkennen und – wenn auch nicht schon korrigieren, so doch – grundlagentheoretisch und empirisch mit einiger Aussicht auf Erfolg bearbeiten lassen.

Die notwendigen Korrekturen und anzustrebenden Ergänzungen an der derzeit vorherrschenden empirischen Bildungsforschung lassen sich nicht schon aus einer erneuten Befassung mit den in diesem Beitrag wieder ins Gespräch gebrachten Traditionen ableiten, die zwar erziehungs- und bildungstheoretisch und zuweilen auch schultheoretisch argumentieren, in der Regel aber nicht empirisch geforscht haben. Sie können erst aus Horizonterweiterungen hervorgehen, in denen nicht nur Blickverkürzungen der empirischen Lehr-Lern- und Bildungsforschung bearbeitet, sondern auch Grenzen traditioneller Bildungstheorien und bildungstheoretischer Didaktiken reflektiert und überwunden sowie Problemstellungen für eine anspruchsvollere, pädagogisch ausgewiesene Erziehungs- und Bildungs- und Unterrichtsforschung entwickelt werden. Ob dies gelingt, entscheidet sich nicht schon in

1 Originalbeitrag für diesen Band.

der Erinnerungsarbeit, sondern erst in auf ihrer Grundlage zu entwickelnden Forschungskonzepten. Von ihnen hängt wesentlich ab, ob die Klärung erziehungs- und bildungstheoretischer Fragen von Lehren und Lernen zu einer sachangemesseneren Ausrichtung erziehungs- und bildungswissenschaftlicher Forschung sowie zu besseren und wirksameren Didaktikkonzepten und vermittelt hierüber zu Optimierungen von durch schulischen Unterricht unterstützten Bildungsprozessen führt.
Unter dieser Fragestellung erinnern die folgenden Überlegungen an Zusammenhänge von Erfahrung, Lehren und Lernen, die in klassischen Didaktikkonzepten von der Antike bis zur Moderne thematisiert und reflektiert worden sind. Entwickelt wird ein aufeinander aufbauender Zusammenhang von Problemaspekten, der von den Sokratischen Dialogen und Platons Höhlenerzählung im fünften Buch der *Politeia* sowie der von Aristoteles entwickelten Ordnung von Erfahrung, Lernen und Lehren über pädagogische Diskurse bei Rousseau, Herbart und Dewey bis zu aktuellen Positionierungen führt. Letztere unterscheiden in Erziehungs- und Bildungsprozessen insgesamt drei für pädagogisches Handeln grundlegende Kausalitäten, die Einwirkungsmöglichkeiten und Wirkungszusammenhänge beschreiben. Von diesen lassen sich die beiden ersten weit in die Geschichte zurückverfolgen. Eine frühe Abgrenzung der ersten und zweiten Kausalität findet sich in Platons Dialog *Menon*, mit dem der Durchgang durch die Geschichte beginnt.

1 Ein didaktisches Lehrstück in Platons Dialog Menon und die Sokratische Aporetik

In Platons Dialog *Menon* findet sich eine berühmte Lektion, in der Sokrates (470-399 vor unserer Zeitrechnung) einem Knaben einen mathematisch-geometrischen Lehrsatz beibringt (*Menon* 82b-85b). Niemand wird diese Lektion heute als eine vorbildliche Lektion für einen anspruchsvollen Geometrieunterricht lesen (vgl. Henningsen 1974), und doch ist der im *Menon* beschriebene Lehr-Lernprozess theoriegeschichtlich bedeutsam, denn er entfaltet seine edukativen und bildenden Wirkungen über eine Aporetik, die sich zwischen den Fragen und Zeigegesten des Sokrates, den Antworten des Knaben und seiner Arbeit an der sich ihm erschließenden Sache bewegt. Gegenstand des Lehrstücks ist der antike Satz des Pythagoras, dessen Ursprünge bis nach Ägypten führen, wo das fruchtbare Land nach den jährlichen Nilüberschwemmungen regelmäßig neu vermessen werden musste, was die Entstehung einer mathematischen Geometrie begünstigte, die solche Vermessungen auf wissenschaftlicher Grundlage erlaubte.

In dem mathematisch-geometrischen Lehr-Lern-Experiment zeichnet Sokrates zu Beginn vor einem Knaben ein Quadrat mit einer Seitenlänge von zwei Fuß und einer Fläche von vier Fuß in den Sand. Ich rekonstruiere dies im Folgenden unter Absehung von allen metaphysischen Fragen, die im Dialog durchaus eine Rolle spielen, und rücke Zusammenhänge in den Vordergrund, die sich zwischen dem fragenden und zeigenden Sokrates und dem antwortenden Knaben abspielen.
Danach befragt, um was es sich bei der in den Sand gezeichneten Figur handele, gibt der Knabe die richtige Antwort, diese sei ein Quadrat mit einer Seitenlänge von zwei Fuß, das die vierfache Fläche eines einfüßigen Quadrates habe. In dieser Exposition ist von Lehren und Lernen zunächst noch gar nicht die Rede. Den Übergang in einen Lehr-Lernprozess leitet Sokrates ein, indem er den Knaben fragt, ob er auch wisse, was das Doppelte des vierfüßigen Quadrats sei. Der Knabe hat einen Vorbegriff vom Doppelten und weiß, dass Sokrates nach einem Quadrat mit einer Fläche von acht Fuß fragt. Durch Sokrates aufgefordert, versucht er das achtfüßige Quadrat zu finden, indem er die Seiten des vierfüßigen Quadrats verdoppelt, und stellt dann fest, dass das so gefundene Quadrat die vierfache Fläche des Ausgangsquadrats hat. Dazu aufgefordert, das achtfüßige Quadrat zwischen dem vierfüßigen und dem sechszehnfüßigen zu suchen, wählt er das Quadrat mit einer Seitenlänge von drei Fuß und findet beim Nachzählen heraus, dass es nicht das gesuchte, sondern ein Quadrat von neun Fuß ist.
Der Knabe weiß nun nicht mehr weiter. Er erkennt in der Zeichnung ein-, vier-, neun- und sechszehnfüßige Quadrate, nicht aber das gesuchte achtfüßige Quadrat. In dieser Situation kommt ihm Sokrates zur Hilfe, indem er auf eine bloß vorgestellte, in der Zeichnung noch nicht eingetragene Linie zeigt.

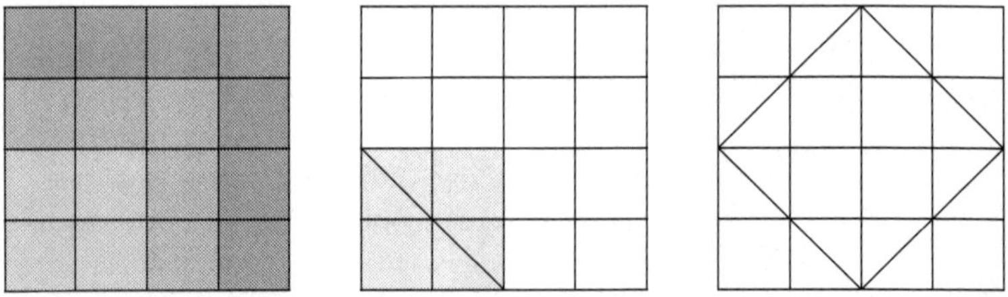

Abb. 1: Drei Abbildungen zur geometrischen Lektion in Platons Dialog *Menon*

Von den drei Abbildungen gibt die erste wieder, was der Knabe sieht. Die mittlere macht deutlich, worauf Sokrates zeigt, und die Abbildung rechts hält fest, was der Knabe nun entdeckt und erkennt: nämlich ein durch vier Diagonalen begrenztes Quadrat, welches das gesuchte Quadrat mit einer Fläche von acht Fuß ist.
Im Gespräch mit Sokrates beginnt der Knabe erst für ihn Neues zu lernen, als er bemerkt, dass er das ihm von Sokrates zeichnend, zeigend und fragend vorgegebe-

ne Problem auf dem eingeschlagenen Weg der Verdoppelung der Seiten des Ausgangsquadrats nicht bearbeiten kann. Jetzt erst wird er von Sokrates durch eine Zeigegeste auf die Diagonale dazu angeregt, Quadrate nicht nur im horizontal und vertikal geordneten Raum zu suchen, sondern auch Quadrate über einer Diagonalen in Erwägung zu ziehen. Der Knabe vervollständigt daraufhin die zweite zur dritten Zeichnung und findet in dieser die Lösung.
Die Eingangsfrage des Sokrates nach der Verdoppelung der in den Sand gezeichneten Figur hatte die Funktion, den Knaben an eine Grenze zwischen Wissen und Nicht-Wissen zu führen, an der er Neues lernen kann. Die auf die Diagonale gerichtete Zeigegeste des Sokrates zielte anschließend darauf, dem Knaben einen Übergang von der negativen Erfahrung des Nicht-Wissens in ein erneutes Suchen zu ermöglichen. Die didaktische Qualität dieser Zeigegeste lag darin, dem Suchen des Knaben eine Richtung zu geben, in welcher er die ihm gestellte Frage lernend bearbeiten kann. Die Bearbeitung wird, so können wir zusammenfassen, durch Sokrates fragend und zeigend eröffnet, lehrend und zeigend gesteuert und dann vom Knaben lernend und antwortend vollzogen. Der Knabe lernt nicht vom Lehrer, sondern an der Sache, und zwar mit fragender und zeigender Unterstützung durch den Lehrer.[2]

2 Platons Begriff der Erziehung als „Kunst der Umlenkung des Blicks“

Platon (427-347 vor unserer Zeitrechnung) war der berühmteste Schüler des Sokrates. Seine Erzählung von Menschen, die in einer Höhle an Kopf und Gliedern gefesselt sitzen (*Politeia*, 514a-521b), erinnert uns heute an ein Kino. Sie hat den Science-Fiction-Film „The Matrix“ aus dem Jahr 1999 inspiriert. In Platons Höhle werden im Rücken ihrer Bewohner Gegenstände vor einem Feuer hin und her getragen, die Schatten auf eine vor den Gefesselten liegende Wand werfen. Die Höhlenbewohner nehmen das, was sie sehen, als die ihnen bekannte Welt wahr und unterhalten sich über das, was sie sehen. Die Kontinuität des Erfahrungsprozesses wird jäh unterbrochen, als einem der Höhlenbewohner die Fesseln gelöst werden und dieser gezwungen wird, seinen Blick erst in der Höhle nach hinten und dann auch seitwärts auf die von der Sonne beschienene Welt zu wenden. Er macht neue Erfahrungen, die er mit den anderen Bewohnern der Höhle

2 Auf die unterrichtliche Bedeutung des Zeigens hat in der neuesten Didaktik-Diskussion in Deutschland Klaus Prange (2005) wieder hingewiesen. Meine Auslegung des Beispiels aus dem *Menon* wurde durch Prange inspiriert, der auch die Auswahl der Positionen für den weiteren Durchgang durch die Problemgeschichte didaktischen Reflektierens beeinflusst hat.

teilen möchte. Dieser Versuch aber scheitert. Die Gefesselten meinen, er sei mit verdorbenen Augen zu ihnen zurückgekehrt, und trachten ihm nach dem Leben.
An die Höhlenerzählung schließt Platon Schlussfolgerungen an, von denen uns hier nur die pädagogischen interessieren (zur ausführlicheren Interpretation der Höhlenerzählung siehe Fink, 1970, S. 43-66; Benner u.a., 2015, S. 32-39). Sie lauten: Niemand könne „blinden Augen ein Gesehenes“ einsetzen (*Politeia*, 518c). Lernen und Bildung vollzögen sich durch Wendungen des Blicks. Jeder könne seinen Blick aber nur selber wenden. Erziehung und Bildung seien darum als „Kunst der Umlenkung“ des Blicks zu denken, nämlich als eine edukative Kunst, andere zur Umlenkung ihres Blicks zu veranlassen und darin zu unterstützen, sich durch Umlenkungen des eigenen Blicks in Wechselwirkung mit der Welt zu bilden.
Wie in der im Dialog *Menon* beschriebenen Lektion verläuft Lernen auch in Platons Höhlenerzählung über Wendungen des Blicks – von vertikalen und horizontalen Begrenzungen von Quadraten zu einem über einer Diagonalen zu errichtenden Quadrat bzw. von der Wahrnehmung der Schatten zum Licht und den Gegenständen im Rücken der Gefesselten und von da zu der von der Sonne beschienenen Welt. Die über Blickwendungen verlaufenden Bildungsprozesse werden beide Male durch eine edukative Kunst der Umlenkung des Blicks ausgelöst. Die Umlenkung misslingt, wenn Lehrer das zu Lernende den Schülern direkt einzusetzen suchen. Sie kann gelingen, wenn Lehrer die Kunst der Umlenkung des Blicks beherrschen und Schüler tatsächlich beginnen, an von ihren Lehrern vorstrukturierten Sachen und Problemen für sie Neues zu erkennen und sich zu bilden.

3 Die teleologische Ordnung von Lehren und Lernen bei Aristoteles

Der griechische Philosoph Aristoteles (384-322 vor unserer Zeitrechnung) wusste bereits, dass Lehr-Lernprozesse nicht nur vom Fragen und Zeigen eines Lehrers und vom Suchen und Antworten eines Schülers, sondern darüber hinaus auch von der Gegebenheit einer lehr- und lernbaren Ordnung des Wissens abhängig sind. Wo es eine solche Ordnung nicht oder noch nicht gibt, ist Unterricht gar nicht möglich. Zu Beginn seiner *Metaphysik* (980a-981b) führt er aus, nur die um die jeweilige fachliche Ordnung Wissenden könnten lehren, wer hingegen solche Ordnungen nicht kenne, der könne nicht lehren und andere auch nicht unterrichten.
An verschiedenen Stellen seines Werks macht Aristoteles deutlich (vgl. *Erste Analytik*, 67a; *Zweite Analytik*, 71a), dass Sokrates nicht zufällig auf die Diagonale

im zweifüßigen Quadrat verwies, sondern dies tat, weil er wusste, dass das auf dieser zu errichtende Quadrat eine Fläche hat, die der Summe der Quadrate über den Seiten entspricht, die den rechten Winkel bilden, und mithin das Doppelte des Ausgangsquadrats umfasst. Das Fragen und Zeigen des Sokrates war nach Aristoteles nur möglich, weil dieser das für den lernenden Knaben der Erfahrung nach Frühere – die verschiedenen Quadrate im Sand – zu dem der Ordnung von Dreiecken und Quadraten nach Grundlegenden – dem Satz des Pythagoras – in Beziehung setzen konnte.

Aristoteles gründete die erziehende Kunst und ihre Technik der bildenden Umlenkung des Blicks darauf, dass Lehrer die Ordnung, in die sie ihre Schüler durch Unterricht einführen, bereits kennen und so Blickwendungen von zufälligen Erfahrungen auf die diesen zugrunde liegende Ordnung veranlassen können. Mit der Aussage, „die (wissenden) Künstler können lehren, die erfahrenen aber nicht" (*Metaphysik*, 981 7-10), war Aristoteles vielleicht der erste, der Lernbarkeit im Bereich des Wissens und wissenschaftlicher Aussagesysteme von Lehrbarkeit abhängig machte und die Didaktik nicht als Kunst des Lernens, sondern als Kunst einer lehrenden Umlenkung des Blicks konzipierte. Sowohl in den theoretischen Wissenschaften von der Logik über die Psychologie bis hin zur Physik und Astronomie als auch in den praktischen Wissenschaften von der Ökonomie über die Pädagogik bis hin zu Ethik und Politik erkannte er den Zweckursachen (griechisch: télos; lateinisch: causa finalis) eine gegenüber den Material-, Form- und Wirkursachen (lateinisch: causa materialis, causa formalis, causa efficiens) herausgehobene Bedeutung für Lehren und Lernen zu. So vertrat er in der Bewegungslehre seiner Physik die Auffassung, alles was sich bewege, nehme Ortsveränderungen vor, die durch Zweckursachen gesteuert werden (siehe *Physik*, 184a 1-7). Vergleichbares sagte er auch vom vernünftigen Handeln gemäß einer guten, d.h. zweckmäßigen politischen Ordnung (siehe *Politik*, 1252a 1-7; *Nikomachische Ethik*,1094a 1-7). Wer auf dem Markt Geld einzutreiben versuche, das er an andere verliehen hat, der handele wider den Zweck des Marktes, der kein Ort sei, um Schulden einzutreiben, sondern um Lebensmittel für den täglichen Gebrauch zu kaufen (*Physik*, 196b-197a). Ähnlich vernunftwidrig handele der, der alle Exemplare einer bestimmten Art verzehre und keine Vorsorge dafür treffe, dass die Art sich selbst erhalten und fortpflanzen kann.

Wissenschaften im heutigen Sinne kannte Aristoteles noch nicht. Er entwickelte ein teleologisches, auf Zweckursachen ausgerichtetes Wissenschaftsverständnis, das bis zu Beginn der Neuzeit weithin anerkannt wurde. Die Folge dieses spezifischen Wissenschaftsverständnisses ist, dass die aporetische Didaktik des Sokrates und Platons Kunst der Umlenkung des Blicks nicht nur auf antike, sondern auch auf neuzeitliche und moderne Wissensformen übertragen werden können, denn sie weisen eine kategoriale Unbestimmtheit auf. Die teleologische Lehrkunst des Aristoteles ist dagegen auf neuzeitliche Wissenschaft und moderne Wissensformen nicht übertragbar, denn diese kennt keine ewigen immer gleichen Zweckursachen mehr. Ein besonderes Verdienst des Theologen, Philosophen und Pädagogen Jan Amos Komenský (1592-1670) ist in diesem Zusammenhang, dass dieser edukative Einwirkungen und bildende Wechselwirkungen in seiner *Didactica Magna* (1657) und in dem von ihm konzipierten Schulbuch *Orbis Sensualium Pictus* (1658) sowohl auf die antike als auch auf die neuzeitliche Wissensform ausgelegt hat.

4 Die didaktische Bedeutung von Rousseaus Unterscheidung zwischen der Erziehung der Natur, der Erziehung durch die Dinge und der Erziehung durch die Menschen

In seinem Erziehungsroman *Émile* unterscheidet der französische Aufklärer, Philosoph, Pädagoge und Literat Jean-Jacques Rousseau (1712-1788) zwischen drei Prinzipien von Erziehungs- und Bildungsprozessen: dem Prinzip der „Erziehung der Natur", dem Prinzip „der Erziehung durch die Dinge" und dem Prinzip der „Erziehung durch die Menschen" (Rousseau 1762/1979, S. 11). Alle drei stehen in der Tradition der Höhlenerzählung Platons. In seiner naturwissenschaftlichen und sozial-ethischen Didaktik folgt Rousseau nämlich nicht dem teleologischen Paradigma des Aristoteles, vielmehr argumentiert er neuzeitlich und modern. Unter der Erziehung der Natur versteht er die unbestimmte Lernnatur und Bildsamkeit des Menschen, der keine angeborene Bestimmung hat und seine Bestimmung lernend hervorbringen und entwickeln muss. Unter Erziehung durch die Dinge fasst er ein Lernen, das auf Erfahrungen basiert, die in Wechselwirkung mit der Welt gemacht werden. Und unter Erziehung durch die Menschen versteht er edukative Einwirkungen, mit denen pädagogische Akteure solche Lernprozesse unterstützen. Von ihnen sagt er, es seien Einwirkungen einer „negativen Erziehung" (ebd., S. 88). Der Begriff verweist auf das, was schon Platon mit seiner These, niemand könne blinden Augen etwas Gesehenes einsetzen, meinte. Mit Platon und Rousseau können wir auch heute noch Erziehungs- und Bildungsprozesse dadurch unterscheiden, dass wir Erziehungsprozesse an edukative Einwirkungen Erwachsener auf Lernprozesse von Heranwachsenden zurückbinden, Bildungsprozesse dagegen als Wechselwirkungen mit der Welt interpretieren, die, edukativ unterstützt, jenseits der Erziehung stattfinden (vgl. Benner, 2015b).

Die didaktische Bedeutung der Ordnung der Erziehung der Natur, der Erziehung durch die Dinge und der Erziehung durch die Menschen lässt sich an vielen Erziehungsbeispielen aus Rousseaus Erziehungsroman *Émile*, u.a. am Beispiel des „gebrochenen Stockes“ (Rousseau, 1979, S. 249-252), verdeutlichen. Rousseaus Zögling Émile erblickt einen Stock, der halb im Wasser steckt und wie ein gebrochener Stock aussieht. Bei der Beschreibung eines Unterrichts, in dem der Erzieher Jean-Jacques das Phänomen des gebrochenen Stocks behandelt, schließt Rousseau zu Beginn zwei Vorgehensweisen aus: diejenige eines gelehrten Lehrens, in der ein Lehrer alles vorträgt, was er weiß, und diejenige einer beliebigen Interpretation des Phänomens durch den Schüler, in der der Eindruck, dass der Stock gebrochen sei, zwar korrigiert wird, aber unerklärt bleibt. Émile soll unwidersprochen sagen können, er nehme einen im Wasser stehenden gebrochenen Stock wahr. Von dieser Wahrnehmung aber führt nach Rousseau kein Weg zu einem neuzeitlichen und modernen wissenschaftspropädeutischen Unterricht. Rousseaus Lehrer Jean-Jacques geht anders vor. Er zeigt Émile, was mit dem Phänomen des gebrochenen Stockes alles zusammenhängt:

> „1. Als erstes gehen wir um den Stock herum. Und wir sehen, dass sich der Bruch so dreht wie wir. Es ist also unser Auge allein, das ihn verändert, aber Blicke können Körper nicht bewegen. 2. Wir sehen ganz senkrecht auf das Ende des Stockes, welches aus dem Wasser ragt, alsdann ist der Stock nicht mehr krumm … Hat unser Auge den Stock wieder ganz gemacht? 3. Wir bewegen die Wasseroberfläche; wir sehen den Stock zerknickt in viele Stücke, er bewegt sich im Zickzack und folgt den Wellen des Wassers. Ist die Bewegung, die wir dem Wasser geben, hinlänglich, den Stock so zu zerbrechen, zu erweichen und zu schmelzen? 4. Wir lassen das Wasser ablaufen, und wir sehen den Stock nach und nach wieder ganz werden, so wie das Wasser abnimmt. Ist das nicht mehr als genug, um die Sache zu erläutern und die Strahlenbrechung zu finden? … Émile wird niemals die Strahlenbrechungslehre kennen, es sei denn, ich lehre sie ihn rund um diesen Stock.“ (ebd., S. 252)

Die Ausführungen zeigen, dass die Verknüpfung zwischen edukativen Einwirkungen auf Émiles Lernprozesse und bildenden Wechselwirkungen zwischen diesem und dem gebrochenen Stock nicht mehr aristotelisch durch einen Rückbezug auf eine grundlegende Zweckursache erfolgt, sondern auf einem experimentell-hypothetischen Denken basiert, das erst die Abhängigkeit des Phänomens vom Standort des Betrachters, dann seine Abhängigkeit von dessen Blickrichtung und schließlich eine Abhängigkeit vom Wasser und dessen Bewegungen ermittelt und sich erst nach diesen Beobachtungen dem nähert, was neuzeitliche Physik auf der Grundlage der klassischen Mechanik als Strahlungsbrechungslehre oder kausale Erklärung der Brechungen des Lichts beim Durchdringen durchsichtiger Körper mit unterschiedlicher Dichte entwickelt hat.

Ähnlich verfährt Rousseau bei den ethischen und politischen Lektionen, z.B. beim Setzen von Bohnen und dem Vertrag mit dem Gärtner Robert, die Émile in die Grundlagen moderner Moral und Politik einführen (ebd., S. 94-97). Auch hier geht Rousseau nicht wie Aristoteles von einer vorgegebenen zweckmäßigen Ordnung – derjenigen der antiken griechischen Polis – sondern vom Fehlen einer solchen Ordnung in der zeitgenössischen Gesellschaft sowie von der Notwendigkeit aus, gesellschaftliche Ordnungen reflektierend und handelnd zu beurteilen und zu entwickeln. Für den Zusammenhang der unterrichtlichen Einführung in theoretisch-wissenschaftlich-technische und theoretisch-praktische Experimente im neuzeitlichen und modernen Sinne aber gilt, dass deren Ordnungen nicht unmittelbar in der Natur und im Leben der Menschen vorgegeben sind, sondern durch sokratische Aporien und platonische Wendungen des Blicks gesucht, reflektiert sowie neuzeitlich hypothetisch und methodenkritisch entwickelt werden müssen (vgl. Benner & Brüggen, 2011, S. 84-98).

5 Fichte: „Die Aufforderung zur freien Selbsttätigkeit ist das, was man Erziehung nennt"

Eine weitere Verhältnisbestimmung von Lehren und Lernen, die ebenfalls in der Tradition von Platons Höhlenerzählung steht, hat Johann Gottlieb Fichte (1762-1814) – ein deutscher Philosoph, der der erste Rektor der 1811 gegründeten Berliner Universität war, die seit 1949 den Namen Humboldt-Universität hat – im Jahre 1798 in seiner Abhandlung *Grundlage des Naturrechts* entwickelt. Von der Erziehung sagte Fichte: „Aufforderung zur Selbsttätigkeit ist das, was man Erziehung nennt" (Fichte, 1796, S. 43. Corrolaria zu § 3). Zu diesem Begriff gelangte er, indem er den Menschen als ein endliches, mit Bewusstsein tätiges Vernunftwesen bestimmte (vgl. eBd. § 1), das abwechselnd stets an sich selbst und in einer „Sinnenwelt außer sich" (vgl. ebd., § 2) tätig ist. Der Begriff des endlichen Vernunftwesens schließt nicht nur den Begriff eines Anfangs und Endes menschlicher Tätigkeit ein, sondern verlangt zugleich, dass Menschen sich diesen Begriff, endliche Vernunftwesen zu sein, nur gegenseitig zusprechen können. Wenige Jahre nach der Französischen Revolution (1789-1799) stellte Fichte damit fest, Menschen könnten nur einen Anspruch darauf erheben, Vernunftwesen zu sein, wenn sie diesen Anspruch auch allen anderen Menschen zugestehen (vgl. ebd., § 3). Damit rechtfertigte er das Ende der Herrschaftsordnung des Ancien Régime, welche die Menschen nach Ständen und Klassen eingeteilt hatte. Auf den Begriff gegenseitiger Anerkennung gründete

Fichte nicht nur die modernen Begriffe von Recht und Pflicht (vgl. ebd., § 4), sondern auch den Begriff der Erziehung, der nun für alle Menschen ein und derselbe sein sollte. In einem Zusatz zu § 3 seiner Abhandlung über die *Grundlage des Naturrechts* (Fichte, 1796/1962, S. 43) führt er aus:

> „Die Aufforderung zur freien Selbsttätigkeit ist das, was man Erziehung nennt. Alle Individuen müssen zu Menschen erzogen werden, außerdem würden sie nicht zu Menschen."

Wovon aber soll die Erziehung des Menschen ausgehen, nach § 1 von der Selbsttätigkeit eines mit Bewusstsein tätigen endlichen Vernunftwesens oder nach § 2 von der Welttätigkeit als einer Tätigkeit in einer gegebenen Sinnenwelt? Fichtes Antwort lautet, die Erziehung nimmt weder von der Selbst- noch von der Welttätigkeit des endlichen Vernunftwesens ihren Ausgang, sondern bewirkt, dass beide in Wechselwirkung treten können (siehe hierzu Benner, 2015a, S. 82-96; Benner, 2006, S. 58-69). Dies aber besagt, dass Erziehung weder als Aufforderung zur Denktätigkeit noch als Aufforderung zur Welttätigkeit, sondern nur als Aufforderung zur freien Selbsttätigkeit in Übergängen von der einen zur anderen angemessen konzipiert werden kann.

Diese Aussage ist so etwas wie eine moderne Reformulierung der von Platon zuerst entwickelten und von Rousseau (1762/1979, S. 154-183) erneuerten Einsicht, dass niemand sich oder einem anderen ein „Gesicht" und etwas Gesehenes, ein „Gehör" und etwas Gehörtes, ein „Getast" und etwas Ertastetes und auch keinen „Gemeinsinn" einsetzen kann. Fichtes Aufforderung zur freien Selbsttätigkeit ist ein moderner Begriff für Erziehung als Kunst der Umlenkung des Blicks. Zu ihr sind nach Fichte endliche Vernunftwesen auf der Seite der Erzieher und Lehrer wie auf Seiten der Zu-Erziehenden und Lernenden nur fähig, weil sie leiblich verfasste Wesen sind, die in leiblich vermittelte Wechselwirkungen mit der Welt und den Mitmenschen treten können. Die Leiblichkeit des Menschen fasst Fichte im § 4 seiner *Grundlage des Naturrechts* als Wechselwirkung von „Sinn" und „Artikulation". Unter Sinn versteht er über die Sinne vermittelte Welterfahrungen, unter Artikulation, dass diese Erfahrungen vermittelt über den Leib nicht nur empfangen, sondern auch mit andern ausgetauscht werden. Eine besondere Form leiblichen Sinns und leiblicher Artikulation ist nach Fichte die Sprache, die wir leiblich durch unsere Stimme erzeugen und leiblich hörend vernehmen. Mit Blick auf die leibliche Verfasstheit des Menschen kann man sagen, Erziehung findet in Aufforderung zur freien Selbsttätigkeit statt, in welcher Lehrer und Erzieher ihren Zöglingen und Schülern Übergänge und Wechselwirkungen zwischen leiblichem Sinn und leiblicher Artikulation ermöglichen.

Was dies bedeutet, hat Fichte (1808/1962) in seinen *Reden an die Deutsche Nation* am Beispiel des Geometrieunterrichts beschrieben. Diesen konzipiert er nicht mehr nach antikem Vorbild als eine vergleichende Zerlegung von Quadraten in rechtwinklige Dreiecke, sondern unter Zugrundelegung des neuzeitlichen konstruierenden Menschenverstands. Der neuzeitliche und moderne Mensch ahmt nicht mehr eine vorgegebene teleologische Ordnung der Welt nach, sondern gibt der Welt mathematische Gesetze, um diese an der Erfahrung zu überprüfen. Auf die Frage, wie Schüler bei der unterrichtlichen Einführung des Dreiecks als leiblich-geistige Vernunftwesen behandelt werden können, antwortet Fichte, ein erziehender und bildender Unterricht dürfe nicht bei Phänomen und Merkmalen des Dreiecks stehen bleiben, sondern müsse dieses auf seinen experimentellen Grund zurückführen, der in der Selbsttätigkeit des Menschen als eines in Wechselwirkung von Sinn und Artikulation tätigen Wesens liege. Das könne beispielsweise dadurch geschehen, dass ein Lehrer seinen Schülern die Aufgabe stellt, mit einer beliebigen Anzahl von Linien Flächen zu begrenzen und dabei herauszufinden, wie viele Linien mindestens erforderlich sind, um diese Aufgabe zu lösen. Eine so gestellte Aufgabe verlange von den Lernenden, „in freier Phantasie durch gerade Linien einen Raum zu begrenzen" und lenke ihren Blick damit auf den konstruktiven und prinzipiellen Grund des Dreiecks als geometrischer Figur. Ein solcher Unterricht ziele nicht länger auf eine direkte Belehrung und Vermittlung vorgegebener Erkenntnisse, sondern fordere die Lernenden zu einem Selberdenken und Selberhandeln auf, in welchen sich bei ihnen eine „Ahnung des Geistes als eines selbstständigen und uranfänglichen Principes der Dinge" erschließe. So lerne der Schüler nicht länger durch ein „bloß leidendes Auffassen", sondern durch eine Wechselwirkung zwischen der durch die Aufforderung freigesetzten leiblichen Artikulation und dem durch die Erfahrung vermittelten Sinn, „dass er mit weniger denn drei geraden Linien keinen Raum begrenzen könne" (Fichte, 1808/1962, Zweite Rede, S. 399-400).

6 Vom Ende der teleologischen Konzepte vormoderner Erziehung zur unterrichtlichen Erweiterung von Erfahrung und Umgang bei Herbart

Das Ende der vormodernen teleologischen Konzepte der Erziehung wurde in Europa eingeleitet, als mit der Entstehung der neuzeitlichen Wissenschaft Vorgänge in Natur, Gesellschaft und Psyche nicht mehr nach ewigen Zwecken geordnet, sondern nach mathematischen Gesetzen erklärt wurden und gleichzeitig in der Epoche der Renaissance ein Verständnis von Individualität entstand, das dem einzelnen Menschen eine unverwechselbare Würde zuerkennt.
Sonnenauf- und -untergänge werden seitdem nicht mehr allein als eine zweckmäßige Naturordnung interpretiert, welche das Leben in der Pflanzen-, Tier- und Menschenwelt am Rhythmus von Tag und Nacht ausrichtet. Die Bewegung der Sonne kann nun auch unter Verzicht auf den Zweckgedanken nach Gesetz-

mäßigkeiten erklärt werden, mit denen sich die Erde um ihre eigene Achse dreht und auf einer mathematisch berechenbaren Bahn jährlich um die Sonne bewegt. Der Übergang vom teleologischen zum kausal-mechanischen Paradigma wirkt noch in unserer Gegenwart fort. So wurde 2017 der Nobelpreis für Medizin an drei biologische Zeitforscher vergeben, die die früher als zweckmäßig interpretierte sogenannte „innere Uhr", mit der sich Pflanzen, Tiere und Menschen an den Rhythmus von Tag und Nacht anpassen, naturwissenschaftlich erklärt haben. Den Preisträgern war der Nachweis gelungen, dass in Einzellern, Fruchtfliegen, Pflanzen und Säugetieren ein bestimmtes Gen zusammen mit Proteinen molekulare Mechanismen steuert, die das Verhalten von Organismen aller Art an den Tag-Nacht-Zyklus anpassen und beispielsweise das Öffnen und Schließen von Blüten, aber auch Wachheit und Müdigkeit sowie Umstellungsprozesse beim Wechsel von einer Zeitzone in eine andere regulieren. Im Bereich des menschlichen Handelns führte das Fraglichwerden des Zweckgedankens dazu, dass Würde nicht mehr vorrangig dem Staat, sondern auch dem einzelnen Menschen zuerkannt wurde und der Wert der Menschen nicht mehr linear nach ihrem Wert für die Gemeinschaft bemessen wurde. Einteilungen von Gesellschaften in Sklaven, freie Bürger und eine Schicht elitärer Herrscher, wie sie von der Antike bis zu Beginn der Moderne üblich waren, haben seitdem ihre Legitimation verloren. Der Zweckgedanke hat nicht nur im Bereich der Natur, sondern auch im Bereich des Politischen seine Dominanz verloren. Er wurde nicht gänzlich aufgegeben, wohl aber problematisiert und durch andere Ordnungsmodelle wie demokratische und republikanische Ordnungsprinzipien ergänzt und revolutioniert.

In der Lehre vom „erziehenden Unterricht", die der deutsche Philosoph, Psychologe und Pädagoge Johann Friedrich Herbart (1776-1841) 1806 in seiner *Allgemeinen Pädagogik* ausgearbeitet hat, führte dies dazu, dass die Erziehung nicht länger aus dem Zweck des Staates, sondern aus ihrem eigenen Zweck begriffen (vgl. hierzu Prange, 2010) und dass schulischer Unterricht in den theoretischen und praktischen Wissenschaften nicht mehr wie bei Aristoteles an ewigen Zwecken, sondern am Stand der Wissenschaften orientiert wird. Nach der von Herbart entworfenen Ordnung erweitert erziehender Unterricht die Welterfahrung und den zwischenmenschlichen Umgang der Heranwachsenden, indem er in beiden Bereichen die alte teleologische Betrachtungsform verlässt und Unterscheidungen vornimmt, die zusammengenommen sechs Interessenshorizonte beschreiben. Erziehung durch Unterricht, so lehrte Herbart, erweitert in der Reihe der Erkenntnis Welterfahrung zu Wissenschaft und Kunst und in der Reihe der Teilnahme zwischenmenschlichen Umgang zu Gesellschaft und Politik sowie Religion. Das folgende Schema zeigt die neue Ordnung, die mit einigen hier zu vernachlässigenden Modifikationen und Abänderungen auch heute noch den Kanon der schulischen Bildungspläne bestimmt:

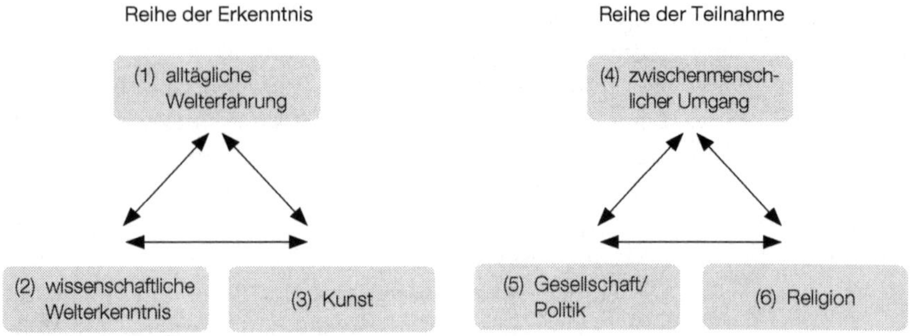

Abb. 2: Die sechs Interessengebiete des modernen, Erfahrung und Umgang erweiternden erziehenden Unterrichts nach Herbart

Die sechs Interessengebiete gliedern sich in eine doppelte Trias. Die eine differenziert die vorneuzeitliche Welterkenntnis in alltägliche Welterfahrungen, neuzeitliche Wissenschaft und Kunst, die andere den vormodernen Umgang der Menschen in das Handlungsfeld eines allgemeinen zwischenmenschlichen Umgangs, das erweitert wird zu Gesellschaft/Politik und Religion. Von diesen trägt die erste Trias Sorge dafür, dass Welt nicht auf den Zugriff neuzeitlicher Wissenschaft reduziert, sondern dieser um Weltbetrachtungen im Medium von Kunst ergänzt wird. Die zweite Trias legt den neuen zwischenmenschlichen Umgang unter Gleichen über die individuelle Geselligkeit hinaus auch auf Politik und Religion aus. Entwicklungsprobleme in der modernen Welt sollen auf diese Weise im Unterricht in der Reihe der Erkenntnis szientifisch technisch und ästhetisch betrachtet und in der Reihe der Teilnahme auf eine Partizipation aller am geselligen Leben, an Politik und an Formen einer Religiosität geöffnet werden, die die Menschen nicht mehr nach Religionen trennt, sondern interreligiöse Verständigungsformen kennt.

Die angesprochenen Modifizierungen und Veränderungen des antiken – und in Europa über das christliche Mittelalter tradierten – Zweckgedankens hatten Folgen nicht nur für den Kanon der Unterrichtsfächer, sondern auch für das, was unter einer legitimen „Artikulation“ und Gliederung des Unterrichts zu verstehen ist. Hier hielt Herbart an der Unterscheidung zwischen edukativen Einwirkungen pädagogischer Akteure auf Bildungsprozesse Heranwachsender und bildenden, in Wechselwirkung mit der Welt stattfindenden Lernprozessen der Heranwachsenden fest, die er beide von einer linearen Ausrichtung am Zweckgedanken zu befreien suchte. Herbarts Lehre vom erziehenden Unterricht (vgl. Prange, 1986;

Benner, 1993, S. 98-118) strukturiert Lehr-Lernprozesse nach vier „Stufen des Unterrichts". Das folgende Schema setzt sich aus drei Klassifizierungen zusammen, die sich in Herbarts *Allgemeiner Pädagogik* finden. In der ersten Spalte werden die Stufen des Unterrichts allgemein benannt und in der zweiten Spalte nach bildenden Kausalitäten unterschieden, die den Stufen zugrunde liegen. Sie beziehen sich auf Lern- und Bildungsprozesse, die Schülerinnen und Schüler in der Vertiefung in Themen und Sachen durchlaufen. Die dritte Spalte ordnet den Stufen edukative Kausalitäten zu, die die Lernprozesse unterstützen und das didaktische Handeln der Lehrpersonen anleiten und bestimmen:

Stufen des Unterrichts	Bildende Kausalität	Edukative Einwirkung
• Klarheit • Assoziation • System • Methode	• Merken • Erwarten • Fordern • Handeln	• Zeigen • Verknüpfen • Lehren • Philosophieren
(Herbart 1806/1965, S. 53)	(Herbart 1806/1965, S. 55)	(Herbart 1806/1965, S. 68)

Abb. 3: Stufen und Kausalitäten bei Herbart

Der Begriff „Kausalität" findet sich explizit in Herbarts Beschreibung der Struktur und Stufung des Unterrichts (vgl. Herbart, 1806/1965, S. 55-66). Die Stufe der Klarheit ist die Eingangsstufe des Unterrichts, auf der Unterricht an einen schon erworbenen Erfahrungs- und Wissenszusammenhang anknüpft: an die Figur des vom Lehrer in den Sand gezeichneten Quadrats in Platons *Menon* oder an den gebrochenen Stock in Rousseaus *Émile*. Der Lehrer zeigt auf den im Unterricht zu behandelnden Gegenstand und lenkt die Aufmerksamkeit seiner Schüler auf diesen, die in Akten des Merkens sich auf den Gegenstand konzentrieren.
Auf der Stufe der Assoziation thematisiert der Unterricht für die Schüler Neues, das der Lehrer mit dem ihnen schon Bekannten verknüpft, so dass die Lernenden beginnen, Erwartungen hinsichtlich des Zusammenhangs der Phänomene zu entwickeln. Diese Stufe findet sich in der Geometrielektion des Sokrates dort, wo dieser nach dem Doppelten des Ausgangsquadrats fragt; sie wird in der von Rousseau beschriebenen Betrachtung des gebrochenen Stocks dort erreicht, wo Jean-Jacques und Émile beginnen, mit dem Blickwinkel, mit Wellen im Wasser und mit der Erhöhung und Absenkung des Wasserspiegels zu experimentieren.
Auf der Stufe des Systems ordnet sich der Zusammenhang der Phänomene zu einer systematischen Einsicht. Der Lehrer lehrt nun, indem er dem Schüler den Weg zur Erkenntnis zeigt, und der Schüler lernt, indem er Forderungen der Sache erkennt: im *Menon* durch den Hinweis des Sokrates auf die Diagonale, der zur Erkenntnis des Satzes des Pythagoras hinführt, im *Émile* durch Analysen beobacht-

barer Verschiebungen der Bruchstelle des Stocks in Abhängigkeit zum Einfall des Lichtes, zum Blickwinkel des Betrachters und zur Wasserhöhe, die zur Aufstellung des Strahlenbrechungsgesetzes überleiten.

Auf der Stufe der Methode wird das methodische Vorgehen im Unterricht transparent gemacht und der Binnenraum unterrichtlicher Lehr-Lernprozesse verlassen. Die Schüler werden nun nicht mehr unterrichtet, sondern beginnen selber zu denken und zu handeln und der Lehrer philosophiert mit ihnen über die Sache und leitet so zu Verwendungssituationen des Gelernten jenseits der Erziehung über. Damit wird eine Stufe erreicht, auf der es nach einer Aussage von Wilhelm von Humboldt im *Königsberger Schulplan* nur mehr Lernende und Sich-Bildende, nicht aber mehr Lehrer und Schüler gibt (siehe Humboldt, 1809, S. 191).

Für ein angemessenes Verständnis des Schemas ist wichtig, auf die doppelte Modifikation und Erweiterung der traditionellen Zweckorientierung von Unterricht zu achten und zu bemerken, dass die Stufen von „Methode“ und „System“ nicht einheitstheoretisch zu interpretieren sind. Herbart spricht sich in seiner Lehre vom erziehenden Unterricht nicht für ein Vorgehen in schematisch immer gleichen Schritten aus, sondern betont, dass Methode und System auf die sechs Interessengebiete von Erfahrung, Wissenschaft und Kunst sowie Umgang, Gesellschaft/Politik und Religion auszurichten sind. Auf die Frage, wie diese im Unterricht miteinander verknüpft werden können, hatte er zuvor in einer kleinen Schrift „Über die ästhetische Darstellung der Welt als das Hauptgeschäft der Erziehung“ (Herbart, 1804) die Antwort gegeben, die Erziehung wirke nicht aufgrund einer theoretisch-logischen oder theoretisch-technischen und auch nicht aufgrund einer moralisch-praktischen, sondern mit einer Blickwendungen ermöglichenden und Erfahrung und Wahrnehmung erweiternden, mithin ästhetischen Kausalität.

Bezieht man Herbarts Vorstellung einer edukativ wirkenden ästhetischen Kausalität auf die zuvor vorgestellten Ansätze und Positionen, so lässt sich in ihr die von Platon in der Höhlenerziehung geforderte Blickwendungskunst pädagogischer Akteure wiedererkennen. Ästhetisch nennt Herbart jene Kausalität, mit der edukative Unterstützungen Lern- und Bildungsprozesse freisetzen, die sich nicht zwischen Erzieher und Zögling sowie Lehrer und Schüler, sondern zwischen Lernenden und Weltinhalten in und zwischen den Reihen der Erkenntnis und der Teilnahme entwickeln. Erziehender Unterricht, so können wir nun sagen, wirkt auf Bildungsprozesse durch ästhetische Umlenkungen des Blicks. Durch zeigende, verknüpfende, lehrende und philosophierende Einwirkungen unterstützt der Lehrer im Unterricht mit ästhetischer Kausalität merkende, erwartende, fordernde und handelnde Wechselwirkungen zwischen Lernenden und Weltinhalten.

7 Von Herbarts Artikulation eines erziehenden und bildenden Unterrichts zu Deweys Konzeption einer mit edukativen Irritationen und negativen Erfahrungen arbeitenden Einheitsdidaktik

Wie alle bisher vorgestellten Klassiker pädagogischen Denkens hat auch John Dewey (1859-1952) zwischen Lehren und Lernen sowie diesen zuzuordnenden Kausalitäten unterschieden. Unterrichtlich organisierte Lehr-Lernprozesse verortete er – deutlicher als Herbart – in künstlichen schulischen Räumen, die er in *Democracy and Education* (1916/1964, S. 37) „als besondere Umgebung" beschreibt. In dieser findet der Austausch zwischen den Generationen nicht wie in vormodernen Gesellschaften unmittelbar „im sozialen Verkehr" statt. Vielmehr organisieren moderne Gesellschaften Lehr-Lernprozesse nach Aufgaben und Funktionen, die sich in didaktische und sozialpädagogische unterscheiden lassen. Die didaktische Aufgabe besteht darin, komplexe Zusammenhänge, wie sie z.B. die neuzeitlichen Wissenschaften beinhalten, in einer „vereinfachten Umwelt" zu erschließen und zu vermitteln. Die sozialpädagogische Aufgabe zielt darauf, ungünstige Einflüsse der primären Umgebung „nach Möglichkeit auszuschalten", Unterschiede in den sozialen Umgebungen „auszubalancieren" sowie Heranwachsende den „Beschränkungen" der „sozialen Gruppe", in die sie „hineingeboren" wurden, „zu entziehen" und ihnen eine „lebendige Berührung mit einer breiteren Umgebung" zu ermöglichen (Dewey, 1916, S. 22-27/1964, S. 37-40).

Zur Eigenart unterrichtlich organisierter Lehr-Lernprozesse gehört nach Dewey, dass sie den kontinuierlichen Erfahrungsverlauf des außerschulischen Lernens verlassen und Lernprozesse durch vom Lehrer herbeigeführte künstliche Unterbrechungen initiieren. Diese führen bei den Lernenden zu Irritationen, die die Schüler veranlassen, am Spalt zwischen Wissen und Nicht-Wissen neue Erfahrungen zu machen und Neues zu lernen. Vom Sinn der didaktischen Unterbrechungen sagte Dewey in *How we think*, sie führten zu „einem Aufschieben des Urteils" und sorgten dafür, dass die Lernenden im Unterricht „die Natur des Problems ... erkennen, ehe man darangeht, eine Lösung zu suchen" (1910, zitiert nach Dewey,1951/2002, S. 78). Erziehender und bildender Unterricht führt nach Dewey die Unterbrechung einer gegebenen Erfahrungskontinuität planvoll herbei und fordert die Schülerinnen und Schüler durch fragende und zeigende Lehrakte dazu auf, an den Rändern ihres Wissens und Könnens Nicht-Gewusstes und Nicht-

Gekonntes zu bemerken, neue Einsichten zu entwickeln und neue Könnenserfahrungen zu machen (vgl. hierzu English, 2013).
Durch die Betonung von Diskontinuitäten und negativen Erfahrungen gewinnen bei Dewey die in Lehr-Lernprozessen zu erleidenden Erfahrungen, die Fichte in selbsttätige überführen wollte, eine neue erziehende und bildende Bedeutung. Die erziehende Bedeutung liegt darin, dass sie vom Lehrer durch Irritationen angestoßen werden, die bildende fußt darauf, dass erlittene Erfahrungen von den Lernenden erfahrungserweiternd bearbeitet werden. Hierdurch erfährt Herbarts Stufenschema eine Modifikation, welche die ursprünglich vier Stufen an neuartigen Beziehungen von „Erfahrung und Denken" (vgl. Dewey, 1916, S. 146-158/1964, S. 186-203) ausrichtet und in fünf „Stufen des Denkvorganges" (vgl. Dewey, 1916, S. 159-170/1964, S. 204-218) überführt.

> „Wir können zwar mit Recht von der ‚Methode des Denkens' sprechen; wichtiger ist es jedoch, zu wissen, daß das Denken die Methode der bildenden Erfahrung ist. Die wesentlichen Merkmale der ‚Methode' sind darum identisch mit den wesentlichen Merkmalen des ‚Denkens'. Es sind folgende: erstens, daß der Schüler eine wirkliche, für den Erwerb von Erfahrung geeignete Sachlage vor sich hat – daß eine zusammenhängende Tätigkeit vorhanden ist, an der er um ihrer selbst willen interessiert ist; zweitens: daß in dieser Sachlage ein echtes Problem erwächst und damit eine Anregung zum Denken; drittens: dass er das nötige Wissen besitzt und die notwendigen Beobachtungen anstellt, um das Problem zu behandeln; viertens: dass er auf mögliche Lösungen verfällt und verpflichtet ist, sie in geordneter Weise zu entwickeln; fünftens: dass er die Möglichkeit und Gelegenheit hat, seine Gedanken durch praktische Anwendung zu erproben, ihren Sinn zu klären und ihren Wert selbstständig zu entdecken." (ebd., 1916, S. 170; 1964, S. 218)

Mit dieser Stufung plädiert Dewey für eine didaktische Einheitsstruktur in der Bearbeitung unterrichtlicher Lehr-Lernaufgaben, in der nicht mehr wie bei Herbart zwischen erfahrungs- und umgangserweiternden Fragestellungen und Aufgaben unterschieden wird, sondern alle nur denkbaren Lehr-Lerninhalte ein und derselben Artikulation unterworfen werden. Die reformpädagogische Dewey-Rezeption ist dann noch einen Schritt weitergegangen und hat auch noch Deweys Unterscheidungen zwischen edukativen und bildenden Kausalitäten nivelliert. An die Stelle eines Unterrichts, der den Stufen bildender Erfahrungen folgt und in künstlichen, nämlich schulischen Räumen stattfindet, tritt bei William Heard Kilpatrick (1871-1965) eine Projektmethode, die ihren Sitz im wirklichen Leben hat und Lernen in einer Einheit von Erfahrung und Problemlösen organisieren zu können verspricht (zur Kritik siehe Knoll, 2011). In der Proklamation der Projektmethode zur einzig legitimen Lernform wird sowohl von der Unterscheidung zwischen der edukativen Funktion der von Lehrpersonen zu inszenierenden Irritationen als auch von der bildenden Bedeutung negativer Erfahrungen in Lernprozessen von Schülerinnen und Schülern abstrahiert. An die Stelle des Zusammenspiels von edukativer und bildender Kausalität setzten reformpädagogische Engführungen in der Regel

Appelle an kindliche Selbsttätigkeit und deren Stärkung, in denen die bei Sokrates/ Platon und Aristoteles, Rousseau, Fichte, Herbart und Dewey zu findende Abgrenzung edukativer und bildender Kausalitäten verschwunden ist.

8 Schluss

Würden wir den durch die Geschichte gelegten Faden weiterentwickeln,

- so könnten wir jetzt auf Wolfgang Klafkis unter dem Namen „kategoriale Bildung" bekannt gewordene didaktische Konzeption einer wechselseitigen Erschließung von Schülerinnen und Schülern für unterrichtlich zu vermittelnde Weltinhalte und von Weltinhalten für Lernprozesse von Schülerinnen und Schülern eingehen, die Bildungsinhalte daran zurückbindet, dass beide Erschließungen, die edukative und die bildende, gelingen (siehe Klafki, 1963),
- oder an die Bedeutung der von Theodor Litt (1968, S. 54-60) und Hermann-Josef Kaiser (1972) entwickelten Ausführungen zur gegenstandskonstitutiven Bedeutung der Methode erinnern, die der Erkenntnismethode der verschiedenen Wissenschaftsparadigmen eine das Selbst und die Welt formierende Relevanz zuerkennen, die nicht nur für Forschungs-, sondern auch für unterrichtliche Lehr-Lernprozesse von grundlegender Bedeutung ist,
- oder auf Hinweise bei Gisela und Herwig Blankertz (1969, S. 79) zu sprechen kommen, die die methodische Leitfrage als konstituierend für unterrichtlich zu vermittelnde Bildungsinhalte angesehen haben,
- oder an Lothar Klingberg erinnern, der Herbart von Anfang an als einen Methodiker von Lehr-Lern- und Bildungsprozessen las und in der von ihm entwickelten Didaktik zwischen der edukativ-führend ausgerichteten Relation „Lehren-Lernen" und der als bildend-lernend definierten Relation „Inhalt-Methode" unterschied (siehe Klingberg, 1997),
- oder zu Klaus Pranges operativer Pädagogik des Zeigens (Prange, 2005) und einer von mir vorgeschlagenen Konzeptualisierung von Lehr-Lernprozessen überleiten, die in jedem Schulfach und in jeder Unterrichtsdomäne neben szientifischen auch teleologische, historisch-hermeneutische, ideologie- und gesellschaftskritische, voraussetzungskritische sowie lebensweltliche Wissens- und Zeigeformen zur Geltung zu bringen sucht (vgl. Benner, 2015b).

Für sie alle ist von bleibender Bedeutung, dass in ihnen zwischen der edukativen Funktion des Lehrens und der bildenden Struktur des Lernens unterschieden und das Gelingen von unterrichtlichen Lehr-Lernprozessen davon abhängig gemacht wird, dass edukative Lehrprozesse Lern- und Bildungsprozesse unterstützen und edukativ unterstützte Bildungsprozesse in Formen des Lernens überleiten, die nicht mehr einer Unterstützung durch Lehrpersonen bedürfen.

Die in diesem Beitrag erinnerten Einsichten könnten nicht zuletzt auch für die Weiterentwicklung der empirischen Bildungsforschung zu einer erziehungs-, bildungs- und schultheoretisch ausgewiesenen Unterrichtsforschung von Bedeutung sein, die sich als eine Teildisziplin der Erziehungswissenschaft versteht. Sie würde die von der empirischen Bildungsforschung entwickelten Verfahren nutzen, um bildungstheoretisch ausgewiesene Kompetenzmodellierungen zu entwickeln und Abhängigkeiten zwischen der Sicherung einer erziehenden und bildenden Qualität von unterrichtlichen Lehr-Lernprozessen und den als Output gemessenen Schülerkompetenzen zu erforschen und auf diesem Wege die Qualität von Unterricht und die Qualität von Kompetenzmessungen zu verbessern.

Literatur

Aristoteles. *Metaphysik.* In der Übersetzung von H. Bonitz. Schleswig 1966: Rowohlt.

Aristoteles. Nikomachische Ethik. In der Übersetzung von E. Rolfes. In: Ders.: *Philosophische Schriften in 6 Bänden.* Band 3. Darmstadt 1995: Wissenschaftliche Buchgesellschaft.

Aristoteles. Organon III. Lehre vom Schluß oder Erste Analytik sowie Lehre vom Beweis oder Zweite Analytik. In der Übersetzung von E. Rolfes. In: Ders.: *Philosophische Schriften in 6 Bänden.* Band 1. Darmstadt 1995: Wissenschaftliche Buchgesellschaft.

Aristoteles. *Physik.* In der Übersetzung von G. Zekl. Darmstadt 1995: Wissenschaftliche Buchgesellschaft.

Aristoteles. *Politik.* In der Übersetzung von F. Susemihl. Schleswig 1965: Rowohlt.

Arnold, K. -H. & Koch-Priewe, B. (2008). Allgemein und fachlich bildender Unterricht: Die integrative Perspektive der kritisch-konstruktiven Didaktik. In: M.A. Meyer, M. Prenzel & S. Hellekamps (Hrsg.): *Perspektiven der Didaktik.* In: Zeitschrift für Erziehungswissenschaft. Sonderheft 9, Wiesbaden: VS Verlag, S. 87-99.

Benner, D. (1993). *Die Pädagogik Herbarts. Eine problemgeschichtliche Einführung in die Systematik neuzeitlicher Pädagogik.* 2. Aufl. Weinheim und München: Juventa.

Benner, D. (2015a). *Allgemeine Pädagogik. Eine systematisch-problemgeschichtliche Einführung in die Grundstruktur pädagogischen Denkens und Handelns.* 8. überarbeitete Aufl. Weinheim: Beltz-Juventa.

Benner, D. (2015b). Erziehung *und* Bildung! Zur Konzeptualisierung eines erziehenden Unterrichts, der bildet. In: *Zeitschrift für Pädagogik*, Jg. 61, S. 481-496.

Benner, D. (2018). Über drei Arten von Kausalität in Erziehungs- und Bildungsprozessen und ihre Bedeutung für Didaktik, Unterrichtsforschung und empirische Bildungsforschung. In: *Zeitschrift für Pädagogik*, Jg. 64, H. 1, S. 107-120.

Benner, D. & Brüggen, F. (2011). *Geschichte der Pädagogik. Vom Beginn der Neuzeit bis zur Gegenwart.* Stuttgart: Reclam.

Benner, D., von Oettingen, A.,Stępkowski, D. & Peng, Z. (2015): *Bildung – Moral – Demokratie. Theorien und Konzepte moralischer Erziehung und ihre Beziehungen zu Ethik und Politik.* Paderborn: Schöningh.

Blankertz, H. (1969). *Theorien und Modelle der Didaktik.* München: Juventa.

Dewey, J. (1916/1964). *Democracy and Education.* Deutsche Ausgabe: Demokratie und Erziehung. 3. Aufl. Braunschweig: Westermann.

Dewey, J. (1910/2013). *How We Think.* Boston, New York: D.C. Heath & Co Publishers. Reprint 1951/2002.

English, A.R. (2013): *Discontinuity in Learning. Dewey, Herbart, and Education as Transformation.* Cambridge: Cambridge University Press.

Fichte, J.G. (1796). Grundlage des Naturrechts. In: *Ausgewählte Werke in sechs Bänden.* Band 2. Darmstadt 1962: Wissenschaftliche Buchgesellschaft.

Fichte, J.G. (1808). Reden an die deutsche Nation. *Ausgewählte Werke in sechs Bänden.* Band 5. Darmstadt 1962: Wissenschaftliche Buchgesellschaft.

Fink, E. (2004). *Metaphysik der Erziehung im Weltverständnis von Platon und Aristoteles.* Klostermann: Frankfurt a.M.

Henningsen, J. (1974): Theorien und Tricks im Sand von Athen: Sokrates. In: Ders.: *Erfolgreich Manipulieren. Methoden des Beybringens,* S. 31-42. Kastellaun: Henn.

Herbart, J.F. (1804/1964). Über die ästhetische Darstellung der Welt als das Hauptgeschäft der Erziehung. Nachdruck in: Ders.: *Pädagogische Schriften,* hrsg. von W. Asmus, Bd. 1, Düsseldorf und München: Küpper vormals Bondi, S. 105-121.

Herbart, J.F. (1806/1965). Allgemeine Pädagogik, aus dem Zweck der Erziehung abgeleitet. Nachdruck in: Ders.: *Pädagogische Schriften,* hrsg. von W. Asmus, Bd. 2. Düsseldorf und München: Küpper vormals Bondi, S. 9-155.

Humboldt, W. von (1809). Der Königsberger und der Litauische Schulplan. In: *Werke.* Band 4. Darmstadt: Wissenschaftliche Buchgesellschaft.

Kaiser, H.-J. (1972). Erkenntnistheoretische Grundlagen pädagogischer Methodenbegriffe. In: P. Menck & G. Thoma (Hrsg.): *Unterrichtsmethode. Intuition. Reflexion, Organisation.* München: Kösel, S. 129-144.

Klafki, W. (1963). *Studien zur Bildungstheorie und Didaktik.* Weinheim: Beltz.

Klingberg, L. (1997). *Lernen – Lehren – Unterricht. Über den Eigensinn des Didaktischen.* https://publishup.uni-potsdam.de/opus4-ubp/frontdoor/deliver/index/docId/445/file/KLINGBERG.pdf

Knoll, M. (2011). *Dewey, Kilpatrick und ‚progressive' Erziehung. Kritische Studien zur Projektpädagogik.* Bad Heilbrunn: Klinkhardt.

Komenský, J.A. (1657/2008). *Magna Didactica; Große Didaktik. Die vollständige Kunst, alle Menschen alles zu lehren.* Hrsg. von A. Flitner. 10. Auflage Stuttgart: Klett-Cotta.

Komenský, J.A. (1658). *Orbis sensualium pictus.* Erste zweisprachige lateinisch-deutsche Ausgabe. Nürnberg: Bibliotheca Augustana.

Litt, T. (1968). *Naturwissenschaft und Menschenbildung.* 5. Auflage. Heidelberg: Quelle & Meyer.

Meyer, H. & Meyer, M.A. (2008). Disput über aktuelle Probleme und Aufgaben der Didaktik. In: *Perspektiven der Didaktik.* Zeitschrift für Erziehungswissenschaft. Sonderheft 9. Wiesbaden: VS Verlag, S. 77-86.

Platon. Menon. In der Übersetzung von F. Schleiermacher. In: *Werke in acht Bänden. Griechisch und Deutsch,* hrsg. von G. Eigler. Band 2, S. 506-597. Darmstadt: Wissenschaftliche Buchgesellschaft.

Platon. Politeia. In der Übersetzung von F. Schleiermacher. In: *Werke in acht Bänden. Griechisch und Deutsch,* hrsg. von G. Eigler. Band 4. Darmstadt: Wissenschaftliche Buchgesellschaft.

Prange, K. (1986). *Bauformen des Unterrichts.* 2. Auflage. Bad Heilbrunn: Klinkhardt.

Prange, K. (2005). *Die Zeigestruktur der Erziehung. Grundriss einer Operativen Pädagogik.* Paderborn: Schöningh.

Prange, K. (2010). *Die Ethik der Pädagogik. Zur Normativität erzieherischen Handelns.* Paderborn: Schöningh.

Rousseau, J.-J. (1762/1979). *Émile* oder *Von der Erziehung.* München 1979: Winkler.

Terhart, E. (2015). Ein Rückblick auf zwanzig Jahre Bildungsforschung. In: W. Helsper, M.S. Maier & S. Sandring (Hrsg.): *Perspektiven der Bildungsforschung. Festvorträge zum zwanzigjährigen Bestehen des Zentrums für Schul- und Bildungsforschung,* Halle: Universitätsverlag Halle-Wittenberg. Hallesche Universitätsreden 9, S. 15-43.

Zongyi Deng

Die chinesische Didaktik – neu interpretiert aus der Perspektive der deutschen Didaktik[1]

Die *Pädagogik* stellt eine eigenständige Disziplin dar, die in europäischen Ländern weithin als wichtige erziehungswissenschaftliche Disziplin für die Lehrerbildung anerkannt ist (Biesta, 2011). Die *Didaktik* als zentrale Komponente der Pädagogik bildet eine in den gesellschaftlichen, institutionellen und unterrichtsbezogenen Kontext eingebettete Theorie des Lehrens und Lernens, die sich mit Fragen der Curriculumentwicklung und der Unterrichtsgestaltung beschäftigt (Hopmann, 2007). Eine vergleichbare Tradition erziehungswissenschaftlichen Denkens wurde in den frühen 1900er Jahren auf dem Umweg über Japan in China eingeführt und dann in den 1950er Jahren auf der Basis der Pädagogik von Ivan Kairov aus der Sowjetunion als Disziplin grundlegend aufgebaut. Heute befindet sich die chinesische Didaktik, gemeinsam mit der Pädagogik, in einer ernsthaften Krise. Auf der einen Seite ist sie durch die insbesondere aus den USA übernommene Curriculumtheorie herausgefordert worden. Auf der anderen Seite wurde infrage gestellt, ob und wenn ja welche Relevanz sie für die Erziehung von weltoffenen, kritischen und kreativen Bürgern für das 21. Jahrhundert erhalten könne (vgl. Zhong & You, 2004).

Dieser Beitrag befasst sich mit Problemen der Entwicklung der chinesischen Didaktik und des Verhältnisses von Didaktik und Curriculum aus der Perspektive der deutschsprachigen Didaktiktradition. Diese Tradition, die bis auf Johann Amos Comenius (1592-1670) und Johann Friedrich Herbart (1776-1841) zurückgeführt werden kann, ist für die chinesischen Erziehungswissenschaftler weitgehend unbekannt. In meinem Beitrag wird argumentiert, dass die deutsche Tradition chinesische Pädagogen herausfordern kann, einige ihrer Basiskonzepte der Didaktik zu überdenken, insbesondere:

– die *Stärkung des Subjekts* bzw. die Orientierung am übergeordneten Zweck der Erziehung (im Sinne der Persönlichkeitsbildung und der Herausbildung der Individualität, der Förderung von Autonomie, kritischem Denken und Kreativität),

1 Überarbeitete Fassung eines Vortrags auf dem First Sino-German Didactics Dialogue, Shanghai (2013); übersetzt aus dem Englischen von Hilbert Meyer mit Assistenz des Autors; erklärende Fußnoten ergänzt von den Herausgebern.

– die *Qualifikationsfunktion* (d.h. der Erwerb von Wissen, Fähigkeiten und Haltungen, die für eine erfolgreiche Berufstätigkeit erforderlich sind)
– und die *Sozialisationsfunktion* (d.h. die Entwicklung von Werten und Normen, die für die Integration in die soziale und kulturelle Ordnung erforderlich sind).

Um den Rahmen für eine solche Diskussion zu schaffen, beginnt dieser Beitrag mit einem kurzen historischen Abriss zur Entwicklung der chinesischen Didaktik, um dann zwei Herausforderungen zu skizzieren, denen sich chinesische Pädagogen heute stellen müssen. Darauf folgen eine Erläuterung der spezifisch deutschen Art und Weise, die pädagogische Praxis theoretisch zu erfassen, und die Beschreibung von drei zentralen Grundsätzen der deutschen Didaktiktradition, um danach eine Diskussion über ihre mögliche Bedeutung für eine Neuorientierung der Basiskonzepte der chinesischen Didaktik zu eröffnen. Der Beitrag endet mit der Erörterung der Frage, ob und wie sich Didaktik und Curriculumtheorie gegenseitig ergänzen können.

1 Historischer Abriss

Die Geschichte der Didaktik im neuzeitlichen Begriffsverständnis[2] begann in China zu Beginn des 20. Jahrhunderts mit der von Japan ausgehenden Übernahme der pädagogischen Theorie Herbarts und der der Herbartianer. Danach durchlief die Didaktik ein Jahrhundert der Aufschwünge und Abstürze, weil andere Traditionen pädagogischen Denkens (insbesondere die der Curriculumtheorie) in Abhängigkeit zu den verschiedenen politischen Bewegungen ihrer Zeit ihren Weg nach China fanden. Auch wenn die Gefahr besteht, eine Über-Vereinfachung zu machen und wichtige Aspekte auszulassen, skizziere ich im Folgenden die Entwicklung der Curriculumtheorie und der Didaktik in China mit Blick auf fünf historische Schlüsselepochen: Übernahmen aus Japan, Amerikanisierung, Sowjetisierung, Kulturrevolution und Reform und Öffnung.

(1) *Übernahmen aus Japan* (1901-1919): Das kaiserliche System der Beamtenprüfungen, das von 603 (vor unserer Zeitrechnung) bis 1905 in China praktiziert worden war, wurde abgeschafft und das traditionelle Schulsystem durch ein modernes westlich orientiertes System ersetzt. Dadurch entstand ein dringender Bedarf zur Ausbildung von Lehrern, die in der Lage waren, im neuen System zu lehren. Um diese Aufgabe der Lehrerbildung zu bewältigen, wurden die pädagogischen Theorien Herbarts und der Herbartianer aus Japan eingeführt (Zhang, 2006; Zhou & Ye, 2006; Meyer, Meyer & Ren, 2017, S. 204-206).

2 Natürlich gab es schon seit den Zeiten des Konfuzius Anfänge einer Theorie des Lehrens und Lernens, aber keine Didaktik im heutigen Sinne; vgl. den Beitrag von Peng & Gu, in diesem Bande.

(2) *Amerikanisierung* (1919-1949): Der Einfluss Herbarts und der Herbartianer schwächte sich immer mehr ab, als sich die Pädagogen den USA zuwandten, um dort erziehungswissenschaftliches Theoriewissen und Inspiration für Reformen zu finden. Während des New Culture Movement (1915-1919) und in der Vierte-Mai-Bewegung (1919-1924)[3] forderten Intellektuelle eine neue chinesische Kultur, die sich auf amerikanische Werte, insbesondere auf Demokratie und Wissenschaftsorientierung beziehen sollte (vgl. Benner & Peng, 2013). Der als historisch zu kennzeichnende, zweijährige China-Besuch (1919 bis 1921) von John Dewey trug zur Popularität des amerikanischen Philosophischen Pragmatismus und der Curriculumtheorie bei. John F. Bobitts Buch „The Curriculum" (1912) wurde ins Chinesische übersetzt und 1928 zusammen mit anderen Beiträgen zur amerikanischen Curriculumtheorie veröffentlicht (G. Ding, 2001; Zhang & Gao, 2014).

(3) *Sowjetisierung* (1949-1969): Der Einfluss der amerikanischen Curriculumtheorie erlosch nach der Gründung des Neuen Chinas im Jahr 1949 abrupt. Isoliert vom Westen, begann China das sowjetische Erziehungssystem zu adaptieren und ihre pädagogischen Theorien zu übernehmen. Das Buch „Pädagogik" (Beijing 1953) von Ivan A. Kairov (1893-1978)[4] wurde zusammen mit Schriften weiterer sowjetischer Pädagogen veröffentlicht. Kairov und seine Kollegen wurden eingeladen, im ganzen Land Vorlesungen an Universitäten zu halten. Kairovs Pädagogik wurde in der chinesischen pädagogischen Theorie und in der Praxis extrem einflussreich. Aber der im Jahr 1960 vollzogene Bruch zwischen China und der Sowjetunion führte zu einer umfassenden Kritik und Zurückweisung sowjetischer pädagogischer Theorien (vgl. Chen, 1998; S.G. Huang, 2010).

(4) *Kulturrevolution* (1966-1976): Als China die zehnjährige Phase des Aufruhrs[5] durchlief, wurden sowjetische pädagogische Theorien in Bausch und Bogen angeprangert und verurteilt; und auch die Reste des Einflusses amerikanischer Curriculumtheorie auf den erziehungswissenschaftlichen Diskurs wurden beseitigt (Yang & Frick, 2009).

---

3 Die Vierte-Mai-Bewegung (1919 bis 1924) war eine kulturelle und nationale Bewegung, die sich gegen die konfuzianische Bildungstradition wandte und die Übernahme westlicher Ideen und westlicher Demokratie propagierte.

4 Kairov ist in der Bundesrepublik (West) nahezu unbekannt und auch in der Pädagogik und Didaktik der DDR ein nur wenig rezipierter, aber in der Sowjetunion sehr einflussreicher Pädagoge und Bildungspolitiker. Er trat 1917 der Kommunistischen Partei bei; er war von 1949 bis 1956 Erziehungsminister der Sowjetunion, Mitglied des Obersten Sowjets und Vizepräsident der Akademie der Pädagogischen Wissenschaften der UdSSR.

5 Eine ausführliche wissenschaftliche historische Analyse der Kulturrevolution bringt Frank Dikötter (2016); darin Analysen zur Mobilisierung von Schülern und Studierenden und zu den oft gewalttätigen Auseinandersetzungen zwischen Roten Garden und Funktionären in den Sekundarschulen und Hochschulen.

(5) *Reform und Öffnung* (1977-2000): Die erneute Zuwendung Chinas zur Welt führte dazu, dass ganz unterschiedliche erziehungswissenschaftliche Theorien in das Land einströmten. Herbarts „Allgemeine Pädagogik" (1806) und andere verwandte Schriften wurden erneut aus Deutschland und anderen europäischen Ländern eingeführt. Kairovs „Pädagogik" wurde – zusammen mit den Schriften anderer sowjetischer Pädagogen wie Leonid V. Zankow (1901-1977) und J.K. Babanski[6] – neu rezipiert und neu beurteilt. Chinesische Wissenschaftler schrieben ebenfalls ihre Texte zur Pädagogik und Didaktik. Zugleich wurde eine große Reihe von Curriculum-Lehrbüchern ins Chinesische übersetzt und veröffentlicht, darunter Ralph W. Tylers „Basic Principles of Curriculum and Instruction" (1950), Denis Lawtons „Theory and Practice of Curriculum Studies" (1978) und weitere. Die Theorie des „Reconceptualismo" (Elisabeth P. Fernandez Sanchez) und die postmoderne Curriculumtheorie, wie sie von William F. Pinar und William E. Doll repräsentiert wurde, wurden ebenfalls populär. Auch chinesische Wissenschaftler schrieben Bücher zur Curriculumtheorie (z.B. Cai, 2000; Zhang & Zhong, 2003).

Dieser kurze historische Abriss bringt drei Traditionen pädagogischen Denkens ans Licht, die im Verlauf des letzten Jahrhunderts eingeführt wurden: die *deutsche Pädagogik* (repräsentiert durch Herbart und die Herbartianer), die *amerikanische* Curriculumtheorie (insbesondere John Dewey) und die *sowjetische Pädagogik* (repräsentiert durch Ivan Kairov). Allerdings wurden diese drei Traditionen im Prozess der Theorieaneignung als diskontinuierlich wahrgenommen und als untereinander unverträglich behandelt. Die Umarmung durch die eine Position führte dann notwendigerweise zur Ablehnung der anderen (Zhou & Je, 2006). Dies trug dazu bei, dass das deutsche pädagogische Erbe in den Hintergrund trat – überschattet, wenn nicht vollständig ersetzt durch die sowjetische Pädagogik sowie die amerikanische Curriculumtheorie und ihre Unterrichtskonzepte, die beide in China zu sehr einflussreichen Traditionen in der pädagogischen Theoriebildung und Diskussion geworden sind.

2 Zwei Herausforderungen

Ivan Kairovs Pädagogik hat den größten Einfluss auf die Entwicklung der Didaktik in China gehabt. Die Mehrzahl der heute genutzten Veröffentlichungen zur Didaktik ist weitgehend im Rahmen von Kairovs didaktischer Theorie verfasst und wesentlich durch seine grundlegenden Prinzipien und Konzepte geformt worden (Liu & Lin, 2008; Wei & Cai, 2002). Angelehnt an Herbarts Vorstellung von der

6 Gemeinsam mit Gerhard Neuner und Edgar Drefenstedt hat Babanski in der DDR das Grundlagenwerk „Pädagogik" herausgegeben (Berlin, 1978).

allgemeinen Zweckbestimmung der Erziehung, stellt Kairovs Theorie der Didaktik im Kern eine Variante des Herbartianismus dar, die durch eine vereinfachte und mechanistische Anwendung des Denkens Herbarts charakterisiert ist (Chen, 1998) und dann durch die marxistisch-leninistische Philosophie untermauert wird. Im Einklang mit Kairovs Theorie ist das übergeordnete Erziehungsziel die Entwicklung von allseitig gebildeten Persönlichkeiten, wie sie für die kommunistische Gesellschaft erforderlich sind. Dieses Ziel soll dadurch erreicht werden, dass (1) den Schülerinnen und Schülern geholfen wird, auf eine systematische Art und Weise das erforderliche Grundwissen aus Natur-, Sozial- und Geisteswissenschaften zu erwerben, dass ihnen (2) geholfen wird, kognitive Fähigkeiten und Fertigkeiten zu erwerben und sich (3) die kommunistische, dialektisch geprägte Weltsicht anzueignen (Kairov et al., 1953). Der Unterrichtsinhalt bezieht sich auf einen Korpus von Wissen, Fertigkeiten und Haltungen, der vom Erziehungsministerium entwickelt und in Unterrichtsplänen, Lehrplänen und Textbüchern konkretisiert wird. Die Lehrerinnen und Lehrer werden dazu angehalten, im Klassenzimmer einem festen Satz von Unterrichtsprinzipien zu folgen und genau definierte Lehrmethoden und Techniken einzusetzen (Kairov et al., 1953; vgl. Deng, 2012).

Die erste Herausforderung: Eine Folge dieser Orientierung besteht darin, dass die chinesische Didaktik im Wesentlichen in Bezug auf die eingangs genannte Qualifikations- und die Sozialisationsfunktion entwickelt worden ist – mit dem Hauptaugenmerk darauf, den Schülerinnen und Schülern zu helfen, jenes fachliche Wissen, jene Fertigkeiten, Fähigkeiten und Haltungen zu entwickeln, die für die politischen und ökonomischen Bedürfnisse des Landes für erforderlich gehalten werden (Deng, 2012). Das Bemühen um die Persönlichkeitsbildung – im Sinne der Herausbildung des Selbst oder der Kultivierung des Individuums – wurde demgegenüber in der Theoriebildung und im didaktischen Diskurs stark vernachlässigt, ja ausgehöhlt. Die Frage, wie die chinesische Didaktik so rekonstruiert werden kann, dass die pädagogische Aufgabe der Subjektbildung in den Blick genommen wird, stellt eine erste Herausforderung dar, der sich die chinesischen Pädagogen stellen müssen.

Die zweite Herausforderung: Sie betrifft die Frage, wie die Didaktik und die Curriculumtheorie miteinander versöhnt und zusammengebracht werden können. Die im Jahr 2001 eingeleitete Neue Curriculum-Reform[7] hat eine heftige Debatte zwischen Cesan Wang (Pädagogikprofessor an der Beijing Normal University) und Qiquan Zhong (Professor für Curriculumtheorie an der East China Normal University, Shanghai) ausgelöst.[8] Die Debatte spiegelt einen paradigmatischen „Krieg" zwischen den zwei rivalisierenden Traditionen der Didaktik und der Cur-

7 Vgl. den Beitrag von Li & Li, in diesem Bande

8 Eingeleitet durch eine von Zhong & You (2004) verfasste Rezension der Werke Wangs unter der Überschrift „Verschimmelter Käse" und bekannt geworden als „Kampf zwischen Wang und Zhong"; vgl. Ye Xuping 2017, S. 39.

riculumtheorie. Wang, der sich für die Didaktik stark machte, wiederholte mehrfach, wie wichtig es sei, den Schülerinnen und Schülern durch Methoden wie den Lehrervortrag und durch die intensive Prüfungsvorbereitung fachbezogenes Wissen zu vermitteln. Auf der anderen Seite machte sich Zhong als Advokat der Curriculumtheorie dafür stark, das Curriculum und die Pädagogik so zu reformieren, dass der Unterricht an den Schülerinteressen ausgerichtet wird und dass die Schüler darin eine aktive Rolle übernehmen können, um so den aktuellen sozialen und politischen Bedürfnissen Chinas zu genügen (Zhong & You, 2004; vgl. Deng, 2016).
In welchem Verhältnis Didaktik und Curriculumtheorie zueinander stehen, ist von einer ganzen Reihe chinesischer Wissenschaftler intensiv diskutiert worden (z.B. Liu, 1996; Yang, 2002; Ding, 2009). Einige Wissenschaftler schlagen vor, eine „große Curriculumtheorie" als Rahmen zu setzen, der die Didaktik als Teildisziplin untergeordnet wird (z.B. F.Q. Huang, 2000). Andere machen sich für eine „große Didaktik" stark, die die Curriculumtheorie einschließt (z.B. Cai & Wang, 1998). Und einige weitere glauben, dass die zwei Disziplinen unabhängig voneinander existieren und sich komplementär ergänzen können (z.B. Liao, 2007). Allerdings bleiben alle diese Versuche weitgehend auf einer abstrakten theoretischen Ebene und ohne einen direkten Einfluss auf die Praxis, auf die realen Bedingungen der Schule und die Klassenzimmerarbeit.

3 Die deutsche Didaktiktradition

Es gab intensive Bemühungen, die Bedeutung und die Implikationen von Herbarts Allgemeiner Pädagogik in China wiederzuentdecken und sie neu zu interpretieren (Zhang, 2006). Dennoch ist die deutsche Didaktiktradition (bezogen auf die Bildungstheoretische Didaktik) für die Mehrheit der chinesischen Erziehungswissenschaftler weitgehend unbekannt geblieben. Zwar gibt es in Europa viele verschiedene Traditionen und Zweige der Didaktik, aber die deutsche Didaktiktradition repräsentiert „die wichtigste dieser Traditionen mit dem längsten und am meisten in die Tiefe gehenden Einfluss" (Gundem, 2000, S. 242).

Bildungstheoretische Didaktik: Die deutsche Didaktik wurde auf der Grundlage der Kritik des Herbartianismus am Ende des 19. Jahrhunderts neu konzipiert, verbunden mit einer Rückbesinnung auf das ursprüngliche Denken von Immanuel Kant und Johann Friedrich Herbart (vgl. Hamilton, 1999; Kansanen, 1999; Hopman & Riquarts, 2000; Biesta, 2011). Führende Vertreter der Bildungstheoretischen Didaktik waren neben Wolfgang Klafki (1927-2016) Autoren wie der vielen chinesischen Wissenschaftlern bekannte Martin Wagenschein (1896-1988), aber auch Erich Weniger (1894-1961), Theodor Litt (1880-1962), Friedrich Copei (1902-1945) und Josef Derbolav (1912-1987).

In dieser Tradition wird die Didaktik als ein Teil der *Geisteswissenschaften* und nicht der *Naturwissenschaften* konzipiert, und mit einem hermeneutischen Ansatz der Theoretisierung pädagogischer Phänomene verbunden. Die Theoriebildung folgt drei charakteristischen Besonderheiten:

- Erstens ist die Praxis der entscheidende Ausgangspunkt der Theoriebildung. „Der einzig legitime Ansatz der Theoriebildung besteht", wie Gundem (2000, S. 241) argumentiert, „darin, pädagogische Phänomene so zu prüfen, wie sie in der Praxis des Unterrichts und der Schule existieren".
- Zweitens ist zu beachten, dass diese Praxis in je spezifische Kontexte eingebettet ist.
- Drittens muss bei der Theoriebildung die Komplexität dieser Kontexte in Vergangenheit, Gegenwart und Zukunft in Rechnung gestellt werden.

Respekt ist erforderlich, um diese Vielschichtigkeit der schulischen Interaktionen, des Lehrens und Lernens zu erfassen.

Die philosophische Untermauerung der Bildungstheoretischen Didaktik entstammt dem Gedankengut der europäischen Aufklärung, verknüpft mit Namen wie Kant, Herder, Hegel und Fichte, Goethe und Schiller, Pestalozzi, Herbart, Schleiermacher, Fröbel und Diesterweg. Grundlage dieses Denkens ist das Bildungsideal der „verantwortungsvollen, sozial bewussten Persönlichkeit, die ihr eigenes Schicksal bewusst gestaltet und Wissen, Fühlen und Handeln miteinander verbindet" (Gundem, 2000, S. 242).

Die Ausbreitung der Bildungstheoretischen Didaktik in der ersten und zweiten Hälfte des 20. Jahrhunderts in Deutschland hängt mit der Notwendigkeit einer staatlichen Curriculumplanung zusammen, die die Aufgabe hat, Richtlinien („Lehrpläne") für das Schulsystem und die staatlichen Lehrer- und Studienseminare zu entwickeln (Hopmann & Riquarts, 2000; Hopmann, 2007). Heute haben alle deutschen Bundesländer einen eigenen, stark ausdifferenzierten staatlichen Rahmenlehrplan, durch den festgelegt wird, welche Schulfächer mit welchen Inhalten unterrichtet werden. Allerdings werden in diesen Lehrplänen nicht die pädagogische Bedeutung und der Sinn der Inhalte spezifiziert. Dies bleibt den Fachdidaktiken, dem Engagement der Lehrpersonen und ihrer Interpretation der Klassenraumsituation überlassen (Hopmann, 2007). Dabei wird Lehrerinnen und Lehrern ein hohes Maß an professioneller Autonomie bei der situationsspezifischen Interpretation der vom Staat vorgegebenen Lehrpläne zugestanden. Sie werden als „reflektierende Professionelle" betrachtet, die „innerhalb des vorgegebenen staatlichen Lehrplan-Rahmens arbeiten, ohne dabei dirigiert zu werden" – orientiert an der Idee der Bildung und dem eigenen didaktischen Nachdenken verpflichtet (Westbury, 2000, p. 17).

Es gibt drei *zentrale Grundsätze* der Bildungstheoretischen Didaktik: (1) das Verständnis von *Bildung*, (2) eine pädagogisch ausgewiesene *Theorie der Unterrichts-*

inhalte, und (3) die Vorstellung des Lehrens und Lernens als einer sinnstiftenden *„fruchtbaren Begegnung"* zwischen dem Lernenden und dem Inhalt.

Bildungsverständnis: Im Bildungsbegriff ist eine Vorstellung der Bedeutung von Erziehung bereits impliziert – sie bezieht sich auf die eingangs genannte übergeordnete Funktion der Stärkung des Subjekts und seiner Stellung in einer sich an Bildung orientierenden Gesellschaft. Sie schließt eine Reihe von Erziehungszielen und Werten ein: die „Selbstformation" (einschließlich der Entwicklung intellektueller und moralischer Kräfte), die Kultivierung von Sensibilität, Selbstbewusstsein, Freiheit und Würde jedes Einzelnen (Humboldt, 2000; Hopmann, 2007) und die Partizipation der Einzelnen an den großen Lebensgemeinschaften (bei Schleiermacher: freie Geselligkeit, Wissenschaften, Staat und Religion) sowie an der Öffentlichkeit (Hegel). Um sich zu bilden, bemüht sich das Individuum „so viel Welt in sich aufzunehmen wie möglich" und einen Beitrag zur Menschwerdung zu leisten, indem es sich selbst entwickelt und intellektuelle und moralische Kräfte entfaltet (Humboldt, 2000). Der Begriff „Welt" bezieht sich hier auf die natürliche, die physische und die kulturelle Welt, die im Durchgang durch eine Vielzahl von human- und naturwissenschaftlichen Fächern angeeignet wird (Lüth, 2000).

Theorie des Inhalts: In der deutschen Didaktik wird der Inhalt als ein „mächtiger Stimulus der menschlichen Entwicklung" und als „ein Mittel, um menschlichen Kräften zum Ausdruck zu verhelfen, sie zu üben und zu entfalten" betrachtet. Deshalb können Inhalte für die intellektuelle und moralische Bildung genutzt werden (Lüth, 2000). In anderen Worten: Der Inhalt ist eine wichtige „kulturelle Ressource" für Bildung. Inhaltskomplexe, die von den Curriculumentwicklern als *Bildungsinhalte* (content of education; Klafki, 2000, p. 146) definiert werden, sind das Ergebnis einer spezifischen Auswahl und Organisation des Reichtums des insgesamt für Bildungsprozesse verfügbaren Wissens, der Erfahrungen und der Weisheit. Der Inhalt eines spezifischen Schulfachs macht seinen *Bildungsgehalt* (educational substance; Klafki 2000, p. 147) aus. Er besteht aus exemplarischen und elementaren Einsichten, Aspekten und Strukturen, die zur Bildung beitragen können. Ein *Bildungsinhalt* kann also aufgrund seines *Bildungsgehalts* ein „bildendes Potenzial" entwickeln und eine „mögliche wertbehaftete Wirkung" auf das Bewusstsein der werdenden Person ausüben. In anderen Worten: Der Inhalt kann zu *fundamentalen* Erfahrungen führen (Krüger, 2008).

Diese vier miteinander verknüpften Konzepte des *Bildungsinhalts,* des *Bildungsgehalts,* des *Elementaren* und des *Fundamentalen* bilden zusammen eine *Theorie der Bildungsinhalte* – eine Theorie darüber, was ein Inhalt ist, welchen erzieherischen

Wert und welche Bedeutung er besitzt und wie Inhalte für Erziehungszwecke ausgewählt und organisiert werden können.

Sinnstiftende Begegnung: In der deutschen Didaktiktradition wird Lehren und Lernen im Wesentlichen im Blick auf die Stärkung des Subjekts konzipiert, verknüpft mit menschlicher Bildung durch Teilnahme an der Welt und am kulturellen Leben (Humboldt, 2000; vgl. Lüth, 2000). Im Zentrum des Lehrens und Lernens steht dabei die „fruchtbare Begegnung" (Copei, 1930; Klafki, 2000, p. 143) zwischen Inhalt und Lernendem. Die Lehrer müssen verstehen, wie die einzelnen Inhalte in den Lehrplan eingebettet sind – genauer: sie müssen die *Theorie* des Inhalts verstehen. Wenn sie ihren Unterricht planen, sollten sie wesentlich damit beschäftigt sein, den pädagogischen Sinn, den Wert und die Bedeutung des Inhalts aus der Perspektive der Bildung zu erfassen.

Didaktische Analyse: Klafki fordert, dass sich die Lehrerinnen und Lehrer für jede von ihnen vorbereitete Unterrichtsstunde das bildende Potenzial (den *Bildungsgehalt*), das in einem Bildungsinhalt steckt, durch eine *didaktische Analyse* erschließen. Dafür hat Klafki einen fünfstufigen Satz von Fragen formuliert, der der Lehrerin/dem Lehrer helfen soll, das jeweilige bildende Potenzial zu entdecken (Klafki, 1963, S. 135-140; vgl. Klafki, 2000, p. 151-155):

Fünf Grundfragen der Didaktischen Analyse

I.	Welchen größeren bzw. welchen allgemeinen Sinn- oder Sachzusammenhang vertritt und erschließt dieser Inhalt? Welches Urphänomen oder Grundprinzip, welches Gesetz, Kriterium, Problem, welche Methode, Technik oder Haltung lässt sich in der Auseinandersetzung mit ihm „exemplarisch" erfassen?	**Exemplarische Bedeutung**
II.	Welche Bedeutung hat der betreffende Inhalt bzw. die an diesem Thema zu gewinnende Erfahrung, Erkenntnis, Fähigkeit oder Fertigkeit bereits im geistigen Leben der Kinder meiner Klasse, welche Bedeutung sollte er – vom pädagogischen Gesichtspunkt aus gesehen – darin haben?	**Gegenwartsbedeutung**
III.	Worin liegt die Bedeutung des Themas für die Zukunft der Kinder?	**Zukunftsbedeutung**
IV.	Welches ist die Struktur des (durch die Fragen I, II und III in die spezifisch pädagogische Sicht gerückten) Inhaltes?	**Sachstruktur**
V.	Welches sind die besonderen Fälle, Phänomene, Situationen, Versuche, Personen, Ereignisse, Formelemente, in oder an denen die Struktur des jeweiligen Inhaltes den Kindern dieser Bildungsstufe, dieser Klasse interessant, fragwürdig, zugänglich, begreiflich, „anschaulich" werden kann?	**Zugänglichkeit**

Die Fragen 1 bis 3 erschließen die wesentlichen Bestandteile, Eigenschaften und Bedeutungen, die den Bildungsgehalt des Inhalts konstituieren. Die Fragen 2 und 3 nötigen zur Analyse bzw. zum Aufschnüren der pädagogischen Bedeutung dieser wesentlichen Elemente – eine Analyse, die entscheidend ist, um den im Bildungsinhalt steckenden Bildungsgehalt aufzuschlüsseln (s.o.). Durch die Unterscheidung der wesentlichen Elemente des Inhalts und durch das Ausleuchten ihrer möglichen Manifestationen und Aspekte erschließt die Didaktische Analyse die im Inhalt enthaltene „organische Kraft“ (Otto Willmann, in: Klafki, 2000, p. 147), die fundamentale Erfahrungen möglich macht und so zur Bildung beiträgt.

4 Chinesische Basiskonzepte der Didaktik neu denken

Die drei zentralen Grundsätze der deutschen Didaktiktradition (das *Bildungsverständnis*, die *Theorie der Unterrichtsinhalte* und die *sinnstiftende Begegnung*) enthalten wichtige Implikationen für die Weiterentwicklung der chinesischen Didaktik. Sie fordern chinesische Pädagoginnen und Pädagogen heraus, neu zu durchdenken, wozu die Erziehung da ist, was sie unter einem Unterrichtsinhalt verstehen, wie er ausgewählt und organisiert werden soll und was das Lehren und Lernen – in Ergänzung zur Qualifikations- und Sozialisationsfunktion – zur Stärkung des Subjekts beitragen kann.

Bildungsverständnis: In der Idee der *Bildung* wird die Funktion der Stärkung des Subjekts in den Vordergrund gerückt. Damit unterscheidet sich Bildung grundlegend von der in der chinesischen Didaktiktheorie weithin üblichen Vorstellung einer Auflistung von Erziehungszielen – eine Vorstellung, nach der (wie schon angemerkt) die zentrale Aufgabe des Lehrens und Lernens darin besteht, den Schülerinnen und Schülern zu helfen, fachbezogenes Wissen zu erwerben und sich Fertigkeiten anzueignen, kognitive und praktische Fähigkeiten aufzubauen und Haltungen und Weltsichten zu entwickeln, die für die soziale und ökonomische Entwicklung Chinas erforderlich sind (vgl. Deng, 2012). In einer solchen Vorstellung vom Lehren und Lernen wird die Funktion der Subjektbildung weitgehend unterlaufen oder sogar ignoriert. *Bildung* gibt demgegenüber der Bildung des Selbst mehr Gewicht als der Qualifikations- und Sozialisationsfunktion von Erziehung. Dies steht in Übereinstimmung mit der neo-konfuzianistischen Vorstellung von *Selbstkultivierung* (bezogen auf die Entwicklung von Selbstwert, Selbstrespekt, Selbstverständnis und Kräftebildung) im Verhältnis zu der Aufgabe, soziale Verantwortung und gesellschaftliche Funktionen zu übernehmen. Schon de Bary (1996, S. 33) hat festgestellt:

> „Die *Vier Bücher* mit Zhu Xis[9] Kommentaren (zu den konfuzianistischen Schriften) gaben dem Einzelnen ein Verständnis von Selbstwert und Selbstrespekt, das nicht für einen wie auch immer gearteten kurzfristigen Nützlichkeitszweck geopfert werden darf; ein Verständnis über den eigenen Platz in der Welt, der nicht irgendeinem Staat oder einer Partei unterworfen werden darf; ein Verständnis darüber, wie man seine eigenen Kräfte kultivieren kann, um soziale Verantwortung zu übernehmen, welche die Freude zu lernen immer mit sich gebracht hat – Kräfte und Verantwortlichkeiten, die jeder Mensch zeigen sollte."

So verstandene *Selbstkultivierung* ist die Voraussetzung, um die kritischen und kreativen Potenziale des Individuums zu entwickeln und es in die Lage zu versetzen, soziale Verantwortung und Funktionen in der Gemeinschaft zu übernehmen (de Bary, 1996; Bai, 2013). Ebenso wie *Bildung* wird auch die *Selbstkultivierung* durch die Interaktion mit der physischen und kulturellen Welt erworben – unter Einbezug der Untersuchung natürlicher und sozialer Phänomene und der Förderung des Wissens (Bai, 2013; de Bary, 1996). Aber die *Selbstkultivierung* unterscheidet sich von der *Bildung* insofern, als sie der Gemeinschaft und der Gesellschaft, als deren organischer Teil der Einzelne betrachtet wird, mehr Bedeutung gibt, während die *Bildung* den Einzelnen als ein nahezu unabhängiges und sich selbst genügendes Wesen ansieht (de Bary, 1996).
Wenn das „Lernen, ein Mensch zu sein" (sei dies im Sinne von Bildung oder von Selbstkultivierung) ernst genommen wird, sollten chinesische Pädagogen neu überdenken, welche grundlegende Bedeutung die Subjektbildung hat und welchen Erziehungszwecken sie dient. Was konstituiert das Selbstwertgefühl, das Selbstverständnis und den Selbstrespekt der Schülerinnen und Schüler? Wie können und wie sollen Selbstwertgefühl, Selbstverständnis und Selbstrespekt entwickelt werden? Wie können individuelle intellektuelle Kräfte, moralische Haltungen und soziale Verantwortung auf der Basis von Selbstwertgefühl, Selbstverständnis und Selbstrespekt kultiviert werden? Welche Rolle spielen natürliche, kulturelle und historische Ressourcen in einer solchen Kultivierung bzw. Entwicklung und wie wirken sie?

Theorie des Unterrichtsinhalts: Die in der deutschen Didaktik entwickelte Idee einer Theorie des Unterrichtsinhalts beschreibt einen wichtigen Weg, um darüber nachzudenken, wie Verfahren der Inhaltsauswahl, der Organisation und der Rahmung von Inhalten für erzieherische, soziale, kulturelle und pädagogische Zwecke gestaltet werden können – Verfahren, die für die Curriculumkonstruktion auf einer programmatischen Ebene wesentlich sind, aber auch bei der Umsetzung des Curriculums im Klassenzimmer helfen. Anders als in der chinesischen Didaktik, in der der „Inhalt" weitgehend als ein feststehender Korpus von vorgefertigtem Wissen und von Fertigkeiten betrachtet wird, der angeeignet und zur Meisterschaft ge-

9 Vgl. dazu den Beitrag von Peng & Gu (Abschnitt 5, in diesem Band).

bracht werden muss (vgl. Deng, 2012), wird in der deutschen Didaktik der Inhalt als unverzichtbare Quelle für Bildung betrachtet – mit einem in die Inhalte eingelagerten Bildungspotenzial, das in der Arbeit im Klassenzimmer aufgeschlossen und verwirklicht werden muss (Klafki, 2000; vgl. Deng, 2011). Dementsprechend wird der Inhalt in einer Art und Weise ausgewählt, organisiert und gerahmt, dass die Lehrerinnen und Lehrer darin unterstützt werden und es ihnen erleichtert wird, den Inhalt zu interpretieren und ihn so umzuformen, dass im Klassenzimmer vielfältige Gelegenheiten zur Erziehungsarbeit für die Selbstbildung und die Kultivierung der intellektuellen und moralischen Kräfte und Möglichkeiten entstehen.

Fruchtbare Begegnung: Der dritte zentrale Grundsatz, die Idee das Lernen als „fruchtbare Begegnung" zwischen dem Lernenden und dem Inhalt aufzufassen, fordert chinesische Pädagogen dazu heraus, das Lehren und Lernen im Klassenzimmer neu von der Subjektbildung her zu durchdenken. Im Zentrum des Lehrens und Lernens steht dann das vom Lehrer initiierte „Zusammentreffen" von Inhalt und Schüler, eine „Begegnung", die helfen kann, das Selbst zu entwickeln und intellektuelle und moralische Kräfte zu kultivieren (Hopmann, 2007). Dies steht in deutlichem Kontrast zu der aktuellen pädagogischen Praxis in chinesischen Klassenzimmern, die, wie Levin (2010) beobachtet hat, „auf die Bewältigung der Inhalte und nicht auf die Entwicklung der Fähigkeit zu unabhängigem und kritischem Denken fokussiert ist". Aber in einem gewissen Umfang ist die deutsche Idee der *Didaktik* in Übereinstimmung mit der von Zongjie Wu (2011) wiederentdeckten, in seiner Analyse der konfuzianistischen *Analekten*[10] herausgearbeiteten Vision vom Lehren und Lernen enthalten – eine Idee, in der der Lehrer seine Schülerinnen und Schüler durch eine tiefe Auseinandersetzung mit der Bedeutung des klassischen Textes in einen „Dialog auf Augenhöhe" (*heart-to-heart-dialogue*) verwickelt.

Zusammengefasst: Die deutsche Didaktiktradition stellt für Pädagogen in China eine bedeutsame Herausforderung dar, die Zwecke, die Ziele, den Inhalt und die Praxis des Lehrens und Lernens neu zu durchdenken.

5 Das Verhältnis von Curriculumtheorie und Didaktik

Der in der deutschen Didaktiktradition entwickelte hermeneutische Ansatz zur Theoriebildung liefert eine nützliche Perspektive, um das Verhältnis von Didaktik und Curriculumtheorie zu verstehen. Wie oben (Abschnitt 3) schon angemerkt, ist die Praxis eingebettet in einen Kontext, innerhalb dessen sie Gestalt annimmt. Allgemein betrachtet ist die Praxis – hier bezogen auf Curriculumkonstruktion und Klassenzimmerarbeit – in drei Schichten von Kontexten eingebettet:

10 Vgl. dazu den Beitrag von Peng & Gu (Abschnitt 5, in diesem Band).

– in den *gesellschaftlichen Kontext* (internationale und nationale Milieus, Sozialstrukturen und ihre Voraussetzungen, gesellschaftliche Erwartungen an Schule);
– in den *institutionellen Kontext* (Schulpolitik, Schulformen, Bildungsgänge, Schulprogramme, Fächer, Jahrgangsstufen, Leistungsmessungen und Prüfungen usw.) und
– in den *Unterrichtskontext* (Schul- und Unterrichtskulturen, Lehrer- und Schülercharakteristiken, außerunterrichtliche und Klassenzimmeraktivitäten) (vgl. Alexander, 2000; J.W. Meyer, 1980).

Diese drei Kontextschichten stehen in Wechselwirkung zueinander. Gemeinsam bieten sie einen Ausgangspunkt, von dem aus wir verstehen können, wie Curriculumtheorie und Didaktik miteinander verknüpft sind und wie sie sich ergänzen können.

Curriculumtheorie und Didaktik haben unterschiedliche Aufmerksamkeitsschwerpunkte in Bezug zu diesen drei Schichten (vgl. Westbury, 2000, S. 18). Die *Curriculumtheorie* ist hauptsächlich mit Fragen des gesellschaftlichen und institutionellen Kontextes beschäftigt – Fragen, die sich sowohl auf die institutionenspezifische Konstruktion von Curricula im Blick auf die Erwartungen und Bedürfnisse der Gesellschaft und der Kultur als auch auf den politischen Charakter des Curriculums innerhalb des gesellschaftlichen, institutionellen und unterrichtsbezogenen Kontexte des Schulsystems beziehen. Allerdings werden Fragen dieser Art in der Didaktik gern übersehen, weil das institutionsspezifische Curriculum als fraglos gegeben betrachtet wird und zumeist auch nicht zum Gegenstand von Rückfragen gemacht wird (vgl. Alexander, 2000). Demgegenüber ist die *Didaktik* hauptsächlich mit Fragen auf der institutionellen und auf der unterrichtsbezogenen Ebene befasst. Sie beschäftigt sich mit Fragen des Zusammenspiels von staatlichem Curriculum und seiner lokalen Umsetzung im Klassenzimmer. Fragen dieser Art sind in China normalerweise kein Gegenstand von Curriculumtheorie und -forschung.

Dennoch können sich Curriculumtheorie und Didaktik gegenseitig zum beiderseitigen Vorteil ergänzen. Die *Curriculumtheorie* kann die Didaktik ergänzen, indem sie Theorien und Rahmenmodelle bereithält – zum einen im Blick auf Curriculumkonstruktion und -revision bezogen auf die Erwartungen und Bedürfnisse von Gesellschaft und Kultur, zum anderen im Blick auf die sozialpolitische Struktur des Schulsystems mit ihrem breiten sozialen, kulturellen und institutionellen Kontext. Curriculumtheorie kann, wie Hopmann & Riquarts (2000, p. 4) ausführen, der Didaktik „wichtige Lehren im Blick auf das Verhältnis von Schule und Gesellschaft, auf die Natur und die Reichweite bildungspolitischer Planungen und auf die soziale Verfasstheit von Schule geben."

Didaktik kann andererseits die Curriculumtheorie ergänzen, indem sie zeigt, wie ein staatliches Curriculum in einer Art und Weise in Unterrichtspraxis umgesetzt werden kann, die die fruchtbare Begegnung zwischen den Lernenden und dem Inhalt möglich macht. Darüber hinaus kann sie der Curriculumtheorie zeigen, wie Lehrerinnen und Lehrer zu autonomen Professionellen werden, die innerhalb des vorgegebenen institutionellen Rahmens arbeiten (Westbury 2000, p. 17; Hopmann 2007).

6 Schlussbemerkungen

Der Fokus dieses Beitrags bestand darin, Implikationen der deutschen Didaktik für die Rekonstruktion der chinesischen Didaktik zu untersuchen und dabei ein besonderes Augenmerk auf die pädagogische Funktion der Subjektbildung zu werfen. Der Beitrag plädiert dafür, die Erziehungszwecke, die Unterrichtsinhalte und die Unterrichtspraxis im Blick auf die *drei zentralen Grundsätze* der deutschen Didaktik – Bildung, Theorie des Inhalts und fruchtbare Begegnung zwischen Schüler und Inhalt – zu überdenken und neu zu konzipieren. Es muss aber auch festgehalten werden, dass es in der deutschen Didaktik offene Fragen und Probleme gibt. Historisch betrachtet, war *Bildung* lange verknüpft mit den Interessen der bürgerlichen Mittelschicht und auch mit utopischen Hoffnungen der Aufklärung und naiven Erwartungen an die Umsetzung dieser Hoffnungen (Hansen, 2008). Es gab Ansätze der Allgemeinbildung, in denen ausschließlich die Funktion der Subjektbildung erörtert wurde, so dass der Tendenz nach die sozialen, kulturellen und politischen Erwartungen und Bedürfnisse im Blick auf die Qualifikations- und Sozialisationsfunktion der Schule übersehen wurden. Darüber hinaus ist die deutsche Didaktiktradition durch die Globalisierungsprozesse, durch die Formulierung von Bildungsstandards und die Ausweitung der Rechenschaftspflicht stark herausgefordert worden.

Aber diese Fragen und Begrenzungen können aufgearbeitet und überwunden werden, wenn die chinesische Didaktik im Rahmen des aktuellen sozialen, kulturellen und pädagogischen Kontextes von Schule neu aufgebaut wird – mit einer gezielten Beachtung der heute in der ganzen Welt gegebenen Erwartungen und Bedürfnisse nach Subjektbildung, Qualifizierung und Sozialisation. Ein gründliches Durchdenken dieser Erwartungen und Bedürfnisse erfordert auf Seiten der chinesischen Pädagogen umfassende theoretische und empirische Forschungen. Darüber hinaus sollten über die deutsche Didaktiktradition hinaus auch andere theoretische Quellen in einem eklektischen Zugriff zum Tragen kommen (vgl. Zierer, 2010). Bei einem solchen Vorgehen der Konstruktion der didaktischen Theorie können einerseits die Einsichten und Beiträge der deutschen Didaktik genutzt, andererseits ihre offenen Fragen und Begrenzungen überwunden werden. Dazu sind in jüngster Zeit einige Vorschläge gemacht worden.[11]

11 Ding (2009); Lee & Kennedy (2017); Ding & Wang, 2017; Uljens & Ylimaki (2017); vgl. auch Deng (2011)

Ein neues Paradigma der chinesischen Didaktik kann entwickelt werden, wenn die Theorieentwicklung auf einem tiefen und gründlichen Verstehen der Bedürfnisse und Herausforderungen aufbaut, die die chinesische Pädagogik bewältigen muss – unter Einschluss eines Eklektizismus, der es zulässt, eine Vielfalt von westlichen, östlichen und chinesischen Theorien einzubeziehen und so die Theorieentwicklung in produktive Bahnen zu lenken.

Literatur

Alexander, R.J. (2000). *Culture and pedagogy: International comparisons in primary education.* Oxford: Blackwell.

Bai, L.M. (2013). Practicality in curriculum building: A historical perspective on the Mission of Chinese education. In: *Frontiers of Education in China*, 8 (4).

Bary, W.T. de (1996). Confucian education in premodern Asia. In: W.M. Tu (Ed.), *Confucian traditions in East Asian modernity.* Cambridge/Mass.: Harvard University Press, pp. 21-37.

Benner, D. & Peng, Z. (2013): Wilhelm von Humboldt und Cai Yuanpei als Bildungstheoretiker und Modernisierer Preußens und Chinas. In: M. Lackner (Hrsg.): *Aufklärung im Dialog. Eine deutsch-chinesische Annäherung.* Essen: Stiftung Mercator, S. 111-145.

Biesta, G. (2009). Good education in an age of measurement: On the need to reconnect with the question of purpose in education. In: *Educational Assessment, Evaluation and Accountability*, 21 (1), pp. 33-46.

Biesta, G. (2011). Disciplines and theory in the academic study of education: A comparative analysis of the Anglo-American and Continental construction of the field. In: *Pedagogy, Culture & Society,* 19 (2), pp. 175-192.

Cai, B.L. (2000). 传统教学论的产生及发展历程 (The origin and development of traditional didactics]. In: 教育研究 *(Educational Research),* 2000 (6), pp. 60-65.

Cai, B.L. & Wang, J.Y. (1998). 现代教学论的概念， 性质及研究对象 (Concepts, Nature and Research Subject of Contemporary Didactics). In: 教育研究 *(Educational Research),* 1998 (2), pp. 56-59.

Chen, G.S. (1998). 重评凯洛夫 „教育学“ (Reevaluating „Kairov's Pedagogics"). In: 河北师范大学学报 (教育科学版) *(Journal of Hebei Normal University, Educational Science),* 1 (1), pp. 42-48, 78.

Copei, F. (1930). *Der fruchtbare Moment im Bildungsprozess.* Heidelberg: Quelle & Meyer.

Deng, Z. (2011). Confucianism, modernization and Chinese pedagogy: An introduction. In: *Journal of Curriculum Studies*, 43:5, 561-568.

Deng, Z. (2012). Constructing Chinese didactics: (Re)discovering the German didactics tradition. In: K. Zierer (Ed.): *Jahrbuch für Allgemeine Didaktik.* Baltmannsweiler: Schneider Verlag Hohengehren, Vol. 2. pp. 108-128.

Deng, Z. (2016). Bringing curriculum theory and didactics together: A Deweyan perspective. In: *Pedagogy, Culture & Society*, 24 (1), pp. 75-99.

Dikötter, F. (2016). *The Cultural Revolution. A People's History 1962-1976.* London: Bloomsbury.

Ding, B. (2009). 教学(理) 论与课程论关系新探： 基于比较的视角 (Reconsidering the relationship between didactics/teaching theories and curriculum theories: A comparative perspective.) In: 比较教育研究 *Comparative Education Review,* 2009 (12), pp. 4-50.

Ding, B. & Wang, F. (2017). Didactics meets curriculum studies in the context of teacher education in mainland China: A historical and comparative perspective. In: J.C.-K. Lee & K.J. Kennedy (Eds.): *Theorizing Teaching and Learning in Asia and Europe.* London, New York: Routledge, pp. 179-216.

Ding, G. (2001). Nationalization and internationalization: Two turning points in China's education in the twentieth century. In: G. Peterson, R. Hayhoe & Y. Lu (Eds.): *Education, culture & identity in twentieth-century China.* Hong Kong: The University of Hong Kong Press, pp. 161-186.

Ding, N.J. (2007). 课程论 *(Curriculum Theory).* 福建: 福建教育出版社 (Fujian: Fujian Education Press).

Gundem, B.B. (2000): Understanding European didactics. In: B. Moon, M. Ben-Peretz & S. Brown (Eds.): *Routledge international companion to education.* London: Routledge, pp. 235-262.

Hamilton, D. (1999). The pedagogic paradox (or why no didactics in England?). In: *Pedagogy, Culture & Society*, 7 (1), pp. 135-152.

Hansen, L.-H. (2008). Rewriting Bildung for Postmodernity: Books on Educational Philosophy, Classroom Practice, and Reflective Teaching. In: *Curriculum Inquiry,* 38 (1), pp. 93-114.

Hopmann, S. (2007). Restrained teaching: The common cores of Didaktik. In: *European Educational Research Journal,* 6 (2), pp. 109-124.

Hopmann, S. & Riquarts, K. (Eds.)(2000). Starting a dialogue: A beginning conversation between Didaktik and curriculum traditions. In: I. Westbury, S. Hopmann & K. Riquarts (Eds.): *Teaching as a reflective practice: The German Didaktik tradition.* Mahwah, NJ: Erlbaum, pp. 3-11.

Huang, F.Q. (2006). 现代课程与教学论学程 *(Contemporary Curriculum Theory and Didactics Study Guide).* 北京：人民教育出版社 (Beijing: People's Education Press).

Huang, S.G. (2010). 凯洛夫《 教育学》 在中国的理论辐射与实践影响 (The Theory Radiation and Practical Influence of I.A. Kairov's Pedagogics in China). In: 复旦教育论坛 *(Fudan Education Forum),* 8 (3), pp. 42-47.

Humboldt, W. von (1793/2000). Theory of Bildung. In I. Westbury, S. Hopmann & K. Riquarts (Eds.), *Teaching as a reflective practice: The German Didaktik tradition.* Mahwah, NJ: Erlbaum, pp. 57-61.

Kairov, I.A. and associates (1953). 教育学 *(Pedagogics).* 北京：人民教育出版社 [Beijing: People Education Press].

Kansanen, P. (1999). The Deutsche Didaktik and the American research on teaching. In: B. Hudson, F. Buchberger, P. Kansanen & H. Seel (Eds.): *Didaktik/Fachdidaktik as Science(-s) of the Teaching Profession.* TNTEE Publications, 2 (1), pp. 21-35.

Klafki, W. (1963). Die Didaktische Analyse als Kern der Unterrichtsvorbereitung. In: Klafki: *Studien zur Bildungstheorie und Didaktik.* Weinheim: Beltz, S. 126-153.

Klafki, W. (2000). Didaktik analysis as the core of preparation. In I. Westbury, S. Hopmann & K. Riquarts (Eds.), *Teaching as a reflective practice: The German Didaktik tradition.* Mahwah, NJ: Erlbaum, pp. 139-159.

Krüger, R.A. (2008). The significance of the concepts „elemental" and „fundamental" in didactic theory and practice. In: *Journal of Curriculum Studies*, 40 (2), pp. 215-250.

Lee, J.C.-K. & Kennedy, K.J. (Eds.)(2017): *Theorizing Teaching and Learning in Asia and Europe.* London and New York: Routledge.

Levin, R.C. (2010). Top of the Class: The Rise of Asia's Universities. In: *Foreign Affairs,* May/June 2010. Retrieved September 17, 2017, from http://www.foreignaffairs.com/articles/66216/richard-c-levin/top-of-the-class

Liao, Z.X. (2007). 论当代课程论与教学论的关系 (On the Relationship between Modern Curriculum Theory and Didactics). In: 教育研究 *(Educational Research),* 28 (11), pp. 40-46.

Liu, H.M. & Lin, D. (2008). Difficulties and outlets: On paradigm of China's pedagogy. In: *Frontiers of Education in China,* 3(2), pp.163-177.

Liu, Y.W. (1996). 试析课程论与教学论的关系 (An analysis of the relationship between curriculum theory and didactics). In: 教育研究 *(Educational Research),* 17 (4), pp. 10-16.

Lüth, C. (2000). On Wilhelm von Humboldt's Theory of Bildung. In: I. Westbury, S. Hopmann & K. Riquarts (Eds.): *Teaching as a reflective practice: The German Didaktik tradition.* Mahwah, NJ: Erlbaum, pp. 63-84.

Meyer, J.W. (1980). Levels of the educational system and schooling effects. In C.E. Bidwell & D.M. Windham (Eds.): *The analysis of educational productivity.* Vol. 2: Issues in macroanalysis. Cambridge, MA: Ballinger, pp. 15-63.

Meyer, M., Meyer, H. & Ren P. (2017). The German didaktik tradition revisited. In: Kerry, K.J. & Lee C.K.J. (Eds.): *European Didactics and Chinese Curriculum: Curriculum Thoughts in Dialogue.* Hongkong: Routledge, pp.179-216.

Uljens, M. & Ylimaki, R. (Eds.)(2017). *Bridging Educational Leadership, Curriculum Theory and Didaktik. Non-affirmative Theory of Education.* Cham (Switzerland): Springer International Publishing AG.

Westbury, I. (Ed.)(2000). Teaching as a reflective practice: What might Didaktik teach curriculum? In I. Westbury, S. Hopmann & K. Riquarts (Eds.): *Teaching as a reflective practice: The German Didaktik tradition.* Mahwah, NJ: Erlbaum, pp. 15-39.

Wu, Z. (2011). Interpretation, autonomy, and transformation: Chinese pedagogic discourse in a cross-cultural perspective. In: *Journal of Curriculum Studies*, 43 (5), pp. 569-590.

Yang, J. & Frick, W. (2009). Will the leadership of Chinese education follow the footsteps of American education: A brief historical and socio-political analysis. In: *Journal of Thought,* 44 (3&4), pp. 23-48.

Yang, X.W. (2002). 教学论是一门什么样的学问 (What Is Didactics?). In: 课程·教材·教法 *(Curriculum, Teaching Material and Method),* 22 (12), pp. 14-19.

Ye, X. (2017). *Eine vergleichende Untersuchung zum Qualitätsverständnis von Unterricht in chinesischen und deutschen Lehrwerken der Didaktik.* Oldenburg: BIS-Verlag.

Zhang, B.X. (2006). 重新掀开被湮没的历史，正确认识被曲解的传统 (Reopening a forgotten history, rediscovering a misinterpreted tradition). In: 教育学报 *(Journal of Educational Studies),* 2(5), p. 3.

Zhang, H. & Zhong, Q.Q. (2003). Curriculum studies in China: Retrospect and prospect. In: W.F. Pinar (Ed.): *International Handbook of Curriculum Research.* Mahwah, NJ: Lawrence Erlbaum, pp. 253-270.

Zhang, X.L. (2006). 赫尔巴特教育学在中国的传播 (1901-1904) (The introduction and spread of Herbart's pedagogics in China, 1901-1904). In: 教育学报 *(Journal of Educational Studies),* 2 (5), pp. 36-41.

Zhong, Q.Q. & You, B.H. (2004). 发霉的奶酪 –„认真对待 ‚轻视知识' 的教育思潮" (Moldy cheese: Review of „A critical reflection on the thought of 'despising knowledge' in Chinese basic education"). In: 全球教育展望 *(Global Education),* 33 (10), pp. 3-7.

Zhou, G.P. & Ye, Z.J. (2006). 赫尔巴特教育学在中国： 一个跨越世纪的回望 (Herbart's pedagogy in China: Review of the study in the past century). In: 教育学报 *(Journal of Educational Studies),* 2(5), pp. 29-35.

Zierer, K. (2010). *Alles prüfen. Das Beste behalten.* Baltmannsweiler: Schneider Verlag Hohengehren.

Teil II: Didaktische Modellbildungen und Forschungsansätze

Ewald Terhart

Allgemeine Didaktik und Unterrichtstheorie im deutschsprachigen Raum: Beobachtungen und Einordnungen[1]

1 Die Welt der Allgemeinen Didaktik – drei Zugangsweisen

Die Vielfalt der in der deutschsprachigen Fachdiskussion unter der Überschrift „Allgemeine Didaktik“ angebotenen Ansätze, Theorien, Modelle etc. ist beeindruckend.[2] Diese Vielfalt wird noch größer, wenn man das in der Erziehungswissenschaft beheimatete Feld der Allgemeinen Didaktik verlässt und weitere wissenschaftliche Forschungskontexte berücksichtigt, die sich im weitesten Sinne mit Unterricht, Lernen und Lehren befassen (z.B. Unterrichtspsychologie, Mikrosoziologie, Sprechaktforschung, Philosophie etc.). Gleichwohl lässt sich eine gewisse Ordnung in diese Vielfalt bringen, sofern man von einigen Besonderheiten absieht und zugleich die Existenz von Überlappungen zugesteht. Das geschieht im Folgenden dadurch, dass allgemeindidaktische und unterrichtstheoretische Ansätze nach drei großen Zugangsweisen oder Paradigmen gegliedert werden:

1.1 Das Bildungsparadigma

Zu ihm gehören alle Konzepte, die sich um den Begriff „Bildung“ herum gruppieren lassen; dazu kann man auch solche rechnen, die den Begriff „Bildung“ nicht explizit verwenden. Unterricht wird die Aufgabe gestellt, vieldimensionales Lernen (kognitiv, sozialmoralisch, ästhetisch, spirituell) im Sinne eines komplexen Verständnisses von Bildung zu ermöglichen. Leitend für das Bildungsparadigma ist die Vorstellung, dass individuelle Bildung ein Leben lang aus der Wechselwirkung zwischen dem Subjekt und seinem Erfahrungsraum geschieht bzw. geschehen kann, und dass in jungen Jahren dieser Prozess durch Schule und Unterricht angeleitet oder besser angebahnt werden kann und soll: Allen sollte Alles im Me-

1 Der Text geht zurück auf einen Vortrag im Rahmen des „Second Sino-German Didactics Dialogue“ an der Universität Oldenburg, 13.-15. November 2015.

2 Vgl. als Lehrbücher zu klassischen und neuen Modellen z.B. Jank & Meyer, 2002; Terhart, 2009; Kron, Jürgens & Standop, 2014; Porsch, 2015; Beispiele für neuere Entwicklungen finden sich bei Bohl & Zierer, 2013. Kritisch zur Situation und zu den Entwicklungsperspektiven der Allgemeinen Didaktik Terhart (2005) und Rothland (2013).

dium des Allgemeinen im Grundsatz zugänglich gemacht werden. Das schließt immer auch bestimmte normative Vorstellungen zu gesellschaftlichen und individuellen Zielen und Aufgaben organisierten Lehrens und Lernens mit dem Ziel der Anbahnung von Bildung mit ein. Die Aufgabe des Lehrers und seines didaktischen Handelns ist nicht einfach die Beförderung von Qualifikation und Lernen, sondern steht unter einem weitergehenden Anspruch: Es geht darum, Bildung zu ermöglichen. Die berufliche Fähigkeit eines Lehrers wird an sein Wissen und seine Fähigkeiten in der Sache und in den didaktischen Entfaltungen, aber auch an seine personalen Eigenschaften und Überzeugungen gebunden.[3]

1.2 Das Produktions-/Effektivierungs-Paradigma

Zu ihm gehören alle Konzepte, die sich darum bemühen, die Ziele des Unterrichtens sowie die zu ihnen führenden Wege möglichst optimal zu gestalten, die also Unterricht als Prozess der Erreichung von Lern- und Bildungszielen der Schüler betrachten. Eine entsprechende Unterrichtsforschung sucht empirisch möglichst gesichertes Wissen über Wirkungszusammenhänge zwischen Lehren, Lern- und Erfahrungsprozessen der Schüler und deren kurz- und langfristigen Ergebnissen herauszuarbeiten. Dabei geht es um zu vermittelnde und anzuzeigende Lernziele, Kompetenzen und Qualifikationen in kognitiver und sozial-moralischer Hinsicht, deren Erreichen zu prüfen ist. In einem pragmatischen Sinne geht es in diesem Paradigma darum, das durch Unterrichtsforschung gewonnene Wissen in Handlungsempfehlungen für Lehrkräfte umzuarbeiten. Unterrichtserfolg gilt zwar nicht als mechanisch und quasi-kausal herstellbar; insofern ist die Bezeichnung „Produktions-Paradigma" nicht ganz zutreffend, man könnte es auch „Effektivierungs-Paradigma" nennen, denn es geht gleichwohl um die möglichst weit gehende zielbezogene Optimierung von Unterricht. Lehrkräfte müssen nicht nur „handwerklich" geschickt unterrichten, sondern auch über berufliche Kompetenzen der Diagnose, der Lernplanung und Evaluation verfügen und in diesem Dreischritt den Lernfortschritt ihrer Schüler stetig vorantreiben.[4]

1.3 Das Interaktionsparadigma

Hierher gehören alle diejenigen Konzepte, die sich darauf konzentrieren, Unterricht als soziale Situation bzw. als einen Prozess zu analysieren und zu verstehen, in dem es um Interaktions- und Sozialisationsprozesse sowie um gewollte

3 Das Bildungsparadigma ist fest mit dem Lebenswerk Wolfgang Klafkis (1927 – 2016) verbunden. Weiterführungen bei Trautmann, 2004; Koch-Priewe, Stübig & Arnold, 2007; Köker & Störtländer, 2017.

4 Das Produktions-/Effektivierungs-Paradigma hat eine längere Tradition in der ursprünglichen Fassung der lehr-lerntheoretischen Didaktik von P. Heimann und W. Schulz, in den Konzepten des lernzielorientierten Unterrichts, sowie der Instruktions- und Unterrichtspsychologie. Es geht um die Effektivierung des Unterrichts und des Lehrerhandelns auf der Basis der Erkenntnisse der empirisch-quantitativen Unterrichtsforschung (vgl. Helmke, 2009; Kunter & Trautwein, 2013; Lipowski, 2015).

und ungewollte Nebenwirkungen geht. Unterricht als ein zwar institutionell gerahmter, aber dann eben doch vor allem situativ von den Beteiligten erzeugter Erfahrungsraum wird in seinen sozialisatorischen Abläufen und Folgen möglichst transparent gemacht. Innerhalb dieses Paradigmas sind Analyse, Deutung und Einordnung von Unterricht in einem kulturanalytischen Denkrahmen das leitende Motiv, wobei sowohl subjektive Sinnstrukturen der Akteure als auch tieferliegende Muster von Interesse sind. Konkrete Gestaltungsempfehlungen an Lehrkräfte zu geben ist nicht beabsichtigt – alle Anstrengungen einer strikt zielbezogenen Optimierung werden als grundsätzlich unsichere, oft wirkungslose und schlimmstenfalls deformierende Interventionen beurteilt. Beim Blick auf die Vorbereitung und Verbesserung von Berufspraxis stehen personal qualifizierende, reflexionsfördernde kasuistische Fallarbeit sowie ein kollegial-kooperatives Lernen im Mittelpunkt.[5]

Die Einteilung in diese drei Zugangsweisen oder Paradigmen ist natürlich nicht völlig trennscharf; es existieren mehr oder weniger breite Überlappungszonen sowie auch einige womöglich sehr am Rande bzw. außerhalb dieser drei Felder liegende Einzelpositionen. Die Bezugnahme auf didaktische Praxis kann dabei unterschiedlich stark ausgeprägt sein. Im Interaktionsparadigma etwa finden sich viele Theoretisierungen und empirische Studien, die ein rein interpretativ-rekonstruierendes Interesse verfolgen und die gerade nicht „didaktisch" im Sinne der Begründung und Anleitung von Lehrkräften zur Erhöhung ihrer didaktischen Wirksamkeit werden möchten! Alle drei Zugangsweisen betonen übrigens die Schwierigkeit, im Wissenschaftssystem gewonnenes theoretisches und/oder empirisches Wissen über Unterricht in eine enge und produktive Relation zur Handlungsebene der Praktiker zu bringen; jedes der drei Paradigmen sieht sich selbst in einer schwierigen Relation zur alltäglichen Berufspraxis von Lehrkräften. Eine weitere Gemeinsamkeit ist, dass die Anbahnung und Entfaltung beruflicher Fähigkeiten und Haltungen von Lehrern als ein berufsbiographischer Entwicklungsprozess gesehen wird, der sich nicht nur auf die Erstausbildung in Universität und Vorbereitungsdienst bezieht, sondern die gesamte Berufsbiographie umfasst.

2 Allgemeine Didaktik und Unterrichtstheorie

Die wissenschaftliche Beschäftigung mit Unterricht und Lehrerarbeit und den damit einhergehenden Erfahrungs- und Lernprozessen der Schülerinnen und Schüler findet in verschiedenen Disziplinen statt: von der Philosophie über die

5 Das Interaktionsparadigma geht auf kommunikations- und interaktionstheoretische Modelle und Analysen zu Unterricht als sozialer Situation bzw. als interaktiv konstruierter Wirklichkeit zurück (vgl. Budde, 2013; Bräu & Schlickum, 2015; Schmitt, 2011; Röhl, 2013; kritisch dazu Herzog, 2013; vgl. den Beitrag von Brinkmann, in diesem Band).

Erziehungswissenschaft, die Unterrichts- und Lernpsychologie, die Mikro-Soziologie, die Sprachwissenschaften bis hin zu den verschiedenen Fachdidaktiken, die Lehren und Lernen im Kontext bestimmter Inhaltsbereiche oder ‚Domänen' thematisieren. Teilweise wird ein philosophisches bzw. rein analytisch-theoretisches Interesse verfolgt,[6] teilweise zusätzlich ein auch empirisch-analytisches in quantitativer, qualitativer oder gemischter Ausformung. Und schließlich, aber im Kontext der ‚reinen' Unterrichtstheorie selten, wird auch ein praktisch-gestalterisches Interesse verfolgt. Alle diese verschiedenen wissenschaftlichen Formen und Zugangsweisen zum Unterricht, zu seinen Voraussetzungen, seinen Akteuren, seinen Kontexten, Abläufen und Folgen sind wichtige und legitime Erkenntnisquellen für Allgemeine Didaktik.

In allen diesen Formen sind Unterrichtstheorie und Allgemeine Didaktik Gegenstand bzw. Inhalt der Ausbildung von Lehrerinnen und Lehrern, wobei in der Ersten (universitären) Phase die Theorie- und Forschungsbezüge stärker sind, in der Zweiten Phase (dem für Deutschland typischen Vorbereitungsdienst) demgegenüber die praktisch-gestalterischen Elemente dominieren. Analysen der bildungswissenschaftlichen Teile der universitären Lehrerbildung haben gezeigt, dass vor allem das Themenfeld ‚Unterricht und Didaktik' als *Pflicht*element in den Studienordnungen und Modulhandbüchern verankert ist, wohingegen viele andere pädagogisch-psychologische Themen eher dem *Wahl*bereich zugeordnet sind (Terhart, Lohmann & Seidel, 2010; Schulze-Stocker, 2016). Praktisch wird die Befassung mit Unterricht in der Ausbildung in Gestalt von Empfehlungen und Handlungsschemata zur Planung von Unterricht bzw. zur Erstellung von Unterrichtsentwürfen. Am Ende der Ausbildung sollte jeder Absolvent in der Lage sein, Unterricht vorzubereiten, ihn dementsprechend zu gestalten bzw. zu verwirklichen – und auf der Basis einer Auswertung aus seinen Erfahrungen zu lernen. Mit Blick auf die im Beruf stehenden Lehrkräfte sollten neue Erkenntnisse der Forschung etc. vor allem auf dem Wege der Weiterbildung sowie der schulinternen Schul- und Unterrichtsentwicklung in die Praxis gelangen.

Bezüglich des Zustandes der Allgemeinen Didaktik im deutschsprachigen Raum ist insgesamt Trautmanns (2016, S. 46) Beschreibung bzw. Bewertung durchaus zuzustimmen:

– „Herausragende Vertreter der Allgemeinen Didaktik (…) sind gegenwärtig nicht in Sicht; eine überzeugende Zukunftsagenda fehlt, stattdessen gibt es viele kleine Baustellen. Die Reputation, die die Allgemeine Didaktik in den 1970er

6 Grundlagentheoretische Positionen und Diskussionen über Unterricht und Lehren finden sich bei Breidenstein 2010; Gellert & Sertl, 2012; Geier & Pollmanns, 2016; Koller, Reichenbach & Ricken, 2012; Bühler, Bühler & Osterwalder, 2010; Meseth, Proske & Radtke, 2011; Pazzini, Schuller & Wimmer, 2010; Trautmann, 2016. Vgl. auch das Themenheft „Unterrichtstheorie" der Zeitschrift für Pädagogik, Jg. 60 (2014), Heft 6.

und 1980er Jahren genoss, ist auf die „empirische Bildungsforschung" übergegangen.

– Eine Modernisierung, i.S. einer Öffnung für empirische Zugänge ist in Gang gekommen. Ebenso hat sich das traditionelle Themenspektrum erweitert und ist nicht mehr vorrangig bezogen auf Unterrichtsplanung und -methodik.
– Abgrenzungen zu anderen Bereichen verschwimmen weiter: Was genau soll Allgemeine Didaktik leisten im Vergleich zur Schulpädagogik, Unterrichtsforschung, Professionsforschung, Bildungsforschung – ganz zu schweigen von den Fachdidaktiken oder einer „Allgemeinen Fachdidaktik"? Ob angesichts der disziplinären Fragmentierung der mit Schule und Unterricht befassten Disziplinen der Ausdruck „Bildungswissenschaften" eine einigende Klammer sein könnte, bleibt vorerst offen."

3 Was fehlt? Erkenntnisse über die Wirklichkeit des Unterrichts in der Breite

Der sehr umfänglichen und intensiven *theoretischen Debatte* um die Antwort auf die Frage, was Unterricht ‚eigentlich' ist, steht ein nur sehr ungefähres Bild über die breite *Realität des Unterrichts* in den Klassenzimmern an deutschen Schulen gegenüber. Natürlich ist die durchschnittliche Klassengröße bekannt – sie beträgt 22 Schüler in der Grundschule und 25 Schüler in der Sekundarstufe I (Bezugsjahr: 2012). Was aber in der Breite des Unterrichts tatsächlich geschieht – jeden Morgen gegen 8 Uhr treffen ca. 790.000 Lehrpersonen und 8,2 Mio. Schülerinnen und Schüler zusammen und starten ihre Arbeit – ist weniger gut bekannt. Dabei gibt es Fragen genug:

- Wie häufig werden welche Unterrichtsformen eingesetzt?
- Welche Formen der Einbringung von neuen Inhalten werden praktiziert?
- Welche Lernqualitäten oder -niveaus werden tatsächlich erreicht?
- Wie viele Schüler befassen sich durchschnittlich in einer Unterrichtsstunde gedanklich wie lange konzentriert mit dem jeweiligen, vom Lehrer eingeführten Gegenstand?
- Welche Schüler tun das wie lange nicht? Inwieweit wird dies von Lehrkräften wahrgenommen?
- Inwieweit gehen Lehrkräfte tatsächlich auf die differenten Lernvoraussetzungen von Schülern ein – und was geschieht, wenn dies nur selten oder gar nicht der Fall ist?
- Wie häufig finden in welchen Fächern welche Formen der Leistungsüberprüfung statt?
- Wie stark beeinflussen außerschulische Lernerfahrungen das schulische Lernen in den verschiedenen Fächern – und umgekehrt?

- Inwieweit sprechen sich in den Schulen Fachgruppen von Lehrkräften – z.B. alle Deutsch- und alle Geographielehrer etc. – zu welchen Themen und in welcher Intensität ab?
- Inwieweit nehmen Schulleiter auf den Unterricht ihres Kollegiums bzw. einzelner Lehrkräfte Einfluss – und mit welchen Folgen?

All diese eigentlich recht einfachen, noch rein deskriptiven Fragen sind mit Blick auf die Breite des Schulsystems und die große Menge stattfindenden Unterrichts heute noch kaum zu beantworten. Die vielen nationalen und internationalen Studien zu den Lernständen von Schülern dokumentieren vergleichend bestimmte, häufig eng definierte (fachbezogene) Lernergebnisse von Schülern (Produkte), nicht aber in gleicher Breite die vorausliegenden Prozesse des Unterrichts, die zu diesen Ergebnissen geführt oder doch zumindest beigetragen haben. *Insofern fehlt gewissermaßen ein Kataster der Unterrichtswirklichkeit in ihrer Breite und Vielfalt.* Dies steht in klarem Gegensatz zu der erwähnten Vielfalt und Intensität der theoretisch-analytischen Debatten über Unterricht ‚an sich und überhaupt'. Damit diese Debatten nicht zu einer Art Phantasietätigkeit über Unterricht werden, brauchen wir mehr verlässliche und vor allem: in die Breite gehende Erkenntnisse darüber, was sich tatsächlich in den Klassenzimmern abspielt.[7]

4 Vier strukturelle Probleme

Die deutschsprachige Allgemeine Didaktik wird von konstanten und tiefliegenden, also strukturellen Problemen begleitet:

(1) Sie ist entgegen dem Anspruch, „allgemein" zu sein, doch *zuallererst Schul-Didaktik*, d.h. eine Didaktik schulisch organisierten Lehrens und Lernens. Der Blick auf vorschulische und nachschulische Kontexte des Lehrens und Lernens ist immer eine Art Zusatz, ein bewusster und bemühter Schritt über die Schule hinaus. Die Didaktik des Elementarbereichs, der Erwachsenenbildung, des Lehrens und Lernens an Hochschulen oder in beruflichen Kontexten bildet dann konsequenterweise eigene Didaktiken aus. Insofern ist die Frage berechtigt: Wie allgemein ist die Allgemeine Didaktik wirklich?

(2) Die Allgemeine Didaktik steht konstant in *kritischer Relation* zu den Fachdidaktiken, die sich zunehmend von allgemeinen Didaktiken emanzipieren, und zwar in theoretischer und forschungsmethodischer Hinsicht. Die Ver-

---

7 Grundlagentheoretische Positionen und Diskussionen über Unterricht und Lehren finden sich bei Breidenstein, 2010; Gellert & Sertl, 2012; Geier & Pollmanns, 2016; Koller, Reichenbach & Ricken, 2012; Bühler, Bühler & Osterwalder, 2010; Meseth, Proske & Radtke, 2011; Pazzini, Schuller & Wimmer, 2010; Trautmann, 2016. Vgl. auch das Themenheft „Unterrichtstheorie" der Zeitschrift für Pädagogik, Jg. 60 (2014), Heft 6.

knüpfung und der gezielte Ausbau von lernpsychologischer Lehr-Lern-Forschung und Fachdidaktik hat die Allgemeine Didaktik stark herausgefordert; in manchen Kreisen der Fachdidaktik entsteht die Idee, dass man von den einzelnen Fachdidaktiken ausgehend das Gemeinsame suchen und eine Allgemeine Fachdidaktik aufbauen müsse.[8] Dies entspricht der in Frankreich laufenden Debatte über eine Vergleichende Didaktik (*didactique comparative*), die die verschiedenen Fachdidaktiken vergleicht und von dort aus zu allgemein-didaktischen Konzepten übergehen will.[9] Unabhängig von dem wohl unausweichlichen Streit um disziplinäre Zuständigkeiten (Wer ist für das Allgemeine am Gegenstandsbereich Unterricht zuständig?) stellt sich die Frage, ob sich nicht am Ende die Allgemeine Fachdidaktik vor genau die Probleme gestellt sieht, die die Allgemeine Didaktik seit Jahrzehnten diskutiert. Im Kontext der Lehrerbildung ist letztendlich die Klärung und Gestaltung des *Zusammenhangs von Fachwissenschaft, Fachdidaktik und Bildungswissenschaften grundlegend* (vgl. Terhart, 2013a).

(3) *Allgemeine Didaktik innerhalb der Erziehungswissenschaft* und *Lern- und Unterrichtspsychologie in der Psychologie* beziehen sich auf ein identisches Gegenstandsfeld, das sie aber bekanntlich in sehr unterschiedlicher Weise bearbeiten. Das ist kein neues Phänomen. Pädagogik, Didaktik und Pädagogische Psychologie standen schon immer in einem engen Ergänzungs- und Konkurrenzverhältnis zueinander. Während in früheren Jahrzehnten die Lernpsychologie noch mit dem Anspruch antrat, aus allgemeinen Lerngesetzlichkeiten didaktisch-methodische Anweisungen abzuleiten, wurde dieser Anspruch weitgehend aufgegeben; Lehren und Lernen werden seit geraumer Zeit von der Unterrichtspsychologie in *einem* Zusammenhang untersucht, wobei die Bezugnahme auf einen bestimmten Inhaltsbereich, ein Fach, eine Domäne von großer Bedeutung ist. Dies erklärt auch die in manchen (nicht allen!) Fachdidaktiken sehr enge Zusammenarbeit zwischen fachdidaktischer Forschung und schulfachbezogener psychologischer Lehr-Lern-Forschung (s.u. Abschnitt 5).

(4) Die deutschsprachige Allgemeine Didaktik ist m.E. *nicht besonders international ausgreifend.* Dies war in den Zeiten anders, als vor allem in den nordeuropäischen und asiatischen Ländern wie China, Japan und Korea die westdeutsche Pädagogik noch eine Art Modellcharakter hatte (vgl. Meyer & Meyer, 2017). Ein einheitliches Bild über die internationale Resonanz heutiger deutschsprachiger Didaktik ist schwer zu gewinnen; es hängt davon ab, wohin man schaut. In den osteuropäischen und asiatischen Ländern wie

8 Über fachdidaktische Forschung und Theoriebildung informieren Terhart, 2010; Bayrhuber u.a., 2011; Bayrhuber u.a., 2017; Geiss, Ißler & Kaenders, 2016.

9 Zu dieser Entwicklung vgl. Hudson & Meyer (2011); Ligozat & Leutenegger (2012); Ligozat, Amade-Escot & Östman (2015).

China, Japan und Korea ist immerhin ein gewisses Interesse an deutscher Didaktik weiterhin festzustellen; die Beurteilungsgrundlage hierfür ist jedoch eher schmal und personenabhängig. Umgekehrt stand und steht die deutschsprachige Didaktik und Unterrichtsforschung unter internationalem, und d.h. vor allem anglo-amerikanischem Einfluss. Im Verlauf der empirischen Wende der 1960er Jahre und der westdeutschen Bildungsreform 1965-1975 kam es zu einer intensiven Beeinflussung der deutschsprachigen Diskussion durch die anglo-amerikanische Lern- und später Curriculumforschung (vgl. dazu Terhart, 2015), dann seit den 1980er und 1990er Jahren durch die empirische Lehr-Lern-Forschung, die sich ebenfalls an den internationalen Vorbildern orientiert.

Sofern deutschsprachige Expertinnen und Experten auf Englisch (oder in anderen Sprachen) international publizieren, werden sie in dem Maße zitiert, wie sie sich an den in der internationalen Fachliteratur artikulierten Standard angleichen. Vor allem durch Angliederung an die internationalen Themen, Theorien und Methoden wird Resonanz erreicht, weniger durch Export genuiner, im deutschen Sprachraum entstandener Modelle in die internationale Gemeinschaft der Erziehungswissenschaftler und Unterrichtsexperten. Wo dies doch geschieht, müssen sehr sorgfältig konzeptionelle und sprachliche Brücken gebaut werden.[10] Jedenfalls ist Internationalisierung der deutschsprachigen Erziehungswissenschaft und Didaktik *nicht identisch* mit dem Einschwenken auf empirisch-quantitative, psychologisch instrumentierte Forschung; sie ist ebenfalls *nicht identisch* mit „Amerikanisierung". Wie in der deutschsprachigen Debatte auch, so wird auch auf internationaler Ebene in der Bildungs- und Unterrichtsforschung eine Vielzahl von theoretischen Paradigmen und Methodologien verfolgt.

5 Allgemeine Didaktik und/oder Unterrichtspsychologie?

In der Pädagogik und Psychologie werden unterschiedliche Lernbegriffe vertreten. Dies hat Konsequenzen für die Frage, wie man legitim und wirksam Lernen von außen (also durch Lehren, durch didaktisches Handeln bzw. durch didaktische Systeme im weiteren Sinne) organisiert. Für die Pädagogik und Didaktik ist darüber hinaus die Frage nach der Auswahl der angemessenen, wichtigen, bildenden

10 In eindrucksvoller Weise wird eine im weiteren Sinne geisteswissenschaftliche bzw. kulturkritisch-bildungsphilosophisch ausgerichtete akademische Pädagogik auf internationaler Ebene von Gert Biesta vertreten. Mit sehr großer internationaler Resonanz argumentiert dieser seit Jahren gegen die Psychologisierung von Erziehungswissenschaft, Didaktik und Lehrerbildung und vertritt dabei im Wesentlichen bildungstheoretische, teils neo-existenzialistische, teils gemäßigt kritisch-konstruktive Positionen (vgl. Biesta, 2012, 2015a, b, 2017; Biesta & Stengel, 2016).

Lehrinhalte eine Frage, die sehr breiten Raum einnimmt; im Grunde ist der Bezug auf Inhalte und Gehalte sogar *konstitutiv* für eine erziehungswissenschaftlich ausgerichtete Allgemeine Didaktik. Die lehrplantheoretische, curriculare Grundsatzfrage ist in aller Regel jedoch *nicht* Thema der Unterrichtspsychologie, wohl aber breiterer pädagogisch-didaktischer, vor allem bildungstheoretischer Ansätze. Umgekehrt sind Fragen der zielbezogenen Organisation von Lehren und Lernen, die Frage der Feststellung von Lernfortschritten und Leistungsunterschieden der Lernenden sowie generell die Aufgabe der Optimierung der Prozesse des Lehrens und Lernens für die Unterrichtspsychologie von zentraler Bedeutung.

Wie steht es um das Verhältnis von Allgemeiner Didaktik und Unterrichtspsychologie? Die Allgemeine Didaktik und die Fachdidaktiken entstammen ursprünglich im Wesentlichen dem Kontext der Lehrerbildung und einer auf Lehrerbildung sehr stark konzentrierten Pädagogik bzw. Erziehungswissenschaft. Insofern weisen sie immer die drei Bezugspunkte Theorie, Forschung und Ausbildung/Praxis auf. Die empirische Unterrichtsforschung bzw. weiter gefasst die Unterrichtspsychologie ist demgegenüber im disziplinären Kontext der Psychologie entstanden. In dieser psychologischen Perspektive ‚ist' Unterrichten ein komplexes, schwer zu erreichendes Anwendungsfeld pädagogisch-psychologischer Forschung und Theorie. Lehrerarbeit basiert auf einer Kombination von Fachwissen und fachdidaktischem sowie fachunabhängigem, ‚generischem' psychologisch-pädagogischem Wissen; weitere Wissensbereiche sowie Haltungen, Überzeugungen und Motivationen kommen hinzu.

Aus dieser unterschiedlichen Herkunft aus Lehrerbildung bzw. Pädagogik einerseits und Psychologie andererseits und den damit verbundenen Unterschieden im Verständnis von Wissenschaft, Forschung und Praxisbezug resultieren bestimmte Verständigungsschwierigkeiten zwischen Allgemeiner Didaktik und Unterrichtspsychologie. Aus diesem Grunde habe ich das Verhältnis zwischen diesen beiden als ein Verhältnis zwischen „fremden Schwestern" bezeichnet (Terhart, 2002; vgl. auch den Sammelband von Arnold u.a., 2009). Sie haben familiale Bande, sind sich aber doch fremd geblieben! Aus pädagogischer und erziehungswissenschaftlicher Sicht wurde und wird der Unterrichtspsychologie ein vereinfachendes, in Variablen gegliedertes Gegenstandsverständnis vorgehalten, welches zur Methodik der quantifizierenden Erfassung empirischer Daten führe und am Ende in eher technokratisch gehaltene Anwendungsempfehlungen einmünde. Die Psychologie umgekehrt hält die bildungsphilosophischen und sehr allgemeinen theoretischen Vorannahmen über Unterricht, was er ist und sein soll, vielfach für unbegründet, für überflüssig und empirisch nicht prüfbar, hält Fallstudien und qualitative Explorationen letztlich für nicht beweiskräftig bzw. allenfalls als Vorstufen zur empirisch-quantitativen Forschung gerechtfertigt, und die Praxisempfehlungen für zu vage und/oder empirisch für nicht hinreichend geprüft. Anstatt sich in der Debatte wechselseitig die Erkenntnisgrenzen des jeweils anderen vorzuhalten, ist

es ertragreicher, sich auf die wechselseitigen Ergänzungen, Anregungen und Korrekturen zu konzentrieren.
Besondere Bedeutung für das Verhältnis von Allgemeiner Didaktik und Unterrichtspsychologie hat die im Anschluss an die erste PISA Studie (2000) entstandene Debatte um Bildungsstandards und Kompetenzorientierung gewonnen. Die im „Klieme-Gutachten" (Klieme u.a., 2003) empfohlene Einführung von fachbezogenen Bildungsstandards für Schulabschlüsse ging einher mit der Forderung nach einem weniger an der Abarbeitung von Inhaltskatalogen orientierten Unterricht. Vielmehr sollte der Unterricht auf die Vermittlung von Kompetenzen ausgerichtet sein, die allerdings immer auch fachbezogen gedacht und konzipiert wurden (vgl. Lersch & Schreder, 2013; als kritische Analyse vgl. Sander, 2013). Die Formulierung von Bildungsstandards und die Idee des kompetenzorientierten Unterrichts waren Teil einer breiteren Strategie der Qualitätsentwicklung und -kontrolle des Schulsystems, welche intensiver als früher die tatsächlichen Effekte von Schulbildung erheben wollte, um hieraus Konsequenzen für die Verbesserung von Schule und Unterricht zu ziehen. Eine solche Monitoring-Strategie war und ist umstritten; auf der Ebene des Unterrichts entfaltete sich eine z.T. sehr polemische Debatte über das Elend der Kompetenzorientierung, der vorgeworfen wurde, den Unterricht zu „entkernen", d.h. völlig inhaltsleer zu gestalten und auf ein oberflächliches Antrainieren von inhaltsneutralen formalen Fähigkeiten zu reduzieren. Solche Polemiken gehen ins Leere, denn kompetenzorientierter Unterricht misst den Inhalten, mit denen sich Schüler auseinander zu setzen haben, um Fähigkeiten zu erwerben, einen hohen Stellenwert zu. Die Frage nach den tatsächlich zustande kommenden Fähigkeiten der Schüler gehört zu den Grundfragen des Unterrichtens und der Didaktik; dabei ist allerdings immer zu bedenken, dass nicht alle pädagogisch intendierten Aus- und Nachwirkungen des Unterrichts durch Tests u.Ä. messbar gemacht werden können.

6 Das Potential des Angebots-Nutzungs-Modells – ungenutzt?

Das in Aufnahme und Abwandlung vorheriger ähnlicher Modelle vor allem von Andreas Helmke im deutschsprachigen Raum populär gemachte Angebots-Nutzungs-Modell von Unterricht (Helmke 2009, S. 73)[11] ist zwar innerhalb der empirisch-psychologischen Lehr-Lern-Forschung bzw. Unterrichtspsychologie beheimatet (vgl. die im Abschnitt 1 als zweites beschriebene Zugangsweise), bie-

11 Das Modell hat eine längere Geschichte in der englisch- und deutschsprachigen Curriculum- und Unterrichtsforschung (vgl. dazu Terhart, 2013b); es wird in verschiedenen Varianten und Graden an Ausdifferenzierung verwendet und wurde auch auf andere pädagogische Aufgabenfelder übertragen (Lehrerbildung, Unterrichtsentwicklung); vgl. zur Kritik auch den Beitrag von Brinkmann, in diesem Bande.

tet aber aufgrund seiner Offenheit durchaus das Potenzial, als eine gemeinsame Diskussions- und Argumentationsgrundlage für theoretisch und methodisch sehr verschiedene allgemeindidaktische bzw. unterrichtstheoretische Zugangsweisen zu fungieren. Das Angebots-Nutzungs-Modell hat bislang breite (meistens positive, z.T. auch negative) Resonanz und vielfache Verwendung in der Unterrichtsforschung, in der Didaktik, der Lehrerbildungsforschung und auch in den Konzepten zur Unterrichtsentwicklung gefunden.

Das Angebots-Nutzungs-Modell ist ein formales Modell der wichtigsten Kontexte, Personen, Prozesse und Variablen von Schule und Unterricht. Deren Zusammenwirken führt zu bestimmten Folgen oder Wirkungen auf individueller und kollektiver Ebene. Die Auswirkungen der Teilhabe an Schule können inhaltlich sehr breit gestreut und zeitlich teils kurz- teils langfristiger Natur sein. Die Folgen der Teilhabe an Schule und Unterricht sind wiederum Voraussetzung für die weitere Teilhabe an dieser gesellschaftlichen Einrichtung. Der entscheidende Gedanke solcher Angebot-Nutzungs-Vorstellungen ist bekanntlich (1) die Anerkennung von Lernen als grundsätzlich selbstständig zu vollziehender Akt, (2) die Abkehr von Kausalitätsvorstellungen zwischen Lehren und Lernen und (3) die Idee, dass sowohl der Unterrichtsprozess selbst als auch seine kurz- und langfristigen Wirkungen von den Beteiligten ko-konstruiert werden. Unterricht ist eine gezielt gestaltete Lernumwelt, aber die Lernangebote werden von Schülern in unterschiedlicher Weise und Intensität genutzt. Natürlich will Lehren immer etwas vermitteln – diese lehrende Absicht verfügt jedoch nicht vollständig über die Bedingungen der Herstellung einer entsprechenden Aneignung auf Seiten der Schüler. Auch wenn das Lehr-Angebot stimmig, begründet und angemessen gestaltet ist, geht jeder Nutzer doch auf seine Weise darauf ein: gar nicht, in je individueller Anverwandlung und Aneignung, in direkter Adaption etc. Nach der Verabschiedung der Kausalitätsannahme zwischen Lehren und Lernen könnten die Unsicherheiten zwischen Angebot und Nutzung, zwischen Vermitteln und Aneignen zum zentralen, von allen Paradigmen geteilten Kennzeichen eines Unterrichts werden, der die Selbstständigkeit der Lernenden sowohl als grundsätzlich immer schon gegeben anerkennt als auch weiter auszugestalten versucht.

Dass die Entwicklung weiter geht in Richtung auf weniger mechanistische, nur sehr verhalten korrelative und insgesamt weniger reduktive, also ganzheitlichere Modelle, die sich vor allem hinsichtlich der Erfolgskriterien für Unterricht nicht länger auf messbare fachlich-kognitive Lernergebnisse beschränken, zeigt der Ansatz von Capella, Aber & Kim (2016, pp. 250), die in ihrem programmatischen Beitrag zur aktuellen, 5. Auflage des „Handbook of Research on Teaching“ ein Modell von Unterricht jenseits von Leistungstests skizzieren und in umfassender Weise die vorhandenen Forschungsergebnisse referieren und synthetisieren:

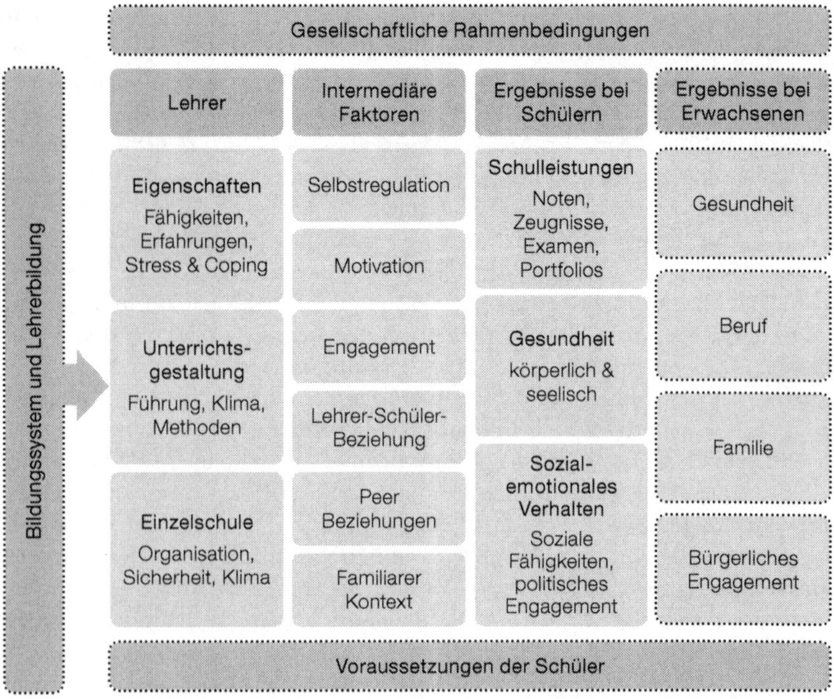

Abb. 1: Ein Modell von Unterricht jenseits von Leistungstests (Capella, Aber & Kim, 2016, 250)

Mitverantwortung der Schüler für das Gelingen von Unterricht und das Zustandekommen von Lernergebnissen wird also nicht zugestanden; sie ist auf der Basis eines Verständnisses selbstständigen Lernens vielmehr immer schon gegeben. Dies entbindet die Lehrkräfte wiederum nicht von der Verantwortung, die Lernumwelt Unterricht so zu gestalten, dass sie auch tatsächlich von möglichst vielen Schülern möglichst gut genutzt werden kann – und in zentralen, für wichtig gehaltenen Lernfeldern auch nachweisbar genutzt wird. Insofern bleibt ein realistischer didaktischer Auftrag für Lehrer und Unterricht selbstverständlich erhalten. Der Grundgedanke des Modells, demzufolge Unterricht einen Opportunitätscharakter hat, eine Lerngelegenheit darstellt, ja dass Unterricht selbstverständlich etwas vermitteln *will,* und dass *guter* Unterricht genau solche Gelegenheitsstrukturen aufbaut, die zu einer Nutzung und Aneignung motivieren und von den zu unterrichtenden Schülern möglichst gut für Lernen und Aneignung genutzt werden können, dieser Grundgedanke ist in inhaltlicher Hinsicht m.E. sehr wohl mit bildungs-, kognitions- und kommunikationstheoretisch grundierten, letztlich immer auch freisetzenden Vorstellungen von Unterricht und seiner Gestaltung kompatibel.

7 Perspektiven

Innerhalb der deutschsprachigen, vielleicht kann man sogar sagen: innerhalb der europäischen Bildungs- und Didaktik-Tradition ist der doppelte Bezug auf die Inhalte des Unterrichts (Warum ist was zu lernen?) einerseits und die Schüler bzw. die Lernenden (Wer soll in welcher Weise lernen?) andererseits konstitutiv. Überall dort, wo man über Unterricht, über Lehren und Lernen nachdenkt, theoretisiert, forscht, wo man Unterricht plant, gestaltet und auswertet, ist die immer schon gegebene Verklammerung von Objekt- und Subjektseite zu berücksichtigen. Im Unterricht selbst ist der doppelte Bezug auf die Inhalte einerseits und die Lernenden andererseits durch den Lehrer herzustellen, damit Schüler in die Sache verwickelt und durch Befassung mit der Sache kognitiv aktiviert werden. Diese Verwicklung von Sache und Subjekt methodisch und mit bildender Zielsetzung anzubahnen ist Aufgabe des Lehrers. Dabei ist die Unsicherheitsrelation zwischen der unterrichtlichen Absicht *auf der einen Seite* und den zustande kommenden Wirkungen auf Seiten der Schüler *auf der anderen Seite* immer in Rechnung zu stellen. Man sollte sie jedoch nicht dramatisieren.

Literatur

Arnold, K.-H., Blömeke, S., Messner, R. & Schlömerkemper, J. (Hrsg.)(2009). *Allgemeine Didaktik und Lehr-Lernforschung. Kontroversen und Entwicklungsperspektiven einer Wissenschaft vom Unterricht.* Bad Heilbrunn: Klinkhardt.

Bayrhuber, H. et al. (Hrsg.)(2011). *Empirische Fundierung in den Fachdidaktiken.* Münster: Waxmann.

Bayrhuber, H. et al. (Hrsg.)(2017). *Auf dem Weg zu einer Allgemeinen Fachdidaktik* (Allgemeine Fachdidaktik, Band 1). Münster: Waxmann.

Biesta, G. (2012). Giving teaching back to education: Responding to the disappearance of the teacher. In: *Phenomenology & Practice, 6*(2), 35-49.

Biesta, G. (2015a). Freeing teaching from learning: Opening up existential possibilities in educational relationships. In: *Studies in Philosophy and Education, 34* (3), 229-243.

Biesta, G. (2015b). Teaching, teacher education and the humanities: Reconsidering education as a Geisteswissenschaft. In: *Educational Theory, 65*(6), 665-679.

Biesta, G. (2017). *The Rediscovery of Teaching.* London: Routledge.

Biesta, G. & Stengel, B.S. (2016). Thinking philosophically about teaching. In: D.H. Gittomer & C.A. Bell (Eds.). *Handbook of research on teaching. Fifth edition* (pp.7-68). Washington, DC: AERA.

Bohl, Th. & Zierer, K. (Hrsg.)(2013). *Neuere Ansätze in der Allgemeinen Didaktik* (Jahrbuch Allgemeine Didaktik, Bd. 3). Baltmannsweiler: Schneider.

Bräu, K. & Schlickum, Chr. (Hrsg.)(2015). *Soziale Konstruktionen in Schule und Unterricht: Zu den Kategorien Leistung, Migration, Geschlecht, Behinderung, Soziale Herkunft und deren Interdependenzen.* Opladen: Budrich.

Breidenstein, G. (2010). Überlegungen zu einer Theorie des Unterrichts. In: *Zeitschrift für Pädagogik, 56*(6), 869-887.

Bühler, P., Bühler, Th. & Osterwalder, F. (Hrsg.)(2010). *Grenzen der Didaktik.* Bern: Haupt.

Budde, J. (2013). *Unscharfe Einsätze: (Re-)Produktion von Heterogenität im schulischen Feld.* Wiesbaden: Springer VS.

Cappella, E., Aber, J.L. & Kim, H.Y. (2016). Teaching beyond achievement tests: Perspectives from developmental and education science. In: D.H. Gitomer & C.A. Bell (Eds.). *Handbook of research on teaching. Fifth edition (pp. 249-347).* Washington, DC: American Education Research Association.

Geier, Th. & Pollmanns, M. (Hrsg.)(2016). *Was ist Unterricht? Zur Konstitution einer pädagogischen Form.* Wiesbaden: Springer VS.

Geiss, P., Ißler, R.A. & Kaenders, R. (Hrsg.)(2016). *Fachkulturen in der Lehrerbildung.* Göttingen: Vandenhoek & Ruprecht.

Gellert, U. & Sertl, M. (Hrsg.)(2012). *Zur Soziologie des Unterrichts. Arbeiten mit Basil Bernsteins Theorie des pädagogischen Diskurses.* Weinheim: Beltz Juventa.

Hage, K., Bischoff, H., Dichanz, H., Eubel, K.-D., Oehlschläger, H.-J. & Schwittmann, D. (1985). *Das Methoden-Repertoire von Lehrern. Eine Untersuchung zum Unterrichtsalltag in der Sekundarstufe I.* Opladen: Leske & Budrich.

Helmke, A. (2009). *Unterrichtsqualität und Lehrerprofessionalität. Diagnose, Evaluation und Verbesserung von Unterricht.* Seelze: Kallmeyer.

Herzog, W. (2013). Lehren und Lernen in Raum und Zeit. Zur theoretischen Relevanz qualitativer Unterrichtsforschung. In: *Pädagogische Korrespondenz,* Heft 48, 5-26.

Hudson, B. & Meyer, M.A. (Eds.)(2011). Beyond Fragmentation. Didactics, Learning and Teaching in Europe. Opladen, Farmington Hills: Barbara Budrich.

Jank, W. & Meyer, H. (2002). *Didaktische Modelle.* Berlin: Cornelsen Scriptor.

Klieme, E., Avenarius, H., Blum, W., Döbrich, P. u.a. (Hrsg.)(2003). Zur Entwicklung nationaler Bildungsstandards. Eine Expertise. Bonn: BMBF.

Koch-Priewe, B., Stübig, F. & Arnold, K.-H. (Hrsg.)(2007). *Das Potenzial der Allgemeinen Didaktik: Stellungnahmen aus der Perspektive der Bildungstheorie von Wolfgang Klafki.* Weinheim: Beltz.

Köker, A. & Störtländer, J.C. (Hrsg.)(2017). *Kritische und konstruktive Anschlüsse an das Werk Wolfgang Klafkis.* Weinheim: Beltz-Juventa.

Koller, H.-Chr., Reichenbach, R. & Ricken, N. (Hrsg.)(2012). *Philosophie des Lehrens.* Paderborn: Schöningh.

Kron, F.W., Jürgens, E. & Standop, J. (2014). *Grundwissen Didaktik.* München: Reinhardt.

Kunter, M. & Trautwein, U. (2013). *Psychologie des Unterrichts.* Paderborn: Schöningh.

Lersch, R. & Schreder, G. (2013). Grundlagen kompetenzorientierten Unterrichtens: Von den Bildungsstandards zum Schulcurriculum. Opladen: Budrich.

Ligozat, F. & Leutenegger, F. (2012). Vergleichende Didaktik: Geschichte, Instrumente und Herausforderungen aus einer frankophonen Perspektive. In: *Pädagogische Rundschau, 66*(6), 751-771.

Ligozat, F., Amade-Escot, Ch. & Östman, L. (2015). Beyond subject specific approaches of teaching and learning: Comparative didactics. In: Themenheft der Zeitschrift *Interchange, 46*(4).

Lipowsky, F. (2015). Unterricht. In: E. Wild & J. Möller (Hrsg.): *Pädagogische Psychologie* (S. 69-105). Heidelberg: Springer.

Meseth, W., Proske, M. & Radtke, F.-O. (Hrsg.)(2011). *Unterrichtstheorien in Forschung und Lehre.* Bad Heilbrunn: Klinkhardt.

Meyer, H. & Meyer, M.A. (2017). Zur internationalen Rezeption der Veröffentlichungen Wolfgang Klafkis. In: Köker, A. & Störtländer, J. (Hrsg.): *Kritische und konstruktive Anschlüsse an das Werk Wolfgang Klafkis.* Weinheim, Basel: Beltz, S. 180-209.

Pazzini, K.-J., Schuller, M. & Wimmer, M. (Hrsg.)(2010). *Lehren bildet? Vom Rätsel unserer Lehranstalten.* Bielefeld: transcript.

Porsch, R. (Hrsg.)(2016). *Einführung in die Allgemeine Didaktik.* Münster: Waxmann.

Röhl, T. (2013). *Dinge des Wissens. Schulunterricht als sozio-materielle Praxis.* Stuttgart: Lucius & Lucius.

Rothland, M. (2013). Wiederbelebung einer Totgesagten. Anmerkungen zur Reanimation der Allgemeinen Didaktik. *Zeitschrift für Erziehungswissenschaft, 16,* 629-645.

Sander, W. (2013). Die Kompetenzblase – Transformationen und Grenzen der Kompetenzorientierung. *Zeitschrift für die Didaktik der Gesellschaftswissenschaften, 4, 100-124.*

Schmitt, R. (2011). *Unterricht ist Interaktion! Analysen zur De-facto-Didaktik.* Mannheim: Institut für Deutsche Sprache.

Schulze-Stocker, F. (2016). *Die Normierung der Bildungswissenschaften in den Lehramtsstudiengängen durch gesetzliche Vorgaben: Wie (re)organisieren Universitäten ihr bildungswissenschaftliches Lehrangebot? Eine empirische Untersuchung von Studiengängen an Universitäten in Nordrhein-Westfalen.* Münster: Monsenstein & Vannerdat.

Terhart, E. (2002). Fremde Schwestern: Zum Verhältnis von Allgemeiner Didaktik und empirischer Lehr-Lern-Forschung. In: *Zeitschrift für Pädagogische Psychologie, 16*(2), 77-86.

Terhart, E. (2005). Über den Umgang mit Traditionen und Innovationen oder: Wie geht es weiter mit der Allgemeinen Didaktik? In: *Zeitschrift für Pädagogik, 51*(1), 1-13.

Terhart, E. (2009). *Didaktik. Eine Einführung.* Stuttgart: Reclam.

Terhart, E. (2010). Allgemeine Didaktik – Fachdidaktik – Lehr-Lern-Forschung. *SEMINAR,* 16(2), 49-62.

Terhart, E. (2013a). Erziehungswissenschaft und Lehrerbildung. Münster: Waxmann.

Terhart, E. (2013b). Neuansätze in der Allgemeinen Didaktik: Ein Kommentar. In: Th. Bohl & K. Zierer (Hrsg.), *Neuere Ansätze in der Allgemeinen Didaktik. (Jahrbuch Allgemeine Didaktik, Band 3)* (S. 219-228). Baltmannsweiler: Schneider.

Terhart, E. (2015). Drifting Didactics. US-amerikanische Einflüsse auf die deutschsprachige Didaktik 1945–1975. In: *Jahrbuch für Historische Bildungsforschung 2014, Band 20* (S. 285-306). Bad Heilbrunn: Klinkhardt.

Terhart, E., Lohmann, V. & Seidel, V. (2010). *Die bildungswissenschaftlichen Studien in der universitären Lehrerbildung. Eine Analyse aktueller Studienordnungen und Modellhandbücher an Universitäten in Nordrhein-Westfalen.* Universität Münster: Institut für Erziehungswissenschaft.

Trautmann, M. (Hrsg.)(2004). *Entwicklungsaufgaben im Bildungsgang.* Wiesbaden: VS-Verlag.

Trautmann, M. (2016). Allgemeine Didaktik – Krisenrhetorik, Wandel und Normalisierung einer erziehungswissenschaftlichen Teildisziplin. In. Wegner, A. (Hrsg.). *Allgemeine Didaktik. Praxis, Positionen, Perspektiven* (S. 37-48). Opladen: Budrich.

Zhengtao Li und Cunjin Li

Die neue lebens- und praxisorientierte Pädagogik in China und ihre didaktischen Ansprüche[1]

Der Beitrag stellt ein von der chinesischen Erziehungswissenschaftlerin Lan Ye[2] seit Beginn der 90er Jahre des letzten Jahrhunderts entwickeltes Konzept für eine *Neue Grundbildungsforschung* (新基础教育研究) und das darin entwickelte Programm für Schulentwicklung in Zeiten sozialen Wandels vor, das nun seit mehr als 20 Jahren in China erprobt wird. Das Konzept zielt auf die Kultivierung der Lebenstüchtigkeit und auf eine Verknüpfung von Berufsbildung und Menschenbildung und versucht, einen systematischen Wandel im chinesischen Schulwesen einzuleiten. Die didaktische Konzeption dieser *Lebens- und praxisorientierten Pädagogik* (生命·实践教育学) weist drei Hauptaspekte auf: Sie gründet sich auf ein neues theoretisches Verständnis des Lehrens und Lernens, auf ein Programm zur praktischen Erneuerung des Unterrichts und auf eine neue Strategie zur Evaluation des Reformprozesses (vgl. Li, 2014):

(1) Die *theoretische Neuorientierung* zielt auf eine Reform der in China immer noch vorherrschenden traditionellen Didaktik der Grundbildung, welche auf die Vermittlung von Textbuchwissen ausgerichtet ist. Sie muss in ein neues Bildungsverständnis überführt werden, in dessen Zentrum die Bildung neuer, sich selbsttätig und gesund entwickelnder Menschen in einer sich modernisierenden Gesellschaft steht. Drei Wege werden als aussichtsreich angesehen, um diese Neuorientierung zu realisieren: erstens Anstrengungen, die Begabungen von Schülerinnen und Schüler in unterschiedlichen Fächern zu stärken, zweitens Maßnahmen, welche die Unterrichtsinhalte in Übereinstim-

1 Originalbeitrag; übersetzt aus dem Englischen von Hilbert Meyer mit Assistenz von Dietrich Benner und Cunjin Li.

2 Lan Ye, geb. 1941, zählt zu den herausragenden Erziehungswissenschaftlern Chinas. Von 1994 bis 1996 war sie Vizepräsidentin der East China Normal University. Eine englischsprachige Kurzbiografie liefert das Buch von Ruth Hayhoe (2007): Portraits of Influential Chinese Educators. Dordrecht: Springer, S. 324-358; vgl. Lan Yes Beitrag, in diesem Bande.

mung mit Grundsätzen der Volksbildung neu strukturieren, und drittens die Nutzung ganzheitlicher Unterrichtsmethoden, die sicherstellen, dass die so vermittelten Inhalte von den Schülern flexibel genutzt werden können.

(2) Die grundlegende Aufgabe, die bei der *praktischen Erneuerung des Unterrichts* zu bewältigen ist, besteht darin, die Schülerinnen und Schüler zu befähigen, miteinander zu kommunizieren und sich in einem kreativen Prozess zwischen persönlichen Welterfahrungen einerseits und den sozial geteilten Erfahrungen der geistigen und kulturellen Welt andererseits weiter zu entwickeln. Die Lernenden sollen sich diese geistige und kulturelle Welt auf der Grundlage ihrer Welterfahrung individuell und kreativ aneignen und dabei das volle Potenzial menschlicher Kultur und Wissenschaft für ihr selbsttätiges und gesundes Wachstum nutzen. Die angestrebte konstruktive Wechselwirkung von Lehren und Lernen erfordert, die traditionelle Lehrer-Schüler-Relation im Lehr-Lernprozess zu einer an innovativen Inhalten orientierten Kommunikationsbeziehung mit neuen dialogischen, kooperativen und kommunikativen Lehr-Lernformen aufzuwerten. Dies kann in dynamischen und konstruktiv angelegten Lehr-Lernprozessen erreicht und weiter ausgebaut werden. Die implizite Logik solcher Lehr-Lernprozesse besteht in der mehrdimensionalen Interaktion und der dynamischen Erzeugung von Lernsituationen.

(3) Die an der *Neuen Grundbildung* beteiligten Forscher haben eine Strategie entwickelt, welche die *Evaluation* in den Reformprozess der Lehr-Lernpraxis einbaut und sich von Konzepten distanziert, in denen das Evaluieren vom Reformprozess abgetrennt wird. Die Unterrichtsevaluation soll so zu einem unverzichtbaren Bestandteil für ein sich vertiefendes Verstehen des Reformprozesses und für die Verbesserung des Unterrichts werden – mit dem Ziel, die Verstehensprozesse und die mit ihnen verbundenen schrittweisen Erfolge als wichtige Ressource für die Bewertung der Reform und für die Vertiefung des Reformprozesses selbst zu nutzen. Der Aufbau des Unterrichtsevaluationssystems in der *Neuen Grundbildungsforschung* durchläuft drei Phasen. Die erste Phase ist die einer diagnostischen Evaluation, welche die Veränderung von Routinen beobachtet und überprüft. Die zweite Phase evaluiert den Unterricht und die ihm zugrunde liegenden Prinzipien im Vergleich mit der alten, überwundenen Praxis. Die dritte Phase versteht sich als Gesamtevaluation des in drei Stufen angelegten Reformprozesses.

1 Grundbildungsforschung für eine lebens- und praxisorientierte Pädagogik

Die zu Beginn der 90er Jahre gestartete *Neue Grundbildungsforschung* wurde von Lan Ye initiiert. Sie war die erste Direktorin des *Instituts für Schulreform und Entwicklung* an der East China Normal University in Shanghai. Das von ihr ins Leben gerufene Projekt war von Anfang an ein langfristig angelegtes, großforma-

tiges und umfassendes Vorhaben. Die dabei durchgeführte Schulreformforschung durchlief vier Phasen. Sie setzte als Explorationsforschung (1994-1999) ein, ging in eine Entwicklungsforschung über (1999-2004), entwickelte sich dann zu einer Innovationsforschung (2004-2010) und kumulierte zuletzt in einer erziehungswissenschaftlichen Grundlagenforschung (2010-2012), an die sich heute eine ökologische Forschungsphase anschließt (2012-2018), in der versucht wird, eine ganzheitliche Schulreform in China zu implementieren.
Die bereits abgeschlossenen Arbeitsschritte bezogen sich auf folgende drei Aspekte:
- auf eine *theorieorientierte Forschung*, welche eine systematische Basis für eine kritische Reflexion der in China existierenden Erziehungsvorstellungen und eine gründliche und umfassende Analyse des Zeitgeistes zu entwickeln versuchte;
- auf den *Entwurf eines ganzheitlichen Reformplans* für die pädagogische Praxis in Schulen;
- auf eine *Erforschung der Schulpraxis*, welche traditionelle Formen des Unterrichtens, der Unterrichtsplanung und des Schulmanagements durch enge Kooperation mit den Praktikern, durch gemeinsame Inspiration, interaktives Lernen und eine höhere Kreativität aufzubrechen versucht.

Auf Basis dieser langfristig angelegten Forschungsaktivitäten konnten für verschiedene Ebenen und Bereiche wichtige Forschungs- und Entwicklungsergebnisse erzielt werden:
- Auf der Ebene der *Theorien des Lehrens und Lernens* wurden theoriebasiert neue Formen der Praxis entwickelt; dabei wurde versucht, die sich verändernde Praxis für die Weiterentwicklung theoretischer Reflexivität zu nutzen.
- Auf der Ebene der einzelnen Schulen konnten mehr als 100 Kooperationsschulen gewonnen werden, die als forschungsorientierte *Experimentalschulen* nach der neuen lebens- und praxisorientierten Pädagogik arbeiten.
- Im Bereich *ganzheitlicher Schulentwicklung* wurden pädagogische Forschung und pädagogischer Reformprozess auf vielfache Art und Weise miteinander verbunden.
- Die neuen Forschungsstrategien führten zur Herausbildung eines *neuen Typs von Forschung*, der sich an US-amerikanischen Ansätzen der Aktionsforschung orientierte und als langfristiges Eindringen universitärer Forschung in die Schulpraxis konzipiert wurde. So konnte ein großes Forschungsteam aufgebaut werden, das sich aus relativ stabilen Forschungsgruppen von Lehrern und Wissenschaftlern zusammensetzt, in denen Schulleiter und ungefähr 3000 Lehrpersonen von Pilotschulen zusammenarbeiten.

Die *Lebens- und praxisorientierte Pädagogik* ist eine typisch chinesische Pädagogik, die auf eine systematische Schulentwicklung und eine methodologisch ausgewiesene Weiterentwicklung von Theorie und Praxis zielt. Ihr Anliegen besteht darin, chinesische pädagogische Forschung voranzutreiben. Bis heute entwickelt sich diese Pädagogik in China konsequent weiter. In ihrem Buch „Rückblick auf den Durchbruch: Umriss der lebens- und praxisorientierten Pädagogik" hat Lan Ye (2015) das Konzept noch einmal umfassend beschrieben und die Orientierung an der Lebenspraxis als das genetische Kernkonzept der neuen Pädagogik bezeichnet. Ihre Pädagogik geht davon aus, dass Erziehung eine „menschliche soziale Praxis im Leben, zum Leben, für das Leben und durch das Leben" ist. Das *Leben*, so die Autorin, ist die *Seele* der Erziehung, *Praxis* ist die *Tätigkeit* der Erziehung und die *Schule* ist zusammen mit weiteren Erziehungseinrichtungen und Institutionen der *Körper* der Erziehung. Auf Grundlage dieser Position sucht Lan Ye zu erklären, was heute in China unter Erziehung zu verstehen ist. Sie definiert Erziehung als „eine praktische soziale Tätigkeit, die das Ziel hat, das Leben unmittelbar zu bereichern, indem sie Einsichten in die Natur, die Erde und das Menschsein zu vermitteln und die Lebenstüchtigkeit zu kultivieren sucht".

2 Didaktische Ansprüche der lebens- und praxisorientierten Pädagogik

Im Zentrum der pädagogischen Arbeit in den am Projekt beteiligten Schulen steht die Neuausrichtung der Lehr- und Lerntätigkeiten, die aus der Perspektive der *Neuen Grundbildungsforschung* den kritischsten Bereich des ganzen Vorhabens ausmacht. Hier geht es um eine langfristig angelegte forschungsbasierte Erneuerung der Praxis und die Aufstellung der didaktischen Ansprüche der *Lebens- und praxisorientierten Pädagogik*. Ihre Hauptaspekte sind die Erneuerung der pädagogischen Leitideen, die Betonung der Bedeutung des Lehrens und Lernens und die Erneuerung der Vorstellungen zur Evaluation von Lehr-Lernprozessen.
Wann immer Gesellschaften einen größeren Wandel durchlaufen, geht dieser mit einer Kritik am Erziehungssystem einher. Sie ist Teil einer umfassenderen Kritik, die sich auch auf die pädagogischen Leitideen und die Ziele der pädagogischen Praxis bezieht. So nahm auch die *Lebens- und praxisorientierte Pädagogik* ihren Ausgang von einer Analyse und Kritik der Leitideen und Ziele der Erziehung. Im Zentrum der Neuorientierung standen eine Neubestimmung der Bedeutung der Lehrtätigkeit der Lehrpersonen und der Lerntätigkeit der Schülerinnen und Schüler, die nicht gruppenspezifisch, sondern so vorgenommen wurde, dass die neuen Leitideen von allen an der schulischen Praxis Beteiligten geteilt und bis in den konkreten Unterricht hinein beachtet werden können.

2.1 Lebens- und Praxisorientierung als gemeinsamer Orientierungsrahmen aller an schulischen Lehr-Lernprozessen Beteiligten

Die Entwicklung neuer pädagogischer Leitideen für Lehren und Lernen setzte auf einer allgemeinen, ganzheitlichen und von allen Beteiligten geteilten Ebene ein. Die Kernidee aller Reformen waren Vorstellungen zu einer *Neuen Grundbildung an Grund- und Sekundarschulen,* welche sich vom traditionellen Schulbuchwissen abwendet und ihre Aufgabe in der Kultivierung neuer Menschen erblickt, die sich selbsttätig und gesund entwickeln. Unter dieser Ausrichtung wird die kindliche Entwicklung als ein dynamischer Prozess verstanden, der weder ausschließlich exogen, noch ausschließlich endogen gesteuert abläuft. Deshalb ist es unangemessen, Entwicklungsmöglichkeiten und -notwendigkeiten ausschließlich aus der Individualperspektive zu bestimmen. Die zwischenmenschlichen Beziehungen und Aktivitäten müssen mitbedacht werden, wenn eine Neuorientierung im Sinne der *Lebens- und praxisorientierten Pädagogik* vorgenommen werden soll. Zwei Typen von Tätigkeiten und Beziehungen der Individuen sind zu diesem Zweck zu unterscheiden. Der eine Typus richtet sich nach außen; er umfasst die Beziehungen und praktischen Tätigkeiten zwischen dem Individuum und der äußeren Welt. Der andere Typus richtet sich nach innen auf die Beziehung und reflektierende Tätigkeit des Individuums gegenüber sich selbst. Beide Typen von Tätigkeiten können aktiv oder passiv ausgerichtet sein. Niemand kann sich das ganze Leben lang überall aktiv verhalten. Gleichwohl ist Aktivität ein wichtiges Merkmal von Entwicklung, dem im Vergleich zur Passivität die erste Stelle eingeräumt werden muss.

2.2 Neuorientierung des Lehrens und Lernens im Blick auf die Unterrichtsinhalte

Die zweite Ebene, auf der pädagogische Leitideen rekonstruiert werden können, bezieht sich auf die Identifizierung des bildenden Werts der Unterrichtsinhalte – ein kritischer Schritt für Lehrerinnen und Lehrer, wenn sie die neuen pädagogischen Leitideen im Unterricht zu verwirklichen versuchen. Die drei Hauptwege, um inhaltsbezogene Bildungswerte zu rekonstruieren, sind:

2.2.1 Auswahl der Unterrichtsinhalte im Blick auf die Kultivierung von Begabungen

Die *Lebens- und praxisorientierte Pädagogik* betont die Entwicklung und Kultivierung der Begabungen der Lernenden. Sie stellt der Didaktik die Aufgabe, die Unterrichtsinhalte zu den Entwicklungspotenzialen der Heranwachsenden in Beziehung zu setzen. Dies führt zu einer Erweiterung des traditionellen Bildungsziels der Wissensvermittlung. Die Schülerinnen und Schüler sollen lernen, die in Wandel begriffene Welt aus verschiedenen Perspektiven wahrzunehmen und zu interpretieren und sich in dieser kompetent zurecht zu finden. Ein bestimmter Inhaltsbereich bietet den Schülerinnen und Schülern nicht nur unterschiedliche Wahrnehmungskanäle und einmalige Perspektiven, mit denen sie ihre Absichten ausdrücken und verwirklichen können, sondern liefert auch Methoden, um Probleme, Denkstrategien, spezielle operative Symbolsysteme und Logiken zu entdecken; er liefert nicht nur eine spezifische Erfahrungsmöglichkeit, die nur an diesem Inhalt gemacht werden kann, sondern verbessert auch die Kompetenzen der Schülerinnen und Schüler, die Ästhetik eines Inhalts zu entdecken, sie zu würdigen und darzustellen.

2.2.2 Ausrichtung der Unterrichtsinhalte an der Verwirklichung von Volksbildung

Für die Neustrukturierung der Unterrichtsinhalte wurde ein prozessbezogenes Design entwickelt. Hierbei geht es zunächst darum, Inhalte über größere Einheiten unter Berücksichtigung ihrer inhärenten Logik vom Einfachen zum Komplexen hin anzuordnen und den Unterricht darauf zu verpflichten, Sorge zu tragen, dass im Welthorizont der Lernenden ein zunehmend komplexer werdendes geistiges Band entsteht. Die Unterteilung von Unterrichtsprozessen in zwei Stufen oder Phasen kann dies hilfreich unterstützen:

- Auf einer ersten Stufe wird Unterricht lehrerzentriert gestaltet, damit den Lernenden die *Struktur* eines bestimmten Wissensbestandes vermittelt wird.
- Auf einer zweiten Stufe nutzen die Schüler diese Struktur, um sich strukturverwandtes Wissen anzueignen.

Dieses Design wird in China „Zwei-Stufen-Design mit langer Reichweite" genannt. Sein Zweck liegt darin, dafür zu sorgen, dass sich die Schülerinnen und Schüler aktiv in den Lernprozess einbringen können und die Fähigkeit ausbilden, selbstständig zu lernen.
Über alledem darf das Buchwissen nicht vernachlässigt werden, dessen Hauptträger Symbole unterhalb der Ebene der Strukturen sind. Hier muss Unterricht dazu beitragen, dass das Buchwissen zum einen mit den Welterfahrungen der Lernenden und ihren sich entwickelnden Bedürfnissen „kommuniziert", zweitens zur Entdeckung des Volkes und seiner Geschichte beiträgt und drittens den Wissensaufbau der Schüler unterstützt. Damit Lehrpersonen auf diese drei Verknüpfungen achten können, muss sich ihr Fachverständnis erweitern. Dies ist ein wichtiger Schritt auf dem Weg vom Schulunterricht nach Buchinhalten zu einem Unterricht, der das Vorwissen der Lernenden in ein Verhältnis zu ihrem zukünftigen Wissen und ihren künftigen Lebenserfahrungen und Entwicklungserfordernissen rückt.

2.2.3 Auf dem Weg zu einer flexiblen und ganzheitlich angelegten Unterrichtsplanung

Die pädagogische Leitidee der Förderung einer selbsttätigen und gesunden Entwicklung verlangt von Lehrpersonen, die Auswahl der Unterrichtsinhalte mit anspruchsvollen Planungen des eigenen Unterrichts zu verbinden und hierbei Kriterien einer flexiblen Unterrichtsplanung zu berücksichtigen. Letztere muss Zeit und Raum für die aktive Teilnahme der Lernenden am Unterricht gewährleisten, die eine wichtige Voraussetzung für einen sich dynamisch entwickelnden Lehr-Lernprozess darstellt. Entsprechende Planungen müssen zweierlei durchdenken:

(1) Zum einen geht es um *flexibel definierte Feinziele,* die nicht auf die kognitive Dimension von Unterricht begrenzt sind, sondern Verknüpfungen mit anderen Zielen vornehmen, die die Schüler in der jeweiligen Unterrichtseinheit erreichen sollen. Feinziele müssen mit der Analyse des Unterrichtsinhalts und der Lernvoraussetzungen und auch mit dem erwarteten Entwicklungspotenzial der Schülerinnen und Schüler abgestimmt werden. Hierfür muss eine „flexible Zone" eingeplant werden, die die Unterschiede zwischen den verschiedenen Schülern und die Unterschiede zwischen den angestrebten Feinzielen in den Blick nimmt und die gegebenen Lernvoraussetzungen beachtet. (2) Zum anderen gilt es, auch in die *Prozessplanung* des Unterrichts eine „flexible Zone" mit unterschiedlichen Handlungsvollzügen, Übungen und Aktivitäten einzubauen. Sie koordiniert die Lehrtätigkeiten mit angepassten Schülertätigkeiten, sie macht Prognosen über die Wirkungen dieser Tätigkeiten und kombiniert sie mit Annahmen über die Wünschbarkeit bestimmter Lehrer-Schüler-Interaktionen und ihrer unterrichtlichen Wirkungen. So entsteht zu guter letzt ein integrativer und flexibler Gesamtplan.

2.3 Mehrdimensionale Interaktion und dynamische Erzeugung von Lernsituationen als Perspektiven für die Gestaltung von Lehr-Lernprozessen

In diesem Abschnitt sollen zwei Hauptfragen geklärt werden. Erstens: Was sind unersetzbare und grundlegende Aufgaben von Lehr-Lernprozessen? Zweitens: Was sind ihre Grundelemente und welches ist ihre innere Struktur?

2.3.1 Grundlegende Aufgaben des Lehr-Lernprozesses

Die grundlegende Aufgabe in der Gestaltung von Lehr-Lernprozessen besteht darin, dafür zu sorgen, dass sich Schülerinnen und Schüler beharrlich darum bemühen, sich im Ausgang von ihren Vorerfahrungen neue Inhalte zu erschließen. Sie sollen lernen, kommunikative Beziehungen zwischen ihren persönlichen Welterfahrungen und der gemeinsam geteilten geistigen und kulturellen Welt herzustellen und darauf aufbauend kreativ Neues zu entwickeln. Auf diese Weise soll ihr eigener geistiger und kreativer Besitz an Welterfahrung schrittweise zum gemeinsamen geistigen Reichtum der Gesellschaft erhoben werden. Hierdurch wird eine umfassende Nutzung der menschlichen Kultur und der durch die Wissenschaften bereitgestellten Möglichkeiten für eine selbsttätige und gesunde Entwicklung der Schülerinnen und Schüler möglich. Entsprechende Prozesse sind durch „Personalisierung" einerseits, „Kreativität" andererseits gekennzeichnet.

Unter *„Personalisierung"* versteht die *Lebens- und praxisorientierte Pädagogik* eine Kombination von persönlichen Motiven, Bedürfnissen, Interessen, Stärken, Vorlieben, Lernstilen, Denkweisen und weiteren Faktoren. Durch Personalisierung im so verstandenen Sinne können sich die Schülerinnen und Schüler persönliche Inhalte und Orientierungen aus dem gemeinsamen geistigen Reichtum aneignen, ihre Persönlichkeit weiterentwickeln und ihre Individualität erweitern und entfalten. Wir merken an, dass es nicht erforderlich ist, für solche Transformationsprozesse einheitliche Standards zu entwickeln oder spezifische Trainingseinheiten auszuarbeiten. „*Kreativität*" hat im Lehr-Lernprozess stets zwei Aspekte: Sie ist zum einen bedeutsam für die Entwicklung der Schülerinnen und Schüler; sie spiegelt die Anreicherung, Formierung und Entwicklung der inneren geistigen Welt der Lernenden und ist insofern auch für die Entwicklung der Erwartungen des Lernenden an sich selbst und seines Vertrauens in den Fortgang von Verstehens- und Erfahrungsprozessen bedeutsam. Kreativität schafft zum anderen neue Entwicklungspotenziale und regt die Lernenden zu tiefergehenden Aktivitäten im Verstehens- und Erfahrungsprozess an. Dabei geht es niemals um ein Einimpfen und schlichtes Anhäufen von Wissen, sondern immer um eine Anreicherung und Förderung des individuellen kreativen Lebens der Schülerinnen und Schüler und um die Entwicklung ihrer Beziehungen zu Wissenschaft und Kultur und zu der darin präsenten Kreativität.

2.3.2 Die Grundelemente des Lehr-Lernprozesses

Bei der Betrachtung von Lehr-Lernprozessen müssen unterrichtsbezogene Faktoren von anderen Faktoren unterschieden werden. Die *lebens- und praxisorientierte Pädagogik* und die auf ihrer Grundlage entwickelte *Neue Grundbildungsforschung* gehen davon aus, dass Lehrer, Schüler und Unterrichtsinhalt die drei „Grundelemente" des Unterrichtsprozesses sind. Davon unterschieden werden konstitutive Faktoren, die das Zusammenwirken der drei Grundelemente bestimmen: die Lehrtechniken, die Lehr- und Lernmethoden. Sie sind abgeleitete Faktoren auf einer zweiten Ebene der Prozessgestaltung. Die Grundelemente und die konstitutiven Faktoren stehen in komplexen Zusammenhängen zueinander.

Auf der Basis einer Tiefenanalyse der traditionellen und der aktuellen chinesischen Konzeptionen für Lehr-Lernprozesse gehen wir davon aus, dass beide Konzeptionen an der führenden Rolle des Lehrers und zugleich an der Bedeutsamkeit des Lernens der Schülerinnen und Schüler festhalten und damit die Subjektrolle der Lernenden betonen, aber trotz dieser gleichen Prämissen zu unterschiedlichen Konsequenzen gelangen:

- Die traditionelle Sichtweise betrachtete „Lehren" und „Lernen" im Lehr-Lernprozess als deutlich unterschiedene Einheiten, die in einem klar geregelten Verhältnis zueinander stehen, in dem die Lernprozesse der Schüler durch das Lehren des Lehrers gesteuert werden.
- Demgegenüber verlangen neue Konzepte für die Gestaltung von Lehr-Lernprozessen eine methodologische Neuausrichtung, die zu einem veränderten Verständnis von Lehren und Lernen führt. Sie gehen davon aus, dass Lehren und Lernen im Lehr-Lernprozess nicht auseinanderdividiert werden können, sondern organisch miteinander verbunden sind und eine Einheit bilden, die mehr als die Summe unvermittelt nebeneinanderstehender Lehr- und Lernschritte ist.

Deshalb verabschiedet sich die *Neue Grundbildung* von traditionellen binären Kodierungen und rückt Lehren und Lernen in eine dynamische Beziehung. Um Aufgaben zu lösen und Feinziele zu erreichen, müssen sich Lehrpersonen, Schülerinnen und Schüler gemeinsam mit dem Unterrichtsinhalt beschäftigen und in einer Reihe von kooperativen Tätigkeiten dialogisch miteinander kommunizieren. Dies gelingt nur durch eine dynamische Erzeugung von Lehr-Lernsituationen, die den Lehr-Lernprozess ganzheitlich strukturieren.

Das Verhältnis zwischen den Lehrern und Schülern ist im Lehr-Lernprozess eine kooperative Beziehung zwischen Subjekten, hergestellt auf der Grundlage dieses Prozesses selbst. Deshalb ist die grundlegende Analyseeinheit für solche Unterrichtsprozesse nicht „Lehren" oder „Lernen", sondern die Frage, wie beide das eingehen, was wir als „interaktive Erzeugungsgemeinschaft" bezeichnen. Interaktivität zielt nicht auf eine Eins-zu-Eins- oder Eins-zu-vielen-Gegenüberstellung von Lehrern und Schülern, sondern auf eine Vielfalt von Lehr-Lernaktivitäten von Individuen und Gruppen. Es geht um ein Netzwerk von Interaktionen, in das jeder einbezogen ist. Jeder, der einen „Knoten" in diesem Netzwerk bildet, erhält nicht nur Informationen, sondern reorganisiert diese, gibt sie nicht einfach weiter, sondern produziert ganz neue Informationen. Lehrer und Schüler befinden sich also in vielfältigen Wandlungsprozessen.

Zusammengefasst: Das gemeinsame Erzeugen von Unterrichtssituationen zielt zum einen darauf, durch offene und vielseitige Interaktionsformen Lehr-Lernpotenziale zu nutzen, die eine „Erzeugungsgemeinschaft" bilden. Es zielt zum anderen darauf, neue Lehr-Lernpotenziale zu identifizieren. So können neuartige Lehr-Lernprozesse gestaltet werden, die von uns als „Prozesserzeugung" beschrieben werden.

2.4 Die implizite Logik von Lehr-Lernprozessen

In der *Lebens- und praxisorientierten Pädagogik* wird die implizite Logik des Unterrichts einem theoriegeleiteten Neuaufbau unterzogen. Sie entfaltet sich in zwei Schritten und basiert auf einer Reihe von Gelingensbedingungen.

2.4.1 „Rückgaben" an die Lernenden

Der erste Schritt, um eine vielseitige Interaktion und eine dynamische Erzeugungsgemeinschaft im oben definierten Sinne zustande zu bringen, besteht darin, bestimmte *Rückgaben* vorzunehmen. Wir schlagen mit Lan Ye vor, „den Klassenraum den Schülern zurückzugeben und ihn so mit Leben zu füllen". Der Zweck dieser Maßnahme liegt darin, den traditionellen Unterrichtsprozess aufzubrechen, in dem Schülerinnen und Schüler die meiste Zeit damit verbringen, einem Lehrer und seinem passiven Frage-Antwort-Spiel zuzuhören. Lehrer sollten eine große Bandbreite von Möglichkeiten schaffen, auf deren Basis sich die Schüler aktiv am Lehr-Lernprozess beteiligen können. Für die Frage, wie diese „Rückgaben" gestaltet werden können, hat die *Neue Grundbildungsforschung* folgende fünf Maximen formuliert:

- Sie empfiehlt den Lehrpersonen, den Lernenden die *Lernzeit zurückzugeben.* Wenigstens ein Drittel der verfügbaren Zeit sollte für das selbsttätige Lernen der Schüler genutzt und schrittweise bis zu zwei Dritteln erweitert werden. Man muss also die Redezeit des Lehrers und die Zeit für das Frage-Antwort-Spiel zwischen dem Lehrer und einzelnen Schülern entsprechend reduzieren.
- Sie empfiehlt, den Lernenden den *Raum zurückzugeben.* Die Lernenden sollen sich im Blick auf unterschiedliche Lernbedürfnisse frei im Raum bewegen und orientieren können, statt an einem streng fixierten Platz zu verharren.
- Sie empfiehlt, den Schülern die *Werkzeuge zurückzugeben.* Diese Forderung bezieht sich nicht nur auf die Lernwerkzeuge, sondern auch auf die strukturbildenden Unterrichtsinhalte. Unterricht muss die Lernenden lehren, die den Inhalten zugrundeliegenden Strukturen zu erkennen, sie zu meistern und zu nutzen, um selbstständig und unabhängig weiterlernen zu können.
- Sie empfiehlt, den Lernenden das Recht *Fragen zu stellen zurückzugeben.* Lehrer sollen ihre Schülerinnen und Schüler dazu auffordern, auf der Grundlage ihrer Unterrichtsvorbereitung und ihrer eigenen Gedanken ganz unterschiedliche Fragen zu stellen und zu bearbeiten.
- Und sie empfiehlt, den Lernenden das Recht auf die *Kontrolle des Lernerfolgs zurückzugeben.* Das schließt die Beurteilung des eigenen Lernerfolgs und des Lernerfolgs der anderen ebenso ein wie den Ausdruck von Gefühlen, das Recht Urteile zu kommentieren, andere zu loben und Vorschläge für Beurteilungen zu unterbreiten.

Die *fünf Rückgaben* bauen auf den Bedürfnissen der Schülerinnen und Schüler auf und legen nahe, eine Vielfalt von unterrichtlichen Organisationsformen (Einzelarbeit, Groß- und Kleingruppenarbeit, Großgruppendiskussionen, Lernspiele, Aufführungen usw.) zu entwickeln. Sie ermutigen die Lehrer zugleich, stolz und selbsttätig neue Lehr-Lernpraktiken und Erfahrungsmöglichkeiten zu entwickeln.

2.4.2 Aufbau vielschichtiger Interaktionen

Der zweite Schritt, um Lehrer-Schüler-Interaktionen zu intensivieren und eine dynamische Erzeugungsgemeinschaft im oben definierten Sinne herzustellen, besteht darin, ausgehend von den *Rückgaben* vielschichtige Interaktionen aufzubauen. Sie umfassen Interaktionen des Lehrers mit der ganzen Klasse, mit Schülergruppen und einzelnen Schülern, aber auch verschiedene Interaktionsformen zwischen einzelnen Schülern, zwischen dem einzelnen Schüler und einer Gruppe von Schülern oder mit der ganzen Klasse. Sie beziehen sich auf unterschiedliche Formate und unterschiedliche Interaktionen zwischen verschiedenen Gruppen.

2.4.3 Gelingensbedingungen

Für das Gelingen von Reformen in der beschriebenen Richtung sind folgende Aspekte zu beachten:

- Es sollte mehr Wert auf die Unterrichtsplanung gelegt werden. Lehrer müssen ein klares „Strukturbewusstsein" im Sinne des oben skizzierten „Zwei-Stufen-Designs mit langer Reichweite" entwickeln und flexible Unterrichtsplanungen vornehmen, indem sie vernünftige Kombinationen von Lehrer- und Schülertätigkeiten durchdenken und passende Feinziele formulieren und anschließend diese neue Unterrichtsplanung nutzen, um neuartige Lehr-Lernprozesse zu realisieren.
- Lehrer sollten lernen, im Unterricht zuzuhören, sich den Schülern zuzuwenden sowie in den Bereichen Leistungsrückmeldungen, Fragen, Anregungen, Bewertungen, Organisationsfragen usw. angemessene und zeitnahe Rückmeldungen zu geben, um so den Lehr-Lernprozess durch eine vielseitige Interaktionskultur zu stärken.
- Lehrer sollten eine gründliche Unterrichtsauswertung vornehmen. Dazu müssen sie eine neue Form von Lehrkompetenz aufbauen und weiterentwickeln, die aus der Lehr-Lern-Reform erwächst und nicht durch die Vergangenheit belastet ist. Diese Fähigkeit kann in den konkreten Unterrichtssituationen dazu beitragen, aus dem Lehr-Lernprozess eine „dynamische Erzeugungsgemeinschaft" zu machen, so dass schlussendlich aus der traditionellen Unterrichtspraxis eine an Forschungsergebnissen orientierte neue Praxis entsteht. Dies kann die professionellen Standards der Lehrer steigern und sie die Würde und die Freude erfahren lassen, einen kreativen Unterricht zu geben.

Entsprechende Reformen erlauben, Lehr-Lernprozesse als dynamische Prozesse der Erzeugung von Unterrichtssituationen zu verstehen. Lehrer betrachten die Schüler dann nicht mehr nur als „Objekte"", sondern als „Subjekte" des Unterrichts und als Personen, die ihre Lehr-Lernpotenziale in den Unterrichtsprozess einbringen. Die Rolle des Lehrers/der Lehrerin im Lehr-Lernprozess besteht nicht mehr allein darin, Wissen zu präsentieren, Dialogfragen zu stellen, Lernmentor zu sein, fachliche Überprüfungen vorzunehmen und Fachinhalte zu managen. Viel wichtiger wird nun, dass die Lehrpersonen die erarbeiteten Unterrichtsinhalte und Informationen im Unterrichtsprozess reorganisieren.

2.5 Von der impliziten zur erweiterten Logik des Lehr-Lernprozesses

Die implizite Logik des Lehr-Lernprozesses muss explizit gemacht werden, um sie für die Planung, Durchführung und Auswertung des Unterrichts nutzen zu können. Deshalb sprechen wir in der *Neuen Grundbildungsforschung* von der „erweiterten Logik" des Unterrichtsprozesses. Sie besteht aus drei Schritten: einer orientierenden Eröffnung, einem interaktiven Feedback und einer Erzeugung zusammenhängender Ergebnisse. Die drei Schritte unterscheiden sich, stehen aber in einer inneren Verbindung zueinander. Die orientierende Eröffnung ist die grundlegende Voraussetzung für den Beginn eines Lehr-Lernprozesses. Das interaktive Feedback ist ein notwendiges Werkzeug, um den Sinn und die Bedeutung der Interaktionen im Lehr-Lernprozess einsichtig zu machen. Und die Erzeugung von zusammenhängenden Ergebnissen stellt das unverzichtbare Ergebnis von Sinnstiftungen dar, die den Lehr-Lernprozess vorantreiben.

„Orientierende Eröffnung" meint, dass die Lehrer, am Lehrziel orientiert, offene Fragen formulieren, die darauf abzielen, das Unterrichtsziel zu verdeutlichen, die Vorerfahrungen und Potenziale der Schüler zu aktivieren und allen Schülern die Gelegenheit zu geben, sich in den Unterricht einzubringen. Diese Art der Stundeneröffnung holt das Äußerste aus der Unterrichtssituation heraus, um den Schülern zu einer substanziellen Weiterentwicklung zu verhelfen. Mit offenen Fragestellungen als Träger des Lehr-Lernprozesses und auf Grundlage der authentischen Denkbewegungen der Schüler, wird jeder Schüler dazu angehalten, sein Wissenssystem von Unschärfe zur Klarheit, von falsch zu richtig, von chaotisch zu geordnet, von ausschnitthaft zu vollständig und von zerfasert zu strukturiert zu führen. Anzumerken bleibt, dass ein solcher Lehr-Lernprozess eine beiderseitige effektive Zusammenarbeit von Lehrer und Schülern erfordert.

„Interaktives Feedback" ist ein Verfahren, das eng mit der orientierenden Eröffnung verknüpft ist. Es zielt darauf, lernförderliche Situationen im Unterrichtsprozess zu schaffen, die dem Lehrer und den Schülern helfen, anspruchsvolle Ziele zu erreichen. Es kann nicht nur dazu beitragen, neue Lernpotenziale zu aktivieren, sondern auch dabei helfen, durch eine Vorstrukturierung der Vorerfahrungen die Qualität der Lernvoraussetzungen der Schüler zu verbessern. Wenn die Klasse aktiv ist, kann das Feedback darüber hinaus anzeigen, dass ein höheres Niveau im Lernprozess möglich ist.

Interaktives Feedback spielt eine entscheidende Rolle bei der dynamischen Erzeugung von Lernsituationen. Konfrontiert mit einer großen Menge ungeordneter Informationen, müssen die Lehrer versuchen, diese zu sammeln und zu reorganisieren sowie den Schülern zeitnah gültige Antworten auf offene Fragen zu geben, um den Unterrichtsprozess in einer dynamischen Art und Weise voran zu bringen. Deshalb müssen die Lehrer lernen, den Schülern zuzuhören und ihnen Vorschläge zu machen, während die Schüler neue Einsichten formulieren und Fragen stellen, so dass die zweiseitige Interaktion einen direkten Einfluss auf den Unterrichtsprozess erhält. Allgemein gesagt, sollten die Lehrer aus den folgenden drei Gründen gültige und rechtzeitige Antworten geben: (a) Wenn Schüler kluge Einsichten haben, kann der Lehrer alle anderen Schüler damit bereichern, indem er sie nötigt, die geäußerten Einsichten zu überdenken. (b) Wenn einzelne Schüler bestimmte Empfindungen äußern und dabei kreative Ansichten haben, sollte ihnen der Lehrer, wie unvollständig die Empfindungen zunächst auch sein mögen, dabei helfen, sie zu strukturieren und zu verbessern. (c) Wenn Schüler sich nur ungenau ausdrücken können, bedeutet dies, dass sie noch Verständnisprobleme haben. Dann sollten ihnen die Lehrer helfen, ihre Gedanken klarer auszudrücken. *„Erzeugung zusammenhängender Ergebnisse"* ist ein Unterrichtsschritt, der – auf der orientierenden Eröffnung und dem interaktiven Feedback aufbauend – eine Neustrukturierung der verstreut vorliegenden Einsichten vornimmt, klare und systematisch strukturierte Einsichten schafft und das Verständnis der Schüler auf ein höheres Niveau anhebt. Als Ganzes betrachtet, wird die Erzeugung zusammenhängender Ergebnisse durch drei miteinander verbundene Elemente gewährleistet: (a) durch eine Aktivierung des Vorwissens der Schüler mit dem Ziel, kluge Einsichten einzelner Schüler abzurufen und sie zum gemeinsamen Besitz der Klasse zu machen; (b) durch eine prozessbegleitende Erzeugung von Sinn, die individuelle Einsichten über den Inhalt der neuen Unterrichtseinheit auch dann hervorbringt, wenn diese auf Teilaspekte der Zielsetzung begrenzt bleiben; (c) durch grundlegende Denkbewegungen und Schlussfolgerungen, die auf eine entwicklungsbezogene Erzeugung zusammenhängender Einsichten zielen, das Denken und die Schlussfolgerungen aus unterschiedlichen Perspektiven erweitern, offen gebliebene Fragen ermitteln sowie Anregungen für späteren Unterricht geben.

3 Das Evaluationskonzept der lebens- und praxisorientierten Pädagogik: Evaluieren im laufenden Unterrichtsprozess

Die *Neue Grundbildung* hat die traditionellen Verfahren der Evaluation, in denen das Evaluieren vom Reformprozess abgetrennt wurde, überwunden. Das Konzept erfordert, beim Evaluieren den ganzen Reformprozess und nicht nur einzelne Resultate in den Blick zu nehmen. Hierauf ist bei der Festlegung von Indikatoren für Evaluationsmaßnahmen zu achten, die die neuen Qualitäten des Reformprozesses, seine verschiedenen Phasen und seine Leitideen berücksichtigen müssen. Um dies abzusichern, empfehlen die Autoren der *Neuen Grundbildung* den Einsatz unterschiedlicher Evaluationsverfahren und eine Abstimmung mit den jeweils erreichten Phasen und Merkmalen des Reformprozesses. Dies gilt auch für die Evaluation des Schulmanagements und für die evaluationsbasierte Reorganisation des Forschungsprozesses.

Phase 1: Diagnostische Evaluation und Routineevaluation als Hauptkomponenten

Diese Ausgangsphase jeder Evaluation ist für Schulen, die sich dem Konzept der *Neuen Grundbildungsforschung* anschließen wollen, unverzichtbar. Diagnostische und Routineevaluation zielen darauf, Forschern und Lehrpersonen zu einem tieferen Verständnis des Entwicklungsstandes des Unterrichts unter Einschluss der grundlegenden professionellen Kompetenzen der Lehrperson, ihres Lehrstils, der Kommunikationsformen zwischen Lehrperson und Schülern und der Struktur des Lehr-Lernprozesses zu verhelfen. Die diagnostische Evaluation besteht aus drei Schritten: Forscher besuchen eine Klasse und beobachten eine Lehrperson beim Unterrichten. Nach der Stunde führt die Lehrperson eine Selbstevaluation durch. Dann bespricht sie ihre Selbsteinschätzung mit den Forschern, um sich mit diesen über eine gemeinsame Beurteilung zu verständigen. Die diagnostische Evaluation kann die folgende Gestalt haben:

(a) Die Lehrperson, die evaluiert wird, zeigt einen authentischen und alltagsgemäßen Unterricht und nicht eine „Demonstrationsstunde".
(b) In der Selbstevaluation denkt die Lehrperson darüber nach, wie die Stunde abgelaufen ist, an welcher Stelle sie ihre früheren Verhaltensweisen im Blick auf die Theorie der *Neuen Grundbildung* verändert hat und wo noch Unklarheiten bestehen.
(c) Die Forscher erkennen den Entwicklungsstand des Lehr-Lernprozesses in der Klasse, die Entwicklungsnotwendigkeiten und die dem Verhalten des Lehrers zugrunde liegenden subjektiven Überzeugungen und geben ein konstruktives Feedback. Die Lehrperson beteiligt sich am Gespräch mit weiteren Erläuterungen, die darauf gerichtet sind, Entwicklungsfragen gemeinsam zu diskutieren und einen Konsens zu erzielen.
(d) Die Schulleitung und andere Instanzen betrachten den Evaluationsprozess aus der Perspektive des Wandels. Sie interpretieren die Evaluationsbefunde nicht als Aussagen über das von der Lehrperson erreichte Professionalitätsniveau und ziehen auch nicht den falschen Schluss, dass Lehrer, die sich an der Reform beteiligen, mehr Probleme haben als Lehrer, die nicht an Reformen interessiert sind.

Phase 1 kombiniert auf die skizzierte Weise eine prozess- mit einer ergebnisorientierten Evaluation und eine Selbst- mit einer Fremdevaluation sowie eine schulinterne mit einer externen Evaluation.

Phase 2: Prinzipienevaluation und vergleichende Evaluation

Durch eine Systematisierung der in der ersten Phase gesammelten Daten zum Unterrichtsablauf, zu den subjektiven Überzeugungen und zum konkreten Verhalten der Lehrpersonen gelang es der *Neuen Grundbildungsforschung*, einige Grundprinzipien zu formulieren, die vom traditionellen Unterrichtsverständnis abweichen und die Evaluation auf eine neue Ebene heben. Die Prinzipien reflektieren die pädagogischen Leitideen der *Neuen Grundbildung*. Sie unterscheiden sich dadurch von Prinzipien, die in anderen theoretischen Schriften entwickelt worden sind, dass sie ihre Relevanz im Blick auf eine konkrete Reformpraxis definieren. Prinzipienevaluation zielt darauf, das Verständnis der Lehrerinnen und Lehrer für

die Besonderheiten, die diese Forschung auszeichnen, zu fördern. Sie ermutigt die Lehrpersonen, Neues in ihrer Unterrichtspraxis auszuprobieren, und legt ein stärkeres Gewicht auf die besonderen Merkmale ihres Unterrichts. Hierdurch unterscheidet sie sich von der diagnostische Evaluation. Wenn Forscher den Unterricht aus der Perspektive der Prinzipien der *Grundbildungsforschung* evaluieren, sollten sie darauf achten, was die Experimentallehrer schon erreicht haben und welche Defizite sie noch zeigen, dabei aber ihre Stärken betonen und sie zu kreativen Lösungen bzw. Problembearbeitungen ermutigen.
Die in Phase 1 und 2 gesammelten Informationen ermöglichen zugleich eine *vergleichende Evaluation*. Es werden nicht nur „vertikale" Vergleiche in den Experimentalklassen selbst, sondern auch Vergleiche zwischen Experimentalklassen und nicht-experimentellen Klassen vorgenommen. Die gesammelten Daten können darüber hinaus in Phase 3 für den Aufbau eines Evaluations-Indexsystem genutzt werden. Aufbauend auf den Ergebnissen der diagnostischen Eingangsevaluationen hilft die vergleichende Evaluation, ganz neue Faktoren der Experimentalpraxis der Versuchsschulen zu ermitteln. Daneben sammelt die vergleichende Evaluation Rückmeldungen aus dem Elternfeedback (durch Fragebögen, Überblicksuntersuchungen, mündliche Befragungen oder Gespräche mit Eltern, die am Unterricht teilgenommen haben). Ferner besuchen sich Lehrer der Experimentalschulen gegenseitig und evaluieren sich dabei wechselseitig. Sie können auch weitere Experten einladen, am Unterricht teilzunehmen, und so neue Formen von Peer-Studien entwickeln.

Phase 3: Gesamtevaluation der Einzelschule und phasenbezogene systematische Evaluation

Auf dieser dritten Stufe geht es um drei Fragen: um die Bestimmung der schulinternen inneren Relevanz der Gesamtevaluation, um den Aufbau eines Evaluations-Indexsystems und um die Ziele und Charakteristika der systematischen Evaluation.

(a) Die *Gesamtevaluation* fasst alle an einer Schule erhobenen Daten zusammen. Sie liefert im Vergleich zur Prinzipienevaluation der Phase 2 nicht nur spezifischere Details, sondern hilft auch, ein Indikatorensystem für die Evaluation zu entwickeln, mit dem die *interne Relevanz* aller Phasen erfasst und die innere Struktur des Reformprozesses der Einzelschule genauer bestimmt werden können. Die Kategorie der „inneren Relevanz" umfasst viele verschiedene Aspekte, z.B. Entwicklungen und Befunde „während des Unterrichts" und „nach dem Unterricht", Beziehungen zwischen Wissensaufbau und -gebrauch, aber auch neue strukturelle Einsichten in Unterrichtsprozesse. Kurzgefasst, geht es bei „Relevanz" um eine vielschichtige innere, nicht eindimensional darstellbare Relevanz der Evaluation für die Weiterentwicklung der Lehr-Lernprozesse der Schulklassen. Für die an der Experimentalpraxis mitwirkenden Lehrpersonen sind die Evaluationen hilfreich, um ein Gesamtverständnis ihres eigenen Entwicklungsstandes zu entwickeln und herauszufinden, welche spezifischen Probleme sie noch haben.

(b) Ebenso wie die ersten beiden Phasen ist Phase 3 auf die Analyse und Zusammenfassung praktischer Erfahrungen ausgerichtet. Bestandteil der Phase 3 ist deshalb der Aufbau eines *Evaluations-Indexsystems.* Dabei werden quantitative und qualitative Analysen miteinander kombiniert und Ranglisten aufgestellt. Die Kombination der Daten dient dem Zweck, die Gesamtleistung jeder Lehrperson in einer bestimmten Entwicklungsperiode einzuschätzen und ihren „Auftritt“ in einer konkreten Phase zu analysieren. Das Evaluations-Indexsystem verkörpert nicht nur die Reformerfordernisse der *Neuen Grundbildung*, es hat zugleich eine hohe Relevanz im Blick auf Steuerungsfragen und -probleme. Es treibt die Reform des Unterrichts voran und trägt insgesamt zur Verbesserung der Unterrichtsqualität bei. Durch die Stärkung der Theorie- und Praxiskreativität unterscheidet sich das Evaluations-Indexsystem der *Neuen Grundbildung* von anderen unterrichtsbezogenen Evaluationsstandards.

(c) Die auf alle drei Phasen bezogene *systematische Evaluation* besteht aus einer Verknüpfung von Selbst- und Fremdevaluation sowie von formativer und summativer Evaluation. Ihr Charakteristikum besteht darin, sich sowohl an den einzelnen Lehrer als auch an das ganze Kollegium zu wenden. Die phasenbezogene systematische Evaluation konzentriert sich auf eine Evaluation mittlerer Reichweite. Im Blick auf Reformeffekte vergleicht sie Entwicklungskoeffizienten und erreichte Standards zwischen den Experimentalschulen.

Wir fassen zusammen: Die Ausformulierung der neuen *Lebens- und praxisorientierten Pädagogik* baut auf einer mehr als zwanzigjährigen *Grundbildungsforschung* auf. Sie hat ein eindeutiges und stark entfaltetes Konzept zur Unterrichtstheorie entwickelt. Dieses passt in die aktuelle chinesische Reformsituation. Es berücksichtigt die chinesische Geschichte und ihre wesentlichen Faktoren und setzt auf ein anhaltendes Zusammenwirken von Erziehungstheorie und Praxis.

Literatur

Li, Zhengtao (2014). 新基础教育 „研究传统“ 福州：福建教育出版社 (The Research Tradition of „New Basic Education“). Fuzhou:Fujian Education Press.

Ye, Lan (2004). 为生命实践教育学派的创建而努力 (Versuch zur Begründung des didaktischen Modells der Lebenspraxis.) In: Educational Research (教育研究). Vol. 289. Nr. 2, pp. 33-37.

Ye, Lan (2006). „新基础教育“ 论—关于当代中国学校变革的探究与认识 (Über die Neue Grund- und Mittelstufenbildung. Erkenntnisse aus der Forschung zur gegenwärtigen Schulreform in China). Beijing: Educational Science Publishing House (教育科学出版社).

Ye, Lan (2015). 回归突破：„生命·实践教育学“ 论纲，上海：华东师范大学出版社，(Rückblick auf den Durchbruch: Umriss der lebens- und praxisorientierten Pädagogik). Shanghai: East China Normal University Press.

Wang, M.-D. & Wang, J. (2015). Ye Lan's Teaching Theory. In: *Journal of Northwest Normal University (Social Sciences)*, Vol. 1/2015.

Malte Brinkmann

Didaktische Relationen: Geteilte Aufmerksamkeit als unterrichtliche Praxis des Zeigens und Aufmerkens. Ergebnisse aus der pädagogisch-phänomenologischen Videographie des Unterrichts

Der Beitrag[1] gibt zunächst einen Überblick über Methoden, die gegenwärtig im deutschsprachigen Raum in Vorhaben zur qualitativen Unterrichtsforschung eingesetzt werden. Er stellt anschließend den Ansatz für eine pädagogisch-phänomenologische Unterrichtsforschung vor, der an der Abteilung Allgemeine Erziehungswissenschaft der Humboldt-Universität zu Berlin entwickelt worden ist und im Projekt „SZeNe" („Schulunterrichtliches Zeigen und Negativität") erprobt wurde. Das Projekt arbeitet videographisch mit einer nicht-semiotischen Ausdruckshermeneutik, die sich auf Operationalisierungen der Verkörperung gründet und interkorporale Formen von Interattentionalität untersucht, die pädagogisch präzisiert, gegenstandstheoretisch reflektiert und für Unterricht spezifiziert werden. Der Beitrag schließt mit einer Skizze zu den bisherigen Erträgen dieses Projekts.
Das SZeNe-Projekt ist Teil der Zusammenarbeit einer interdisziplinären, interkulturellen und interprofessionellen Forschungsgruppe an der East China Normal University in Shanghai (Prof. Dr. Zhengtao Li) und der Zhejiang Normal University in Jinhua. Anfang 2018 wurde ein Forschungslabor (video research laboratory) für pädagogische Unterrichts- und Videoforschung an der Zhejiang Normal University gegründet.

1 Qualitative Forschungen in der Erziehungswissenschaft

In der deutschsprachigen Erziehungswissenschaft lässt sich in den letzten zwei Jahrzehnten, ausgehend von den mit dem sog. PISA-Schock verbundenen bildungspolitischen Diskursen quantitativer bzw. evidenzbasierter Ansätze, eine breite Hinwendung zur Empirie beobachten. Diese betrifft in verstärktem Maße auch qualitative Ansätze, die sich kritisch und reflexiv dem Thema Empirisierung zuwenden. Unter dem Titel „Theoretische Empirie" (Kalthoff, 2008) bzw. „reflexive Empirie" (Meseth u.a., 2016) werden über erkenntnistheoretische, methodologische und methodische

[1] Überarbeitete Fassung eines Vortrags auf dem Second Sino-German Didactics Dialogue in Oldenburg (2015)

Belange hinaus Fragen in Bezug auf Disziplinentwicklung, Gegenstandskonstitution und erziehungswissenschaftliche bzw. pädagogische Methodologie verhandelt (Brinkmann, 2015a; Schäfer & Thompson 2014; Thompson u.a., 2014). Dabei gewinnt eine wechselseitige Bezugnahme von Bildungstheorie und qualitativer Bildungsforschung an Bedeutung (Miethe & Müller, 2012).
Aktuell lassen sich im Bereich der qualitativen Unterrichtsforschung fünf Ansätze unterscheiden, die um einen sechsten ergänzt werden, der an der Humboldt Universität zu Berlin im Rahmen der Allgemeinen Erziehungswissenschaft entwickelt wurde.

1 *Hermeneutische Ansätze*, wie sie von Gruschka vertreten werden, rekonstruieren Unterricht mittels Wortprotokollen, vor allem unter der Perspektive verpasster Lernchancen und Defizite im Lehrer/-innenhandeln. Gruschka verwendet in diesen Studien die Methode der Objektiven Hermeneutik, die er als einen streng sequenziellen Zugang zur Unterrichtskommunikation einsetzt (Gruschka, 2009).
2 *Konversationsanalytische Ansätze* untersuchen sprachliche Kommunikation im Verlauf unter der Perspektive des Sprecherwechsels (‚turntaking'), der zeitlichen Strukturen (Paarsequenzen) und der Anschlüsse (lokale Kohärenz) der sprachlichen Kommunikation (Kreitz, 2016). Sie erlauben es, Struktur und Bedeutung von Sprachhandlungen im Unterrichtsverlauf zu rekonstruieren.
3 Innerhalb der kulturwissenschaftlich orientierten Bildungsforschung haben *ethnographische Ansätze* mit Bezug auf Geertz und Garfinkel Verbreitung gefunden. Sie versuchen, die Eigenlogik sozialer Praktiken zu erfassen, und nähern sich dem Forschungsfeld in einer offenen Forschungshaltung (vgl. Thompson u.a., 2014). Breidenstein untersucht unter dieser Perspektive soziale Praktiken im Klassenraum (Peer-Verhalten) sowie spezifische Praktiken der Institution Schule, z.B. Prüfungen, Leistungsbewertungen (Breidenstein, 2008) bzw. die Korrelation von Individualisierung und Kontrolle (Breidenstein & Rademacher, 2017).

In neuerer Zeit werden nicht mehr ausschließlich sprach- und textfokussierte Methoden verwendet. Der Einsatz videographischer Methoden ermöglicht, Interaktionen zu erfassen, die zeitlich simultan verlaufen, leiblich-körperlich strukturiert sind und sich in unterschiedlichen Ebenen zum Teil überlagern (vgl. Dinkelaker & Herrle, 2009). Mit der Videographie wird es möglich, Relationen zwischen sprachlichen und nicht-sprachlichen Äußerungen zu erschließen und implizite Sinngehalte zu erfassen. Damit können im vielschichtigen Unterrichtsgeschehen pädagogisch relevante Situationen und Vorgänge ausgewählt und für eine Analyse fruchtbar gemacht werden.

4 *Systemtheoretische Ansätze* untersuchen Unterricht mit Bezug auf Niklas Luhmann (1927-1998) als Kommunikationsform (vgl. Hollstein u.a., 2016) und unter der Perspektive des Zeigens und des Übens als Aufmerksamkeitskommunikation (vgl. Dinkelaker, 2015).

5 Im Zuge des ‚practice turn' thematisieren *sozialtheoretisch und diskursanalytisch orientierte Ansätze* in Anlehnung an Foucault, Bourdieu und Schatzki Wissens- und Machtpraktiken im pädagogischen Feld (vgl. Fegter u.a., 2015), in denen etwas als pädagogisch bestimmt zugeschrieben, autorisiert oder adressiert wird. Zuschreibung, Adressierung und Autorisierung sind dabei jeweils unterschiedliche Konzepte, mit denen Kommunikation und Interaktion im Klassenraum theoretisiert und pädagogische Ordnungen rekonstruiert werden (vgl. Reh u.a., 2015). Praxistheoretische Ansätze mit Bezug auf Schatzki nehmen zudem informelle Praktiken im offenen Unterricht in den Blick und untersuchen die performative Erzeugung von Ordnung unter der Perspektive wechselseitiger Anerkennung (z.B. Ricken, 2009). Hier werden videographische (vgl. Reh & Rabenstein, 2012), diskursanalytische (Schäfer & Thompson, 2014; Thompson u.a. 2014) oder dokumentarische Methoden (Nohl, 2011) eingesetzt.

Gemeinsam ist den genannten fünf Ansätzen, dass sie überindividuelle sprachlich-diskursive, institutionelle oder sozial-habituelle Strukturen oder Ordnungen des Unterrichts ermitteln. Individuelle Erfahrungen von Sinn, beispielsweise im Lernen und Üben oder im Lehren, sind dagegen mit den Ansätzen schwer oder gar nicht erfassbar. Damit entgeht ihnen jene Sinndimension, die für eine pädagogische Unterrichtsforschung, die sich auf Lernen und Lehren als Erfahrung richtet, entscheidend ist (vgl. Brinkmann, 2016a). Die Rekonstruktion „singulärer" Sinndimensionen und ihrer sozialen und situativen Verschränkung im Unterricht ist aber eine Voraussetzung dafür, dass überhaupt Aussagen über bildende Erfahrungen im erziehenden Unterricht sowie über Wirkungen in und von pädagogischen Interaktionen formuliert werden können. Über das bloße Zustandekommen von Strukturen, Ordnungen und Praktiken hinausgehende Erfahrungen, Operationen und Wirkungen können erst durch sie erfasst werden. Das wiederum setzt voraus, dass bildende Erfahrungen erfahrungstheoretisch und sozialtheoretisch bestimmt werden (vgl. Brinkmann, 2015a). Damit wären z.B. Erfahrungen, die in neueren Studien im Horizont poststrukturalistischer bzw. sozialkonstruktivistischer Modelle als Subjektivation bzw. als Subjektivierung identifiziert werden, auch als singuläre Erfahrungen beschreibbar. In diesen wäre der Verhältnischarakter der Akteur/-innen nicht nur relational zu sozialen Verhältnissen, sondern als ein leiblich strukturiertes Selbstverhältnis zu erfassen, das sich noch einmal zu diesen sozialen Verhältnissen positioniert und sie damit verändert (vgl. Brinkmann, 2017a).
Im Unterschied zu qualitativ orientierten, evidenzbasierten Zugängen gelten Videos in der hier vorgestellten Zugangsweise als Medien, die sich erstens grundsätzlich und methodisch von sprachlichen Daten unterscheiden und die zweitens performativ eine andere Wirklichkeit „produzieren". Um in der Bildungsforschung valide Aussagen treffen zu können, muss eine Videoanalyse diese performativen Anteile reflexiv einholen. Aktuell wird in quantitativ ausgerichteten Videostudien

das *Angebots-Nutzungs-Modell* (Helmke, 2009) in Anschlag gebracht (vgl. Syring u.a., 2016; Hetfleisch u.a., 2017).
Mit dieser Vorentscheidung verbinden sich methodologische und grundlagentheoretische Probleme. Wenn umstandslos von Verbal- oder Bilddaten auf Handlungen oder Einstellungen geschlossen wird, werden unterschiedliche epistemische Ebenen vermischt. Es liegt ein Kategorienfehler vor (vgl. Neuweg 1999, S. 75f.). Denn professionelle Lehrerinnen und Lehrer stützen sich in ihrem pädagogischen Handeln weder ausschließlich auf wissenschaftliches Wissen, noch lässt sich pädagogischer Erfolg oder Output automatisch erzeugen, vielmehr muss er im Unterricht kommunikativ und das heißt hier didaktisch ermöglicht werden (Herzog, 2011, S. 139). Um Kommunikation in ihrem pädagogischen Gehalt im Unterricht zu bestimmen, ist es aus pädagogischer Perspektive daher sinnvoll, von einer wechselseitig praktizierten pädagogischen Differenz auszugehen (vgl. Prange, 2015).
Darüber hinaus ist erfahrungs- und wahrnehmungstheoretisch eine künstliche Trennung zwischen Angebot und Nutzen bzw. zwischen Rezeption und Verarbeitung problematisch. Hermeneutisch gesprochen liegt unserem Verstehen ein Sinnhorizont zugrunde. Gestalttheoretisch gesprochen liegt der Erfahrung eine gestalthafte Einheit zugrunde. Bevor wir etwas nutzen, ist es schon vielfach angeboten, genutzt und praktiziert worden. Umgekehrt ist das Angebot nur aufgrund von kontextualen Nutzungserfahrungen möglich. Mit anderen Worten: Der Erfahrungs- und Begründungszusammenhang von Daten muss reflexiv berücksichtigt werden, um Unterricht als Geschehen und um Videos als Bildmedien gerecht werden zu können. Wird dies ausgeblendet und werden trotzdem Aussagen über Unterrichtsqualität und Professionalität getroffen, wird von einem technisierten und technokratischen Forschungsmodell auf dann ebenso technische und technokratische Modelle von Unterricht geschlossen. Es liegt ein klassischer Zirkel vor. Dann aber kann unter dem Titel „Classroom Management" Unterricht im Modus des „Social Engineering" technisiert werden (vgl. Buck, 2015). Man entfernt sich so immer weiter von den Erfahrungen und Erfordernissen der Praktiker (vgl. Herzog, 2011).
Die folgenden Überlegungen stellen eine Antwort auf die aktuellen Suchbewegungen im Bereich einer „theoretischen" bzw. „reflexiven Empirie" dar. Bildungstheorie und Bildungsforschung werden wechselseitig miteinander in Bezug (Brinkmann, 2015a; Schäfer & Thompson, 2014; Thompson u.a.2014; Miethe & Müller, 2012) und pädagogische Methodologie und Gegenstandskonstitution in einen systematischen Zusammenhang gesetzt.

2 Pädagogisch-phänomenologische Unterrichtsforschung

Im Folgenden wird Bezug genommen auf das eingangs genannte Berliner Projekt „Schulunterrichtliches Zeigen und Negativität" (SZeNe), in dem insbesondere drei für die Unterrichtsforschung zentrale Fragen bearbeitet werden:

1. Wie lassen sich singuläre Erfahrungen im Unterricht beobachten, beschreiben und analysieren?
2. Wie lassen sich pädagogische Wirksamkeit und pädagogische Operationen beobachten, beschreiben und analysieren?
3. Wie lassen sich Korporalität und Materialität im Unterricht angemessen erfassen, beobachten, beschreiben und analysieren?

Um diese Fragen für eine qualitativ-empirische Forschung fruchtbar zu machen und zu operationalisieren, ist es notwendig,
- eine Theoretisierung des eigenen Zugriffs und eine Re-Theoretisierung der mit ihm zu erarbeitenden Ergebnisse sowie
- eine Operationalisierung bildungs-, erziehungs- und lerntheoretischer Konzepte für die empirische Rekonstruktion zu entwickeln.

Im Projekt SZeNe wurde Unterricht in unterschiedlichen Schulformen (Grundschule, Gesamtschule, Gymnasium) in den Jahrgangsstufen 6 und 9 in den Fächern Deutsch, Englisch und Chemie videographisch untersucht. Dazu wurde zunächst das Feld erkundet. Es wurden insgesamt 46 Feldnotizen und dichte Beschreibungen angefertigt. Letztere wurden in Datensitzungen analysiert und im Modus des ‚Re-writing' (van Manen, 2012) überarbeitet. Zudem wurde der Forschungsfokus induktiv ermittelt und geschärft. Danach wurden in 8 Klassen 16 Unterrichtsstunden videographiert und anschließend die beteiligten Lehrer/-innen interviewt (Leitfadeninterview). Wir waren insgesamt über ein Jahr an den Schulen und haben die Klassen begleitet. In dieser Zeit wurden die Daten auch mit Fachdidaktiker/-innen diskutiert. Die Videos wurden im Ganzen gesichtet und didaktische sowie szenische Verlaufsprotokolle erstellt. Danach wurden besonders prägnante Sequenzen ermittelt und diese mikroanalytisch ausgewertet. Hierzu wurde ein Partiturprogramm (Feldpartitur) eingesetzt, das qualitativ und quantitativ relevant ist (vgl. Brinkmann, 2014b, 2016b; Rödel, 2017). Auf dieser Grundlage gelang es, eine pädagogisch-phänomenologische Videographie zu entwickeln (vgl. Brinkmann & Rödel, 2017). Grundlage für den rekonstruktiven Zugang zu Sinn und Sinnerfahrungen war eine genaue begriffliche und theoretische Bestimmung dessen, was untersucht werden soll. So ließ sich unter Verwendung einer phänomenologischen Methodologie eine Haltung kultivieren, die eine besondere Achtsamkeit darauf ermöglicht, was sich zeigt und wie sich etwas als etwas zeigt (vgl. Brinkmann, 2015a). Phänomenologische Empirie basiert auf einem zirkulären Vorgehen: Die Beschreibung dessen, was sich zeigt (Deskription), wird unter Zuhilfenahme der Operationen der Reduktion und der Variation (Fink, 2004) durch die Attribution (Zuschreibung) von Sinn ergänzt (Brinkmann, 2015a). Die Zuschreibungen werden wieder am Phänomen geprüft und vice versa. Phänomenologen rücken Erscheinungen nicht im Sinne eines Repräsentationalismus einer vorgängigen Wirklichkeit in

den Fokus. Phänomenologische Methodologie lässt vielmehr nur erscheinen, was in der Situation und von der Sache her als etwas in Erscheinung kommt. Das produktive Ziel ist nicht die rekonstruktive, hermeneutische Auslegung eines kulturellen Sinns oder einer Objektivation (Dilthey), sondern die methodisch disziplinierte Einlegung von Sinn (Brinkmann, 2015a). Im Zuge einer Reduktion werden zunächst die subjektiven und die wissenschaftlichen Vorurteile, Theorien und Modelle eingeklammert. Dann werden in einer eidetischen Variation unterschiedliche Perspektiven variiert (vgl. Brinkmann, 2015a, 2016a). Phänomenologisch-empirische Forschung ist daher nicht nur an Erfahrungen und Phänomenen orientiert. Sie vermag auch theoriegeleitet – also unter ausdrücklicher Bezugnahme auf Theorien – neue Theorien zu produzieren.
Im Verlauf dieser kreisenden Auseinandersetzung konnte eine Theorie der pädagogischen Erfahrung entwickelt werden (siehe Brinkmann, 2011, 2015a, 2017a), die zwei theoretischen Vorannahmen verpflichtet ist, die gleichsam als theoretische Hypothesen, die es empirisch zu untersuchen und ggf. zu re-theoretisieren gilt, wirksam werden. Die eine Vorannahme bezieht sich auf eine phänomenologische und sozialtheoretische Bestimmung des Lernens im Horizont einer pädagogischen Theorie der Negativität, die andere auf eine erziehungs- und sozialtheoretische Korrelation von Lernen und Erziehen in der Praxis des Zeigens.

3 Sozialtheoretische und erfahrungstheoretische Bestimmung des Lernens und die pädagogische Theorie der Negativität

Erziehungsziele wie Emanzipation und Autonomie wurden schon zum Zeitpunkt ihrer Verbreitung problematisiert. In einigen dieser Kritiken werden „monarchistisch" geleitete Selbstvorstellungen durch ein dezentriertes Subjekt ersetzt (Reichenbach, 2001, S. 443), das wesentlich von Fremdheit und Andersheit bestimmt ist (Lippitz, 2007). Bildungstheorie muss sich damit abfinden, dass das Selbst seine Fundamente weder in einer allumfassenden, logozentrischen Vernunft noch in einer humanistischen Tradition oder seiner eurozentristischen Geschichte finden kann (vgl. Brinkmann, 2017b).[2] Traditionelle Bildungstheorien können – auch darin besteht weitgehend Einigkeit im Diskurs der Bildungstheorie und -philosophie – die heute wirksamen sozialen und gesellschaftlichen Grundlagen nicht angemessen erfassen. So findet momentan in der Erziehungswissenschaft eine Verschiebung von der individualtheoretischen zu einer sozialtheoretischen Orientierung statt (vgl. Brinkmann, 2016a). Sozialtheoretische Konzepte lassen das Verhältnis von Individuum und Gemeinschaft radikal anders erscheinen. Das Subjekt wird nicht mehr wie in traditionellen Sozialisationstheorien der Gesellschaft gegenübergestellt und als Rollenträger identifiziert (vgl. Fend, 2006). Vielmehr

2 Vgl. dazu auch den Beitrag von Zheng & Meyer, in diesem Bande.

wird eingestanden, dass das Verhältnis des Subjekts zu sich selbst immer im Horizont des Sozialen stattfindet. Von den Anderen und dem Sozialen, von den Dritten und dem Dritten her, ergibt sich erst der Rahmen, in dem das Subjekt sich konstituiert, nach sich selbst fragt und die Bedingungen wahrnimmt, unter denen es handelt und urteilt (vgl. Bedorf, 2010). In den gesellschaftlichen Ansprüchen wird das Subjekt konventionalisiert, normalisiert und subjektiviert. Zugleich aber geht es in diesen Konventionalisierungen, Normalisierungen und Subjektivationen nicht auf. Es bleibt ein Moment der „Singularität" (Ricken, 2013, S. 29), in dem sich die Differenz zwischen dem Individuum und dem Sozialen als ein Zwischenraum anzeigt. Das Subjekt antwortet auf Ansprüche und Normen des Sozialen, ohne dass diese Antworten eine bruchlose „soziale Identität" konstituierten, die vollständig in diesem Zwischenraum aufgeht.

Der Einbezug eines oder mehrerer konstitutiver Dritten ermöglicht es, der Komplexität und Multikausalität pädagogischer Situationen besser gerecht zu werden, ohne die Frage nach der pädagogischen Wirksamkeit auszublenden. Erziehungspraktiken lassen sich auf diese Weise zugleich als Machtpraktiken in den Blick bringen (Brinkmann, 2012).

Eine sozialtheoretische Bestimmung von Lernen lautet daher: Lernen als Erfahrung ist *„Lernen von etwas durch jemand Bestimmten oder durch etwas Bestimmtes"* (Meyer-Drawe, 2008, S. 18, Herv. im Original). Mit der phänomenologischen Theorie der Erfahrung im Lernen (vgl. Buck, 2017) kommt die Prozessstruktur des Lernens in den Blick. Von Platons Menon-Dialog bis Dewey und Buck wird davon ausgegangen, dass sich Lernen im Doppel von Tun und Leiden vollzieht. Unter dem Titel ‚Negativität' werden die singulären, diskontinuierlichen, schmerzhaften Erfahrungen im Lernprozess zusammengefasst (vgl. Benner, 2015). Im Lernen zeigen sich negative Erfahrungen als Enttäuschung (Husserl), Irritation (Platon), Nicht-Können und Nicht-Wissen, als Nicht-Verstehen, Missverstehen und Scheitern oder als „Unzuhandenheit" (Heidegger, 2001, S. 73-74). Buck macht in seiner klassischen Lerntheorie unter Bezug auf Husserl und Gadamer deutlich: In der negativen Erfahrung wird die Erfahrung gleichsam auf sich selbst zurückgeworfen. Der Lernende macht so gesehen nicht nur eine Erfahrung über etwas, sondern er macht auch eine Erfahrung über sich selbst. Es kann zu einer Umstrukturierung, Umwendung und Transformation des Erfahrungshorizontes, d.h. zu einer bildenden Erfahrung kommen (vgl. Buck, 2017, S. 9). Negative Erfahrungen werden so zu einem interessanten Forschungsgebiet einer empirischen Forschung, die über den Bruch im Erfahrungsprozess Momente singulärer Erfahrung sichtbar und ggf. zugänglich macht.

Um die spezifische Logik pädagogischen Handelns im Unterricht zu erfassen, greifen bloß interaktionale Theorien zu kurz. Auch die traditionelle triadische Struktur unterrichtlicher Interaktion (abgebildet im didaktischen Dreieck) reicht nicht aus (vgl. Ricken, 2009), um die sozialtheoretische Seite der Antwort der Anderen auf jemanden zu erfassen. Diese aber ist in einigen unterrichtlichen Situ-

ationen zentral, z.B. wenn eine Schülerin bei einer Aufforderung zur Präsentation zögert, weil sie sich vor den anderen Schüler/-innen schämt. Scham wäre so gesehen ein Phänomen, das sich gerade in Situationen vor Anderen ereignet und von daher eine ganz neue Qualität erhält (vgl. Rödel, 2017).
Wir können daher von einem vierstelligen Verhältnis im Unterricht ausgehen, das sich in einem didaktischen Viereck darstellen lässt:

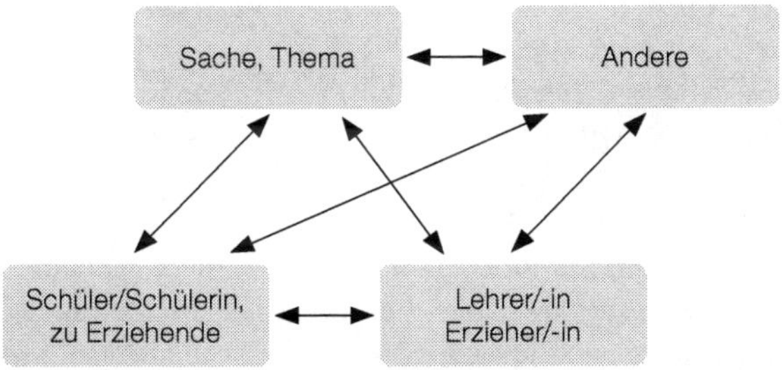

Abb. 1: Didaktisches Viereck

4 Erziehungs- und sozialtheoretische Korrelation von Lernen und Erziehen im Unterricht: Zeigen, sich zeigen, etwas vor anderen zeigen

Das hat Konsequenzen für den Begriff und Tatbestand einer pädagogischen Wirksamkeit. Traditionell wird diese im Horizont von Erziehungstheorien diskutiert. Erziehung wird konventionell als Spannungsgefüge zwischen Technologiedefizit und Technologieverdikt (vgl. Tenorth, 2016) bzw. als antinomische Struktur zwischen Autonomie und Zwang (Helsper, 1996) positioniert. Die Frage nach der pädagogischen Wirksamkeit wird dann entweder generell unter Technokratieverdacht gestellt oder unter dem Titel ‚Kontingenz' verabschiedet. Neue Perspektiven[3] kann hier die Zeigeforschung aufwerfen. Mit ihr kann es gelingen, Wirkungsabsichten (der Praktiker) von Wirkungserfahrungen (der Lernenden) zu unterscheiden, letztere nicht-kausal und nicht-teleologisch zu beschreiben und insbesondere die nicht-intendierten Wirkungen zu untersuchen, z.B. dann wenn Schüler aufmerksam sind, aber nicht auf das, auf das sie aufmerksam sein sollen.

---

3 Ich sehe aktuell in drei Zugängen Ansätze, das pädagogische Wirkungsproblem erziehungstheoretisch und empirisch gleichermaßen produktiv zu fassen: im systemtheoretischen Ansatz Dinkelakers zur Aufmerksamkeitskommunikation (Dinkelaker, 2016), im konversationsanalytischen Ansatz der Inferenzanalyse von Robert Kreitz (2016) sowie in meinem eigenen phänomenologischen Ansatz zum leiblichen Antworten bzw. zur interkorporalen Ausdruckshermeneutik (Brinkmann, 2016; 2017; 2018).

Prange (2005) hat im Zeigen die Form pädagogischen Handelns ausgemacht, in der Lernen und Erziehen operativ zusammenkommen (ebd.). Hierdurch wird es möglich, pädagogisches Handeln auch von den Wirkungen her – aber nicht kausal und nicht instrumentell – zu erfassen, was neue Anschlüsse zu (Fach-) Didaktiken ermöglicht. Allerdings erfasst Pranges Modell weder die Medialität, Materialität und Performativität des Zeigens (Brinkmann, 2009b; Thompson, 2011, S. 69-74) noch dessen Sozialität und Machtförmigkeit als einer auf etwas Drittes bezogenen und in Anwesenheit von Dritten vollzogenen Praxis (Ricken, 2009). Um statt idealer Formen des pädagogischen Handelns empirisch gehaltvolle Typen des Zeigens beschreiben zu können, wurde in SZeNe die phänomenologische (Landweer, 2010; Wiesing, 2013), sozialwissenschaftliche (van den Berg & Gumbrecht, 2010) und bildwissenschaftliche (Boehm, 2007) Zeigeforschung mit einbezogen.

In einer phänomenologischen Perspektive ist Zeigen nicht als Handlung, sondern als situatives und performatives Geschehen zu fassen: Im Zeigen zeigt sich etwas oder jemand *als* etwas. Dem Zeigen steht so das Sich-Zeigen von etwas ebenbürtig zur Seite, verstanden als Sichtbar-Werden eines Anderen oder einer Sache, der, die oder das mich anspricht und auf den, die oder das ich antworte. Mit dem Blickwechsel auf die gleichermaßen sinnbildenden und sinngebenden Momente im Zeigen können die nicht-intentionalen, die materialen und die leiblichen Momente erfasst und am Zeigen auch Antworten auf die Dinge (vgl. Stieve, 2008), die sich zeigen und die uns ansprechen, thematisch werden (vgl. Brinkmann, 2015a).

Ein Beispiel aus unserem Forschungsprojekt SZeNe:

Abb. 2: Schüler zeigt etwas vor Anderen[4]

4 Aus forschungsethischen und datenschutzrechtlichen Gründen wurde der Augenbereich der Personen in den Stills verpixelt.

Der Schüler vorne links zeigt etwas, indem er sich vor Anderen zeigt. Sozialität, Materialität und Leiblichkeit des Zeigens sowie die vierstellige Struktur des Unterrichts (vgl. das oben skizzierte didaktische Viereck) werden hier sinnfällig.

5 Empirische Operationalisierungen und die Qualifizierung von Unterricht

Um Kategorienfehler in der Zuordnung so unterschiedlicher epistemischer Ebenen wie der Theorie, der Empirie und der Praxis zu vermeiden, sind quantitative und qualitative Forschung auf reflexive Operationalisierungen angewiesen. Der gewählte phänomenologische Zugang macht es möglich, Theorie, Empirie und Praxis in ihren epistemologischen Besonderheiten zu unterscheiden und zugleich in eine fruchtbare Verbindung zu bringen (vgl. Brinkmann, 2015a). Er erlaubt es zugleich, in der qualitativen Unterrichtsforschung Konzepte wie Lernen, bildende oder negative Erfahrung, die per se unsichtbar sind, zu operationalisieren und indirekt zu erfassen.
Im Projekt SZeNe haben wir mit drei Operationalisierungen gearbeitet. Es operationalisiert mit Verweis auf pädagogische und phänomenologische Differenzen das Lernen über das Konzept der Verkörperung, die Erziehung über das Konzept des Antwortgeschehens und den Unterricht über das Konzept der Interattentionalität.

5.1 Verkörperung

Gezeigt wird meist etwas in einer verkörperten Form (vgl. Abb. 2). Mit dem Konzept der Verkörperung kann auf Einsichten des kultur- und sozialwissenschaftlichen Leiblichkeits- und Körperdiskurses, insbes. auf die phänomenologische Differenz von Körper und Leib, zurückgegriffen werden (vgl. Brinkmann, 2017a). In der Verkörperung nimmt der Mensch praktisch zu sich selbst Stellung und verhält sich zugleich zu dieser Stellungnahme vor anderen (Brinkmann, 2012, S. 190-197). Verkörperungen sind protoreflexive Entäußerungen, in denen sich ein Verhältnis zu sich und zu anderen manifestiert. Verkörperungen lassen sich sehen und beschreiben. Sie sind sichtbar, spürbar und erfahrbar – sei es als leiblicher Ausdruck oder als zwischenleibliche Verweisung in Haltung, Mimik, Gestik und „Gebärdung“ (Boehm, 2007, S. 22), wobei Tonus, Rhythmus und Timbre den Sinn, die Qualität und den Horizont des sich verkörpernden Selbst anzeigen. Mit dem Modell der Verkörperung können singuläre Erfahrungsweisen in ihren nicht-sprachlichen Dimensionen empirisch beschrieben und daraus Rückschlüsse auf Lernerfahrungen gezogen werden. Hierzu wurde eine nicht-semiotische Ausdruckshermeneutik entwickelt (vgl. Brinkmann, 2016a, 2017a), die sich nicht primär auf sprachliche bzw. symbolische Äußerungen oder rhetorische Formen stützt. Sie grenzt sich zudem entschieden von konventionellen, auf die Sprechakt-Theorie (Austin) und die Diskurs-Theorie (Derrida) zurückgreifenden Modellen ab und basiert auf dem Konzept einer interkorporalen Performativität, die die ereignishafte Materialität des leiblichen Sich-Zeigens in den Mittelpunkt rückt. Die interkorporale Symbolik unterscheidet sich von der Symbolik kultureller Ordnungen. Die Verschiebung weg vom Dialog und Diskurs bedeutet eine Perspektiveröffnung hin zum Impliziten und Leiblichen, in dem sich iterativ sowohl Ordnungen reproduzierende als auch Ordnungen unterlaufende Praktiken verkörpern.

5.2 Antwortgeschehen

Zur Verkörperung gehört auch, dass die Anderen gestisch und mimisch darauf antworten, was sich ihnen zeigt und wie es gezeigt wird. Im Modell des Antwortgeschehens (Waldenfels, 2007) findet sich ein Konzept sozialer Interaktion, das sowohl sprachliche als auch leibliche, sowohl singuläre als auch soziale Akte erfasst. Subjektiver Sinn wird als verkörperter und gleichsam gebrochener Sinn aus der Kommunikation mit Anderen, vor Anderen und über Anderes erschließbar. Die Aufmerksamkeit für die Differenz von *Was* und *Worauf* im Antworten macht es möglich, dass auch Missverstehen, Nicht-Verstehen, Andersverstehen (Gadamer, 1990) und Fremdverstehen (Garfinkel, 1967) als Spielarten kommunikativer Negativität sichtbar werden können. Im Zusammenhang mit Negativität sind also jene Situationen bedeutsam, in denen der sprachliche Anspruch im Kontrast und in Verzögerung zum leiblichen Ausdruck steht.

5.3 Geteilte Aufmerksamkeit (Interattentionalität)

Abb. 3: Interattentionales Zeigen

Zu sehen sind in Abb. 3 links die Lehrerin und rechts ein Ausschnitt der von ihr unterrichteten Lerngruppe der 6. Jahrgangsstufe einer Gesamtschule im Sitzkreis einer Deutschstunde. Schüler/-innenkamera- und Lehrer/-innenkamera-Perspektive sind zusammengeschnitten. Es findet eine gemeinsame Suche nach einer Lösung statt, die einem arithmetischen und moralischen Problem in einer Fabel von Äsop entstammt. Im Sitzkreis werden unterschiedliche Lösungsmöglichkeiten diskutiert. Es entspinnt sich ein Dialog zwischen der Lehrerin und einem Schüler.

In dem Video, aus dem der Still entnommen ist, ist deutlich zu sehen, dass Verkörperungen im Unterricht mit Zeigegesten einhergehen. Oftmals ist das gestische Zeigen den gesprochenen Worten vorgängig. Ostensives (vorzeigendes), repräsentatives (darstellendes) und direktives (aufforderndes) Zeigen verschränken sich in einem komplexen Antwortgeschehen. Es wird etwas so gezeigt und im Sprechen auf das vom anderen Gesagte und Gezeigte bezogen, dass es wieder gezeigt wird. So entsteht ein Moment intensiver geteilter Aufmerksamkeit über die Sache. Offensichtlich ist auch, dass beide Seiten sich missverstehen. Die Lehrerin versteht den Lösungsvorschlag des Schülers nicht, der Schüler hat wahrscheinlich die Aufgabenstellung nicht verstanden.

Das verkörperte Antwortgeschehen kann auf diese Weise pädagogisch spezifiziert werden. Antworten und Zeigen richten sich auf Aufmerksamkeit. Obwohl in diesem Beispiel das interattentionale Antwortgeschehen von einem Missverstehen durchzogen ist, lässt sich – im Sinne der oben skizzierten interkorporalen Performativität und Ausdruckshermeneutik – ein Aufmerken an den Verkörperungen der Beteiligten deutlich ablesen: konzentriertes und fokussiertes Zeigen, intensiver Blickkontakt, hohes Maß gegenseitiger Aufmerksamkeit und Achtsamkeit. Aus didaktischer Perspektive ist entscheidend, dass das Aufmerken hier als ein über die Sache vermittelter Austausch zwischen Lehrerin und Schüler vor anderen Schüler/-innen erscheint, der einem gemeinsamem und geteiltem Verstehen und Missverstehen entspringt und ein solches entstehen lässt. Aufmerksamkeitsgeschehen als geteilte Interattentionalität kann damit positiv gefasst werden als Verstehensakt, der, zunächst leiblich zeigend und dann sprachlich fixierend, etwas Abstraktes und Symbolhaftes zu explizieren versucht. Auch im Scheitern kann er – gleichsam gegenintentional – als Beginn von Lernen gesehen werden (vgl. Brinkmann, 2015b; 2016b).

Zusammen mit dem Konzept der Verkörperung und der nicht-semiotischen Ausdruckshermeneutik kann pädagogische Empirie (Brinkmann, 2015a) und pädagogische Videographie (Brinkmann & Rödel, 2017) gegenstandstheoretisch qualifiziert und methodologisch reflektiert werden.

5.4 Phänomenologische Differenz

Abb. 4: Zeigen in der phänomenologischen Differenz

Hier wird etwas gezeigt, das sich von sich selbst her nicht als etwas Konkretes und Gegenständliches zeigen kann: das Mol – ein abstraktes Modell in einem wissenschaftlichen Symbolsystem (hier Chemie), das im Unterricht einer 9. Gymnasialklasse zum Gegenstand gemacht wird. Die Situation ist eingebettet in eine Aufgabenstellung, in der die Schüler/-innen Unterscheidungen und Berechnungen zur Masse und zum Gewicht von Elementen anstellen sollen. Das dazu notwendige abstrakte Symbolwissen wird anhand eines konkreten lebensweltlichen Beispiels vorgezeigt (hier ein Eierkarton mit 12 leeren Feldern). Dies geschieht nicht gegenständlich, sondern in Form einer schematischen Darstellung auf dem Tageslichtprojektor. Der Lehrer verweist in dieser Situation zudem zeigend auf das Periodensystem – ein weiteres Symbolsystem und eine weitere Abstraktion. Darüber soll die Transformation des lebensweltlichen konkreten Wissens in ein schulisches und symbolisches Wissen und Können hervorgerufen werden. Dieser Blickwechsel, wie ihn Benner in seinem Beitrag in diesem Band beschreibt, basiert auf der Differenz zwischen lebensweltlichem Wissen und Können und symbolischem Wissen und Können (vgl. auch Benner, 2009). An anderer Stelle habe ich diese Unterscheidung als *phänomenologische Differenz* gekennzeichnet (Brinkmann, 2009a). In unseren Forschungen hat sich diese Differenz als konstitutiv für viele schulische Zeige- und Antwortpraxen herausgestellt. Sie macht die Künstlichkeit und Abstraktheit schulischer Kommunikation aus (vgl. Reichenbach, 2013, S. 126) und ist didaktisch bedeutsam. Fachlehrer/-innen, wie hier in der 9. Gymnasialklasse, sind nach eigener Aussage bestrebt, die fachwissenschaftlichen Begriffe, Methoden und Praktiken anschaulich zu vermitteln. Diese wissenschaftspropädeutische Intention hat zur Folge, dass im Unterricht Lebensweltliches – oft ohne Sichtbarmachung dieser Differenz (vgl. Gruschka, 2013, S. 201-206) – in Symbolisches überführt werden muss. Die Gefahr besteht darin, dass diese Differenz in didaktischen Settings zum Verschwinden gebracht – und damit ein transferierendes Lernen verunmöglicht wird.

6 Erträge und Enttäuschungen

Immer wieder sind uns zwei Besonderheiten schulischer Kommunikation aufgefallen:

6.1 Sokratisches Zeigen: Nicht-Wissen

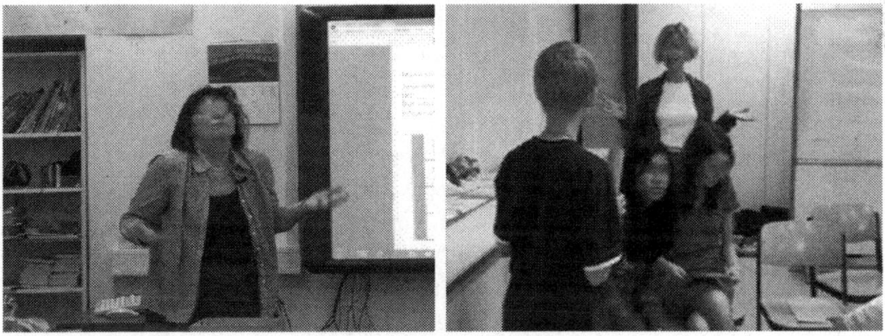

Abb. 5: Sokratisches Zeigen (ironisches Nicht-Wissen)

Die Unterrichtskommunikation ist oftmals ironisch. Die Lehrer/-innen verschleiern ihr Wissen und Können und geben vor, nichts zu wissen, häufig – wie hier in den zwei Stills – mit der Intention, dass die Antwort und Lösung von den Schüler/-innen selbst gefunden wird.[5] Die angeblich oder vermeintlich sokratische Haltung der Lehrperson korrespondiert oftmals mit einer Haltung der Schüler/-innen, welche Interesse und Aktivität vortäuschen oder simulieren, ohne tatsächlich interessiert zu sein, und die Aktivitäten, die die Aufgabe und den Unterricht betreffen, ebenfalls eher simulieren als wirklich durchführen. Die indirekte Kommunikation scheint die ‚sokratische' Struktur des Unterrichts zu bestätigen und Unterrichtssettings zu etablieren, wie sie in „neuen Lernkulturen", zum Beispiel für den individualisierten Unterricht (vgl. Breidenstein & Rademacher, 2017),

5 Dieser Aspekt kann hier nur sehr kurz angerissen werden und bedarf einer genaueren Betrachtung. Zur langen Tradition des Sokratismus in der Pädagogik sowie zur ambivalenten Rolle der Negativität und der Ironie darin vgl. Bühler (2012); Rödel (2017).

angestrebt werden. Aus phänomenologischer Sicht bedürfen aber gerade sie einer tiefergehenden Überprüfung.

6.2 Täuschung und Tausch

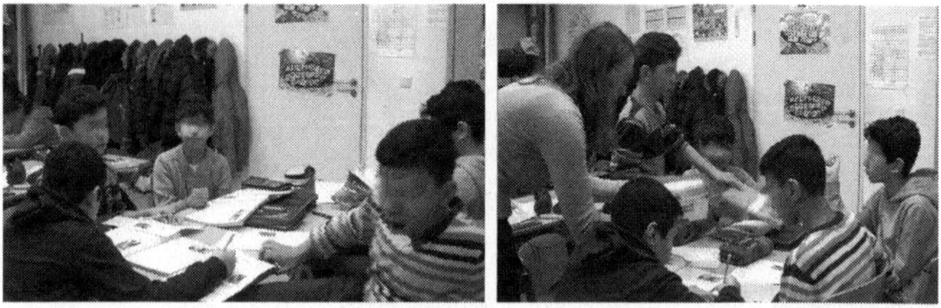

Abb. 6: Gegenseitige Täuschung in der Gruppenarbeit

Diese Szene zeigt eine Gruppenarbeit. Die Schüler/-innen bestimmen zunächst eine Person als Sprecher/-in, die später die Ergebnisse vortragen soll. Sie beschäftigen sich mit ihren ‚Materialien', ohne jedoch an diesen etwas zu erarbeiten, zu erlesen und zu diskutieren. Die Lehrerin akzeptiert diese Geschäftigkeit als „aktives Verhalten im Unterricht" (wie sie im Interview sagt) – allerdings ohne dass die Aufmerksamkeit auf die Sache gelenkt ist. Eine Präsentation nach der Gruppenarbeit wird zwar angekündigt, fällt aber aus Zeitgründen aus.
Es findet also eine gegenseitige Täuschung statt: Die Lehrerin akzeptiert das geschäftige Treiben, als wäre es ein aufmerksames; die Schüler/-innen tun so, als würden sie arbeiten und akzeptieren so eine unterrichtliche Ordnung, die auf Aufmerksamkeit zielt, ohne sie zu erreichen. Werden Tausch und Täuschung nicht anerkannt, zerbricht die schulische Ordnung, wie dies Reichenbach (2011) formuliert und als eine gegenseitige Zumutung im Lernen und Erziehen dargestellt hat. Im Unterschied zu Reichenbach ist für uns an dieser wie auch an anderen beobachteten Situationen bemerkenswert, dass der „Tausch von Täuschungen" (ebd., S. 195) nicht zu einem Lernen führt, sondern auf der Ebene des Aktivismus stecken bleibt. Wir haben sehr oft beobachtet, dass sich Lehrer/-innen in solchen Unterrichtssettings mit der Simulation von Aktivität zufriedengeben. Der „Tausch von Täuschungen" erfährt in individualisierten Unterrichtssettings unter Bedingungen einer zunehmenden Methodisierung des Unterrichts eine problematische Verschärfung.

6.3 Interattentionalität

Zu den wichtigsten Ergebnissen unserer bisherigen Forschungen gehört, dass wir eine Fülle von Zeigegesten im Unterricht gefunden haben, die oftmals in Momenten einer geteilten Aufmerksamkeit entstehen. Gemeinsame und geteilte Aufmerksamkeit basieren auf zweierlei Praxen: Während das Aufmerksamwerden als subjektive Leistung zwischen Auffallen, Aufmerken und Bemerken unterschiedliche Qualitäten aufweist (vgl. Brinkmann, 2015a), ist das Aufmerksammachen eine Praxis des Zeigens (vgl. Brinkmann, 2016b). Häufig geht dem Sprechen das Zeigen voraus. Oftmals wird auch ohne Worte gezeigt. Zeigegesten sind auf Verstehen gerichtet und basieren insbesondere auf der pädagogischen und phänomenologischen Differenz. Wir haben sie schließlich in einem qualitativen und quantitativen Verfahren in sechs Typen zusammengefasst (vgl. Brinkmann, 2014b). Mit diesem Ergebnis lassen sich Formen und Akte des Zeigens, die von Prange und Tomasello im Zusammenhang mit Lernen aufgewiesen wurden, auch für den Unterricht empirisch validieren und damit zugleich auf dessen lehrende Seite erweitern und spezifizieren (vgl. Brinkmann, 2015b; 2016b).
Die Herausforderung für eine bildungstheoretische Reflexion dieser Ergebnisse kann darin bestehen, dass die oftmals starre Entgegensetzung von Lernen einerseits und Bildung andererseits (vgl. Koller, 2012) bzw. von Lernen erster Ordnung und Lernen zweiter Ordnung (vgl. Meyer-Drawe, 1996) verlassen wird. Dies trägt dann dazu bei, dass Momente im Lernen, die sich auf stetige und wiederholende bzw. Ordnung erhaltende Aspekte beziehen, bildungstheoretisch angemessen reflektiert werden können (vgl. Brinkmann, 2016b).

7 Schluss

Mit dem vorgestellten pädagogisch-phänomenologischen Zugang wird es möglich, eine bildungs- und erfahrungstheoretisch orientierte Unterrichtsforschung zu begründen. Das Konzept einer pädagogisch-phänomenologischen Videographie (vgl. Brinkmann & Rödel, 2017), einer nicht-semiotischen Ausdruckshermeneutik und die Arbeit mit Operationalisierungen der Verkörperung und der interkorporalen Interattentionalität begründen zusammen genommen eine qualitative Methodologie, die Kontexte, Handlungen und Interaktionen pädagogisch zu spezifizieren und gegenstandstheoretisch zu reflektieren erlaubt. Unterricht kann so pädagogisch qualifiziert thematisiert und pädagogische Operationen können auf diese Weise mit ihren unterrichtlichen Wirkungen erfasst und analysiert werden.

Literatur

Bedorf, T. (2010). *Theorien des Dritten. Innovationen in Soziologie und Sozialphilosophie.* München: Wilhelm Fink.

Benner, D. (2009). Auf der Suche nach einer Didaktik der Urteilsformen und einer auf ausdifferenzierte Handlungsfelder bezogenen partizipatorischen Erziehung. In: *Pädagogische Korrespondenz, 39*(5), 5-20. Online verfügbar unter: http://www.topologik.net/Benner_numero_5.htm. Abgerufen am 06.03.2017.

Benner, D. (2015). Erziehung *und* Bildung! In: *Zeitschrift für Pädagogik, 61*(4). 481-496.

Boehm, G. (2007). *Wie Bilder Sinn erzeugen. Die Macht des Zeichens.* Berlin: Berlin University Press.

Breidenstein, G. (2008). Schulunterricht als Gegenstand ethnographischer Forschung. In: B. Hünersdorf, C. Maeder & B. Müller (Hrsg.), *Ethnographie und Erziehungswissenschaft. Methodologische Reflexionen und empirische Annäherungen* (S. 107-117). Weinheim/München: Juventa.

Breidenstein, G. & Rademacher, S. (2017). *Individualisierung und Kontrolle – empirische Studien zum geöffneten Unterricht in der Grundschule.* Wiesbaden: Springer VS.

Brinkmann, M. (2009a). Fit für PISA? – Bildungsstandards und performative Effekte im Testregime. Vorschläge zur theoretischen und pädagogischen Differenzierung von Bildungsforschung und Aufgabenkultur. In: J. Bilstein & J. Ecarius (Hrsg.), *Standardisierung – Kanonisierung. Erziehungswissenschaftliche Reflexionen* (S. 97-116). Wiesbaden: Springer VS.

Brinkmann, M. (2009b). Wiederholungen. Zur temporalen Differenz der pädagogischen Übung. In: K. Berdelmann & T. Fuhr (Hrsg.), *Operative Pädagogik. Grundlegung, Anschlüsse, Diskussionen* (S. 57-72). Paderborn: Schöningh.

Brinkmann, M. (2011). Pädagogische Erfahrung – phänomenologische und ethnographische Forschungsperspektiven. In: I.M. Breinbauer & G. Weiß (Hrsg.), *Orte des Empirischen in der Bildungstheorie. Einsätze theoretischer Erziehungswissenschaft II* (S. 61-80). Würzburg: Königshausen & Neumann.

Brinkmann, M. (2012). *Die pädagogische* Übung. *Praxis und Theorie einer elementaren Lernform.* Paderborn: Schöningh.

Brinkmann, M. (2014a). Verstehen, Auslegen und Beschreiben zwischen Hermeneutik und Phänomenologie. Zum Verhältnis und zur Differenz von hermeneutischer Rekonstruktion und phänomenologischer Deskription am Beispiel von Günther Bucks Hermeneutik und Erfahrung. In: S. Schenk & T. Pauls (Hrsg.), *Aus Erfahrung lernen. Anschlüsse an Günther Buck* (S. 199-222). Paderborn: Schöningh.

Brinkmann, M. (2014b). Wiederkehr der Übung?! – Befunde der Übungsforschung für Unterricht und Aufgabenstellung. In: H. Böpple & J. Kühne (Hrsg.), *Seminar – Lehrerbildung und Schule, BAK-Vierteljahresschrift. Aufgaben. Im Lernkontext. In Schule und Lehrerausbildung*, 48. Seminartag Berlin (I), H. 4 (S. 114-129). Hohengehren: Schneider.

Brinkmann, M. (2015a). Pädagogische Empirie – Phänomenologische und methodologische Bemerkungen zum Verhältnis von Theorie, Empirie und Praxis. *Zeitschrift für Pädagogik, 61*(4), 527-545.

Brinkmann, M. (2015b). Übungen der Aufmerksamkeit: Phänomenologische und empirische Analysen zum Aufmerksamwerden und Aufmerksammachen. In: S. Reh, K. Berdelmann & J. Dinkelaker (Hrsg.), *Aufmerksamkeit. Geschichte – Theorie – Empirie* (S. 199-220). Wiesbaden: Springer VS.

Brinkmann, M. (2016a). Allgemeine Erziehungswissenschaft als Erfahrungswissenschaft. Versuch einer sozialtheoretischen Bestimmung als theoretisch-empirische Teildisziplin. In: *Vierteljahrsschrift für wissenschaftliche Pädagogik, 92*(2), 215-231. Paderborn: Schöningh.

Brinkmann, M. (2016b). Aufmerken und Zeigen. Theoretische und empirische Untersuchungen zur pädagogischen Interattentionalität. In: J. Müller, A. Nießeler & A. Rauh (Hrsg.), *Aufmerksamkeit und Bewusstsein* (S. 115-148). Bielefeld: Transcript.

Brinkmann, M. (2017a). Leib, Wiederholung, Übung. Zu Theorie und Empirie interkorporaler Performativität. In: C. Thompson & S. Schenk (Hrsg.), *Zwischenwelten der Pädagogik.* Paderborn, S. 155-172. Ferdinand Schöningh.

Brinkmann, M. (2017b). Anthropologie, Pädagogische. In: *Staatslexikon,* hrsg. von der Görres-Gesellschaft und dem Herder-Verlag, 8. Aufl. Freiburg: Herder, Sp. 231-238.

Brinkmann, M. & Rödel, S.S. 德］布因克曼 ［德］勒德尔 (2017). 教育视频的现象学分析_课堂中的指示_注意和交互关注_布因克曼 (Pedagogic-phenomenologic Videography: Showing, Attention， Interattention). In: Journal of East China Normal University (Educational Sciences), 5, pp. 30-45. (Übersetzung von: Brinkmann, M. & Rödel, S.S. (2017). Pädagogisch-phänomenologische Videographie. Zeigen, Aufmerken, Interattentionalität. In C. Moritz & M. Corsten (Hrsg.), *Handbuch qualitativer Videoanalyse. Method(olog)ische Herausforderungen – forschungspraktische Perspektiven*. Wiesbaden: Springer VS (in Vorbereitung).

Buck, G. (2017). *Lernen und Erfahrung. Epagoge, Beispiel und Analogie in der pädagogischen Erfahrung.* (Neuauflage hrsg. von M. Brinkmann. Wiesbaden: Springer VS.)

Buck, M.F. (2015). Erziehung, Kompetenzorientierung und Social Engineering. In: Krause, S./Breinbauer, I.M. (Hrsg.), *Im Raum der Gründe. Einsätze theoretischer Erziehungswissenschaft IV.* S. 247-266. Würzburg: Königshausen & Neumann.

Bühler, P. (2012). *Negative Pädagogik. Sokrates und die Geschichte des Lernens*. Paderborn: Schöningh.

Dinkelaker, J. (2015). Varianten der Einbindung von Aufmerksamkeit. Zeigeinteraktionen in pädagogischen Feldern. In: Reh, S., Berdelmann, K. & Dinkelacker, J. (Hrsg.), *Aufmerksamkeit: Zur Geschichte, Theorie und Empirie eines pädagogischen Phänomens* (S. 241-264). Wiesbaden: Springer VS.

Dinkelaker, J. & Herrle, M. (2009). *Erziehungswissenschaftliche Videographie: Eine Einführung*. Wiesbaden: VS Verlag für Sozialwissenschaften.

Fegter, S., Kessl, F., Langer, A., Ott, M., Rothe, D. & Wrana, D. (2015). *Erziehungswissenschaftliche Diskursforschung. Theorie, Methodologie, Gegenstandskonstitution.*Wiesbaden: VS Verlag.

Fink, E. (2004). Operative Begriffe in Husserls Phänomenologie. In: F.-A. Schwarz (Hrsg.), *Nähe und Distanz. Phänomenologische Vorträge und Aufsätze* (S. 180-204). Freiburg i. Br.: Karl Alber.

Gadamer, H.-G. (1990). *Hermeneutik I. Wahrheit und Methode. Grundzüge einer philosophischen Hermeneutik*. Tübingen: Mohr Siebeck.

Garfinkel, H. (1967). *Studies in Ethnomethodology*. Englewood Cliffs/NJ: Prentice Hall.

Gruschka, A. (2009). *Erkenntnis in und durch Unterricht. Empirische Studien zur Bedeutung der Erkenntnis- und Wissenschaftstheorie für die Didaktik*. Wetzlar: Büchse der Pandora.

Gruschka, A. (2013). *Unterrichten – eine pädagogische Theorie auf empirischer Basis*. Leverkusen: Barbara Budrich.

Heidegger, M. (2001). *Sein und Zeit*. Tübingen: Max Niemeyer.

Helmke, A. (2009): *Unterrichtsqualität und Lehrerprofessionalität. Diagnose, Evaluation und Verbesserung des Unterrichts*. Seelze: Klett-Kallmeyer.

Herzog, W. (2011): Eingeklammerte Praxis – ausgeklammerte Profession. Eine Kritik der evidenzbasierten Pädagogik. In: Bellmann, J., Müller T.(Hrsg.): *Wissen, was wirkt*. Wiesbaden: Springer, S. 123-145.

Hetfleisch, P., Goeze, A. & Schrader, J. (2017). *Wie PraktikerInnen wissenschaftliche Befunde verwenden. Selektions- und Rezeptionsprozesse bei der Implementation eines evidenzbasierten Trainingskonzepts.* In: Zeitschrift für Pädagogik 63 (2), S. 182-205.

Hollstein, O., Wolfgang M. & Proske, M. (2016). Was ist (Schul)unterricht? Die systemtheoretische Analyse einer Ordnung des Pädagogischen. In: T. Geier & M. Pollmanns (Hrsg.). *Was ist Unterricht? Zur Konstitution einer* pädagogischen Form (S. 43-75). Wiesbaden: Springer VS.

Kalthoff, H. (2008). Einleitung: Zur Dialektik von qualitativer Forschung und soziologischer Theoriebildung. In: H. Kalthoff, S. Hirschauer & G. Lindemann (Hrsg.). *Theoretische Empirie. Zur Relevanz qualitativer Forschung* (S. 8-32). Frankfurt a.M.: Suhrkamp.

Koller, H.-C. (2012). *Bildung anders denken. Eine Einführung in die Theorie transformatorischer Bildungsprozesse*. Stuttgart: Kohlhammer.

Kreitz, R. (2016). Interpretation und Inferenz. In: Kreitz u.a. (2016): *Theorien in der qualitativen Bildungsforschung – Qualitative Bildungsforschung als Theoriegenerierung (*S. 177-198). Opladen/Berlin/Toronto: Barbara Budrich.

Landweer, H. (2010). Zeigen, sich-zeigen und sehen-lassen. Evolutionstheoretische Untersuchungen zu geteilter Intentionalität in phänomenologischer Sicht. In: K. van den Berg & H.U. Gumbrecht (Hrsg.), *Politik des Zeigens (S. 29-58). München, Paderborn: Wilhelm Fink.*

Lippitz, W. (2007). Foreignness and Otherness in Pedagogical Contexts. In: *Phenomenology & Practice 1,* 76-96. https://ejournals.library.ualberta.ca/index.php/pandpr/article/view/19806. Zugegriffen: 21. April 2017.

Meseth, W., Dinkelaker, J., Neumann, S., Rabenstein, K., Dörner, O., Hummrich, M. & Kunze, K. (2016). *Empirie des Pädagogischen und Empirie der Erziehungswissenschaft. Beobachtungen erziehungswissenschaftlicher Forschung. Bad Heilbrunn: Klinkhardt.*

Meyer-Drawe, K. (1996). Vom anderen lernen. Phänomenologische Betrachtungen in der Pädagogik. In: Borrelli, M. & Ruhloff, J. (Hrsg.), *Deutsche Gegenwartspädagogik 2* (S. 85-100). Baltmannsweiler: Schneider-Verlag Hohengehren.

Meyer-Drawe, K. (2008). *Diskurse des Lernens. München: Fink.*

Miethe, I. & Müller, H.-R. (2012). *Qualitative Bildungsforschung und Bildungstheorie.* Opladen/Berlin/Toronto: Barbara Budrich.

Neuweg, H.-G. (1999). *Könnerschaft und implizites Wissen. Zur lehr-lerntheoretischen Bedeutung der Erkenntnisse und Wissenstheorie Michael Polanyis.* Münster, New York: Waxmann.

Nohl, A.-M. (2011). Ressourcen von Bildung – empirische Rekonstruktionen zum biographisch situierten Hintergrund transformativer Lernprozesse. In: *Zeitschrift für Pädagogik, 57*(6), 911-927.

Prange, K. (2005). *Die Zeigestruktur der Erziehung. Grundriss der Operativen Pädagogik.* Paderborn: Schöningh.

Reh, S. & Rabenstein, K. (2012). Normen der Anerkennbarkeit in pädagogischen Ordnungen. Empirische Explorationen zur Norm der Selbständigkeit. In: N. Ricken & N. Balzer (Hrsg.), *Judith Butler: Pädagogische Lektüren* (S. 225-246). Wiesbaden: VS Verlag für Sozialwissenschaften.

Reh, S., Fritzsche, B., Idel, T.-S. & Rabenstein, K. (2015). *Lernkulturen. Rekonstruktionen pädagogischer Praktiken an Ganztagsschulen.* Wiesbaden: Springer VS.

Reichenbach, R. (2001): *Demokratisches Selbst und dilettantisches Subjekt. Demokratische Bildung und Erziehung in der Spätmoderne.* Münster: Waxmann.

Reichenbach, R. (2011). *Pädagogische Autorität. Macht und Vertrauen in der Erziehung.* Stuttgart: Kohlhammer.

Reichenbach, R. (2013). *Für die Schule lernen wir. Plädoyer für eine gewöhnliche Institution.* Seelze: Kallmeyer.

Ricken, N. (2009). Zeigen und Anerkennen. Anmerkungen zur Form pädagogischen Handelns. In: K. Berdelmann & T. Fuhr (Hrsg.), *Operative Pädagogik. Grundlegung, Anschlüsse, Diskussion* (S. 111-133). Paderborn: Schöningh.

Ricken, N. (2013). Zur Logik der Subjektivierung. Überlegungen an den Rändern eines Konzepts. In: A. Gelhardt, T. Alkemeyer & N. Ricken (Hrsg.): *Techniken der Subjektivierung.* S. 29-48. München: Wilhelm Fink.

Rödel, S.S. (2017). *Scheitern, Stolpern, Staunen – Phänomenologische Studien zur Negativität schulischen Lernens.* Wiesbaden.

Schäfer, A. & Thompson, C. (2014). *Arbeit am Begriff der Empirie. Wittenberger Gespräche II.* Online abrufbar unter: http://www.pedocs.de/volltexte/2014/9019/pdf/Schaefer_Thompson_2014_Empirie.pdf. Abgerufen am 06.03.2017.

Stieve, C. (2008). *Von den Dingen lernen. Die Gegenstände unserer Kindheit.* München, Paderborn: Wilhelm Fink.

Syring, M., Bohl, T./Kleinknecht, M., Kuntze, S., Rehm, M. & Schneider, J. (2016). Fallarbeit als Angebot – fallbasiertes Lernen als Nutzung. Empirische Ergebnisse zur kognitiven Belastung, Motivation und Emotionen bei der Arbeit mit Unterrichtsfällen. In: *Zeitschrift für Pädagogik* 62 (1), S. 86-108.

Thompson, C. (2011). Zeigen und Sprechen: Ironie und Unbestimmtheit in der Erziehung. In A. Aßmann & J.O. Krüger (Hrsg.): *Ironie in der Pädagogik*. Weinheim, München: Juventa, S. 67-84.

Thompson, C., Jergus, K. & Breidenstein, G. (2014). *Interferenzen. Perspektiven kulturwissenschaftlicher Bildungsforschung*. Weilerwist: Velbrück.

van den Berg, K. & Gumbrecht, H.U. (2010). *Politik des Zeigens*. München, Paderborn: Wilhelm Fink.

van Manen, M. (2012). *Researching Lived Experience. Human Science for an Action Sensitive Pedagogy*. Ottawa: Althouse Press.

Waldenfels, B. (2007). *Antwortregister*. Frankfurt a.M.: Suhrkamp.

Wiesing, L. (2013). *Sehen lassen. Die Praxis des Zeigens*. Berlin: Suhrkamp.

Wilde, D. (2015). Wieso ist das kein Spielzeug? Eine phänomenologische Suche nach Antworten auf Dinge im Unterricht. In: M. Brinkmann, R. Kubac & S.S. Rödel (Hrsg.): *Phänomenologische Erziehungswissenschaft – Theoretische und empirische Perspektiven* (S. 243-259). Wiesbaden: Springer VS.

Tainian Zheng, Mei Wang und Lijia Lin

Charakteristika des Einsatzes von Unterrichtsmethoden in China und ihre Wirkung auf die Mathematikleistungen der Schülerinnen und Schüler

1 Einleitung[1]

Wie werden Schülerinnen und Schüler unterrichtet? Und welchen Einfluss haben die Unterrichtsmethoden auf die fachlichen Leistungen der Schüler? Diese Fragen waren schon lange Gegenstand vieler Forschungsprojekte. In letzter Zeit haben die internationalen Schulleistungsstudien, insbesondere *TIMMS* (Trends in International Mathematics and Science Study) und *PISA* (Program for International Student Achievement), ein großes Interesse an vergleichender Forschung über Unterrichtsmethoden geweckt. Dabei wurden insbesondere die großen Unterschiede der Schülerleistungen in verschiedenen Staaten und Weltregionen in den Blick genommen (vgl. Döbert et al., 2004; Fuchs & Wößmann, 2007). Angetrieben von diesen internationalen Projekten haben einige Länder die Probleme ihrer nationalen Schulentwicklung auf Basis der Ergebnisse dieser Studien genauer untersucht. Andere Forscher haben den Unterricht in Staaten mit hohen Lernerfolgen genauer angeschaut und Daten über verschiedene Profile effektiver Unterrichtspraxis analysiert (vgl. Darling-Hammond, 2010; Stigler & Hiebert, 1999).

Aus den Forschungsergebnissen zu Einflüssen von Unterrichtsmethoden auf Fachleistungen wurden dann jedoch unterschiedliche, z.T. einander widersprechende Schlussfolgerungen gezogen. Einige Forschungen ergaben, dass sich die Schülerleistungen in Mathematik und Naturwissenschaften erhöhen, wenn Forschendes Lernen (*inquiry-based learning*) praktiziert wird. Andere Forscher fanden heraus, dass die Häufigkeit, mit der die Schüler forschendes Lernen im Naturwissenschaftsunterricht praktizierten, nicht mit ihren Fachleistungen korrelierte und dass es sogar eine negative Korrelation zu den Leistungen im Argumentieren und Analysieren gab. Dies hat zusätzliche Aufmerksamkeit auf die Frage gelenkt, welche Effekte verschiedene traditionelle und innovative Unterrichtsmethoden haben.

---

1 Originalbeitrag, übersetzt aus dem Englischen von Hilbert Meyer mit Assistenz der Autoren und Beratung durch Michael Neubrand, Oldenburg, und Annette Lohbeck, Lüneburg.

Die Stadt Shanghai hat an den PISA-Schulleistungsstudien 2009 und 2012 teilgenommen und die Schüler haben jeweils mit deutlichem Abstand zu den anderen Staaten den ersten Platz in Lesen, Mathematik und Naturwissenschaften erreicht.[2] Auch in der PISA-Studie 2015 zeigten die Shanghaier Schülerinnen und Schüler hervorragende Leistungen in Mathematik. Diese Ergebnisse lenkten die Aufmerksamkeit der Forscher aus aller Welt insbesondere auf die Frage, ob es eine Korrelation zwischen den hervorragenden Leistungen der Shanghaier Schüler und den eingesetzten Unterrichtsmethoden gibt. Zur gleichen Zeit wurde uns aber auch klar, dass es einen Mangel an ausreichenden empirischen Befunden zum Unterricht und zu seinem Einfluss auf die Schülerleistungen gibt – ein Problem, mit dem wir uns in diesem Beitrag befassen wollen.

Die im Folgenden dargestellte eigene Studie will untersuchen, wie bestimmte Faktoren des Mathematikunterrichts die Schülerleistungen in Mathematik beeinflussen. Dazu wurden eine *Fragebogen-Erhebung* bei Lehrern und ein *Test zu mathematischen Fähigkeiten* bei Schülern durchgeführt. Die Stichprobe für die Tests setzte sich aus Schülerinnen und Schülern des dritten Jahrgangs der chinesischen Mittelschule (ungefähr im Alter von 15 Jahren) zusammen. Wir haben eine Stratifizierung der Stichprobe vorgenommen und Effekte auf den drei Ebenen Städte, einzelne Schulen und einzelne Klassen untersucht. Die Stichprobe umfasste insgesamt 581 Lehrerinnen und Lehrer und 5066 Schülerinnen und Schüler aus 60 Schulen in fünf Provinz-Hauptstädten in Ost-, Süd-, Nordost-, Nordwest- und Südwest-China.

Die Fragebogenerhebung bei den Lehrerinnen und Lehrern erfasste ihre grundlegenden Vorstellungen zu den Curriculumstandards[3], zum Gebrauch von Lehrmaterialien, zu den wichtigsten Unterrichtsmethoden und zur Computer- und Internetnutzung. Die Daten zu den Schülerleistungen wurden mit einem *Test zu mathematischen Fähigkeiten* erhoben, der speziell für dieses Forschungsprojekt konstruiert wurde. Bei der Entwicklung dieses Tests haben wir den Testaufbau und die Datenbasis von PISA-2003 genutzt. Der einstündige Test besteht aus 16 Teilen mit insgesamt 25 Fragen und vier verschiedenen Item-Typen zu den bei PISA-2003 berücksichtigten Themen „Veränderungen und Beziehungen", „Zahlen", „Raum", „Form" und „Unsicherheit", also den bei PISA-2003 verwendeten Inhaltsbereichen. Der Test bezieht sich auf die drei von PISA-2003 benutzten

2 Bei den PISA-Tests im Jahr 2009 erreichten die Shanghaier Schülerinnen und Schüler in allen drei Leistungsbereichen weit vor Hongkong, Korea und Finnland einen Spitzenplatz (OECD 2010, S. 55 u. 141), der auch in der vierten PISA-Studie 2015 bestätigt wurde (OECD 2016).

3 Als Curriculumstandards werden die in diesen staatlichen Dokumenten enthaltenen Vorgaben für die Inhalte der Schulfächer, die erwarteten Lernergebnisse und die Vorschläge zur Gestaltung der Lehr-Lernprozesse bezeichnet. Im Wesentlichen geht es um die im Jahr 2001 eingeführten Curricula der „Neuen Grundbildung" (vgl. den Beitrag von Li & Li, in diesem Band).

Kompetenzcluster, nämlich „Reproduktion", „Verbindungen" und „Reflexion" (vgl. OECD, 2004; Blum et al., 2004).

Die Arbeit an der Fragebogen-Erhebung und die Tests begannen im Dezember 2011 und endeten im April 2012. Der Rücklauf umfasste 581 Lehrerfragebogen und 5055 Blätter zum *Test zu mathematischen Fähigkeiten*. Die Testergebnisse wurden nach den Bewertungsstandards von PISA-2003 skaliert und dann für die Bestimmung der Mathematikleistungen der Schüler genutzt.

Anschließend analysierten wir den Einfluss der Unterrichtsmethoden auf die Schülerleistungen aus vier Perspektiven: im Blick auf die grundlegenden Einstellungen der Lehrerinnen und Lehrer zu den Curriculumstandards, zum Gebrauch von Lehrmaterialien, zu den wichtigsten Unterrichtsmethoden und zur Computer- und Internetnutzung. Eine multiple Regressionsanalyse wurde durchgeführt, um herauszufinden, ob und wie die Lehrerhaltungen zu den Curricula, zu den Lehrmethoden, zur Computernutzung, zur Auswahl von Schulbüchern, zum Lehrervortrag und zu Schülerdiskussionen die Mathematikleistungen der Schüler beeinflusst haben. Eine ausführliche Beschreibung der Details der Methodologie der Studie und ergänzende Forschungsbefunde des gesamten Forschungsprojekts bringen Ren et al. (2012); Pang et al. (2013) und Zhao et al. (2013).

2 Ergebnisse und Erkenntnisse

2.1 Unterricht in chinesischen Klassenzimmern: Curriculum, Unterrichtsmaterialien und Methodeneinsatz

Wir skizzieren im Folgenden drei Einzelergebnisse unserer Studie, die für die Beantwortung unserer Forschungsfrage, welche Variablen die Schülerleistungen in Mathematik beeinflussen, besonders relevant sind.

(1) Die Lehrpersonen akzeptieren, verstehen und schätzen die staatlichen Curricula.

Die Ergebnisse zeigen, dass die große Mehrzahl der Lehrpersonen den Wert der staatlichen Curriculumstandards anerkennt und davon ausgeht, ein gutes Verständnis der Curricula zu haben (vgl. Tabelle 1). In den fünf Städten sagen 95,1% der Lehrer, dass sie sehr stark oder stark der Aussage zustimmen: „Ich verstehe das Lehrbuch des von mir unterrichteten Faches vollständig." 93,4% stimmen sehr stark oder stark der Aussage zu, dass „Curriculumstandards von hoher Relevanz für die eigene Unterrichtsplanung" sind. 89,7% stimmen sehr stark oder stark der Aussage zu: „Die von den Schulbehörden in meinem Fach vorgenommenen Leistungskontrollen stimmen mit den Curriculumstandards überein". 86,1% der

Lehrer stimmen dem Satz zu: „Ich verstehe die Curriculumstandards des von mir unterrichteten Faches vollständig."

Tab. 1: Die Haltung der Lehrpersonen zu den nationalen Curricula (%, n = 581)

	Ich stimme vollständig zu	**Ich stimme zu**	**Ich stimme nicht zu**	**ich stimme überhaupt nicht zu**	**fehlende Angaben**
Ich verstehe die Curriculumstandards des von mir unterrichteten Faches vollständig.	48.9	43.9	3.8	1	2.4
Curriculumstandards sind von hoher Relevanz für meine eigene Unterrichtsplanung.	32	58.3	5.9	0.5	3.3
Ich verstehe das Lehrbuch des von mir unterrichteten Faches vollständig.	28.6	55.1	12.9	0.5	2.9
Die von den Schulbehörden in meinem Fach vorgenommenen Leistungskontrollen stimmen mit den Curriculumstandards überein.	32.2	55.1	8.4	1.5	2.8
Insgesamt (n = 581)					

(2) Die von den vorgesetzten Behörden vorgesehenen Schulbücher sind die wichtigste Grundlage für Unterrichtsmaterialien.

Die Ergebnisse zeigen, dass Lehrmaterialien, die von den vorgesetzten Behörden (Schulkommission und Schulbüro der Stadt) vorgesehen sind, in großem Umfang genutzt werden. Unterrichtsmaterialien, die von den Schulen, den Lehrern oder den Schülern erarbeitet und ausgewählt worden sind, haben nur einen sehr kleinen Anteil (siehe Tabelle 2).

In den fünf Städten erreicht die Nutzung von Lehrmaterialien, die von den vorgesetzten Behörden vorgegeben worden sind, nahezu in jeder Unterrichtsstunde einen Anteil von 94,1%, während weniger als 30 Prozent der Lehrpersonen Unterrichtsmaterialien nutzt, die von den Schulen zusammengestellt bzw. von Lehrpersonen oder Schülern ausgewählt wurden.

Tab. 2: Auswahl von Unterrichtsmaterialien durch Lehrinnen und Lehrer (%, n = 581)

	in jeder oder in nahezu jeder Stunde	**in mehr als der Hälfte aller Stunden**	**in einigen Stunden**	**niemals**	**keine Angaben**
von den Schulbehörden vorgegebene Lehrmaterialien	94.1	3.1	0.7	-	2.1
von den Schulen ausgewählte Lehrmaterialien	22.0	28.7	11.2	20.8	17.2
von den Schulen selbst zusammengestellte Unterrichtsmaterialien	13.3	22.2	16.9	28.9	18.8
von den Lehrpersonen ausgewählte Unterrichtsmaterialien	23.1	33.4	9.5	20.3	13.8
von den Lehrpersonen selbst zusammengestellte Unterrichtsmaterialien	16.2	23.2	15.7	27.7	17.2
von den Schülern ausgewählte Unterrichtsmaterialien	10.2	16.5	22.2	32.2	18.9

(3) Der Lehrervortrag ist die dominierende Methode; Schülerdiskussionen sind selten.

Untersucht wurde insbesondere, wie oft Lehrervorträge (*lecturing*) und wie oft Diskussionsmethoden im Klassenzimmer eingesetzt wurden (vgl. Tabelle 3). Die Ergebnisse zeigen, dass der Lehrervortrag weiterhin die vorherrschende Unterrichtsmethode in chinesischen Klassenzimmern ist. In allen fünf Städten nutzt 90% der Lehrpersonen den Lehrervortrag in jeder oder in nahezu jeder Klasse und 61,3% machen Lehrervorträge in nahezu jeder Unterrichtsstunde.
Auch wenn die Daten aus den fünf Städten zeigen, dass bis zu 82,6% der Lehrerinnen und Lehrer Diskussionsmethoden in allen oder fast allen Klassen einsetzen, so ist doch – verglichen mit dem Anteil der Lehrervorträge – die Prozentzahl von Lehrern, die in *jeder* Stunde mit der Diskussionsmethode arbeiten, mit nur 39,1% verhältnismäßig niedrig. Für die Stadt Lanzhou ist sie mit 30% am niedrigsten, danach kommen Guangzhou (35,0%) und Changchun (38,2%); Shanghais und Kunmings Zahlen sind etwas höher, mit 44,4% für Shanghai und 46,8% für Kunming.

Tab. 3: Unterrichtsmethoden (%, n = 131)

	in jeder oder nahezu jeder Stunde	in mehr als der Hälfte der Stunden	in einigen Stunden	niemals	keine Angaben
Changchun (n = 131)					
Lehrervortrag	47.3	37.4	6.1	2.3	6.9
Diskussion	38.2	41.2	13.7	1.5	5.3
Guangzhou (n = 120)					
Lehrervortrag	64.2	26.7	6.7	-	2.5
Diskussion	35	46.7	16.7	.8	.8
Kunming (n = 124)					
Lehrervortrag	66.1	27.4	4	-	2.4
Diskussion	46.8	40.3	10.5	-	2.4
Lanzhou (n = 100)					
Lehrervortrag	67	24	3	1	5
Diskussion	30	50	16	-	4
Shanghai (n = 106)					
Lehrervortrag	64.2	25.5	3.8	2.8	3.8
Diskussion	44.3	40.6	12.3	-	2.8
Overall (n = 581)					
Lehrervortrag	61.3	28.6	4.8	1.2	4.1
Diskussion	39.1	43.5	13.8	.5	3.1

(4) Computer werden im Unterricht umfangreich eingesetzt, im Wesentlichen, um Vortragsinhalte der Lehrpersonen zu präsentieren; die Internetnutzung ist dagegen selten.

Im Zentrum der Untersuchungen stand hier die Frage, wie oft und wofür Computer im Klassenzimmer benutzt werden. Die Lehrpersonen wurden befragt, ob sie den Computer nutzen, um „Vortragsinhalte zu präsentieren" oder um „Prozessabläufe zu erläutern" und ob sie im Unterricht „Zugang zum Internet" hatten. Die Ergebnisse zeigen, dass der Anteil von Lehrern, die den Computer zur Präsentation von Vortragsinhalten nutzen, am höchsten ist. Dabei nutzen 49,8% der Lehrpersonen ihn in jeder Stunde bzw. in der Mehrzahl der Stunden für die Erläuterung von Prozessabläufen. In den fünf Städten erläutern 36,8% der Lehrer Prozessabläufe mit dem Computer, wobei 9,3% von ihnen sagen, dass sie dies in jeder Stunde und 25,6%, dass sie es in nahezu jeder Stunde tun.

Obwohl fast alle 60 Schulen in den 5 Städten Internetzugang haben (96,7%), hat doch fast die Hälfte der Lehrpersonen (45,6%) den Internetzugang noch nie im

Unterricht genutzt. Der Anteil der Lehrpersonen, die das Internet in jeder oder in der Mehrzahl der Stunden nutzen, beträgt nur 10,8%.

Tab. 4: Computer- und Internetnutzung (%, n = 581)

	in jeder oder nahezu jeder Stunde	**in mehr als der Hälfte der Stunden**	**in einigen Stunden**	**niemals**	**keine Angaben**
Präsentation von Vortragsinhalten	18.4	31.4	33.1	14	3.1
Erläuterung von Prozessabläufen	9.3	25.6	38.7	21.2	5.2
Zugang zum Internet	2.9	7.9	36.7	45.6	6.9

2.2 Der Einfluss der eingesetzten Unterrichtsmethoden auf die Mathematikleistungen der Schülerinnen und Schüler

Eine multiple Regressionsanalyse wurde, wie bereits erwähnt, durchgeführt, um herauszufinden, welche Auswirkungen die aktuelle Arbeitsplatzsituation der Lehrer (mit Blick auf die Akzeptanz und Nutzung der Curricula, auf die Unterrichtsmaterialien, den Computergebrauch, die von der vorgesetzten Behörde vorgegebenen Unterrichtsmaterialien und den Einsatz von Lehrervorträgen und Schülerdiskussionen) auf die von den Schülerinnen und Schülern erreichten Leistungswerte hat.
Cronbach Alpha wurde mit 0.05 berechnet. Die Analyse wurde zwischen den 5 Städten, aber auch innerhalb jeder der fünf Städte durchgeführt. Das Regressionsmodell über alle fünf Städte zeigte signifikante Ergebnisse: $F(6, 2207) = 59.45$, $p < .001$; es erklärte 14 Prozent der gesamten Varianz. Alle 6 Prädiktoren waren signifikant im Blick auf ihren Einfluss auf die Mathematik-Leistungswerte der Schülerinnen und Schüler. Das Regressionsmodell innerhalb jeder Stadt zeigte ebenfalls signifikante Daten und erklärte 36%, 32%, 21%, 18% und 23% der Varianz, auch wenn die Ergebnisse unterschiedlich ausfallen (siehe Tabelle 5).
Für die Stadt Changchun haben der Lehrervortrag, die Schülerdiskussion und die Lehrmaterialien signifikante Auswirkungen auf die von den Schülern erreichten Mathematik-Leistungswerte. Für Guangzhou haben alle anderen Faktoren mit Ausnahme der Curricula signifikante Auswirkungen auf die erreichten Mathematik-Leistungswerte. Für Kunming haben alle anderen Faktoren signifikante Auswirkungen auf die von den Schülern erreichten Leistungswerte. Aber für Lanzhou hat kein Faktor signifikante Auswirkungen auf die erreichten Mathematik-Leistungswerte. Und für Shanghai und Guangzhou haben alle Faktoren mit Ausnahme der Schülerdiskussion signifikante Auswirkungen auf die von den Schülern erreichten Mathematik-Leistungswerte.

Tab. 5: Regressionskoeffizienten auf Mathematik-Leistungswerte innerhalb und zwischen den Städten, bezogen auf Mathematiklehrpersonen

	B (unstandardisiert)	**SE**	**ß (standardisiert)**	**t/F***	**p**	**R2**
Changchun				**31.37**	**.00**	**.36**
Curricula	-.50	3.00	-.09	-.17	.87	
Lehrmaterialien	-2.60	1.02	-1.14	-2.56	.01	
Computernutzung	9.22	8.90	.92	1.04	.30	
Unterrichtsmaterialien der vorgesetzten Behörden	-11.19	15.38	-.71	-.73	.47	
Lehrervortrag	12.96	5.85	.76	2.21	.03	
Schülerdiskussion	32.45	5.61	.37	5.78	.00	
Guangzhou				**52.58**	**.00**	**.32**
Curricula	-.60	3.02	.01	-.20	.84	
Lehrmaterialien	-3.63	1.11	-.24	-3.28	.00	
Computernutzung	14.41	2.18	.37	6.60	.00	
Unterrichtsmaterialien der vorgesetzten Behörden	-31.18	10.38	-.71	-7.67	.03	
Lehrervortrag	43.25	6.92	.29	6.25	.00	
Schülerdiskussion	-50.08	4.93	-.55	-10.15	.00	
Kunming				**31.31**	**.00**	**.21**
Curricula	3.58	.45	.55	7.90	.00	
Lehrmaterialien	-1.70	.36	-.54	-4.74	.00	
Computernutzung	-6.65	.97	-.40	-6.85	.00	
Unterrichtsmaterialien der vorgesetzten Behörden	-27.00	5.60	-.40	-7.64	.02	
Lehrervortrag	11.20	2.13	.50	5.26	.00	
Schülerdiskussion	-36.30	4.79	-.33	-7.58	.00	
Lanzhou				**12.59**	**.00**	**.18**
Curricula	11.88	19.63	.45	.61	.55	
Lehrmaterialien	-.41	.88	-.14	-.47	.64	
Computernutzung	-5.89	5.93	-.27	-.99	.32	
Unterrichtsmaterialien der vorgesetzten Behörden	-1.11	1.30	-.51	-1.09	.18	
Lehrervortrag	11.64	45.08	.15	.26	.80	
Schülerdiskussion	-21.91	37.07	-.44	-.59	.56	

	B (unstandardisiert)	SE	ß (standardisiert)	t/F*	p	R2
Shanghai				**24.68**	**.00**	**.23**
Curricula	-32.75	5.89	-.96	-5.56	.00	
Lehrmaterialien	-5.93	1.17	-.61	-5.10	.00	
Computernutzung	-22.32	6.38	-.72	3.50	.00	
Unterrichtsmaterialien der vorgesetzten Behörden	-17.34	7.09	-.41	-4.47	.03	
Lehrervortrag	26.14	8.75	.25	2.99	.00	
Schülerdiskussion	5.84	4.06	.08	1.44	.15	
Insgesamt				**59.45**	**.00**	**.14**
Curricula	1.41	.34	.16	4.21	.00	
Lehrmaterialien	-1.45	.13	-.41	-10.90	.00	
Computernutzung	-1.74	.60	-.10	-2.89	.00	
Unterrichtsmaterialien der vorgesetzten Behörden	-8.40	1.48	-.24	-5.69	.00	
Lehrervortrag	6.33	1.06	.23	5.95	.00	
Schülerdiskussion	-13.85	1.78	-.16	-7.77	.00	

Anmerkung. Der F-Wert wurde für jedes Regressionsmodell und der t-Wert wurde für jeden Prädiktor berechnet.

3 Schlussfolgerungen und Diskussion

Unsere Forschungsstudie erlaubt zumindest ansatzweise Aussagen über die in China gegebenen Unterrichtsbedingungen.

Methodeneinsatz: Im Wesentlichen werden im Unterricht traditionelle Unterrichtsmethoden eingesetzt. Das bedeutet, dass der Lehrervortrag im lehrerzentrierten Unterricht die grundlegende Methode ist, während Computer im Klassenzimmer hauptsächlich genutzt werden, um Lehrinhalte zu präsentieren.

Kenntnis und Akzeptanz der Curricula: Die meisten Lehrerinnen und Lehrer haben eine zustimmende und akzeptierende Haltung gegenüber den staatlichen Curriculumstandards und den von den vorgesetzten Behörden vorgegebenen Lehrmaterialien. Dies ist ein Beleg dafür, dass die Curriculumreform und die an den Curricula orientierte Lehrerweiterbildung der vergangenen zehn Jahre in großem Umfang Verständnis und Akzeptanz für die neuen Curricula vermittelt haben. Die „Bottom-up-Kampagne" der Reform war förderlich, um den Lehrern eine Reihe weitgehend einheitlicher, neuer pädagogischer Wertvorstellungen zu vermitteln, was wiederum die Stimmigkeit und Konsistenz des Curriculumverständnisses der Lehrer gestärkt und die Übernahme der angebotenen Lehrmaterialien und Unterrichtskonzepte gefördert hat. Dies hat offensichtlich ein basales Niveau des Unterrichts gesichert, es behindert aber auch die Einführung innovativer Lehr- und Lernformen. Deshalb sollten die Lehrer aus der Perspektive der Reformpolitik und auf der Basis der Evaluationsmaßnahmen ermutigt werden, ein hauseigenes Curriculum (*diversified curriculum*) zu erarbeiten und mehr Unterrichtsexperimente durchzuführen.

Differenz zwischen Wertvorstellungen und tatsächlichem Methodeneinsatz: Es wird deutlich, dass selbstreguliertes, kooperatives und forschendes Lernen als durch die Curriculumreform geforderte Methodik nicht umfassend genutzt wird. Die in der Reform propagierte Verbreitung neuer Lehrmaterialien hat nur geringen Einfluss auf die von den Lehrern tatsächlich vorgenommene Auswahl der Lehrmaterialien. Es gibt somit eine riesige Lücke zwischen den von den Lehrern genutzten Unterrichtsmethoden und ihren unterrichtsbezogenen Wertvorstellungen. Deshalb sollten die Kompetenzen der Lehrer gestärkt und ihre Erfahrungen in der Nutzung innovativer Unterrichtsmethoden kultiviert werden. Dies sollte zu einem Kern und Ziel der Lehrerweiterbildung gemacht werden.

Lernwirksame Lehrervorträge – kritische Fragen zur Diskussionsmethode: Die Ergebnisse der multiplen Regressionsanalysen zeigen, dass der Einfluss der Faktoren und die Signifikanzen auf die Mathematik-Leistungswerte der Schüler in einzelnen Städten durchaus unterschiedlich sind. Aber es überrascht dann doch, welchen signifikanten Einfluss die Häufigkeit des Einsatzes von Lehrervorträgen und Schülerdiskussionen in den fünf Städten auf die erreichten Mathematik-Leistungswerte hat: Eine positive Korrelation gibt es nur zwischen dem Lehrervortrag und den Mathematik-Leistungswerten, dagegen eine negative Korrelation zwischen der Häufigkeit von Schülerdiskussionen und den Mathematik-Leistungswerten. In anderen Worten: Je mehr Lehrervorträge ein Lehrer gibt und je weniger er die Schüler diskutieren lässt, umso höher sind die Mathematik-Leistungswerte! Dabei zeigen die Städte Guangzhou, Kunming und Lanzhou die gleichen Ergebnisse, auch wenn der Einfluss beider Faktoren in Lanzhou weniger signifikant ist. Dagegen gibt es in Changchun eine signifikante positive Korrelation zwischen Lehrervortrag und Schülerdiskussion zu den Mathe-Leistungswerten, während in Shanghai der Einfluss der Schülerdiskussion nicht signifikant ist.

Die regelmäßig von den Lehrern genutzte Vortragsmethode hatte eine signifikante positive Korrelation mit den Mathe-Leistungswerten der Schüler, sie hatte aber auch, wie dieselbe Erhebung nachgewiesen hat (Ren et al, 2012), eine signifikant negative Korrelation mit der Fähigkeit der Schüler zur Problemlösung. Was hat dieses Ergebnis verursacht? Aus vielen Unterrichtsbeobachtungen wissen wir, dass der Lehrervortrag im Mathematikunterricht oft mit Dialogen kombiniert wird, die mit und zwischen den Schülern geführt werden. Dies erleichtert es den Schülern offensichtlich, sich auf die Kernkonzepte der Fachinhalte zu konzentrieren.

Gerade die sehr guten Lehrerinnen und Lehrer arbeiten hart daran, das konstruktive Denken der Schüler anzuleiten – eine wichtige und effektive Methode, um den Schülern zu helfen, ein Fach wie Mathematik mit seiner systematischen Logik und klaren Struktur zu erlernen. Wir haben aber auch oft beobachtet, dass die Diskussionsmethode nur oberflächlich realisiert wird, so dass die Schüler nicht in die Lage versetzt werden, Mathematik tiefer zu erkunden und zu erforschen.

Fazit: Chinesische Mathematiklehrer nutzen den Lehrervortrag nicht nur extensiv, sondern auch hoch erfolgreich! Zumindest gibt es keine signifikante negative Korrelation zu den Mathematik-Leistungswerten der Schülerinnen und Schüler. Eine andere Erklärung könnte darin bestehen, dass dieses überraschende Ergebnis daher rührt, dass die chinesischen Mathematiklehrer insgesamt noch nicht die Kompetenzen erworben haben, die erforderlich sind, um die Mathematik-Schülerleistungen durch den Einsatz der neuen Unterrichtsmethoden (Schülerdiskussion, forschendes Lernen usw.) zu fördern.
Um die genauen Ursachen zu ermitteln, ist es offensichtlich erforderlich, nicht nur auf der Basis der Selbstberichte der Lehrerinnen und Lehrer die spezifischen Situationen, in denen Lehrervorträge und Schülerdiskussionen im Klassenzimmer eingesetzt werden, genauer zu untersuchen, sondern auch die Anwendbarkeit und Effektivität verschiedener in spezifischen Unterrichtskontexten genutzter Unterrichtsmethoden genauer in den Blick zu nehmen. Darüber hinaus dürfte es hilfreich sein, zwischen Oberflächen- und Tiefenstrukturen des Lehrens und Lernens zu unterscheiden, wie dies u.a. Oser & Baeriswyl (2001) und Hattie (2009) vorgeschlagen haben.

Literatur

Blum, W., Neubrand, M., Ehmke, T., Senkbeil, M., Jordan, A., Ulfig, F. & Carstensen, C. (2004). Mathematische Kompetenz. In: M. Prenzel u.a. (Hrsg.). *PISA 2003: Der Bildungsstand der Jugendlichen in Deutschland – Ergebnisse des zweiten internationalen Vergleichs.* Münster: Waxmann, S. 47-92.

Darling-Hammond, L. (2010) .*The Flat world and Education: How America's Commitment to Equity Will Determine Our Future.* New York: Teacher College Press.

Döbert, H., Klieme, E. & Sroka, W. (Eds.)(2004). *Conditions of school performance in seven countries; a quest for understanding the international variation of PISA results.* New York, Munster, Berlin, Munic: Waxmann.

Fuchs, T. & Wößmann, L. (2007). What accounts for international differences in student performance? A re-examination using PISA data. In: *Empirical Economics, 32.* pp. 433-464.

Hattie, J. (2009). *Visible Learning.* London, New York: Routledge (chinesische Ausgabe 2015, Beijing: Educational Science Publishing House).

OECD (2004). *Learning for tomorrow's world. First results from PISA 2003.* Paris: OECD.

OECD (2010). *PISA 2009. Ergebnisse: Was Schülerinnen und Schüler wissen und können.* Gütersloh: W. Bertelsmann.

OECD (2016). *PISA 2015 Results (Volume I): Excellence and equity in education.* Paris: OECD.

Oser, F. & Baeriswyl, F. (2001): Choreographies of Teaching: Bridging Instruction to Learning. In: V. Richardson (Ed.): *Handbook of Research on Teaching.* 4th Edition. Washington: American Educational Research Association, pp. 1031-1065.

Pang, W., et al. (2013). Study on the relationship between family social economic status and academic achievement of middle school students. In: *Global Education.* (2), pp. 12-21.

Ren, Y., et al. (2012). Study on academic achievements and the influential factors of Junior middle school students in five cities in China. In: *Education Research* (11): pp. 36-43.

Stigler, J.W. & Hiebert, J. (1999). *The teaching gap: Best ideas from the world's teachers for improving education in the classroom.* New York, London, Toronto, Sydney: The Free Press.

Zhao, J. et al. (2013). The practice of China's teacher's professional development and it's impact on the students' academic achievements: based on the analysis of research in 5 cities. In: *Global Education.* (2), 53, pp. 22-33.

Teil III:
Vergleichende allgemein- und fachdidaktische Forschung

Anna-Katharina Praetorius[1], Susanne Kuger[1], Yi Qi und Eckhard Klieme

Leistungsunterschiede von Schülerinnen und Schülern in Shanghai und Deutschland: Erklärungsansätze und deren Überprüfung

1 Einleitung

Schülerinnen und Schüler in Shanghai weisen deutlich höhere Leistungen auf als Schülerinnen und Schüler in Deutschland. Dieser Befund internationaler Schulleistungsstudien wie PISA (OECD, 2013) erregte in Deutschland große mediale Aufmerksamkeit. Beim Versuch, die möglichen Ursachen für diese Unterschiede zu erklären, wird eine Vielzahl an Hypothesen angeführt. Unter den am häufigsten genannten findet sich der Unterricht. So titelte der STERN am 10.02.2016 beispielsweise: „Fast jeder fünfte Fünfzehnjährige scheitert an den leichtesten Aufgaben wie neue PISA-Daten zeigen. Müssen wir uns ein Beispiel an chinesischen Schulen nehmen?" Aber auch die Lerneinstellungen der Schüler/-innen werden als Erklärung herangezogen, beispielsweise im SPIEGEL vom 03.12.2013: „‚Die Lernkultur ist eine andere als bei uns.' Wenn ein Schüler etwas nicht verstehe, dann sei nicht der Lehrer schuld, sondern dann habe der Schüler sich nicht ausreichend bemüht."

Trotz der Popularität dieser Erklärungen gibt es bislang kaum Untersuchungen, die diese auch empirisch auf den Prüfstand stellen. Dies ist daher der Fokus des vorliegenden Beitrags. Im Folgenden soll zunächst auf die bisherige Evidenz zu beiden Erklärungsansätzen eingegangen werden (Abschnitte 1.1 und 1.2); dann sollen Überlegungen und Hypothesen zu einer kombinierten Betrachtung der beiden Ansätze angestellt werden (Abschnitt 1.3). Anschließend werden diese mittels der PISA-Daten von 2012 empirisch überprüft (Abschnitte 2 und 3). Die Befunde werden abschließend diskutiert und es wird ein Ausblick auf weitere Forschung gegeben (Abschnitt 4).

1.1 Unterrichtsqualität in Deutschland und China

Unterricht stellt eine stark kulturell verankerte Aktivität dar – eine Tatsache, die spätestens mit der TIMSS-Videostudie international zur Kenntnis genommen wurde (Stigler & Hiebert, 1999). Dies gilt in vielerlei Hinsicht auch für deutschen und chinesischen Unterricht. Entsprechende Unterschiede reichen von der

1 Beide Autorinnen haben in gleichem Umfang an diesem Originalbeitrag mitgewirkt.

durchschnittlichen Klassengröße bis hin zum Ausmaß an Hausaufgaben (vgl. An et al., 2008). Zeitgleich lassen sich zwischen den beiden Ländern jedoch auch einige Parallelen beobachten.

Betrachtet man die Schwerpunktsetzungen in Unterricht und Unterrichtsforschung, lässt sich im deutschsprachigen Raum über die letzten zwanzig Jahre eine deutliche Verschiebung feststellen: In der TIMSS-Videostudie 1995, an der neben Deutschland die USA und Japan teilnahmen, wurde deutschem und amerikanischem Unterricht eine starke Lehrerzentrierung mit oftmals kleinschrittigen Aufgabenstellungen attestiert (Stigler et al., 1996). Japanischer Unterricht hingegen zeichnete sich durch komplexe Problemstellungen aus, bei denen Schülerinnen und Schüler regelmäßig im Unterricht selbstständig verschiedene Lösungswege entwickelten. Angeregt vom Erfolg dieser Art des Unterrichts wurde in den Folgejahren vermehrt der kognitive Aktivierungsgehalt von Unterricht in den Fokus der deutschsprachigen Unterrichtsforschung gerückt (z.B. Baumert et al., 2010; Klieme, Schümer & Knoll, 2001; Pauli, Drollinger-Vetter, Hugener & Lipowsky, 2008).

Die empirische Erforschung von Unterricht stellt in China im Vergleich zu Deutschland ein vergleichsweise junges Forschungsfeld dar (Chen et al., 2012; Liu & Meng, 2006; Peng et al., 2014). Dennoch lässt sich auch hier in Forschung und Unterrichtspraxis eine Entwicklung von lehrerzentriertem hin zu kognitiv aktivierendem Unterricht feststellen: Seit dem Jahr 2001 wurde in China eine sehr einflussreiche Reform des Curriculums[2] umgesetzt (vgl. Chen et al., 2012). In Folge dessen wurden vermehrt auch solche Ansätze als wichtig hervorgehoben, die im deutschsprachigen Raum als kognitiv aktivierend bezeichnet werden – wenngleich in China hierfür andere Begrifflichkeiten verwendet werden (z.B. Schülerzentrierung). So schreiben beispielsweise Peng et al. (2014), es sei nötig „to leave space within class time to encourage students to discover problems for themselves“ (S. 79). Entsprechend lassen sich in der Unterrichtsforschung in China mittlerweile zwei Hauptansätze unterscheiden: ein traditioneller, eher lehrerzentrierter und ein stärker kognitiv aktivierender Unterricht (Chen, 2007; Chen et al., 2012; Peng et al., 2014).

Zusammenfassend lässt sich also festhalten, dass sowohl in Deutschland als auch in China lehrerzentrierter sowie kognitiv aktivierender Unterricht eine bedeutsame Rolle spielen. Dies unterstützt die Aussage von Baker und LeTendre (2005), der zufolge Länder nicht nur die durch die TIMSS-Videostudie in den Fokus gerückten Unterschiede, sondern auch Gemeinsamkeiten aufweisen.

1.2 Lerneinstellungen in Deutschland und China

Unterschiede in Bezug auf Merkmale des Unterrichts alleine können die Leistungsdifferenzen von Schülerinnen und Schülern in Deutschland und China jedoch nicht vollständig erklären: So war beispielsweise sowohl deutscher Unterricht als auch derjenige in Hongkong in der TIMSS-Videostudie durch eine hohe Lehrerzentrierung

2 Vgl. den Beitrag von Zhengtao Li & Cunjin Li in diesem Band.

und ein geringes Ausmaß kognitiver Aktivierung gekennzeichnet (Stigler & Hiebert, 1999), zeitgleich unterschieden sich aber die Leistungen der Schülerinnen und Schüler in Deutschland deutlich von denen in Hongkong. Entsprechend finden sich in der international vergleichenden Forschung auch vielfach Verweise auf Merkmale der Schülerinnen und Schüler selbst, denen Erklärungsmacht zur Vorhersage von Leistungsunterschieden zugeschrieben wird. Ein Bereich dieser Schülermerkmale, der für internationale Vergleiche insbesondere asiatischer und westlicher Länder besonders ertragreich erscheint, sind Lerneinstellungen, da sich hier deutliche Unterschiede zwischen asiatischen und westlichen Ländern herausarbeiten lassen (zsf. Li, 2012). Jin Li hat sich in den letzten Jahren der Erforschung solcher Unterschiede in einer Reihe von Studien gewidmet (z.B. Egmond, Kühnen & Li, 2013; Li, 2002, 2003, 2004). In ihrer Kontrastierung von China und den USA charakterisiert Li die Unterschiede zwischen den beiden Ländern als „mind" versus „virtue orientation" (zusammenfassend Li, 2012). Bei Egmond et al. (2013) findet sich dann auch eine Übertragung dieser Beobachtung auf andere westliche Länder, u.a. Deutschland: In westlichen Kontexten wird Lernen definiert als „acquiring the accumulated knowledge about the world and ideally using it to inquire into the unknown and to invent the new" (Li, 2004, S. 596). Ursächlich für Leistungsunterschiede werden dabei vorrangig die Fähigkeiten der Schülerinnen und Schüler angesehen. Zentrale Merkmale, über die sich Lernen in westlichen Kontexten beschreiben lässt, sind der Autorin zufolge: das Verstehen der Welt, aktives Engagement, eigenes Explorieren und Untersuchen, die Bereitschaft, sich selbst auszudrücken, sowie kritisches Denken. In asiatischen Kontexten wird Lernen dagegen „primarily viewed not as a task but first and foremost as a process of self-perfection through which the learner cultivates himself or herself socially and morally." (Li, 2004, S. 596) Die Fähigkeiten von Schülerinnen und Schülern werden dabei nur als ein Teilaspekt von Leistung gesehen. Im Zentrum stehen vielmehr innere Lerneinstellungen, die unabhängig von den jeweils zu bearbeitenden Aufgaben sind: Ernsthaftigkeit, Gewissenhaftigkeit, Konzentration, Ausdauer und Durchhalten bei Schwierigkeiten.
Zusammenfassend lässt sich also feststellen, dass den Arbeiten von Li zufolge Ausdauer und die Überzeugung, den eigenen Erfolg selbst beeinflussen zu können (auch als internale Kontrollüberzeugung bezeichnet), in asiatischen Kontexten deutlicher zutage treten als in westlichen Ländern. Zeitgleich ist jedoch nicht zu erwarten, dass diese lediglich in asiatischen Kontexten mit Leistungen von Schülern in positivem Zusammenhang stehen, wie motivationspsychologische Forschungsarbeiten auch für westliche Kontexte zeigen (z.B. Rheinberg, 2006).

1.3 Zusammenspiel von Unterrichtsqualität und Lerneinstellungen und Ableitung der Hypothesen

Sowohl in Bezug auf den Unterricht als auch hinsichtlich der Lerneinstellungen von Schülerinnen und Schüler können also Unterschiede zwischen Deutschland

und China vermutet werden. Allerdings scheinen die anzunehmenden Zusammenhänge dieser Merkmale mit Schülerleistungen bei näherer Betrachtung nicht ausschließlich für eines der beiden Länder zu gelten. Dementsprechend werden in dem vorliegenden Beitrag die Hypothesen verfolgt, dass in beiden Ländern sowohl kognitive Aktivierung (Hypothese 1) als auch Aspekte wie Ausdauer (Hypothese 2) und internale Kontrollüberzeugungen (Hypothese 3) in positivem Zusammenhang zu Schülerleistungen stehen.
Betrachtet man ergänzend hierzu das im deutschsprachigen Raum weit verbreitete Angebots-Nutzungs-Modell (siehe Helmke, 2009, S. 73), so lassen sich weiterführende Überlegungen anstellen. Das Modell besagt, dass Unterricht lediglich ein Angebot darstellt, das von den Schülerinnen und Schülern genutzt werden muss, um zu positiven Schülerleistungen zu führen. Dem entsprechend kann also angenommen werden, dass Lerneinstellungen und Unterrichtsqualität nicht nur unabhängige Effekte auf Schülerleistungen aufweisen, sondern dass der Effekt des Unterrichts auch von der Ausprägung der Lerneinstellungen beeinflusst (auch: moderiert) wird. Forderungen nach einer Berücksichtigung solcher moderierender Faktoren finden sich auch in der chinesischen Forschungsliteratur (z.B. Wang & Lin, 2005). Bezogen auf die im Fokus des Beitrags stehenden Merkmale könnte für den deutschen Kontext vermutet werden, dass kognitive Aktivierung seitens der Lehrkraft insbesondere dann mit höheren Leistungen auf Seiten der Schülerinnen und Schüler einhergeht, wenn diese bei der Bearbeitung von kognitiv anspruchsvollen Aufgaben Ausdauer zeigen (Hypothese 4). Hingegen kann vermutet werden, dass ein hohes Ausmaß an Lehrerzentriertheit mit geringeren Freiheitsgraden für die Schülerinnen und Schüler einhergeht, wovon insbesondere Schülerinnen und Schüler mit niedrigen internalen Kontrollüberzeugungen profitieren sollten (siehe die Befunde der Aptitude-Treatment-Interaction-Forschung, Helmke, 2009, S. 34; Hypothese 5). Ob diese Überlegungen auch auf den chinesischen Kontext übertragbar sind, ist ungeklärt. Daher wird im Blick auf diese Frage auf die Formulierung entsprechender Hypothesen verzichtet.

2 Methode

Für eine Überprüfung der aufgestellten Hypothesen werden Daten aus der Studie Programme for International Student Assessment (PISA 2012) verwendet. Die Studie erfasste Testergebnisse 15-jähriger Schülerinnen und Schüler aus insgesamt 65 Ländern und Entitäten sowie neben der selbstberichteten Ausdauer und den internalen Kontrollüberzeugungen auch die von den Schülerinnen und Schülern wahrgenommene Häufigkeit eines kognitiv aktivierenden und lehrerzentrierten Unterrichts in ihrem Schulalltag.

2.1 Stichprobe

Für die vorliegende Arbeit wird auf die repräsentativen Stichproben der PISA 2012 Studie aus Deutschland und Shanghai – als eine der Berichtsentitäten Chinas, die seit vielen PISA-Zyklen an der Leistungsspitze steht – zurückgegriffen. In Deutschland liegen Angaben für 2805 Schülerinnen und Schüler (47.9% davon weiblich) und in Shanghai für 3464 Schülerinnen und Schüler (50.8% davon weiblich) zu den für die Fragestellung relevanten Konstrukten der Lerneinstellungen und des Unterrichts vor.

2.2 Instrumente

Die Mathematikleistung wurde mit Hilfe des PISA-Leistungstests erfasst (OECD, 2014). Die Ausdauer der Schülerinnen und Schüler wurde mittels einer Skala mit fünf Items gemessen (Bsp.: „Wenn mir eine Aufgabe gestellt wird, gebe ich rasch auf"; $\alpha = .72$); die Skala zur Erfassung der internalen Kontrollüberzeugungen der Schülerinnen und Schüler umfasste drei Items (Bsp.: „Ob ich in der Schule gut bin oder nicht, hängt nur von mir ab"; $\alpha = .64$). Die beiden Unterrichtsmerkmale wurden zum einen mittels einer Skala mit fünf Items zu lehrerzentriertem Unterricht (Bsp.: „Die Lehrerin/der Lehrer sagt uns, was wir lernen müssen"; $\alpha = .70$) sowie zum anderen mit einer Skala mit neun Items zur kognitiven Aktivierung (Bsp.: „Die Lehrerin/der Lehrer stellt Fragen, die uns anregen, über die Aufgaben nachzudenken"; $\alpha = .81$) erhoben.

2.3 Analytisches Vorgehen

Im ersten Analyseschritt wird geklärt, inwiefern die Befragungsdaten der beiden Länder identische Konstrukte abbilden. Untersucht werden dabei in der Regel drei Niveaus der Messäquivalenz, welche jeweils unterschiedliche Folgeanalysen und Schlussfolgerungen zulassen (für eine detaillierte Illustration des Problems fehlender Messäquivalenz und möglicher Lösungen siehe Nagengast & Marsh, 2014). Für alle relevanten Fragebogenkonstrukte zeigte sich zumindest metrische Messinvarianz, was eine vergleichende Interpretation von landesspezifisch durchgeführten korrelativen Analysen, nicht jedoch die Interpretation von Mittelwertunterschieden in den Schülerangaben ermöglicht.

Die Auswertungen basieren auf landesspezifischen multiplen Regressionsanalysen im Mehrgruppenvergleich, mit den Leistungstestergebnissen von PISA 2012 als abhängiger Variable: Selbstberichtete Lerneinstellungen sowie die beiden Unterrichtsmerkmale sagten die Testergebnisse der Schülerinnen und Schüler vorher (siehe Hypothesen 1-3). Zunächst wurden alle Merkmale einzeln auf ihre Prädiktionskraft untersucht (Modelle 1-4 in Tabelle 1), um mögliche Effektkonfundierungen auszuschließen. Anschließende Analysen untersuchten, welche Vorhersagekraft die Lerneinstellungen haben, wenn der Einfluss lehrerzentrierten bzw. kognitiv aktivierenden Unterrichts konstant gehalten wird (Modelle 5 und 6 in Tabelle 1).

Anhand zusätzlich aufgenommener Interaktionsterme wurde im letzten Schritt überprüft, inwiefern der Effekt kognitiv aktivierenden Unterrichts für verschiedene

Ausprägungen der Ausdauer (siehe Hypothese 4) und der Effekt lehrerzentrierten Unterrichts für verschiedene Ausprägungen der internalen Kontrollüberzeugungen (siehe Hypothese 5) unterschiedlich stark ausfallen (Modelle 7 und 8 in Tabelle 2). In die Analysen der Modelle ohne Interaktionsterm gingen ausschließlich Variablen in der ursprünglichen PISA-Metrik ein (internationaler Mittelwert der Leistungstestergebnisse ist 500). Für die Bildung der Interaktionsterme wurden die Variablen gruppenspezifisch z-transformiert und multipliziert. Alle Analysen wurden in MPlus 7.2 (Muthén & Muthén, 1998-2012) durchgeführt und berücksichtigten die für die Analyse von repräsentativen PISA-Stichproben relevanten methodischen Rahmenbedingungen.[3]

3 Ergebnisse

Die Ergebnisse der multiplen Regressionen finden sich in Tabelle 1. Die positive Bedeutung kognitiv aktivierenden Unterrichts für die Leistungen der Schülerinnen und Schüler ist in beiden Stichproben – Hypothese 1 folgend – deutlich zu erkennen: Schülerinnen und Schüler mit höheren Leistungen berichten von häufigerem Auftreten kognitiv aktivierenden Unterrichts (Modell 1). Ebenso lässt sich die Relevanz von Ausdauer für die Schülerleistungen zeigen (siehe Hypothese 2): In beiden Stichproben zeigen leistungsstärkere Schülerinnen und Schüler diesbezüglich höhere Werte (Modell 4). Unterschiede zeigen sich dagegen bei den internalen Kontrollüberzeugungen und lehrerzentriertem Unterricht. Nur in Shanghai hängen internale Kontrollüberzeugungen signifikant mit den Schülerleistungen zusammen: Dort haben Schülerinnen und Schüler mit höheren internalen Kontrollüberzeugungen auch bessere Leistungsergebnisse (Modell 2); Hypothese 3 kann entsprechend nur für Shanghai beibehalten werden. Die Häufigkeit lehrerzentrierten Unterrichts ist hingegen ausschließlich in Deutschland bedeutsam mit der Leistung assoziiert: Schülerinnen und Schüler mit schlechteren Leistungen geben an, solche Situationen häufiger zu erleben (Modell 3).
Bei gleichzeitiger Berücksichtigung beider Lerneinstellungen und jeweils eines Unterrichtsmerkmals sind die Muster ebenfalls nicht durchgehend einheitlich: Die schon in Modell 4 ersichtlichen positiven Zusammenhänge zwischen der Ausdauer und der Mathematikleistung bleiben auch unter Kontrolle der internalen Kontrollüberzeugungen sowie der Unterrichtsmerkmale in beiden Stichproben bestehen (Modell 5 und 6). Die Häufigkeit kognitiv aktivierenden Unterrichts (Modell 5) ist bei Konstanthaltung der Lerneinstellungen jedoch nur noch für Schülerinnen und Schüler in Shanghai relevant; im Modell der deutschen Stichprobe verfehlt der noch immer positive Koeffizient die Signifikanzgrenze,

---

3 Dazu gehören u.a. der Einbezug der fünf „Plausible Values" als fünf Imputationen und Pooling der Ergebnisse nach den Regeln von Rubin (1987), Berücksichtigung von Einzelfallmissings durch FIML-Schätzung, Einbezug der Schülergewichte und Berücksichtigung des komplexen Stichprobendesigns.

was die starke Bedeutung der Lerneinstellungen unterstreicht. Im Gegensatz dazu bleibt die jeweilige Bedeutung lehrerzentrierten Unterrichts auch unter Kontrolle der Lerneinstellungen in beiden Stichproben bestehen und weist weiterhin nur in Deutschland (negative) Beziehungen mit der Leistung auf (Modell 6).
Die deutlichsten Veränderungen der Effekte durch die gleichzeitige Berücksichtigung mehrerer Schüler- und Unterrichtsmerkmale zeigen die internalen Kontrollüberzeugungen. Während der Koeffizient nach Kontrolle der Ausdauer und der Unterrichtsmerkmale (Modell 5 und 6) in Shanghai nicht mehr signifikant ist, verstärkt sich der Effekt in der deutschen Stichprobe im Vergleich zu Modell 3: Schülerinnen und Schüler mit eher geringeren Mathematikleistungen in Deutschland berichten von niedrigeren internalen Kontrollüberzeugungen, wenn ihre Ausdauer und das Ausmaß kognitiv aktivierenden Unterrichts kontrolliert werden.

Tab. 1: Regressionsanalysen für den Effekt von Unterricht und Lerneinstellungen auf Schülerleistungen

	Modell 1		**Modell 2**		**Modell 3**	
	SH	**D**	**SH**	**D**	**SH**	**D**
	B	**B**	**B**	**B**	**B**	**B**
Kognitive Aktivierung	**29.63***	**10.24***				
Lehrerzentrierung			-0.49	**-7.83***		
Internale Kontrollüberzeugungen					9.67*	-4.22
Ausdauer						
R^2	**0.031**	0.004	0.000	0.003	0.003	0.000
Konstante	530.40	495.00	614.04	544.52	581.55	537.05

	Modell 4		**Modell 5**		**Modell 6**	
	SH	**D**	**SH**	**D**	**SH**	**D**
	B	**B**	**B**	**B**	**B**	**B**
Kognitive Aktivierung			**22.34***	9.06		
Lehrerzentrierung					-0.08	**-11.75***
Internale Kontrollüberzeugungen			-0.35	-11.53*	4.29	-6.28
Ausdauer	**23.54***	**27.70***	**13.48***	**24.47***	**17.40***	**25.85***
R^2	**0.022**	**0.044**	**0.032**	**0.045**	**0.015**	**0.046**
Konstante	530.562	433.47	503.75	460.48	537.79	495.20

Anmerkung. * $p < .05$. SH = Shanghai; D = Deutschland.

Die zusätzliche Aufnahme des angenommenen Interaktionseffekts von Ausdauer und kognitiver Aktivierung zeigt keine signifikanten Effekte (s. Tabelle 2). Entsprechend muss Hypothese 4, dass Schülerinnen und Schüler mit mehr Ausdauer stärker von kognitiver Aktivierung profitieren, für beide Stichproben verworfen werden (vgl. Ergebnisse Modell 7). Für den angenommenen Interaktionsterm zwischen der Häufigkeit lehrerzentrierten Unterrichts und den internalen Kontrollüberzeugungen (siehe Hypothese 5) hingegen zeigen beide Stichproben signifikante Effekte (Modell 8). Wie aus Abbildung 1 ersichtlich, kommt die Interaktion zwischen internalen Kontrollüberzeugungen und lehrerzentriertem Unterricht sowohl in Deutschland als auch in Shanghai durch die Schülerinnen und Schüler mit hohen internalen Kontrollüberzeugungen zustande. Während in Deutschland diese Gruppe bei einem hohen Ausmaß an Lehrerzentrierung deutliche Leistungseinbußen aufweist und bei einem niedrigen Ausmaß an Lehrerzentrierung keine Leistungsunterschiede zu Schülerinnen und Schülern mit niedrigen internalen Kontrollüberzeugungen sichtbar sind, handelt es sich bei Schülerinnen und Schülern mit hohen internalen Kontrollüberzeugungen in Shanghai generell um die leistungsstärkere Gruppe und diese profitiert wiederum insbesondere von wenig Lehrerzentrierung.

Tab. 2: Interaktionsanalysen für den Effekt von Unterricht und Lerneinstellungen auf Schülerleistungen

	Modell 7		**Modell 8**	
	SH	**D**	**SH**	**D**
	B	**B**	**B**	**B**
Kognitive Aktivierung	**22.71***	6.53		
Lehrerzentrierung			-2.15	**-7.51***
Internale Kontrollüberzeugungen			**10.16***	-4.81
Ausdauer	**13.30***	**24.56***		
Interaktion: Internale Kontrollüberzeugungen x Lehrerzentrierung			**-4.11***	-5.50*
Interaktion: Ausdauer x kognitive Aktivierung	1.47	-1.56		
R^2	**0.032**	**0.042**	**0.004**	**0.007**
Konstante	503.10	427.20	587.49	561.87

Anmerkung. * $p < .05$. SH = Shanghai; D = Deutschland.

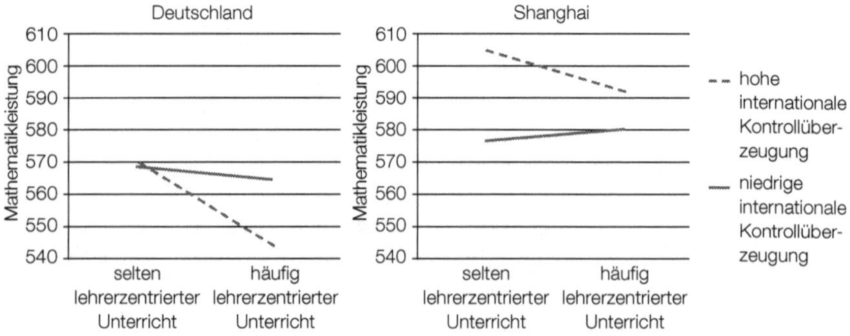

Abb. 1: Illustration der Interaktionsterme zwischen internalen Kontrollüberzeugungen und lehrerzentriertem Unterricht.

Entsprechend muss Hypothese 5, dass von einem hohen Ausmaß an Lehrerzentriertheit insbesondere Schülerinnen und Schüler mit niedrigen internalen Kontrollüberzeugungen profitieren, ebenfalls verworfen werden.

4 Diskussion

Die Befunde der vorliegenden Studie unterstützen die Annahme, dass Unterricht und Lerneinstellungen eine bedeutsame Rolle für die Leistungen der Schülerinnen und Schüler in international vergleichenden Studien wie PISA spielen. Allerdings stellt sich das Bild nicht eindeutig dar: Ein Teil der Zusammenhänge (z.B. zwischen kognitiver Aktivierung und Schülerleistungen) fällt in Deutschland und Shanghai ähnlich aus und kann somit Unterschiede zwischen den beiden Entitäten nicht vollständig erklären. Teilweise fallen die Zusammenhangsmuster jedoch auch unterschiedlich aus. Dies betrifft insbesondere die Interaktionen zwischen lehrerzentriertem Unterricht, internalen Kontrollüberzeugungen und Schülerleistungen.

4.1 Erste Erklärungsansätze für die unterschiedlichen Interaktionsmuster

Die identifizierten Interaktionseffekte in Bezug auf Lehrerzentrierung und internale Kontrollüberzeugungen sind sowohl in Deutschland als auch in Shanghai durch Schülerinnen und Schüler mit hohen internalen Kontrollüberzeugungen bedingt. Für diese Schülerinnen und Schüler scheint in beiden Ländern wenig Lehrerzentrierung förderlich zu sein. Da zeitgleich Schülerinnen und Schüler mit geringen internalen Kontrollüberzeugungen keine Leistungseinbußen bei einer geringen Lehrerzentrierung aufweisen, könnte man schlussfolgern, dass eine geringe Lehrerzentrierung für die Gesamtheit der Schülerinnen und Schüler günstig zu sein scheint.

Interessant ist, dass hohe internale Kontrollüberzeugungen in Shanghai entweder leistungsförderlich (niedrige Lehrerzentrierung) oder aber leistungsirrelevant (hohe Lehrerzentrierung) zu sein scheinen, in Deutschland hingegen leistungshemmend (hohe Lehrerzentrierung) oder leistungsirrelevant (niedrige Lehrerzentrierung) wirken. Eine mögliche Antwort auf diesen erklärungsbedürftigen Befund bietet die Attributionstheorie (Weiner, 1986): Neben der Lokation (internal versus external) unterscheidet Weiner die Stabilität (stabil versus variabel) von Ursachenerklärungen bei Erfolg und Misserfolg. Bei internalen Kontrollüberzeugungen können somit entweder die eigene Fähigkeit (internal stabil) oder aber die eigene Anstrengung (internal variabel) im Vordergrund stehen. Basierend auf den von Li (2012) herausgearbeiteten Unterschieden in der Interpretation von Leistungen könnte somit vermutet werden, dass der leistungshemmende Effekt bei den deutschen Schülerinnen und Schülern mit hohen internalen Kontrollüberzeugungen

darauf zurückzuführen ist, dass die eigenen Misserfolge auf die (stabilen) eigenen Fähigkeiten zurückgeführt werden, während in Shanghai auftretende Misserfolge auf unzureichende (veränderbare) Anstrengung attribuiert werden. Sollte dies der Fall sein, ist im Verlauf der Schullaufbahn mit einer verstärkten Manifestation dieser für den deutschen Kontext problematischen Kombination zu rechnen.
Wenngleich mit den vorliegenden Befunden Unterschiede zwischen Deutschland und Shanghai nicht vollständig erklärt werden können, machen sie doch deutlich, dass die Generalisierung theoretischer Annahmen und empirischer Befundmuster über verschiedene Länder hinweg kritisch reflektiert werden sollte (siehe z.B. auch Li, 2002). Auch für politische Entscheidungen scheint daher Vorsicht geboten, wenn Befunde eines Bildungssystems auf andere Länder übertragen werden (siehe auch Deng & Gopinathan, 2016), da unter Umständen Unterricht und Lerneinstellungen in verschiedenen Ländern in unterschiedlichem Zusammenhang zu Leistungen stehen.

4.2 Limitationen und Ausblick

Die vorliegende Studie deutet darauf hin, dass der gleichzeitige Einbezug von Unterrichtsvariablen und Lerneinstellungen eine fruchtbare Richtung für zukünftige Studien darstellt, um Länderunterschiede in Zusammenhängen zwischen Unterricht und Leistungen in Abhängigkeit von weiteren Schülermerkmalen aufzudecken. Für eine Weiterführung der Thematik scheint es jedoch wichtig, eine Reihe von Limitationen der vorliegenden Arbeit zu überwinden.
Eine der zentralen Einschränkungen der PISA-Daten zur Untersuchung von Effekten auf Leistungen betrifft deren Querschnittscharakter: Durch die querschnittliche Erfassung können lediglich korrelative Zusammenhänge zwischen Merkmalen untersucht werden, die Kausalrichtung bleibt hingegen vollkommen offen. Um Wirkungsaussagen treffen zu können, sollten entsprechend experimentelle oder längsschnittliche Designs umgesetzt werden.
Die Erfassung der Unterrichtsvariablen basiert in PISA 2012 auf Schülerwahrnehmungen. Die Perspektive der Schülerinnen und Schüler birgt etliche Vorteile, unter anderem zeigt sich für diese oftmals eine höhere prädiktive Validität und Schülerinnen und Schüler stellen als Adressaten des Unterrichts eine wichtige Datenquelle dar (siehe z.B. Clausen, 2002; Helmke, 2009). Zudem ist davon auszugehen, dass die unterrichtliche Wahrnehmung von Schülerinnen und Schülern einen zentralen vermittelnden Mechanismus in Bezug auf die Wirkungen auf Schüleroutcomes darstellt (Helmke, 2009). Bei einem Einbezug von Schülereinschätzungen sollte jedoch neben den individuellen Wahrnehmungen der Schülerinnen und Schüler auch die geteilte Wahrnehmung auf Klassenebene berücksichtigt werden (siehe z.B. Lüdtke, Robitzsch, Trautwein & Kunter, 2009). Dies ist jedoch aufgrund des PISA-Designs nicht möglich, da hier einzelne Schülerinnen und Schüler und nicht Klassenverbän-

de einbezogen werden. Eine Überprüfung der Robustheit der Befunde auch auf der Klassenebene steht dem entsprechend noch aus.
Die vorliegende Studie bezog eine Auswahl an Unterrichtsmerkmalen (lehrerzentrierter und kognitiv aktivierender Unterricht) und Schülereinstellungen (Ausdauer und internale Kontrollüberzeugungen) ein, wie sie in PISA 2012 erfasst wurden. Eine genauere Betrachtung der einbezogenen Skalen macht jedoch deutlich, dass für weitere Studien eine Optimierung derselben angestrebt werden sollte. So umfasst beispielsweise die Skala Lehrerzentrierung eine sehr heterogene Zusammenstellung an Einzelitems und die Skala kognitive Aktivierung erfasst lediglich einen Teilaspekt kognitiver Aktivierung (Praetorius, Klieme, Herbert & Pinger, 2018). Darüber hinaus bietet es sich für zukünftige Studien an, auch andere Variablen in den Blick zu nehmen (z.B. kritisches Denken, siehe Li, 2012). Die Berücksichtigung weiterer Variablen erscheint auch deshalb notwendig, weil der Anteil erklärter Varianz in den Schülerleistungen durch die Unterrichtsvariablen sowie die Schülereinstellungen sehr gering ausfällt.

Literatur

An, X., Hannum, E.C. & Sargent, T. (2008). Teaching quality and student outcomes: Academic achievement and educational engagement in rural northwest China. *China: An International Journal,* 5(2), 309-334.

Baker, D.P. & LeTendre, G.K. (2005). *National differences, global similarities. World culture and the future of schooling.* Stanford: University Press.

Baumert, J., Kunter, M., Blum, W., Brunner, M., Voss, T. & Jordan, A. (2010). Teachers' mathematical knowledge, cognitive activation in the classroom, and student progress. *American Educational Research Journal,* 47(1), 133-180.

Chen, J. (2007). Teachers' conceptions of excellent teaching in middle schools in the north of China. *Asia Pacific Education Review,* 8(2), 288-197.

Chen, J., Brown, G.T.L., Hattie, J.A.C. & Millward, P. (2012). Teachers' conceptions of excellent teaching and its relationships to self-reported teaching practices. *Teaching and Teacher Education,* 28, 936-947.

Dambeck, H. (2013, 3. Dezember). Das Geheimnis von Asiens Mathe-Genies. *Spiegel online.* Verfügbar unter http://www.spiegel.de/lebenundlernen/schule/pisa-studie-2013-mathematik-erfolgs-geheimnis-asiatischer-schueler-a-935718.html

Deng, Z. & Gopinathan, S. (2016). PISA and high-performing education systems: explaining Singapore's education success, *Comparative Education, 52(4),* 449-472.

Hattie, J. (2009). *Visible learning.* London: Routledge.

Helmke, A. (2009). *Unterrichtsqualität und Lehrerprofessionalität: Diagnose, Evaluation und Verbesserung des Unterrichts.* 3. Aufl. Seelze: Klett-Kallmeyer.

Klieme, E., Schümer, G. & Knoll, S. (2001). Mathematikunterricht in der Sekundarstufe I: „Aufgabenkultur" und Unterrichtsgestaltung im internationalen Vergleich. In: E. Klieme & J. Baumert (Hrsg.), *TIMSS – Impulse für Schule und Unterricht* (S. 43-57). Bonn: Bundesministerium für Bildung und Forschung.

Li, J. (2002). Learning models in different cultures. *New Directions for Child and Development,* 96, 45-63.

Li, J. (2003). U.S. and Chinese cultural beliefs about learning. *Journal of Educational Psychology*, 95(2), 258-267.

Li, J. (2004). Learning as a task or a virtue: U.S. and Chinese preschoolers explain learning. *Development Psychology*, 40(4), 595-605.

Li, J. (2012). *Cultural foundations of learning: East and West*. Cambridge: Cambridge University Press.

Liu, S. & Meng, L. (2009). Perceptions of teachers, students, and parents of the characteristics of good teachers: A cross-cultural comparison of China and the United States. *Educational Assessment, Evaluation & Accountability*, 21, 313-328.

Lüdtke, O., Robitzsch, A., Trautwein, U. & Kunter, M. (2009). Assessing the impact of learning environments: How to use student ratings of classroom or school characteristics in multilevel modeling. *Contemporary Educational Psychology*, 34, 120-131.

Muthén, L.K. & Muthén, B.O. (1998-2012). *Mplus users' guide* (seventh ed.). Los Angeles: Muthén & Muthén.

Nagengast, B. & Marsh, H.W. (2014). Motivation and engagement in science around the globe: Testing measurement invariance with multigroup structural equation models across 57 countries using PISA 2006. In: L. Rutkowski, M. von Davier & D. Rutkowski (Eds.) *Handbook of international large-scale assessment: Background, technical issues, and methods of data analysis* (pp. 317-344). Boca Raton, FL: CRC Press.

OECD (2013). PISA 2012. *Ergebnisse im Fokus. Was 15-Jährige wissen und wie sie dieses Wissen einsetzen können.* OECD.

Pauli, C., Drollinger-Vetter, B., Hugener I. & Lipowsky, F. (2008). Kognitive Aktivierung im Mathematikunterricht. *Zeitschrift für Pädagogische Psychologie* 22(2), 127-133.

Peng, W.J., McNess, E., Thomas, S., Rong Wu, X., Zhang, C., Zhong Li, J. & Sheng Tian, H. (2014). Emerging perceptions of teacher quality and teacher development in China. *International Journal of Educational Development*, 34, 77-89.

Praetorius, A.-K., Klieme, E., Herbert, B. & Pinger, P. (2018) Generic dimensions of teaching quality: The German framework of the three basic dimensions. *ZDM Mathematics Education, 50(3).* (in press).

Rheinberg, F. (2006). *Motivation*. Stuttgart: Kohlhammer.

Rubin, D.B. (1987). Multiple Imputation for Nonresponse in Surveys. J. Wiley & Sons, New York.

Stigler, J.W., Gonzales, P., Kawanaka, T., Knoll, S. & Serrano, A. (1996). *The TIMSS Videotape Classroom Study: Methods and Preliminary Findings*. Los Angeles, CA: NCES.

Stigler, J.W. & Hiebert, J. (1999). The teaching gap: *Best ideas from the world's teachers for improving education in the classroom*. New York: Free Press.

Van Egmond, M.C., Kühnen, U. & Li, J. (2013). Mind and virtue: The meaning of learning, a matter of culture? *Learning, Culture and Social Interaction*, 2(3), 208-216.

Vim/DPA (2016, 2. Februar). Jeder fünfte Schüler scheitert an einfachsten Aufgaben. STERN. Verfügbar unter http://www.stern.de/familie/kinder/pisa-studie--jeder-fuenfte-schueler-scheitert-an-den-simpelsten-aufgaben---chinas-schulen-ein-vorbild--6691528.html

Wang, J. & Lin, E. (2005). Comparative studies on U.S. and Chinese mathematics learning and the implications for standards-based Mathematics teaching reform. *Educational Researcher*, 34, 3-13.

Weiner, B. (1986). *An attributional theory of motivation and emotion*. New York, NY: Springer.

Tao Peng

ETiK-International-Shanghai: Konstruktion neuer, auf den chinesischen Kontext zugeschnittener Aufgaben zur ethisch-moralischen Kompetenzmessung[1]

ETiK-International-Shanghai ist ein durch das China Scholarship Council, die Alexander von Humboldt-Stiftung und die Fritz Thyssen Stiftung finanziertes sowie zusätzlich aus Mitteln der East-China-Normal-University unterstütztes Projekt. In diesem wird ein an der Humboldt-Universität zu Berlin im Rahmen eines von der Deutschen Forschungsgemeinschaft geförderten Vorhabens entwickelter Ansatz zur Modellierung und Erhebung ethisch-moralischer Kompetenzen von Schülerinnen und Schülern am Ende der Sekundarstufe I bzw. zu Beginn der Sekundarstufe II im chinesischen Kontext erprobt und validiert.

ETiK ist die Abkürzung für „**E**ntwicklung eines **Test**instruments zu einer didaktisch und bildungstheoretisch ausgewiesenen Erfassung moralischer **K**ompetenzen, bezogen auf den Ethikunterricht an öffentlichen Schulen". Der für das Vorhaben gewählte Ansatz weist als ein Projekt im Bereich der empirischen Bildungsforschung, die vorgenommene theoretische Ausrichtung als ein Projekt im Bereich der Allgemeinen Erziehungswissenschaft und Bildungstheorie aus. Zu seinen theoretischen Bausteinen gehören u.a.

- die Ausdifferenzierung ethisch-moralischer Kompetenz in die Teildimensionen ethisch-moralische Grundkenntnisse, Urteils- und Handlungsentwurfskompetenz,
- die Ausrichtung ethisch-moralischer Urteilskompetenz an verschiedenen klassischen Ansätzen philosophischer Ethiken (vgl. Benner, von Oettingen et al., 2015),
- die Unterscheidung ethisch-moralischer Sachverhalte in solche einer eigenen Moral, eines Umgangs mit fremder Moral und einer Verständigung über öffentliche Moral,
- sowie die Unterscheidung zwischen didaktischen Aufgaben, Testaufgaben und Prüfaufgaben.

Das im DFG-Projekt entwickelte Modell hat für die drei Teildimensionen in der Dimension Grundkenntnisse 3, in der Dimension Urteilskompetenz 4 und in

1 Originalbeitrag des Autors in deutscher Sprache. Die Veröffentlichung wird durch das China Scholarschip Council finanziell unterstützt.

der Dimension Handlungsentwurfskompetenz ebenfalls 4 Anforderungsniveaus ausgewiesen und ein Testinstrument entwickelt, welches bezogen auf diese Anforderungsniveaus lehrplanvalide Testungen erlaubt (vgl. hierzu und zum Folgenden Benner & Nikolova, 2016).

Modell und Instrument wurden durch Fallstudien u.a. in Warschau und Wien international erprobt und validiert. In ETiK-International-Shanghai geschieht dies nun erstmals auch in einem außereuropäischen Raum. Das Projekt wird an der East-China-Normal-University von Zhengmei Peng (Prof. für Vergleichende Erziehungswissenschaft) geleitet, der für die Durchführung der Testungen vor Ort verantwortlich ist und eng mit einem Forschungsteam an der Humboldt-Universität zu Berlin zusammenarbeitet, dem Dietrich Benner, Stanislav Ivanov, Roumiana Nikolova sowie der Autor dieses Beitrags angehören.

Der folgende Text stammt aus der unmittelbar vor der Fertigstellung stehenden Dissertation des Autors. Er berichtet
- über die Anfänge des Projekts ETiK-International-Shanghai,
- die Ermittlung des Bedarfs an für den chinesischen Kontext neu zu entwickelnder Testaufgaben
- und die Entwicklung dieser Aufgaben auf der Grundlage der theoretischen Bausteine im Ausgang von chinesischen Übungsaufgaben.

1 Zu den Anfängen von ETiK-International-Shanghai

Der Plan, das Berliner ETiK-Projekt auch in Shanghai durchzuführen, entstand im Anschluss an Vorlesungen, die Prof. Dietrich Benner in seiner Funktion als Honorarprofessor an der East China Normal University (ECNU) im Herbst 2013 in Shanghai über Zusammenhänge von Erfahrung, Lernen, Lehren, Wissen und Unterricht gehalten hat und die in Fragestellungen einmündeten, wie sie in dem von der Deutschen Forschungs-Gemeinschaft (DFG) geförderten ETiK-Projekt an der Humboldt-Universität zu Berlin bearbeitet werden. Die Vorlesungen wurden in kurzen Abschnitten in deutscher Sprache vorgetragen und vom Autor dieses Beitrags direkt ins Chinesische übersetzt. Sie fanden bei den Shanghaier Studierenden ein großes Interesse, was u.a. damit zusammenhängen dürfte, dass sich viele junge Chinesen gegenwärtig in einem theoretisch-kognitiven und ethisch-moralischen Reflexions- und Transformationsprozess befinden und eine zunehmende Offenheit für plurale Reflexionsformen entwickeln (vgl. Lu, 2000). Im Anschluss an die Vorlesungen wurde vereinbart, dass der Autor im Projekt ETiK-International-Shanghai mitarbeitet und zu diesem Thema an der Humboldt-Universität zu Berlin promovieren kann.

Im Herbst 2014 nahm ETiK-International-Shanghai seine Arbeit auf – zu einem Zeitpunkt, zu dem in China Anfänge einer Entwicklung erkennbar wurden, die auf einen Transformationsprozess hinweisen könnten, in dem sich eine ehemals auf das gesellschaftliche und staatliche Gesamtkollektiv ausgerichtete Gesinnungs- und Tugenderziehung in eine das Denken und Handeln der Bürger weniger ideologisch bevormundende und normierende, sondern ansatzweise zum Selber-Denken und selbstständigen Urteilen anhaltende Erziehung wandeln könne.
Mit Blick auf diese sich abzeichnenden Veränderungen gewinnen Fragen des Shanghaier Projekts wie die folgenden an Bedeutung:

- Wie sieht, empirisch betrachtet, der Stand der Entwicklung der moralischen Urteils- und Handlungsentwurfskompetenz chinesischer Schülerinnen und Schüler aus?
- Ist die im ETiK-Theorierahmen zugrunde gelegte Unterscheidung der drei Teilkompetenzen ethisch-moralischen Handelns (Grundkenntnisse, Urteilskompetenz und Handlungsentwurfskompetenz) auch für empirische Studien in China geeignet?
- Worin unterscheiden sich die ethisch-moralischen Grundkenntnisse der chinesischen Schülerinnen und Schüler und ihre Urteils- und Handlungsentwurfskompetenzen von deutschen und europäischen Jugendlichen?
- Lassen sich die in ETiK für den deutschsprachigen Raum ermittelten unterschiedlichen Anspruchsniveaus der drei Teilkompetenzen auch bei der Testung chinesischer Schülerinnen und Schüler nachweisen?
- Gibt es kulturelle Besonderheiten, die in der chinesischen Geschichte und Kultur begründet sind und sich auf die Ordnung der drei Teilkompetenzen auswirken?
- Lassen sich im Lichte dieser chinesischen Besonderheiten Kulturabhängigkeiten der für Deutschland und Europa ermittelten Unterscheidung verschiedener Anspruchsniveaus ethisch-moralischer Kompetenz nachweisen?
- Welche Testaufgaben aus dem an der Humboldt-Universität entwickelten Instrumentarium sind in China einsetzbar, welche nicht?
- Lassen sich für den chinesischen Raum zusätzliche Aufgaben konstruieren und wie gehen deutsche Schülerinnen und Schüler mit diesen um?
- Welche Anspruchsniveaus erreichen chinesische Schülerinnen und Schülern in europa-spezifischen, welche in china-spezifischen Testaufgaben?
- Ist es möglich, in die traditionellen chinesischen Konzepte zur Entwicklung von Urteils- und Handlungskompetenz Freiräume einzubauen, die im Sinne eines nicht-kolonialisierenden „Universalismus der Wiederholung" (Walzer 1996, S. 139-168; vgl. Benner u.a. 2015, S. 190) von den Testpersonen genutzt werden können, um eigene Antworten und Handlungsentwürfe zu entwickeln?

Dies sind nur einige der Fragen, auf die wir in ETiK-International-Shanghai Antworten zu entwickeln suchen; weitere werden sicherlich hinzukommen.

ETiK-International-Shanghai wird durch folgende Institutionen finanziert: (1) Die East China Normal University (ECNU) übernahm die Finanzierung der Gastaufenthalte der deutschen Wissenschaftler, die aus Anlass der ersten Pretestung nach Shanghai kamen, sowie die Finanzierung der Forschungsreisen von Dietrich Benner. (2) Die Fritz Thyssen Stiftung übernahm die Finanzierung der Vorbereitung, Durchführung und Auswertung der Hauptuntersuchung und der teststatistischen Arbeiten von Roumiana Nikolova (Institut für Bildungsmonitoring und Qualitätsentwicklung in Hamburg) und Stanislav Ivanov (Institut für Bildungsmonitoring und Qualitätsentwicklung in Hamburg). (3) Die Alexander von Humboldt-Stiftung finanziert eine Institutspartnerschaft zwischen dem Lehrstuhl von Prof. Peng Zhengmei an der ECNU und dem Arbeitsbereich Allgemeine Erziehungswissenschaft an der HU, vertreten durch dessen früheren emeritierten Leiter Dietrich Benner. Aus den für diese Institutspartnerschaft bereitgestellten Mitteln werden Forschungsaufenthalte des Shanghaier Teams an der HU sowie des Berliner Teams an der ECNU und darüber hinaus eine für 2018/2019 geplante internationale Abschlusstagung finanziert, auf der die Ergebnisse zu verschiedenen Projekten von ETiK-International vorgestellt und diskutiert werden sollen. (4) Der chinesische Staat unterstützt ETiK-International-Shanghai durch ein vierjähriges Promotionsstipendium für den Autor dieses Beitrags.
Dass es gelang, ETiK-International-Shanghai durch vier Drittmittelgeber mit einer Laufzeit von 4 Jahren abzusichern, hängt eng mit den besonderen Beziehungen zwischen der HU zu Berlin und der ECNU in Shanghai zusammen, die durch wissenschaftliche Kontakte zwischen Qilong Li und Zhengmei Peng von der ECNU, Dietrich Benner und Jürgen Henze von der HU begründet und durch Stipendien der Alexander von Humboldt-Stiftung für Binyan Xu (ECNU) und Zhengmei Peng gefördert wurden.

2 Ermittlung des Bedarfs an neu zu konstruierenden Aufgaben

Im Herbst 2014 nahm das Projekt ETiK-International-Shanghai seine Arbeit auf. Schon in den ersten Arbeitsschritten war klar, dass es dabei nicht um eine bloße Anwendung, sondern um eine Transformation des Ansatzes gehen würde. Nach Beginn der Arbeit galt es in einem ersten Schritt zu klären, inwieweit die für Berlin und Brandenburg entwickelten, inzwischen auch in Hamburg, Nordrhein-Westfalen sowie Warschau und Wien eingesetzten Aufgaben überhaupt das chinesische Curriculum abdecken und an Schulen in Shanghai eingesetzt werden können.
Zuerst wurden alle Testaufgaben des deutschen Instruments (vgl. von Heynitz, 2016, S. 69ff.) vom Autor dieses Beitrags ins Chinesische übersetzt und wo erforderlich an den chinesischen Kontext angepasst. Erste Pretests mit 68 der in Berlin entwickelten Aufgaben wurden im Mai 2015 in Shanghai durchgeführt. Parallel dazu interviewte der Autor fünf chinesische Lehrerinnen und Lehrer, die das Fach „Denken und Tugend" unterrichten, und befragte sie nach Änderungen der Ausrichtung des Fa-

ches in den Lehrplanrevisionen von 1997, 2003 und 2011. Von Juni bis September 2015 entwickelte das Team von ETiK-International-Shanghai dann 15 neue, auf den Shanghaier Lehrplan Bezug nehmende Testaufgaben, die im Zusammenhang mit dem zweiten Pretest im November 2015 erstmals eingesetzt wurden. Im Folgenden wird über die Entwicklung neuer china-affiner Aufgaben berichtet.
Ein Vergleich der im chinesischen Lehrplan als verbindlich vorgegebenen Themen mit den im deutschen Testinstrument erfassten Fragestellungen ergab, dass drei Themenbereiche im deutschen Instrument nicht angemessen repräsentiert waren:

(1) *„Patriotismus“:* Zu den vernachlässigten oder zumindest unterrepräsentierten Themen gehören Sachverhalte und Inhalte der patriotischen Erziehung, die in China besonders betont wird.

(2) *„Verhältnis Einzelner und Kollektiv“:* Der zweite, durch das deutsche Instrument nicht erfasste Sachverhalt bezieht sich auf Urteilsprobleme, die ethisch-moralische Beziehungen zwischen Einzelpersonen und Kollektiv betreffen. Sie wurden in China in den vergangenen Jahrzenten nach Grundsätzen einer hierarchisch strukturierten Moral interpretiert, in der das Kollektiv einen Vorrang vor den Interessen der Einzelnen hat.

(3) *„Leben in der Familie“:* Das dritte Desiderat betrifft Aufgaben, die sich auf das Verhalten von Eltern und Kindern in der Familie beziehen. Der kindlichen Pietät kommt in der über 3000 Jahre alten chinesischen Tradition moralischer Erziehung eine zentrale Bedeutung zu.
Hinzu kam ein vierter Themenbereich, der den in europäischen Rechtssystemen verankerten Straftatbestand der „unterlassenen Hilfeleistung“ für den chinesischen Kontext aufbereitet. Wir bezeichnen ihn als:

(4) *„Hilfe im Spannungsfeld von Legalität und Moralität“.*
Im aktuellen Shanghaier Lehrplan „Denken und Tugend“ nimmt das Thema Familie einen großen Raum ein (Komitee für schulische Curriculumreform Shanghai, 2004, S. 45-47). Ausdrücklich wird den Kindern im Lehrbuch „Denken und Tugend“ für den 7. Jahrgang empfohlen, „die Meinungen der Eltern“ zu übernehmen (Komitee für schulische Curriculumreform Shanghai, 2014b, S. 6). In den in Berlin eingesetzten Lehrbüchern für den Ethikunterricht wird dagegen in den Themenbereichen „Gemeinsam erwachsen werden“ (für die Jahrgangsstufen 7 und 8) und „Eine Welt für Alle“ (für die Jahrgangsstufen 9 und 10) das Zusammenleben in der Familie nicht eigens thematisiert (siehe Brüning, 2006; 2008).

Fragt man nach den Ursachen für diese Unterschiede, so dürfte eine Begründung darin liegen, dass in Deutschland die Erziehungsaufgaben der Familien nicht staatlich begründet und definiert werden und dass sich der Staat in die Familienerziehung nur dann einmischen darf, wenn sie schwere Mängel, z.B. in Bezug auf die Verwahrlosung oder Misshandlung von Kindern, aufweist.

So ergab sich ein doppelter Überarbeitungsbedarf. Ein Teil der für Deutschland entwickelten Testaufgaben musste dahingehend überarbeitet werden, dass das Ankreuzspektrum an den chinesischen Kontext angepasst wurde. Es mussten aber auch gänzlich neue Aufgaben konstruiert werden, die nicht im deutschen Curriculum verankert sind und nicht durch das im DFG-Projekt ETiK entwickelte Testinstrumentarium abgedeckt werden. Die neu zu entwickelnden Aufgaben bezogen sich auf die oben genannten Themenbereiche.
Bei der Konstruktion der neuen Aufgaben kam uns zu Hilfe, dass es in Shanghai nicht nur einen Lehrplan mit Unterrichtsmitteln (Komitee für schulische Curriculumreform, 2004), sondern auch Übungsaufgaben gibt, mit denen Lehrer und Schüler kontrollieren können, ob die im Lehrplan ausgewiesenen Bildungsziele im Unterricht umgesetzt und erreicht worden sind (Komitee für schulische Curriculumreform, 2008; 2010; 2014 a, b, c; Qu, 2013). Von diesen Übungsaufgaben nahm die Konstruktion neuer Testaufgaben ihren Ausgang. Dabei gingen wir aus noch zu nennenden Gründen so vor, dass wir die chinesischen Vorgaben nicht 1 zu 1 umsetzten, sondern die in den Übungsaufgaben angesprochenen Situationen und Antwortvorgaben so veränderten, dass verstärkt reflektierende Kontexte und problematisierende Antworten mit einbezogen wurden.
Die zu entwickelnden Aufgaben wurden nicht „kolonialisierend" aus den europäischen bzw. deutschen Kontexten abgeleitet, sondern mit Blick auf den chinesischen Kontext neu entworfen. Im ersten für ETiK-International-Shanghai skizzierten Arbeitsprogramm heißt es hierzu, die Testaufgaben sollten so konstruiert werden, dass die chinesischen Schülerinnen und Schüler in den drei Bereichen ethisch-moralische Grundkenntnisse, Urteilskompetenz und Handlungsentwurfskompetenz im Blick auf zwei Anforderungsprofile getestet werden sollen: einmal mit Blick auf den Erwartungshintergrund der chinesischen Bildungspläne, dann aber auch mit Blick auf die Bildungsziele in deutschen bzw. europäischen Curricula.

3 Von chinesischen Übungsaufgaben zu neuen, bildungstheoretisch ausgewiesenen Kompetenzaufgaben

Aus den Übungsheften für chinesische Schülerinnen und Schüler wurden in einem ersten Schritt 24 Aufgaben zu den Themen Patriotismus, Kollektiv und Familienleben ausgewählt. Sofern es sich bei einzelnen dieser Aufgaben um das handelte, was wir kritisch als Indoktrinationsaufgaben bezeichnen, die eine Beantwortung ohne inhaltliche Argumentation und Abwägung verlangen und keiner der drei Teilkompetenzen (ethisch-moralische Grundkenntnisse, Urteils- und Handlungsentwurfskompetenz) zugeordnet werden konnten, wurde auf eine Weiterentwicklung dieser Aufgaben verzichtet. Als Ausschlusskriterium dienten u.a. Tautologien in den chinesischen Aufgaben, bei denen die richtige Antwort durch

die Fragestellung einer Aufgabe vorgeben wurde, so dass die Aufgabe schon unter auswertungstechnischen Gesichtspunkten für Testzwecke ungeeignet erschien.
Von den 24 Aufgaben bestanden 15 Aufgaben unsere Überprüfung. Für die angestrebte Weiterentwicklung erwiesen sich 1 Aufgabe aus dem Bereich Grundkenntnisse, 7 Aufgaben aus dem Bereich Urteilskompetenz sowie 7 Aufgaben aus dem Bereich Handlungen Entwerfen/Partizipieren als geeignet.
Bei der Transformation dieser Aufgaben in neue Testaufgaben gingen wir von den chinesischen Vorgaben und Erwartungen hinsichtlich der Unterscheidung richtiger und falscher Antworten aus, erweiterten aber die Wahl- und Ankreuzmöglichkeiten. Wo es von der Sache her erforderlich war, veränderten wir die Formulierung der zu klärenden Problemstellungen dahingehend, dass aus Gesinnungsaufgaben Urteilsaufgaben und aus Gewöhnungsaufgaben Handlungen entwerfende Aufgaben wurden.
Mit der hier erst allgemein umschriebenen Transformation verbanden wir die Hoffnung, die neu konstruierten Aufgaben könnten hilfreich sein, um herauszufinden, ob und inwieweit chinesische Schülerinnen und Schüler in der Lage sind, die Erwartungshaltung des chinesischen Lehrplans zu erkennen, zugleich aber auch fähig, die durch die Pluralisierung der Antwortmöglichkeiten erweiterten Spielräume für Abwägungen zwischen mehreren Urteilsformen zu nutzen. In die um solche Spielräume erweiterten Aufgaben führten wir zuweilen den Bearbeitungshinweis ein, dass es unter den anzukreuzenden Antworten mehrere richtige Antworten gebe und dass deshalb Mehrfachankreuzungen möglich seien. Für nicht standardisierte offene Fragen wählten wir eine Bearbeitungsform, welche es den Testpersonen erlaubt, sowohl traditionelle chinesische Antworten als auch stärker europa-affine Antworten zu entwickeln, daneben aber auch solche, die eine dritte Problemsicht eröffnen.
Eine erste Leitlinie für die Transformation bestand darin, die niedrige Komplexität der Aufgaben aus den Shanghaier Übungsheften zu steigern. Die originalen Aufgaben konzentrierten sich meistens nur auf einen ganz bestimmten Inhalt einer abgeschlossenen Unterrichtseinheit aus dem Lehrbuch. Deshalb wurden die Übungsaufgaben so umformuliert, dass die Schülerinnen und Schülern mit komplexeren Situationen konfrontiert und dazu aufgefordert werden, unter mehrperspektivischen Problemstellungen zu diesen Stellung zu nehmen.
Eine zweite Leitlinie bestand darin, dass in die relativ einfachen und hinsichtlich der erwünschten Antwort überdeutlichen Übungsaufgaben Bezüge zu unterschiedlichen Aspekten des jeweiligen Praxisfeldes eingebaut wurden, so dass bei der Beantwortung der Fragen auch abwägende moralische Reflexionsformen zugelassen wurden. Dies geschah durch eine Vervielfältigung der Ankreuzmöglichkeiten in geschlossenen sowie eine Steigerung der zu berücksichtigenden Perspektiven in offenen Aufgaben.

Drittens führten die beschriebenen Maßnahmen dazu, dass an die Stelle der in den chinesischen Übungsaufgaben vorherrschenden Wertsicherheit und Eindeutigkeit der jeweils von den Schülern erwarteten Orientierung zumindest ansatzweise reflexive Urteilsformen und diskursive Handlungsentwurfskonstellationen traten. Dabei ging es nicht darum, chinesische Erwartungshaltungen durch europäische bzw. deutsche zu ersetzen, sondern darum, die ethisch-moralischen Problemkonstellationen im chinesischen Kontext so zu verändern, dass neben Antworten, die den Erwartungshaltungen der Schanghaier Übungshefte entsprechen, auch Antworten angekreuzt bzw. in offenen Fragen entwickelt werden konnten, die zu diesen Erwartungshaltungen Stellung nehmen.
Es war und ist das Ziel, den Schülerinnen und Schülern auf diese Weise Gelegenheit zu geben, die Testaufgaben unter Fragestellungen zu bearbeiten, welche universale moralische Orientierungen kulturspezifisch auslegen bzw. kulturspezifische Orientierungen auf ihre Universalisierbarkeit hin prüfen. Wir lehnten uns hierbei an eine Unterscheidung an, die Michael Walzer (1994/1996) zwischen dem „Universalismus des einen (weltweit geltenden) Gesetzes" und einem „Universalismus der Wiederholung" vorgenommen hat, wobei letzterer nach einem Denken, Urteilen und Entwerfen von Handlungen verlangt, das nicht subsumtionslogisch oder bestimmend, sondern mehrperspektivisch, reflektierend und problematisierend vorgeht (vgl. Benner u.a. 2015, S. 183-202).

4 Beispielaufgaben

Die Arbeit an Aufgaben zu den im Berliner Instrument nicht erfassten Themenbereichen „Patriotismus", „Einzelner und Kollektiv" sowie „Helfen im Spannungsfeld von Legalität und Moralität" wird im Folgenden in jeweils drei Schritten vorgestellt. Im ersten Schritt wird die chinesische Übungsaufgabe zitiert und kommentiert, im zweiten die Problemstellung benannt, unter der die neue Testaufgabe entwickelt wurde, und in einem dritten wird jene Fassung der neuen Aufgabe präsentiert, die Ende 2015 in Pretests an Schulen in Shanghai eingesetzt worden ist.

4.1 Beispielaufgabe aus dem Bereich „Patriotismus"

Die originale Aufgabe aus dem chinesischen Übungsheft „Anforderungen für den Unterricht des Faches ‚Denken und Tugend'" (Komitee für Bildungswesen Shanghai, 2010, S.122) lautet:

„Yao Ming, ein berühmter chinesischer Basketballspieler, war bei den Paralympics des Jahres 2008 in Peking chinesischer Repräsentant. Er nahm an der Eröffnungszeremonie teil und konnte deswegen an einer NBA-Pressekonferenz seines Vereins Houston Rockets in den USA nicht mitwirken. Der Verein Houston Rockets verhängte wegen der Verletzung des mit Yao Ming geschlossenen Arbeitsvertrags eine hohe Geldstrafte. Yao Ming ist der Meinung, dass es sich lohnt, wegen der Teilnahme an der Eröffnungszeremonie der Paralympics die Geldstrafe zu zahlen. Yao Mings Verhalten zeigt: dass

A den staatlichen Interessen ein Vorrang vor allen anderen zusteht.
B die Interessen des Einzelnen manchmal zurückstehen müssen, damit staatliche Interessen gewahrt werden.
C die Bürger aktiv für die Anerkennung der staatlichen Interessen eintreten sollen." ◀

Die Übungsaufgabe stammt aus der Unterrichtseinheit „Anstrengung zum Aufstieg der chinesischen Nation und die gemeinsame Verantwortung". In dieser Einheit soll gelernt werden, dass die staatlichen Interessen die Grundlage für die Interessen der Einzelnen sind, dass sie die Anliegen eines jeden Bürgers am besten vertreten und eine Gewähr dafür bieten, dass die Interessen der Einzelnen und die des Staates harmonisch übereinstimmen.
Aus der Perspektive des chinesischen Patriotismus sind alle drei Antworten richtig. A, B und C stellen damit nicht, wie in Testaufgaben üblich, Alternativen zum Ankreuzen bereit. Durch diese Konstruktion entfällt in der Aufgabenstellung das Problem, über die Beziehungen zwischen den Interessen des Einzelnen und des Staates angemessen zu urteilen. Die Aufgabe zielt auf eine normierte Wertsicherheit und eine Zustimmung zur Ideologie des chinesischen Staates. Deshalb ist die Aufgabe aus teststatistischen Gründen für unser Forschungsvorhaben unbrauchbar. Sie ist nicht geeignet, Einstellungen zu ethisch-moralischen und politischen Problemstellungen zu erfassen. Sie ist auch in bildungstheoretisch-didaktischer Hinsicht unangemessen.
Die von uns neu konstruierte Aufgabe zum Thema „Patriotismus" lautet:

„Yao Ming, ein berühmter chinesischer Basketballspieler, war bei den Paralympics des Jahres 2008 in Peking chinesischer Repräsentant. Er nahm an der Eröffnungszeremonie teil und konnte deswegen an einer NBA-Pressekonferenz seines Vereins Houston Rockets in den USA nicht wie vereinbart mitwirken. Der Verein Houston Rockets verhängte wegen der Verletzung des mit Yao Ming geschlossenen Arbeitsvertrags eine hohe Geldstrafte.
Es gibt verschiedene Begründungen und aus ihnen zu ziehende Konsequenzen, die sich auf diesen Fall anwenden lassen.
Welche der folgenden Antworten ist am ehesten ethisch-moralisch geboten? Kreuzen Sie an! Es gibt *eine* richtige Antwort.

A Staatlichen Interessen ist immer der Vorrang gegenüber beruflichen Interessen einzuräumen: Yao Ming sollte daher den Verein Houston Rockets verlassen, wenn dieser nicht bereit ist, seine Pflichten als chinesischer Staatsbürger anzuerkennen.

B Berufliche Interessen müssen nicht generell mit Staatsbürgerpflichten kollidieren: Yao Ming sollte die Strafe zahlen, weil sie bei seinem Jahresgehalt von vielen Millionen US-Dollar keinen bedeutenden Verlust darstellt.
C Staatsbürgerliche Pflichten und berufliche Pflichten müssen auf beiden Seiten miteinander abgestimmt werden: Yao Ming sollte eine Regelung suchen, nach welcher der Verein seine Verpflichtung gegenüber China und China die mit dem Verein abgestimmten Termine anerkennt.
D Private berufliche Verträge haben einen Vorrang gegenüber staatsbürgerlichen Verpflichtungen: Yao Ming sollte bei den Houston Rockets bleiben und die amerikanische Staatsbürgerschaft anstreben."

Erläuterungen zu der neu konstruierten Aufgabe:
A ist eine Begründung im Sinne des chinesischen ideologischen Patriotismus, die aus der originalen Version der Übungsaufgabe übernommen, aber zugespitzt wurde.
B verkörpert eine Argumentation aus dem Bereich des wirtschaftlichen Denkens, in der es nicht primär um moralische Begründungen geht.
C verträgt sich mit der Identität des modernen Menschen, der gleichzeitig verschiedenen Kollektiven angehören kann und nach Regelungen suchen muss, wie konkurrierende Verpflichtungen diesen gegenüber ethisch-moralisch-rechtlich abgestimmt werden können.
D entspricht der Neigung, einem für den Einzelnen vorteilhaften Kollektiv einen Vorrang gegenüber dem staatlichen Kollektiv einzuräumen.

Mit der neuen Version hoffen wir herauszufinden, ob die chinesischen Testpersonen der traditionell-patriotischen Antwort A einen Vorrang gegenüber der unter ethisch-moralischer Perspektive am ehesten richtigen Antwort C einräumen oder die Antworten B bzw. D ankreuzen, die unterschiedlichen, individuell zu setzenden Prioritäten folgen. Die Aufgabe bezieht sich somit auf Problemstellungen einer reflektierenden Urteilskraft und verlangt von den Schülerinnen und Schülern, ein moralisches Urteil angesichts widerstreitender Pflichten zu fällen.

4.2 Beispielaufgabe aus dem Bereich „Verhältnis Einzelner und Kollektiv"

Die originale Aufgabe aus dem Übungsheft „Denken und Tugend" (Komitee für Bildungswesen Shanghai, 2008, S.12) lautet:

„Das Kollektiv ist eine Gemeinschaft, die von Menschen unter einer bestimmten Zielstellung gebildet wird. Wodurch wird die Ehre des Kollektivs errungen?
A durch die kollektive Weisheit des Klassenkaders.
B durch die Führung des Klassenlehrers.
C durch die Mühe der Mitschülerinnen und Mitschüler."

Dem chinesischen Übungsheft zufolge ist allein die Antwort C richtig. Die Klasse soll nicht der Weisheit eines Klassenkaders oder der Führung eines Klassenlehrers folgen, sondern aus eigener Einsicht urteilen und handeln.
Bei der Neukonstruktion der Testaufgabe wurde die Komplexität der Aufgabe gesteigert und die Ordnung im Klassenkollektiv zu Ordnungen anderer Kollektive in Beziehung gesetzt. So konnte eine Aufgabe formuliert werden, welche Testpersonen dazu auffordert, Beziehungen zwischen unterschiedlichen Kollektiven sowie diesen und einzelnen Mitgliedern urteilend zu bearbeiten.
Die neu konstruierte Testaufgabe zum Verhältnis Einzelner-Kollektiv lautet:

„Was gehört in moralischer Hinsicht zur Ordnung des Kollektivs?
Kreuzen Sie an. Es gibt *eine* richtige Antwort!

A Alle, die einem Kollektiv (z.B. Schulklasse, Arbeitskollektiv, Familie, Sportverein, Nation) angehören, definieren ihr gesamtes Leben durch die speziellen Aufgaben des Kollektivs.
B Die Mitglieder eines Kollektivs (z.B. Schulklasse, Arbeitskollektiv) können gleichzeitig Mitglieder anderer Kollektive (z.B. Familie, Sportverein) sein und müssen daher die Aufgaben, die sie in verschiedenen Kollektiven haben, untereinander abstimmen.
C Verschiedene Kollektive stehen zueinander in einer hierarchischen Ordnung. In dieser gibt es einen Vorrang des staatlichen vor individuellen Kollektiven sowie einen Vorrang dieser Kollektive vor dem Einzelnen.
D Kollektive stehen zueinander in einer natürlichen harmonischen Ordnung, die sich von selbst ergibt.“ ◀

Erläuterungen: Moderne Gesellschaften mit demokratischen Grundordnungen erlauben es dem Einzelnen, gleichzeitig mehreren Gemeinschaften anzugehören, ohne dass dieser seine Identität nur in einer einzigen Gemeinschaft suchen und finden muss (Benner u.a., 2015, S. 152). Vergleichbare Situationen gibt es in China, weil auch dort Heranwachsende ihre Partizipation in verschiedenen Kollektiven abstimmen müssen. Vor diesem Hintergrund kann man sagen:
A repräsentiert eine extrem kollektivistische Sicht, die im China der Mao-Zeit die normativ vorgegebene Einheitsvorstellung war.
B ist für Mitglieder einer modernen Gesellschaft richtig.
C ist die richtige Antwort nach dem Shanghaier Lehrplan.
D vertritt eine extrem harmonisierende Idee, die dem Daoismus nahesteht.

Es ist offen, welche Antwort die Schülerinnen und Schüler ankreuzen werden. Wir vermuten, dass der Anteil derer, die aus ethisch-moralischen Gründen B als richtig ankreuzen, Auskunft darüber geben wird, wieweit Moralbildung in China modernisiert worden ist. Wie das Ankreuzverhalten zu interpretieren ist, kann unter Umständen erst in zusätzlichen Interviews geklärt werden.

4.3 Beispielaufgabe aus dem Bereich „Helfen im Spannungsfeld von Legalität und Moralität"

Die originale Aufgabe stammt aus dem Übungsheft „Wissen im Fach ‚Denken und Tugend'" (Qu, 2013, S. 24). Sie lautet:

„Nur *eine* der folgenden Antworten ist richtig:
Recht und Moral verhalten sich so zueinander, dass Recht stets

A mit den in den Medien sichtbaren gesellschaftlichen Meinungen übereinstimmt.
B durch staatliche Gewalt gesichert wird;
C die Grundrechte der Bürger normiert;
D nur für Verbrecher gilt."

Als richtig wird im Übungsheft allein die Antwort B angegeben, die unmittelbar aus dem Lehrbuch stammt und keine Abwägungen zwischen verschiedenen Antworten zulässt.
Das derzeit geltende chinesische Recht kennt den Tatbestand der unterlassenen Hilfeleistung nicht. Die Pflicht, anderen zu helfen, ist gleichwohl in der chinesischen Sitte und Moral fest verankert. Das brachte uns auf die Idee, aus der chinesischen Übungsaufgabe eine neue Testaufgabe zu entwickeln, welche eine bestimmte Handlung eines Menschen einmal nach Gesichtspunkten des chinesischen Rechts und seiner ethisch-moralischen Orientierung und einmal aus der Sicht des europäischen bzw. deutschen Rechts und nach den dort geltenden Orientierungen zu beurteilen aufgibt.
Von der Bearbeitung der Aufgabe durch chinesische Schülerinnen und Schüler versprachen wir uns Einsichten darin, wieweit diese in der Lage sind, universalistische Orientierungen kulturspezifisch auszulegen bzw. kulturspezifische Rechtsauffassungen universalistisch zu reflektieren.
Die neu konstruierte Testaufgabe hat die folgende Fassung:

„In ethischen und rechtlichen Diskussionen wird zwischen Moralität und Recht unterschieden. Unter Rechtmäßigkeit wird die Einhaltung staatlicher Gesetze verstanden, unter Moralität die Befolgung ethischer Pflichten, die Menschen unabhängig von der Rechtslage in einem Staat haben. Die Weisungen von Recht und Moral können inhaltlich übereinstimmen, sich neutral gegeneinander verhalten oder auch in Widerstreit zueinander treten.
In China gibt es anders als in Deutschland kein Gesetz, das unterlassene Hilfeleistung im Falle von Lebensgefahr unter Strafe stellt.
Beurteile das folgende Beispiel einmal aus rechtlicher Sicht und nimm dabei Bezug auf die chinesische und deutsche Rechtslage. Beurteile es anschließend aus ethisch-moralischer Sicht und prüfe dabei, ob sich hier Unterschiede zwischen dem chinesischen und dem deutschen Rechtssystem auswirken.

Beispiel:
Es joggt ein junger Mann, der gut schwimmen kann, an einem Teich in Shanghai, in dem gerade ein Kind in Anwesenheit seiner Mutter zu ertrinken droht. Die Mutter ruft um Hilfe, weil sie selbst nicht schwimmen kann. Der Mann tut dazu nichs

A: Beurteilung des Beispiels aus rechtlicher Sicht (max. 30 Wörter): ______________
____
____
____

B: Beurteilung des Beispiels aus moralischer Sicht (max. 30 Wörter): ______________
____
____
____ ◀

Die neu konstruierte Aufgabe bezieht sich auf eine Handlungssituation, die zum einen unter Gesichtspunkten zweier verschiedener Rechtsordnungen als „nicht vollzogene bzw. unterlassene Hilfeleistung" interpretiert und zum anderen unter ethisch-moralischen Gesichtspunkten als „individuell verantwortete Handlung" beurteilt werden soll. Für die Beurteilung der rechtlichen Situation sind unterschiedliche Rechtsordnungen vorgegeben, für die Beurteilung der ethisch-moralischen Situation dagegen keine in vorgegebenen Sitten verankerte Moral, sondern nur die Frage, ob die Handlung des Joggers als im ethisch-moralischen Sinne vertretbar interpretiert und beurteilt werden kann. Unsere Vermutung ist, dass chinesische Schülerinnen und Schüler zwischen einer rechtlichen und einer ethisch-moralischen Beurteilung des Falls unterscheiden, ferner die rechtliche Beurteilung nach Rechtsordnungen differenziert vornehmen können und die moralische Beurteilung nicht aus der rechtlichen ableiten werden. Mit welchen Argumenten dies geschieht und auf welchen Anspruchsniveaus die Urteile gefällt werden, kann erst die Auswertung klären.

5 Erste Ergebnisse und Entwicklung eines Auswertungsmanuals

Wir können an dieser Stelle nicht der empirisch-statistischen Auswertung der Pretests und der Hauptuntersuchung vorgreifen, sondern sind selbst gespannt, welche Antworten die chinesischen Schülerinnen und Schüler ankreuzen bzw. für die offenen Fragen entwickeln werden.
Die Manuale für die Auswertung der offenen Fragen konnten erst nach Eingabe der Antworten aus den Pretests entwickelt werden. Die Arbeit an ihnen führte bereits zu ersten Erkenntnissen darüber, inwieweit chinesische Schülerinnen und Schüler in der Lage sind, mit den im Vergleich zu den Aufgaben aus den Übungsheften beträchtlich komplexeren Testaufgaben reflektierend umzugehen.

Die folgende Präsentation konzentriert sich auf die Entwicklung des Auswertungsmanuals für die oben skizzierte offene Aufgabenstellung zum Bereich „Helfen im Spannungsfeld von Legalität und Moralität". In einem ersten Schritt wurden alle chinesischen Antworten zu den offenen Fragen A und B erfasst und eingegeben sowie circa 50 davon ins Deutsche übersetzt und nach drei Gruppen geordnet:

- In einer ersten Gruppe wurden Antworten erfasst, die die ethisch-moralische Beurteilung aus der rechtlichen Beurteilung des erwarteten Verhaltens des Joggers ableiten.
- In einer zweiten Gruppe wurden Antworten erfasst, in denen die rechtliche Beurteilung, differenziert nach den vorgegebenen Rechtsordnungen, so vorgenommen wird, dass die ethisch-moralische Beurteilung nicht auf die rechtliche Beurteilung reduziert wird.
- Der dritten Gruppe wurden Antworten zugeordnet, die nicht nur zwischen der rechtlichen und der ethisch-moralischen Beurteilung unterscheiden, sondern darüber hinaus die Frage ansprechen, unter welchen Bedingungen die chinesische Rechtsordnung weiterentwickelt werden könnte oder sollte.

Antwortbeispiele, bei denen nicht zwischen rechtlicher und ethisch-moralischer Beurteilung unterschieden wird:
Es finden sich unter den gegebenen Antworten nur wenige Beispiele, in denen Testpersonen nicht zwischen rechtlicher und moralischer Beurteilung unterscheiden.

(1) *Ein Beispiel, das diese Unterscheidung am meisten vermissen lässt, ist das folgende:*

Rechtliche Beurteilung:	Der Mann hat gegen kein Gesetz verstoßen.
Moralische Beurteilung:	Das Kind hat mit dem Mann nichts zu tun.

(2) *Antwortbeispiele, bei denen zwischen rechtlicher und ethisch-moralischer Beurteilung unterschieden wird:*

Erstes Beispiel:

Rechtliche Beurteilung:	Die Situation von Mutter und Kind geht den Mann rechtlich gesehen nichts an. Er braucht sich daher nicht zu verantworten.
Moralische Beurteilung:	Das Verhalten des Mannes zeugt von einem Verfall von Moral und Sitte.

Zweites Beispiel:

Rechtliche Beurteilung:	Der Mann ist unschuldig. Die Mutter hat ihr Kind nicht richtig behütet.
Moralische Beurteilung:	Der Mann ist kein Mensch. Er rettet nicht einmal ein kleines Kind.

(3) *Antwortbeispiele, welche die Beziehungen zwischen einer rechtlichen und einer ethisch-moralischen Beurteilung explizit thematisieren und reflektieren:*

Erstes Beispiel:

Rechtliche Beurteilung:	Das Verhalten des Mannes verstößt gegen kein Gesetz; es handelt sich hier um ein Desiderat in der chinesischen Gesetzgebung.
Moralische Beurteilung:	Das Handeln des Mannes zeigt einen Verfall der Moral. Er bringt kein elementares Mitleid auf.

Zweites Beispiel:

Rechtliche Beurteilung:	Obwohl die unterlassene Hilfeleistung jetzt gegen kein Gesetz in China verstößt, sollte es in China ein solches Gesetz geben.
Moralische Beurteilung:	Das Verhalten des Mannes ist unmoralisch. Man darf die Hilfeleistung im Fall von Lebensgefahr nicht unterlassen. ◀

Zur Besonderheit der dritten Gruppe von Antworten gehört, dass Testpersonen, die solche Antworten geben, keine Unter- oder Überordnungsverhältnisse zwischen moralischer und rechtlicher Beurteilung vornehmen, sondern die Beziehungen beider Beurteilungsweisen explizit thematisieren und reflektieren. In sinngemäßer Auslegung des in den Saturnalien des Macrobius[2] überlieferten lateinischen Satzes „Leges bonae ex malis moribus procreantur" („Gute Gesetze werden aus schlechten Sitten entwickelt") argumentierten einige chinesische Schülerinnen und Schüler, dass es dann, wenn die Sitte des gegenseitigen Helfens von vielen nicht mehr anerkannt wird, auch in China sinnvoll werden könnte, ein Gesetz zu erlassen, das unterlassene Hilfeleistung unter Strafe stellt.
Im nächsten Arbeitsschritt haben wir die für das Auswertungsmanual erforderlichen genauen Regeln für die Beurteilung offener Antworten festgelegt und dabei, der Aufgabenstellung entsprechend, zwischen der rechtlichen und der ethisch-moralischen Perspektive unterschieden.

In das Manual aufgenommene Regeln zur Beurteilung offener Fragen

A: Beurteilung von Aussagen zur rechtlichen Seite:

Wir unterscheiden im Manual folgende vier Argumentationsmuster:

(a) Verweis auf und Betonung der jeweiligen Rechtsbasis;
(b) Hinweis, dass die Rechtsbasis unterschiedlich sein kann;
(c) Hinweis, dass die Rechtsbasis verändert werden kann;
(d) Thematisierung des Problems der unterlassenen Hilfeleistung.

2 Spätantiker römischer Philosoph und Grammatiker (geb. vermutlich um 385/390; † nach 430)

Zu vergebende Punkte: Full Credit (2 Punkte), wenn 2 der 4 Argumente a bis d vorkommen; Partial Credit (1 Punkt), wenn 1 Argument vorkommt; No Credit (kein Punkt), wenn keines der Argumente a bis d vorkommt.

Beispiele:

Full Credit:	In China gibt es kein Gesetz, das unterlassene Hilfeleistung im Falle von Lebensgefahr unter Strafe stellt. Deswegen verstößt der Mann gegen kein Gesetz in China. Aber er würde in Deutschland wegen unterlassener Hilfeleistung bestraft. (berücksichtigt sind a; b; c)
Partial Credit:	Der Mann hat gegen kein Gesetz verstoßen. Sein Verhalten ist ganz normal. (a)
No Credit:	Wenn er Deutscher wäre, sollte er bestraft werden; wenn er Chinese ist, kann er nicht bestraft werden.
No Credit:	Der Mann hat das Richtige getan, weil es unnötig ist, die Rechnung für einen Fremden zu bezahlen.

B: Beurteilung von Aussagen zur ethisch-moralischen Seite:

Wir unterscheiden im Manual folgende zwei Argumentationsmuster:

(a) Explizite Begründung der Unmoralität der Handlung;

(b) Verweis auf das Gewissen.

Zu vergebende Punkte: Full Credit, wenn beide Argumente vorkommen; Partial Credit: wenn 1 Argument vorkommt; No Credit, wenn keines der Argumente vorkommt und die Entscheidung in das Belieben des Mannes gestellt wird.

Beispiele:

Full Credit:	Die unterlassene Hilfeleistung im Fall der Lebensgefahr ist unmoralisch. (berücksichtigt ist (a) Der Mann wird ein schlechtes Gewissen haben. (b)
Full Credit:	Der Mann hätte das Leben retten sollen, da er schwimmen kann. Nichts ist wichtiger als ein Leben. Er sah das Kind sterben und wird ein schlechtes Gewissen haben. (a; b)
Partial Credit:	Die unterlassene Hilfeleistung im Fall der Lebensgefahr ist unmoralisch. (a)
Partial Credit:	Der Mann wird ein schlechtes Gewissen haben. (b)
No Credit:	Der Mann ist berechtigt zu wählen, das Kind zu retten oder nicht zu retten.
No Credit:	Er hat es gut gemacht, er weiß sich zu schützen. ◀

6 Ausblick

Zu den Fragen, die erst in der Hauptuntersuchung 2016/17 und den anschließenden Auswertungen geklärt werden, gehören u.a. die folgenden:

- Wo weisen Auswertungen der erhobenen Daten nach chinesischen Kriterien und nach deutschen bzw. europäischen Kriterien Affinitäten und wo Differenzen auf?
- Lassen sich in den Antworten der Schülerinnen und Schüler Hinweise auf einen in Entstehung begriffenen transformatorischen „Universalismus der Wiederholung“ (s.o., Abschnitt 1) finden, der vom chinesischen Kontext selbst ausgeht? Welche kulturellen Differenzen spielen dabei eine Rolle?

Erst wenn diese Fragen geklärt sind, kann auch die weiterführende Frage beantwortet werden, ob die an deutschen bzw. europäischen Testpersonen ermittelten Anspruchsniveaus in den drei Teilbereichen ethisch-moralische Grundkenntnisse, Urteilskompetenz und Handlungsentwurfskompetenz auch im chinesischen Kontext Bestand haben oder Modifikationen erfahren, die dann genauer zu analysieren sind. Nicht minder spannend ist die Frage, wie deutsche Schülerinnen und Schüler und weitere Testpersonen aus Europa die für China entwickelten neuen Aufgaben lösen und wie sich chinesische Lehrerinnen und Lehrer zu den Aufgaben und Ergebnissen ihrer Schülerinnen und Schüler äußern werden.

Literatur

Benner, D., Peng, Z., von Oettingen, A. & Stępkowski, D. (2015). *Bildung-Moral-Demokratie.* Paderborn: Schöningh.

Benner, D. & Nikolova, R. (Hrsg.)(2016). *Ethisch-moralische Kompetenz als Teil öffentlicher Bildung.* Paderborn: Schöningh.

Brüning, B. (Hrsg.)(2006). *Gemeinsam erwachsen werden.* Leipzig: Militzke.

Brüning, B. (Hrsg.)(2008). *Eine Welt für alle.* Leipzig: Militzke.

Heynitz, M. von (2016). Die Entwicklung von Testaufgaben zur Erhebung ethisch-moralischer Grundkenntnisse, Urteils- und Handlungsentwurfskompetenz. In: D. Benner & R. Nikolova (Hrsg.): *Ethisch-moralische Kompetenz als Teil öffentlicher Bildung.* Paderborn: Schöningh, S. 69-100.

Komitee für schulische Curriculumreform Shanghai (Hrsg.) (2004). *Lehrplan für die Fächer ‚Denken und Tugend‘ und ‚Denken und Politik‘ in Shanghai.* Shanghai: Verlag der Erziehung.

Komitee für schulische Curriculumreform Shanghai (Hrsg.)(2008). *Übungshefte zum Fach ‚Denken und Tugend‘:* Band 6a für das 1. Halbjahr der 6. Jahrgangsstufe. Shanghai: Verlag der Erziehung.

Komitee für Bildungswesen Shanghai (Hrsg.)(2010). *Anforderungen für den Unterricht des Faches ‚Denken und Tugend‘.* Shanghai: Verlag der Erziehung.

Komitee für schulische Curriculumreform Shanghai (Hrsg.)(2014a). *‚Denken und Tugend‘.* Band 7a für das erste Halbjahr der 7. Jahrgangsstufe. Shanghai: Verlag der Erziehung.

Komitee für schulische Curriculumreform Shanghai (Hrsg.)(2014 b). *‚Denken und Tugend‘:* Band 7b für das zweite Halbjahr der 7. Jahrgangsstufe. Shanghai: Verlag der Erziehung.

Komitee für schulische Curriculumreform Shanghai (Hrsg.)(2014 c). *Übungshefte zum Fach ‚Denken und Tugend‘:* Band 7b für das 2. Halbjahr der 7. Jahrgangsstufe. Shanghai: Verlag der Erziehung Shanghai.

Lu, J.(2000). （转型期中国道德教育面临的选择）(Moralische Erziehung in China in der Epoche der Transformation). In: Gaodeng Jiaoyu Yanjiu（高等教育研究）(*High School Education Research)*, 2000 (5), pp. 6-10.

Qu, Y. (Ed.)(2013). *Übungsheft: Wissen im Fach ‚Denken und Tugend‘.* Beijing: Capital Normal University Press, Educational Science Publishing House.

Walzer, M. (1996). *Lokale Kritik – globale Standards: Zwei Formen moralischer Auseinandersetzung.* Hamburg: Rotbuch Verlag.

Tilman Grammes, Kun Zhang und Yi Zhu

Unterrichtsreportagen in der internationalen Didaktikforschung. Verständigungsprobleme in pädagogischen Reiseberichten am Beispiel von Politikunterricht in China und Deutschland[1]

„Wenn ich reise, ist jeder Moment eine Sehenswürdigkeit. Ich meide berühmte Orte, ich will lieber herausfinden, wie es aussieht, wenn ein Land sich keine Mühe gibt, sich für Touristen schön zu machen." (Die chinesische Touristin, 2017, S. 19)

1 Verständigungsprobleme über Unterricht – zwei Situationen der „Vergegnung"

Nicht nur das Unterrichten, auch das Sprechen über Unterricht ist ein schweres Geschäft und wenig geübt. Wieviel komplexer ist es in der internationalen Kommunikation, und hier besonders im Didaktik-Dialog zwischen Ländern, deren Sprachen die Beobachter weder aktiv noch passiv beherrschen, und wo daher auf Übersetzungen oder auf Global English als lingua franca zurückgegriffen werden muss? Wir haben uns in der sprachlich heterogenen Autorengruppe entsprechend in den letzten Jahren einem auto-ethnographischen Selbstversuch ausgesetzt, von dem hier aus der Perspektive einer „Meta-Ethnographie" berichtet werden soll, um stärker auf die didaktikimmanenten Probleme des Übersetzens aufmerksam zu machen. Die Unterrichtsbeispiele sind aus dem Bereich der politischen Bildung genommen – warum, das wird im Folgenden deutlich werden.
Ein erstes Beispiel berichtet über Unterricht im *Fach Politik/Gesellschaft/Wirtschaft* (PGW) an einem Hamburger Gymnasium, Jahrgang 9. Yi Zhu, damals Promotionsstudent an der Universität Hamburg, besucht die Schule zusammen mit einem anderen Gastwissenschaftler aus China, aber ohne einen deutschen Begleiter. Die Beobachter erhalten während der Unterrichtsstunde keine wörtliche oder sinngemäße Übersetzung. Yi Zhu berichtet darüber in einer Email an seinen Tutor Tilman Grammes:

1 Überarbeitete Fassung eines Vortrags auf dem Third Sino-German Didactics Dialogue in Shanghai (2016); Sprachkompetenzen in der Autorengruppe: Grammes (deutsch/englisch), Zhang (chinesisch/deutsch/englisch), Zhu (chinesisch/englisch)

> „Herr M's classes address the topic of ‚Social Inequality', a very interesting topic, but it is a pity that our visit was at the ending phase of the whole topic courses. What we could see was that he gave the students writing tasks related to the issue of social inequality. The students were required to write arguments around the question, ‚Was ist sozial gerecht, gemeinsamer Start oder gemeinsamer Zieleinlauf?'" (Yi Zhu, Email 2016)

Der deutsche Adressat holt beim Lesen erst einmal tief Luft. War das alltäglicher Unterricht? Hohes Anspruchsniveau oder Schlendrian und Beschäftigungstherapie? Was schwingt bei „It is a pity" mit?

Eine zweites Beispiel: „Aber hier wird doch kostbare Lernzeit vergeudet!" Der spontane und zugleich enttäuschte Ausruf einer Studentin aus Shanghai klingt dem Gastgeber immer noch im Ohr. Er bezog sich auf ein Video mit einer diskussionsfreudigen Runde in einem deutschen Kindergarten.

„Vergegnung", um dieses in der dialogischen Pädagogik von Martin Buber (1878-1965) geprägte Wort aufzugreifen, ist bei pädagogischen Studienreisen vermutlich nicht die Ausnahme, sondern eher der Regelfall. Von deutscher Seite ist dann die Rede von „Frontalunterricht statt moderner Lernkonzepte", „Fairness ist nicht gefragt" und „Halbstündige Strafpredigten" – so die Zwischentitel im Bericht einer bayrischen Gastlehrerin an einer chinesischen Schule (Meuß, 2012). Der empirische Befund für internationale Jugendbegegnungsreisen, dass sich tieferes Verständnis auf jeden Fall nicht von selbst einstellte (Rehage, 2017), scheint auch auf pädagogische Studienreisen von Erwachsenen zuzutreffen.

Wie stark beeinflusst dabei das Bemühen, als Gast in besonderer Weise höflich zu sein, die Berichterstattung über den beobachteten Unterricht? Und welches Bild möchte man den internationalen Gästen von „seiner" Unterrichtskultur vermitteln?

- Soll man die ungeschminkte, oft chaotische Unterrichtsrealität einer großstädtischen Gesamtschule zeigen, um damit schonungslos-kritisch und demutsvoll ein Beispiel für einen heroischen Umgang mit größer gewordenen Praxisproblemen zu geben?
- Oder bei der Gestaltung eines Besuchsprogramms besser auf Nummer sicher gehen und gleich ein Elitegymnasium auswählen – in der Hoffnung, einen Unterricht zu präsentieren, der beeindruckt und sich als anschlussfähig an die Lehr-Lernkultur der jeweils anderen Gesellschaft erweist?

Der pädagogische Tourist T.G. erinnert sich, selbst im Ausland mehr als einmal das Gefühl nicht losgeworden zu sein, Potemkin'sche Dörfer vorgeführt bekommen zu haben. Was folgt daraus für die Rolle des „guten Gastes" (vgl. Yang, 2017), die zudem kulturell normativ hoch aufgeladen und unterschiedlich kodiert ist? Und was folgt für den Gastgeber? Soll man auf Hospitationen vor Ort ganz verzichten und stattdessen zu einer Konserve aus den Archiven der interpretativen Unterrichtsforschung greifen? Wer sich einmal der „Überkomplexität" (Rauin u.a., 2016, S. 52) von zu Forschungszwecken aufgezeichneten Unterrichtsvideos und länglichen Transkripten ausgesetzt hat, weiß, dass er viel Geduld mitbringen muss. Für einen Selbstversuch der Leserin/des Lesers könnte das Video und bilinguale Wortprotokoll im Fach Wirtschaft von Liu, Guo & Ren (2014) dienen: Im Wintersemester 2012/13 treffen sich Studierende von Pädagogischen Hochschulen in Shanghai, Wuhan und Qufu mit Lehramtsstudierenden der Universität Hamburg in einem Webinar. Es stellen sich ähnliche Fragen: Wie lässt sich den Kommilitonen im anderen Land vermitteln, wie „typischer" Unterricht im eigenen Land aussieht? Welches Unterrichtsdokument ist für die digitale Übermittlung auszuwählen? Wieder zeigt sich, dass zu Forschungszwecken aufgezeichnete Videos bzw. Wortprotokolle überkomplex und erforderliche Übersetzungen mit Untertiteln nicht finanzierbar sind. Umgeben von einer umfangreichen didaktischen Bibliothek fühlt sich der Fachdidaktiker in etwa so ratlos wie ein Kunsthistoriker ohne Gemälde, die er zeigen könnte.

Wir möchten deshalb in diesem Beitrag auf die Potenziale einer Textsorte aufmerksam machen, die unseres Erachtens eine Hilfe in der internationalen Didaktik-Kommunikation anbieten kann: die Unterrichtsreportage (chin.: Jiaoxue Tongxun Baodao). Sie bildet eine mittlere dokumentarische Ebene zwischen schlichten Mitschriften, mehr oder weniger komplex interpretierten Forschungsprotokollen und normativ orientierten fachdidaktischen Theorieaussagen. Als eine Art Zwischenstockwerk (mezzanin) kann die Reportage helfen, die verbreitete Sprachlosigkeit im Erzählen und Berichten über Fachunterricht zu verringern. Nach unseren Erfahrungen ermöglicht es eine pointierte Unterrichtsreportage, ein Gespräch über eigene Unterrichtskonzepte und die mit ihnen verknüpften Lehrer- und Schülerbilder zu initiieren und in dieses Gespräch auch praktizierende Lehrerinnen und Lehrer einzubeziehen.

2 Textsorte: Reportage (chinesisch: Tongxun Baodao)

Lehrer nehmen ihr Wissen mit ins Grab! Sie können mehr, als sie zu sagen wissen! Solche Sätze werden in der Experten- und Professionsforschung oft kolportiert (vgl. Neuweg, 2015). Also kommt es für die Unterrichtsentwicklung darauf an, Unterricht erzählen zu können. Gute Lehrerinnen können das. Diese Erfahrung ist in der von Theodor Schulze und Hans-Christoph Berg entwickelten Lehrkunstdidaktik (Berg & Schulze, 1995) dahingehend aufgegriffen worden, dass der Akzent weniger auf kollegiale Hospitation *im* Unterricht gelegt wird (wie in den schon früh in China eingeführten Lesson Studies), sondern auf das Erzählen und gemeinsame Durchspielen *von* Unterricht in einer kollegialen Lehrkunstwerkstatt. Die Reportage ist dafür ein geeignetes Genre.

Was ist eine Reportage? Bleher & Linden (2015, S. 11) nennen in ihrem Handbuch für Journalisten u.a. folgende Merkmale:

- präzise Sachinformationen
- linearer Aufbau
- Herstellung eines Spannungsbogens
- Schlusspointe.

Auch Schülerinnen und Schüler können Reportagen schreiben. Wir haben ja alle im Laufe unserer Schülerbiografie an mehr als 15.000 Unterrichtsstunden teilgenommen und sie fortlaufend beurteilt. Um Lehrerinnen und Lehrer für die Wahrnehmungsperspektive von Schülern zu sensibilisieren, wurden in einem deutschen Unterrichtsversuch „Schüler-Reporter“ ausgebildet. Das folgende Schülerprotokoll stammt aus diesem Versuch (Hagstedt & Hildebrand-Nilshon, 1980, 12ff.):

> „**Stundenprotokoll**
> 12.05 Herr X. will wieder etwas, was keiner kann.
> Er beantwortet Fragen zur Arbeit.
> Alle sind am meutern, die Arbeit wird zu schwer.
> 12.07 A. weiß nicht, was sie jetzt machen soll.
> C. ist am Stöhnen.
> Die Luft wird beanstandet.
> 12.08 Keiner weiß, was Herr X. von uns will.
> U. und R. sitzen gelangweilt da, weil sie das schon haben.
> 12.10 K. stöhnt über die viele Schreiberei.
> Herr X. geht rum und beantwortet die Fragen.
> (Hagstedt & Hildebrand-Nilshon, 1980, S. 29)

Dieses Stundenprotokoll belegt den Befund aus der Schülerforschung, dass Schülerinnen und Schüler vor allem den äußeren Ablauf wahrnehmen, also das, was die Forschung die Sichtstruktur von Unterricht nennt. Das Lehr-Lern-Geschehen erscheint wahlweise als Kampfgetümmel (Rusch & Thiemann, 2003) oder als Ort der Langeweile (Lohrmann, 2008). Die Inhaltsdimension von Lernprozessen, also die fachdidaktische Seite, wird fast immer ausgeblendet. Als nachvollziehbare Gründe für die Überlagerung des Inhalts durch die Form werden genannt (Hagstedt & Hildebrand-Nilshon, 1980, S. 30f.):

- Inhaltsangebote wechseln ständig, die Formen jedoch wiederholen sich (Methodenmonismus).
- Die Arbeit am Lehrstoff wird als die ureigenste Domäne der Lehrperson betrachtet. Es ist „ihr Gegenstand“, den sie zuvor auch mehr oder weniger aufwendig geplant hat.
- Die Schüler sind immer nur punktuell dabei und selten in direkter Auseinandersetzung mit dem Lernstoff engagiert.

Hinzu kommt ein „emotionales Unbehagen“ – das Gefühl, im zwischenmenschlichen und organisatorischen Bereich unentrinnbar der vom Lehrer gestalteten Situation ausgeliefert zu sein.

3 Zu welchen Fächern wird beobachtet?

In der international-vergleichenden Didaktikforschung werden Fächer bevorzugt, die geringere Übersetzungsprobleme aufzuwerfen scheinen. Dominant ist dabei das Unterrichtsfach Mathematik. Mathematik gilt als universale, formale Sprache. Dies macht inhaltsbezogene Unterrichtsbeschreibungen einfacher.[2] Fremdsprachenunterricht in Englisch, die globale lingua franca, steht an zweiter Stelle (so bei Ren, 2017 und Richter, 2017, mit einer ausgezeichneten Reportage zum Unterricht in einer Shanghaier Elementarschule!). Fächer mit einem hohen Handlungsbezug wie Sport sind ebenfalls leichter zugänglich (vgl. Wagner & Wagner, 2015). Dagegen sind stark auf kulturelle Kontexte bezogene Fächer wie muttersprachlicher Unterricht, Geschichte oder Sozialkunde/Politik aufgrund der Übersetzungsanforderungen bislang kaum vertreten.

Im Rahmen einer kulturwissenschaftlich orientierten vergleichenden Didaktikforschung möchten wir hier für die Fächer einer „democratic citizenship and civic education" werben. International wird für diese Fächer eine „explosion of interest" (Levinson, 2011, p. 282) konstatiert, dieses Interesse richtet sich aber auf Theoriebildung sowie auf Fragen der Wirksamkeit dieses Unterrichts (vgl. Hahn, 2007; Reinhardt, 2015; Lan & Grammes, 2016), weniger jedoch auf eine Ethnographie der kulturell eingebetteten Praxisformen dieses Unterrichts selbst. Eine Ausnahme bilden auffällige symbolische und rituelle Aspekte der Schulkultur, etwa der in China und vielen anderen Nationen übliche Flaggenappell oder Formen der Vorbilderziehung (Liu et al., 2014; Zhang, 2011).

4 Kulturwissenschaftlich orientierte Unterrichtsforschung

Unterricht im Schulfach Politische Bildung ermöglicht es, wie in einem Brennspiegel die politische Kultur eines Landes exemplarisch zu erschließen. Schule ist, in der Formulierung John Deweys, eines Klassikers der Demokratiepädagogik, ein „soziales Organ", deren Aufgabe darin besteht,

> „ … eine vereinfachte Umwelt bereitzustellen. Sie wählt diejenigen Züge aus, die einigermaßen grundlegend sind … Die zweite Aufgabe der Schule besteht darin, den Einfluss wertloser und wertwidriger Züge der existierenden Umwelt auf die geistigen Gewohnheiten nach Möglichkeit auszuschalten." (Dewey 1916/1964, S. 39)

2 Referenzstudien zur Sichtstruktur des Unterrichts im internationalen Vergleich sind die TIMSS Videostudien im Fach Mathematik, durchgeführt in Japan, in den USA und in Deutschland (vgl. Kawanaka et al., 1999, www.timssvideo.com/timss-video-study – Zugriff 25.1.2018). Die Stufe von Einzel-Unterrichtsberichten wird jedoch übersprungen und gleich zu typisierenden Darstellungen übergegangen. Auch Wellnitz (2014, S. 60-63) wechselt in ihrer Feinanalyse von chinesischem Unterricht zum Fach Mathematik, obwohl ihre Aufmerksamkeit zunächst dem Fach Moralkunde gegolten hatte.

Im Unterricht ist, so Du Bois-Reymond & Söll, „gesellschaftliche Wirklichkeit in einer besonderen Form aufgehoben. Folgt man dieser Wirklichkeit *aus der Klasse heraus*, so kommen die Familienverhältnisse, die Wohnsituation, die Konsum- und Arbeitswelt auf einen zu." So formulieren es die Autoren des „Neuköllner Schulbuchs", einer klassischen Reportage über eine Grundschulklasse in einem Berliner Arbeiterwohnviertel (Du Bois-Reymond & Söll, 1974, S. 19, Hervorhebung TG/ZK/ZY); gleichzeitig stoße der Leser „auf unsere Eingriffe, die darauf gerichtet sind, die Erfahrungen der Kinder zu erweitern, zu präzisieren, umzuformen." (ebd.)

5 Unterricht in Hamburg: *„quite a long text"*

Yi Zhu (2016) beschreibt eine Unterrichtsstunde in einer Profilklasse der gymnasialen Oberstufe. Das Fach ist erneut Politik/Gesellschaft/Wirtschaft. Der digital verfasste Bericht ist mit einer hier nur teilweise wiedergegebenen Fotodokumentation unterlegt:

Unterricht bei Frau B.

„By contrast, Frau B.'s class was more informative, at least to me. As you can see in the pictures I have attached, they were addressing the topic of ‚Individualism'. Before the class we were observing, the students were required to read and understand a material titled as ‚Individualisierung der Lebensführung', by Uwe Schimank. Quite a long text covering 4 pages (A4). The text is followed a task, namely ‚Erstellen Sie ein Lernplakat, auf dem Sie die Individualisierungsprozesse sowie deren Vor- und Nachteile darstellen.' Then the students were required to do the work following the steps:
Photo 1 shows the task as screen shot[3]:

Ablauf ihres Arbeitsprozesses

1 Sie haben heute dabei: Eddings, Lineal etc.; Vorarbeiten, z.B. Skizzen/Ideen auf DIN A3 → Sie weisen Textkenntnis nach
2 Bei Partner- oder Gruppenarbeit: Abgleich der Vorarbeiten
3 Erstellen des Plakats → Zeitfenster von 60 Minuten → 9.35
4 Marktplatz mit Erläuterungen → bei GA oder PA benötigen Sie eine/n Sprecher/in

In Photo 2, we can catch a glance of how a group of students were doing in the first two steps of the whole process.[4]

And in Photo 3 we can see how the same group of students transform their scheme of ideas and the previous work in group or partner into a post, which they could use to publicize their thought to their fellows in other groups. Photo 5 below has documented the publicizing work of one group.

3 hier wegen der besseren Lesbarkeit ausgedruckt
4 nicht abgebildet

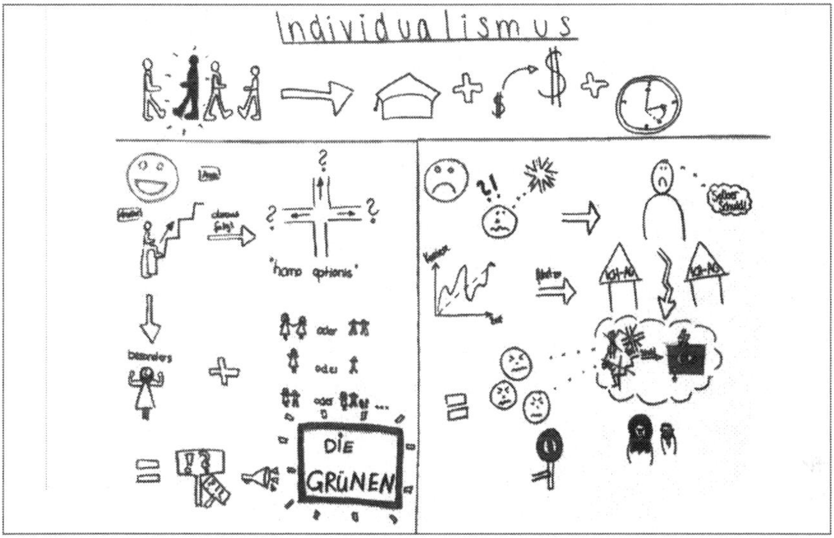

Foto 3[5]

Contrast Photo 3, 4 and 5. First we can see students were activated and made full use of the space of the classroom, they pasted their products on windows, door, small white board, cabinet and elsewhere. Second we can see students' products could be quite distinct and diverse. Some were detailed narratives full of words. Others were icons, images and arrows to a large part.

Foto 5

5 Poster einer der Schülerarbeitsgruppen (wegen der besseren Lesbarkeit nachgezeichnet)

At the end of the class we also have a talk with Frau B. She told us some useful information about this subject teaching and learning, such as the textbooks for reference, as well as the Bildungsplan and Abitur materials on the website.“ ◀

Der Bericht von Yi Zhu fokussiert auf die Sichtstruktur des Unterrichts. Fachliche Lernprozesse auf sprachlicher Ebene werden nicht erfasst. Der Verfasser verzichtet fast vollständig auf Wertungen:

- Im Unterschied zur vorangegangenen Hospitation (*by contrast)* wird dieser Unterrichtsbesuch persönlich als *informativ* erlebt; der Text von Schimank[6] sei aber – für die Schülerinnen und Schüler oder auch für den Hospitanden (?) – ziemlich lang.
- Der Bericht konzentriert sich auf die Dokumentation der Arbeit einer Schülergruppe und vergleicht sie kontrastiv (*quite distinct and diverse)* mit dem Produkt einer anderen Arbeitsgruppe auf der Ebene der symbolischen Repräsentationen *(words, icons).*
- Das selbstständige Arbeiten in kooperativen Lernformen ist für den Beobachter ein eindrückliches Beispiel für die *Individualisierung* von schulischen Lernkulturen. Der Sinn dieser Arbeitsform wird im Bericht neutral wiedergegeben.
- Eine Auswertung der Inhalte der Präsentationsplakate und der Gespräche findet nicht statt.
- Das Gespräch mit der Lehrerin im Nachgang scheint Lehrplan und Prüfungserfordernisse als Legitimation des Vorgehens zum Gegenstand gehabt zu haben – ein für Beobachter aus China im Blick auf *gao kao* (die Aufnahmeprüfungen an Hochschulen) vertrautes Argument.

Im Rahmen einer interkulturellen Verständigung über Unterricht kann der eher lakonisch gehaltene Bericht über den Unterricht von Frau B. eine Reihe produktiver Fragen aufwerfen:

- Wie verbreitet ist das kooperativ-selbstständige Lernen an deutschen Schulen? Drückt sich in dieser Lernumgebung Deweys Aufgabenzuschreibung an die Schule aus, eine „vereinfachte Umwelt“ abzubilden?
- Drückt die Formulierung *by contrast* im Vergleich mit der ersten Hospitation eine schlichte Sachfeststellung oder doch eine Form der indirekten Kritik aus, zumindest eine Irritation?
- Ist es eine positive Wertung oder ein kritischer Hinweis auf (äußerlichen) Aktivismus, wenn das Lernen der Schülerinnen und Schüler als *activated* charakterisiert wird?
- Was bedeutet die Betonung der Aneignungsstrategien des Klassenraums (*full use*) durch die Schülerinnen und Schüler?

---

6 Soziologe, Professor an der Universität Bremen.

Es ist ebenso offensichtlich wie selbstverständlich, dass Yi Zhu die Stunde auf der Folie seiner im Heimatland erworbenen subjektiven Theorie interpretiert und beurteilt. Er vergleicht das Gesehene mit seinen bisherigen Unterrichtserfahrungen und beurteilt den „Stil" des Unterrichtsablaufs. Schon vor 60 Jahren hat der Berliner Didaktiker Paul Heimann (1901-1967) in einem programmatischen Aufsatz zur Methodologie vergleichender didaktischer Forschung den Unterrichtsstil als den „Zentralbegriff des vergleichenden Verfahrens" bezeichnet (Heimann, 1956/1976, S. 95). Dem schließen wir uns an.

6 Unterricht in Yiyuan: „… *aber ohne Geld geht es nicht*"

Das nächste Beispiel berichtet Tilman Grammes. Er beschreibt Unterricht in der Oberstufe einer Mittelschule, Jahrgänge 10-12, in der Stadt Yiyuan in der Provinz Shandong/China im Jahr 2012. Der Berichtende verfügt über keinerlei Kenntnisse der chinesischen Sprache und erhält während der Stunde eine eingeflüsterte sinngemäße Übersetzung durch Kun Zhang. Der Bericht ist unmittelbar nach der Hospitation in einem Forschungstagebuch festgehalten und einige Tage später in einen gültigen Text gebracht worden (aus: Grammes, 2014, S. 31):

Unterricht bei Herrn Xu

„Wie die meisten Lehrer unterrichtet Herr Xu ein Fach, auf das er sich in einem vierjährigen Studium vorbereitet hat. 75 Schüler sitzen an Einzeltischen, auf denen die Schulbücher gestapelt sind. Mit dem Klingelzeichen erfolgt ein sehr informell wirkender Gruß, für den die Schüler kurz aufstehen. Der Lehrer zieht einen Geldschein aus dem Portemonnaie. Was ist das Wesen des Geldes? Zur Beantwortung der Lehrerfrage schließen sich im Folgenden immer wieder, allerdings sehr kurz gehaltene Gesprächsphasen in festen Kleingruppen an. Jeweils eine Bankreihe dreht sich zur rückwärtigen Reihe um, die Schüler kennen das Verfahren aus der Mittelschule. Das wirkt sehr funktional.
Die Sichtstruktur dieser wie auch aller weiteren Stunden wird über den dichten Takt der Power Point Folien am Whiteboard strukturiert, technologische Standardausrüstung in allen besuchten Schulen. Wenn Schüler ihre Arbeitsergebnisse vorstellen, stehen sie auf, so dass die Beiträge für alle gut hörbar sind. Auf einem leicht erhöhten Podium vor dem Whiteboard gestalten Schüler kurze geschlossene Rollenspiele, am Anfang und am Ende erhalten sie dafür Beifall von ihren Mitschülern. Lernzeit wird nicht vergeudet – eine besorgte Rückfrage an uns Besucher, wenn wir Lehramtsstudierenden in China Unterrichtsvideos aus deutschen reformpädagogischen Klassenzimmern zeigen.
Immer wieder werden Textabschnitte gemeinsam und laut gelesen. Antworten werden teilweise im Chorsprechen *(qi du)* gegeben – ein Verfahren, mit dem chinesische Schüler von klein auf vertraut sind. Es wirkt hier ganz natürlich und

funktional, denn es sichert eine hohe Aufmerksamkeit der großen Lerngruppen, selbst in Stunden nach der Mittagspause. Die Schüler versuchen, Begriffe und Definitionen auswendig zu lernen. Ein Animationsfilm, den der Lehrer im Internet gefunden hat, sorgt zwischendurch für neue Motivation. Eine rasche Folge von Folien mit kurzen Texten und Aufgaben, dazu Auswahlantworten A B C D. In jeweils kurzen Gruppenphasen geht Herr Xu durch die Reihen und berät. Auf die Frage „Wann können wir ohne Geld leben?" lautet die Antwort im Chor: „In der kommunistischen Gesellschaft". Einstellungen zum Geld werden diskutiert. Moral: Wir können Gesundheit nicht kaufen, wir können Glück nicht kaufen. Ohne Geld geht es nicht, aber Geld kann nicht alles.
Dieser Akzent auf moralische Erziehung und Lebenskunde ist charakteristisch für das Fach *deyu* in China und wird immer wieder als „konfuzianische Tradition" betont."

Unterricht in Yiyuan (2012) ◀

Das Format der Reportage ist günstig, um Fachunterricht in seiner Frage-Antwort-Struktur und als Zug-um-Zug-Geschehen wahrnehmbar zu machen. Die vorwissenschaftliche, eher journalistische Beschreibungssprache hilft, den Blickwechsel auf Praxislogiken anzubahnen. Dies entspricht den Intentionen phänomenologischer und ethnografischer Forschung (Schneider, 1971).
In Form einer Autoethnographie (Jones et al., 2016) kann man sich reflexiv zu dieser Reportage verhalten und sie methodisch kontrolliert mit den unmittelbar im Anschluss an die Beobachtung verfassten Feldnotizen vergleichen. Dabei fällt das Bemühen auf, in der hier wiedergegebenen *zweiten Fassung der Reportage* ein positives Bild an die Stelle eines negativen Stereotyps von sozialer und politischer

Erziehung in China zu setzen (vgl. das Negativbeispiel von Meuß, 2012). Stichworte für das positive Bild sind Lernfreude, Funktionalität und Effektivität. Stichworte für das negative Stereotyp wären z.B. der hohe Kollektivismus und die Betonung des Auswendiglernens, das sogenannte „rote memorizing" (vgl. Chan & Rao, 2010). Damit werden in meiner Bearbeitung der ersten Fassung des Unterrichtsprotokolls dualistische Typisierungen aus einer breit rezipierten Richtung der kulturvergleichenden Psychologie relativiert, etwa das Gegensatzpaar Individualismus – Kollektivismus.[7] Es erfolgt ein Wechsel von einer ersten Defizitperspektive – einer Rhetorik des Entsetzens (Breidenstein, 2008, S. 111) – hin zu einer pädagogischen Differenzperspektive, in der die Praxislogik des beobachteten Unterrichts analysiert wird:

- So wird das Aufstehen der Schüler zu Beginn des Unterrichts im Bericht gemildert, indem es von mir als „sehr informell wirkend" herabgespielt wird.
- Andere Formen als der Frontalunterricht werden erwähnt, einschränkend ist von „allerdings sehr kurze(n) Gesprächsphasen" die Rede.
- Die Funktionalität der straffen Unterrichtsführung und der hohe technische Standard (Whiteboard) werden angesichts der Größe der Schule und der Klasse hervorgehoben.
- Das Aufstehen bei Schülerbeiträgen wird mit der Funktionalität für das Hörverstehen erläutert.
- Die Fremdheit des „Chorsprechens", als *qi du* in der Pinyin-Umschrift wiedergegeben (vgl. Wellnitz, 2014, S. 64), wird abgemildert durch die Einordnung in die kulturelle Tradition und die Versicherung, es habe „ganz natürlich und funktional" gewirkt.
- Die Reportage scheint ganz auf die Maxime „Lernzeit wird nicht vergeudet" abgestellt zu sein. Aber das Unterrichtstempo wird nicht kritisiert.[8]

Die bereits genannten Stilelemente einer Reportage sind erkennbar. Es gibt viele Sachinformationen, einen Spannungsbogen, den für eine Reportage charakteristischen dramaturgischen Aufbau und das lineare Erzählen, das zur Schlusspointe führt. Die Antwort *„in der kommunistischen Gesellschaft"* könnte für einen deutschen Pädagogen vor dem Hintergrund der überwundenen politischen Erziehung in der DDR als Enttäuschung und als Bestätigung eines schon immer vermuteten Defizits wahrgenommen werden: Der Unterricht verfolgt eine klare Mission, wenn nicht gar eine ideologische Indoktrination.

Als *roter Faden* meiner Reportage ist damit das Thema „sanfte Modernisierung" als pädagogische Meistererzählung identifizierbar (vgl. Li, 2004).

---

7 Bekannt geworden durch die Arbeiten von Hofstede & Hofstede (2017) zur Globalisierung. Er unterscheidet vier Dimensionen, in welchen sich die Kulturen hauptsächlich unterscheiden: Kollektivismus-Individualismus, Machtdistanz, Unsicherheitsvermeidung, maskulin/feminin.

8 Die Berichte über Unterricht in China sprechen übereinstimmend von einem hohen Anteil echter Lernzeit (vgl. Wellnitz, 2014, S. 65ff.).

7 Die Politik der Übersetzung

Übersetzungen sind kulturelle Umschreibungen, die ständig Entscheidungen erfordern. Insofern kann man von der „Politik" einer Übersetzung sprechen (Bittner & Günther, 2013). Eine goldene Regel der Übersetzungspraxis in China ist das Prinzip Xin – Da – Ya. *Xin* steht für „Vertrauen", womit die Treue zum originalen Text gemeint ist; *Da* für „fließend", der übersetzte Text muss verständlich gelesen werden können; *Ya* für „schön" und rhetorisch geschliffen. Die Prinzipien stehen untereinander in einem Spannungsverhältnis und erfordern Priorisierungen.
Aus Sicht der Übersetzungswissenschaft kommt das Genre der Reportage mit seinen eher kurzen Sätzen dem Sprachpaar Chinesisch-Deutsch entgegen. Die sonst in der deutschen Wissenschaftssprache gebräuchlichen Hypotaxen müssen für die chinesische Übersetzung nicht erst in parataktische Formen aufgelöst werden (vgl. Baocong, 1986; Fluck, Hoberg & Jianhua, 2006; Ye, 2017, S. 21).
Was in Übersetzungen fiktionaler Literatur als Faulheit des Übersetzers ausgelegt werden würde, kann bei wissenschaftlichen Unterrichtsreportagen sinnvoll sein: die Übersetzungen nicht zu glätten, sondern den Diskussions- und Entscheidungsprozess des Übersetzer-Teams durch Brüche im Textfluss zu dokumentieren. Dies kann erfolgen etwa durch

– die Angabe einer Alternativübersetzung in Klammern
– den Lesefluss nicht störende Fußnoten oder
– ein Glossar.

Forward and back translation: In der kulturvergleichenden Sozialforschung wird die Technik des Hin-und-Her Übersetzens (*forward and back translation)* methodisch genutzt. So wird zum Beispiel in der Marktforschung ein Fragebogen aus der Zielsprache (*target language*) von einem Muttersprachler in die Ausgangssprache (*source language*) „rückübersetzt". Beide Fassungen werden sodann verglichen. Stellen, an denen Diskrepanzen auftreten, zeigen Übersetzungs- und Verstehensprobleme an, an denen translationswissenschaftlich weiter gefeilt werden muss (Zhang, 2010).
Wir haben diese Technik nun auf das im Abschnitt 6 beschriebene Beispiel übertragen, und die Reportage über den Unterricht bei Herrn Xu versuchsweise ins Chinesische rückübersetzt:

Unterricht bei Herrn Xu
(*Rückübersetzung: Kun Zhang*)
课堂教学观察 山东 2012
组织协调员：张坤
徐老师的课堂
和大多数教师一样，徐老师（男）完成了四年的本科学业后，在一所高中教一门课程。75名学生坐在他们的书桌旁，上面堆放着他们的课本。上课铃声响起，学生们全体起立向老师问候。这看上去显得并不那么正式。徐老师从钱包中拿出一张纸币。问道：钱的本质是什么？为了回答老师提出的问题，学生们会在固定小组进行简短讨论。前面一排学生转向坐在后排的学生，以进行小组讨论。学生们已经在中学里熟悉了这种小组讨论的方式和过程。效果是非常好的。和其他的课堂上一样，教学要点框架是通过在智能白板上的幻灯片展示，这是在所访问学校的标准教学设施。为了让所有人都听的清楚，学生会起立介绍他们的讨论成果。在智能白板前面略高出地面的讲台上，学生在进行简短的角色扮演。他们会因此在演出前后得到同学们的掌声。
自习时间充分利用 – 疑虑地反问我们访问者，如果我们给中国的师范生展示德国教学改革后的课堂教学录像。
学生们反复地一起大声地课文中的段落；有时候会齐声回答问题 – 这是一个中国学生从小就熟知的程序。它显得十分的自然和有效，因为这能保证学生在人数多的大班级中集中他们的学习注意力，即使是在午休后的课堂中也是如此。学生们试着去背诵和记忆各种概念和定义。老师从因特网中找到的动画卡通片会穿插在教学中播放，以激发学生的学习兴趣。带有简短小文章和带有ABCD选择题的幻灯片快速切换。徐老师在小组讨论环节会在各排走动并进行指导。"我们什么时候能够没有金钱生活？"学生们异口同声地回答道："在共产主义社会中"。对待金钱的态度的讨论。道德伦理角度：我们不能够用金钱购买健康，我们不能用金钱购买幸福。没有钱是不可以的，但是金钱也不是万能的。
强调道德伦理教育和世界观教育是中国"德育"课程的特点，这也被一再强调为"儒家传统思想"。 ◀

Gerade bei internationalen pädagogischen Reiseberichten stellt sich die Frage der Fairness und der journalistischen Ethik schon beim Feldzugang. Der Aufbau stabiler, vertrauensvoller Beziehungen zwischen Schulen, Pädagogen und Forscherteams erfordert in der Regel viel Zeit und Geduld. Eine vertrauensbildende Vorgehensweise kann darin bestehen, die Lehrkräfte auch als Mitglied der Forschungsgruppe sichtbar zu machen, indem diese in die Autorschaft einbezogen werden (so bei Liu, Guo & Ren, 2014). Können die beteiligten Akteure das Ergebnis, die veröffentlichte Reportage lesen und als ihr Portrait erkennen und akzeptieren? Würde Herr Xu noch einmal die Türen seines Klassenzimmers öffnen wollen? Dazu die nachträgliche Reflexion (2017) des damaligen Beobachters und Dolmetschers, Kun Zhang (2017):

> Meines Erachtens würde es Herrn Xu auffallen, dass das Aufstehen der Schüler zu Beginn des Unterrichts als „sehr informell wirkend" beschrieben wird. Denn es muss im Unterricht in einer chinesischen Schule grundsätzlich gezeigt werden, wie gut diszipliniert ein Klassenkollektiv ist, insbesondere wenn es Beobachter im Unterricht gibt. Herr Xu würde ergänzen, dass das Aufstehen der Schüler beim Beantworten von Fragen nicht nur wegen der Lautstärke erforderlich sei. Es geht auch um den Respekt vor allen Zuhörern. Während der Übersetzung hatte ich (Kun Zhang) als Übersetzer das Gefühl, dass der Unterricht recht „mild" betrachtet wird. Die Kritik am Unterrichtsritual wird positiv umschrieben, zum Beispiel: „Das wirkt sehr funktional." Mein Eindruck ist, dass Herr Xu seinen Unterricht in diesem Bericht wiedererkennen kann, wenn er diese chinesische Übersetzung liest.

Inzwischen liegt auch eine englische Übersetzung dieser Reportage vor, die von einer professionellen Übersetzerin gefertigt wurde (Grammes, 2017). Es könnte zu den spannenden Fragen eines Chinesisch-Deutschen Didaktik-Dialogs gehören, diese unterschiedlichen Fassungen im interkulturellen Dialog wechselseitig und systematisch zu kommentieren.

8 „Kino im Kopf": Tips für gute Unterrichtsreportagen

Unterrichtsreportagen sollen eine Erwartung erfüllen, die dem Genre Reportage allgemein zugeschrieben wird: Sie sollen ein „Kino im Kopf" erzeugen, so als ob „man selbst dabei gewesen" wäre (Bleher & Linden, 2015). Sie fordern dazu heraus, das performative Element von Unterricht stärker wahrzunehmen. Das ist in einzelnen Fächern unterschiedlich schwer bzw. leicht. Es ist kaum ein Zufall, dass Anleitungen für „dichte" ethnografische Beschreibungen im deutschsprachigen Raum zuerst in der narrativen Sportdidaktik zu finden sind (Scherler, 1989; Schierz, 1997), da im Sportunterricht eine ganz unmittelbare handlungsbezogene Kongruenz von sozialer Interaktion (Form) und Inhalt des Lernens besteht. Aber auch für Politik/Sozialkunde ist eine (kommunikative) Handlungsdimension konstitutiv, wie es das ikonische Bildbeispiel in Meyers Lehrbuch zur Unterrichtsmethodik (2011) nonverbal illustriert. Es wäre ein interessantes didaktisches Experiment zu überprüfen, ob die Zeichnung zu einer Unterrichtsstunde mit Pro- und Contradiskussion (a.a.O., S. 237) von Betrachtern aus China alleine aufgrund der Raumordnung einem Unterricht der politischen Bildung zugeordnet würde, selbst wenn die Beschriftung an der Tafel (pro – contra) nicht ins Chinesische übersetzt wird und so der thematische Kontext unbekannt bleibt.
Wolters (2015, S. 218ff.) gibt die folgenden Tipps für narrative Falldarstellungen (vgl. auch Messmer, 2002 und Breidenstein u.a., 2013, S. 85ff.):

- Den Rahmen skizzieren, damit man den Kontext versteht
- Alltagssprache verwenden, keine Wissenschaftssprache oder abstrakte Ausdrücke
- sich auf das beschränken, was zu sehen ist,
- Tempusformen: Präsens Indikativ
- auf Handlungen fokussieren
- Wörtliche Äußerungen aufnehmen
- Interpretationen und Erklärungen vermeiden.

In einer Reportage können unterschiedliche Beobachter- und Erzählperspektiven auf das Geschehen und seine Protagonisten – auf den „Cast" in der journalistischen Fachsprache – eingenommen werden: Ich-Form, personal (er/sie), neutral („man"), auktorialer Erzähler, dialogische Wiedergabe in wörtlicher Rede, „shado-

wing" als Langzeitbeobachtung einer markierten Schülerin (vgl. Kuno, 2014). Es gibt den Sonderfall, dass der Protagonist – das kann die Lehrperson oder auch ein Schüler sein – und der Erzähler ein und dieselbe Person sind (ein inspirierendes nicht-pädagogisches Beispiel dafür: Bleher & Linden, 2015).
Die Dokumentation und Beschreibung von Unterricht ist in China weit verbreitet. Eine vergleichbare Tradition *narrativer Didaktik* gibt es aber bislang nicht.

9 Textsorten und Varianten

In Anlehnung an journalistische Typologien können auch in der Didaktik vielfältige Darstellungsformen von Unterricht unterschieden werden. Wir versuchen jeweils ein Referenzbeispiel mit Nähe zur politischen Bildung und mit Bezug zu asiatischen bzw. zu westlichen Lernkulturen aufzuführen:
- Fotostrecke (gallery) oder Bildreportage (Jaenichen, 2012, Wellnitz, 2014, S. 54ff.); ein auf demokratiepädagogische Lerngelegenheiten bezogener Rundgang durch eine japanische Grundschule bei Sano (2014);
- Portrait, z.B. als Lehrerportrait oder Schülerportrait (Kuno & Ikura, 2014); als Schulportrait (Brenk & Salomon, 2010);
- narrative Studie (Schierz, 1997, S. 205ff.) und Fallstudien (Beck u.a., 2000) in der Lehrerbildung;
- Falldarstellung einer sozialwissenschaftlich-psychoanalytischen Didaktik (z.B. Hirblinger, 2000; für China bislang nicht bekannt);
- filmische Dokumentation („educational documentary"): eine explorative Studie zu historischen Dokumentationen von Erziehung in China und ihren Entwicklungen skizziert Mao (2011); ein internationales Projekt der Bundeszentrale für politische Bildung „Demokratie für alle?" enthält den chinesischen Film „Vote for me!" über die Wahl eines class monitor (Liu, 2012);
- literarisch-fiktionale Formen: Unterrichtsreportagen können zwecks literarischer Passung „geschönt" sein und befinden sich im Übergangsbereich zu literarischen Darstellungsformen (Clough 2002); für China finden sich Schulszenen in dem Mehrgenerationen-Familienroman „Wilde Schwäne" von Chang (1991; vgl. Hinweise auf Szenen daraus in Lan & Grammes, 2016).

Oft gehen veröffentlichte Unterrichtsberichte aus privaten Lehrertagebüchern, Notizen oder neuerdings aus Portfolios hervor, die im Rahmen von Schulpraktika angelegt werden. Solch einen Bericht über den eigenen Unterricht zu verfassen, stellt für die meisten Lehrerinnen und Lehrer eine „schwierige Klippe" dar, „überwindbar nur durch vorgängiges Erzählen, Erzählen, und nochmals Erzählen ... keine hierarchischen Misstöne, keine besserwisserische Gockelei, und alle Mitspieler geschützt durch das wechselseitige ‚erzählst Du mir, so erzähl ich Dir': mündliche Unterrichtserzählung vor schriftlichem Unterrichtsbericht." (Berg, 2001, S. 203)

10 Fazit

Journalistische Darstellungsformen wie die Reportage können und dürfen wissenschaftliche Dokumentationen und Analysen von Fachunterricht nicht ersetzen. Sie können aber eine sinnvolle Ergänzung darstellen, um gerade in der international-vergleichenden Didaktikforschung ein Gespräch über Unterricht und seine Formen überhaupt erst in Gang zu setzen.
In der internationalen Kommunikation müssen Unterrichtsberichte weiterhin auf die typischen interkulturellen Interpretationsfallen hin analysiert werden: Kulturalisierung, Nationalisierung sowie Exotisierung (Weiß, 2012 mit Bezug auf Martha Nussbaum). Es fehlt eine *explizite* theoretische Konstruktbildung zu Lehr-Lernprozessen in der globalisierten Welt, in der kulturelle Vor-Urteile aufgedeckt und blinde Flecken ermittelt werden. Eine solche kulturvergleichende Unterrichts- und Didaktikwissenschaft müsste interdisziplinär mit sozialwissenschaftlichen Teildisziplinen zusammenarbeiten:

- mit der vergleichenden politischen Kulturforschung und Demokratieforschung (Zapf 2012; Schmidt 2011, S. 27ff.)
- mit der trans- und interkulturell vergleichenden Wissenssoziologie
- mit der trans- und interkulturell vergleichenden Lern- und Kognitionspsychologie
- mit der trans- und interkulturell vergleichenden Didaktik- und Bildungsgangforschung (Grammes, 1998; Hudson & Meyer, 2011).

Für Deutschland forderte vor mehr als 50 Jahren und im Zusammenhang mit dem Filmprojekt „Unterricht in Dokumenten" der Medienpädagoge Alfons Otto Schorb eine „Gesamtaufnahme der Unterrichtswirklichkeit" (vgl. Schluß & Jehle, 2013, S. 7). Und Ewald Terhart vermerkt in seiner Darstellung des aktuellen Standes didaktischer Forschung im deutschsprachigen Raum das Desiderat eines „broad empirically based picture (impressions, experience) of current realities in German classrooms" (Keynote Terhart auf dem Second Sino-German Didactics Dialogue, Oldenburg 2015). Für China ist die Situation vergleichbar. Die Realisierung unserer Forderungen steht noch in weiter Ferne. Einen ersten Schritt könnte daher eine (kommentierte) Textsammlung inspirierender Unterrichtsreportagen bilden.

Literatur

Acikalin, M., Grammes, T. (2016). A Turkish Social Studies Lesson. Qualitative Data Collection and Interpretation. In: *Journal of Social Studies Education Research*, 2016-1, pp. 1-40.

Baocong, Y. (1989). Gemeinsamkeiten der chinesischen und der deutschen Sprache. In: Deutscher Akademischer Austauschdienst (Hrsg.): Chinesisch-Deutsches Germanistentreffen 1986: DAAD Dokumentationen & Materialien, Bd. 14. Bonn: DAAD 1989, S. 414-419.

Beck, C., Helsper, W., Heuer, B., Stelmaszyk, B. & Ullrich, H. (2000). *Fallarbeit in der universitären LehrerInnenbildung*. Opladen: Leske + Budrich.

Berg, H.-C./Schulze, T. (1995). *Lehrkunst. Lehrbuch der Didaktik*. Neuwied: Luchterhand.

Berg, H.-C.(2001). Acht Arbeitsschritte. In: U. Aeschlimann & H.-C. Berg (Hrsg.): *Berner Lehrkunstwerkstatt: Lehrstücke der III. Gruppe*. Köniz: Zentralstelle für Lehrerinnen- und Lehrerfortbildung Sek II, S. 195-207.

Bittner, M. & Günther, M. (2013). Verstehensprozesse in interkulturellen Forschungsgruppen. Übersetzung als eine Herausforderung qualitativer Forschung. In: Bettmann, R. & Roslon, M. (Hrsg.): *Going the Distance*. Wiesbaden: Springer, S. 185-201.

Bleher, C. & Linden, P. (2015). *Reportage und Feature*. Konstanz, München: UVK.

Breidenstein, G. (2008). Schulunterricht als Gegenstand ethnographischer Forschung. In: B. Hünersdorf, C. Maeder & B. Mueller (Hrsg.): *Ethnografie und Erziehungswissenschaft*. Weinheim, München: Juventa, S. 107-117.

Breidenstein, G., Hirschauer, S., Kalthoff, H. & Nieswand, B. (2013). *Ethnografie. Die Praxis der Feldforschung*. München, Konstanz: UVK Verlagsgesellschaft.

Brenk, M. & Salomon, A. (2010). *Schulporträtforschung und Schulentwicklung*. Frankfurt/M.: Peter Lang.

Chan, C. & Rao, N. (Eds.) Revisiting the Chinese Learner. Changing contexts, changing education. Dordrecht: Springer 2010.

Chang, J. (1991). Wilde Schwäne. *Die Geschichte einer Familie*. München: Droemer (englisch: London, 1991; chinesisch: Taipei, 1992)

Clough, P. (2002). *Narratives and fictions in educational research*. Buckingham/Philadelphia: Open University Press,

Dewey, J. (1964). *Demokratie und Erziehung*. Braunschweig: Westermann. (zuerst amerikanisch 1916; deutsche Übersetzung E. Hylla 1930; chinesische Übersetzung unter dem Titel „Minzhu Zhuyi Yu Jiaoyu“ von Wang & Chengxu, Presseverlag der Volksbildung, Beijing, 2001).

Die chinesische Touristin (2017). In: *mobil. Das Magazin der Deutschen Bahn*. Heft 10, S. 19 (Interviewer: Thilo Mischke)

Du Bois-Reymond, M. & Söll, B. (1974). *Neuköllner Schulbuch, Bd. 1*. Frankfurt/M.: Suhrkamp

Fluck, H.-R., Hoberg, R. & Zhu, J. (Hrsg.)(2006): Interkulturelle Kommunikation chinesisch-deutsch. Frankfurt/M. u.a.: Lang.

Grammes, T. (1998). Interkulturell-vergleichende Fachunterrichtsforschung. In: Ders. (Hrsg.): *Kommunikative Fachdidaktik*. Opladen: Leske & Budrich, S. 702-707.

Grammes, T. (2014). Gesellschaftskundeunterricht in China. Unterrichtsbeobachtungen. In: *Politisches Lernen*. 2014, H. 3-4, S. 30-33 (auch online frei verfügbar).

Grammes, T. (2017a). Civic Studies in a Socialist Democracy with Chinese Characteristics. A Travelogue with Four Lesson Observation Reports. In: Diem, R., Berson, M. (Eds.): *Mending Walls. Historical, Socio-Political, Economic and Geographic Perspectives. International Social Studies Forum Series*. Charlotte/NC: Information Age Publishing, pp. 17-23.

Grammes, T. (2017b). Die Unterrichtsreportage – ein journalistischer Zugang zum alltäglichen Politikunterricht? „... als ob man selbst dabei gewesen wäre“. In: Gloe, M. & Oeftering, T. (Hrsg.): *Perspektiven auf Politikunterricht heute*. Baden-Baden: Nomos, S. 227-242.

Hagsted, H. & Hildebrand-Nilshon, M. (Hrsg.)(1980). *Schüler beurteilen Schule*. Düsseldorf: Schwann.

Hahn, C. (2010). Comparative Civic Education Research. What We Know and What We Need to Know. In: *Citizenship Teaching and Learning*, 1, pp. 5-23.

Heimann, P. (1976). Vergleichende Unterrichtslehre. Ihre Möglichkeiten und Methoden. In: Ders.: *Didaktik als Unterrichtswissenschaft*. Stuttgart: Klett, S. 93-102.

Hirblinger, H. (2000). Es spiegelt sich. Schule und Lehrer im Konflikt mit adoleszenter Identitätsbildung. In: *Pädagogik*, Jg. 2000, H. 1, S. 21-23.

Hofstede, G. & Hofstede, G.J. (2017). *Lokales Denken, globales Handeln.* 6. Aufl. München: Deutscher Taschenbuch Verlag.

Hudson, B. & Meyer, M.A. (Eds.)(2011): *Beyond fragmentation: Didactics, learning and teaching in Europe.* Opladen & Farmington Hills: Barbara Budrich.

Hünersdorf, B., Müller, B. & Maeder, C. (Hrsg.)(2008): *Ethnographie und Erziehungswissenschaft.* Weinheim, München: Juventa.

Jaenichen, M. (2012). Die UAZ in einer Berner Zehnten. Bildreportage. In: S. Schmidlin (Hrsg.): *UAZ – Unsere Abend-Zeitung*, Bern: S. 81-87.

Jones, S.H., Adams, T.E. & Ellis, C. (Eds.)(2016). *Handbook of Autoethnography.* New York: Routledge.

Kakos, M. & Fritzsche, B. (2017). A meta-ethnography of two studies on interactions in schools: Reflections on the process of translation. In: *Ethnography and Education*, pp. 228-242.

Kawanaka, T., Stigler, J.W. & Hiebert, J. (1999). Studying Mathematics Classrooms in Germany, Japan and the United States: Lessons from the TIMSS Videotape Study. In: Kaiser, G., Luna, E. & Huntley, I. (Eds.): *International Comparisons in Mathematics Education.* London: Falmer: S. 86-103.

Khoo, Y. (2017). Regenerating narrative inquiry for teacher growth on a Toronto-Shanghai Sister School partnership landscape. In: *Frontiers of Education in China.* 2017, 2, pp. 180-199.

Kuno, H. & Ikura, G. (2014). Investigating Society „Close-up". A Case Study of an Individual Student, Yumiko, and the Construction of a Footbridge on the Route 419. In: *Journal of Social Science Education.* 2014, 1, pp. 88-103.

Lan, X. & Grammes, T. (2016). Moral/Political Education in China. *Hamburger Studientexte Didaktik Sozialwissenschaften,* Bd. 6, Hamburg: Universitätsbibliothek.

Levinson, B. (2011). Toward an Anthropology of (Democratic) Citizenship Education. In: B. Levinson & M. Pollock (Eds.): *A Companion to the Anthropology of Education.* Hoboken: Wiley Blackwell, pp. 279-298.

Li P., Zhong M., Lin B. and Zhang H. (2004). "*Deyu*" as Moral Education in Modern China. In: *Journal of Moral Education.* Vol. 33/4, pp. 449-64.

Liu, C./Guo, J. & Ren, P. (2014): An Ideological and Political Lesson from China: The Impact of Price Fluctuations. In: *Journal of Social Science Education.* vol. 1, 2014 (ohne Paginierung).

Liu, C. (2012). Vote for me! Electing a class monitor in a Chinese middle school. In: *Journal of Social Science Education.* 2012, 2 (ohne Paginierung).

Lohrmann, K. (2008). *Langeweile im Unterricht.* Münster: Waxmann.

Mao, Y. (2011). Educational Discourse in Film: The History of Chinese Educational Documentaries. In: *Frontiers of Education in China. Vol. 2011*, 4, pp. 620-638.

Messmer, R. (2002). *Didaktik in Stücken.* Magglingen: Eidgenössische Fachhochschule für Sport.

Meuß, K. (2012). Hirne ohne Ideen. Als Deutsch-Lehrerin in China. In: Bayerischer Lehrerverband (online), ohne Datum (www.bllv.de/Lernen-in-China.7459.0.html – letzter Zugriff 25.1.2018)

Meyer, H. (2011). 课堂教学方法一实践篇 (*Unterrichtsmethoden II: Praxisband*). Shanghai: East China Normal University Press (华东师范大学出版社).

Neuweg, G.H. (2015). *Das Schweigen der Könner.* Münster, New York: Waxmann.

Rauin, U., Herrle, M. & Engartner, T. (Hrsg.) (2016): *Videoanalysen in der Unterrichtsforschung. Methodische Vorgehensweisen und Anwendungsbeispiele.* Weinheim, Basel: Beltz Juventa.

Rehage, C. (2017). *Neuschweinstein. Mit zwölf Chinesen durch Europa.* München: Malik.

Reinhardt, S. (2015). *Teaching Civics.* Opladen, Berlin, Toronto: Barbara Budrich.

Ren, P. (2016). „The students have been spoilt previously". *A Case Study on the Professionalization of Chinese Language Teachers in Hamburg.* Hamburg: Staats- und Universitätsbibliothek (Dissertationsveröffentlichung).

Richter, P. (2017). Schulbesuch in Shanghai. Reportage. In: *schulmanagement* 2017, H. 1, S. 27-31.

Rusch, H. & Thiemann, F. (2003). *Mitten im Kampfgetümmel. Ethnographische Reportagen aus den Klassenzimmern.* Baltmannsweiler: Schneider Verlag Hohengehren.

Sano, R. (2014). Elementary Schools, Japan. In: *Journal of Social Science Education,* 2014, 1, pp. 139-148.

Scherler, K. (1989). *Elementare Didaktik. Vorgestellt an Beispielen aus dem Sportunterricht.* Weinheim, Basel: Beltz.

Schierz, M. (1997). *Narrative Didaktik.* Weinheim, Basel: Beltz.

Schluß, H. & Jehle, M. (Hrsg.)(2013). *Videodokumentation von Unterricht.* Wiesbaden: Springer VS.

Schmidlin, S. (Hrsg.)(2012): *UAZ – Unsere Abend-Zeitung.* Bern: HEP

Schneider, K. (1971). *Das Problem der Beschreibung in der Erziehungswissenschaft.* Heidelberg: Quelle&Meyer

Wagner, A.-C. & Wagner, M.-L. (2015). Sport an der Deutschen Botschaftsschule Peking. In: *Sportunterricht,* 2015, H. 8, S. 242-244.

Weiß, A. (2012). Vier Laster einer vergleichenden politischen Theorie und das Projekt einer vergleichenden Kulturtheorie. In: H. Zapf: *Nichtwestliches Politisches Denken.* Wiesbaden: Springer VS, S. 65-73.

Wellnitz, C. (2014). *Von den Siegern lernen? Bildung und Erziehung in der Volksrepublik China.* München: Oldenbourg.

Wolters, P. (2015). *Fallarbeit in der Sportlehrerausbildung.* Aachen: Meyer & Meyer.

Ye, X. (2017). *Eine vergleichende Untersuchung zum Qualitätsverständnis von Unterricht in chinesischen und deutschen Lehrwerken der Didaktik.* Oldenburg: BIS-Verlag.

Zapf, H. (Hrsg.)(2012). *Nichtwestliches politisches Denken. Trans- und interkulturelle Politische Theorie und Ideengeschichte.* Wiesbaden: Springer.

Zhang, K. (2012). *Die deutschen Schülerinnen und Schüler wählen durch Kritik Vorbilder aus.* In: *Shanghai Education* 2012, 1B, pp. 26-27.

Zhang, N. (2010): *Grundfragen einer Dolmetschdidaktik im Sprachenpaar Deutsch-Chinesisch.* München: Iudicium.

Zhu, Y. (2016). The Visits to Civics Classes in Gymnasium Marienthal. Manuskript, Sichuan Normal Universty in Chengdu.

Lili Zheng und Meinert A. Meyer

Didaktik und Unterrichtsreform in Zeiten der Globalisierung

Wir starten unseren Beitrag[1] mit einer kleinen Episode aus der eigenen Schulzeit in China. Ich, Lili Zheng, erinnere mich:

> „Ich war 10 Jahre alt und in der fünften Klasse der Primarschule. 52 Schüler waren in der Klasse. Der Unterricht war anstrengend, weil wir uns auf die Eingangsprüfungen für die Sekundarschule vorbereiten mussten. Es war an einem Nachmittag. Nach zwei Stunden Klassenunterricht hatten wir eine kleine Pause vor der letzten Schulstunde. Mit zwei anderen Mädchen lief ich in ein anderes Klassenzimmer, in dem ein Lehrer Kalligrafie-Unterricht gab und gerade fertig war. Wir fragten ihn, ob er uns beibringen könne, wie man mit einem Lederpinsel bestimmte Striche ausführt. Er zeigte es uns mit Kreide an der Tafel. Wir kamen dann zu spät in unseren eigenen Raum zurück und die Klassenlehrerin war schon da. Sie war verärgert und ermahnte uns, dass es viel wichtiger sei, ordentlich Mathe und Chinesisch zu lernen als sich mit Kalligrafie zu beschäftigen."
> (Lili Zheng, erste Reihe, neunte von links)

Die Szene hätte in Deutschland ganz ähnlich ablaufen können, wenn man davon absieht, dass Kalligrafie hier kein Unterrichtsfach ist. Auch bei uns stören Schüler,

1 Originalbeitrag für diesen Band, auf Basis eines Vortrags auf dem Third Sino-German Didactics Dialogue (Shanghai, 2016).

die selbstgesteuert lernen wollen. Auch bei uns ist umstritten, welche Fächer in den allgemeinbildenden Fächerkanon gehören. Auch bei uns diskutieren Schulpraktiker und Theoretiker, wie Persönlichkeitsbildung und fachlicher Kompetenzerwerb besser miteinander verbunden werden können. Damit sind wir beim Thema dieses Beitrags: Wir erörtern im ersten Abschnitt einige Trends in der didaktischen Theoriebildung und untersuchen im zweiten und dritten Abschnitt, welche konkreten Ausprägungen diese Trends in China und Deutschland haben. In den Abschnitten 4 und 5 fragen wir, ob und wenn ja wie die Globalisierung von Ökonomie, Technologie und Politik auch die Didaktikdiskurse verändert. Wir referieren aktuelle Definitionsvorschläge für „Bildung“ und „Globalisierung“ und stellen überraschende Gemeinsamkeiten der Begriffsbildung fest, die Konsequenzen für den Entwurf von Bildungstheorien in Zeiten der Globalisierung haben können.

1 Weltweite Trends didaktischer Theoriebildung

Im internationalen Didaktikdiskurs[2] werden drei eng miteinander verknüpfte Trends der Theoriebildung immer wieder genannt.[3] Sie beschreiben Perspektivwechsel der Theoriebildung, enthalten aber zumeist auch konkrete Vorschläge zur Unterrichtsreform:

(1) *Vom Lehren zum Lernen:* Dieser Perspektivwechsel wird weltweit gefordert und durch die konstruktivistisch orientierte Didaktik und Curriculumforschung vorangetrieben. Dass das Lehren den Zweck hat, das Lernen zu beflügeln, und dass Lehrtheorie ohne Lerntheorie sinnlos ist, ist ebenso wenig bestritten wie der Tatbestand, dass die Allgemeine Didaktik in dieser Frage lange große Defizite hatte und zu erheblichen Teilen noch heute hat. Deshalb ist es gut, dass umfangreiche Forschungsergebnisse z.B. zu den Selbstkonzepten der Schülerinnen und Schüler, zu Jungen-Mädchen-Unterschieden, zu Motivationsbedingungen und zur Interessenbildung, zur Selbstregulationsfähigkeit und zur Nutzung von Lernstrategien vorliegen.[4] Aber der Perspektivwechsel hin zum Lernen ist nichts wert, wenn er nicht zum Lehren zurückführt und genutzt wird, auch die Lehrtheorie zu erneuern (zur Kritik des Trends: Carlgren, 2011; Biesta, 2017).

(2) *Von der Wissensvermittlung zur Kompetenzorientierung:* Es gibt weltweit Bemühungen, die traditionelle Fixierung des Unterrichtens auf die Vermittlung von Wissen aufzubrechen, den Unterricht kompetenzorientiert zu denken und so

---

2 Statt von Didaktik wird im englischsprachigen Raum ebenso wie in China mehrheitlich vom Curriculum gesprochen. Deshalb unterscheiden wir hier noch nicht zwischen Didaktik und Curriculum, beziehen aber die chinesische Diskussion über das komplexe Verhältnis von Didaktik und Curriculum in unsere Analysen ein (vgl. Deng, 2016; Ding & Wang, 2017; Lee & Kennedy, 2017).

3 Vgl. Hudson & Meyer (2011); Pinar (2014); Lee & Kennedy (2017); Uljens & Ylimaki (2017).

4 Vgl. Boekaerts et al. (2000); Deci & Ryan (2002); Hattie (2009); Helmke (2012).

den herkömmlichen Unterricht durch eine an Bildungsstandards orientierte *Outcome-Based Education* (OBE) zu ersetzen. Statt der Input-Steuerung der Unterrichtsentwicklung wird dann Output-Steuerung propagiert, auch wenn die meisten Schulministerien nicht wirklich radikal umsteuern, sondern eher mit einer Misch-Strategie arbeiten. Die Forderung, sich an Bildungsstandards zu orientieren, ist vernünftig, um die Stofffixierung zu überwinden. Aber Antworten auf die Frage, wie der Unterrichtsprozess gestaltet werden soll, lassen sich nicht aus Bildungsstandards ableiten. Sie definieren ja nur, was beim Unterrichten heraus kommen soll; sie beschreiben nicht, was Prozessmerkmale hochwertigen Unterrichts sind. Deshalb war die ursprünglich mit der Kompetenzorientierung verknüpfte Idee, man könne beim Entwickeln neuer Curricula auf das Korsett des Fächerkanons verzichten, naiv. Es gibt keine Kompetenz ohne einen Inhalt! Darum ist die fachdidaktische Reflexion des Lehrangebots unverzichtbar (zur Kritik des Trends: Xu, 2007; Kansanen, 2011; Autio, 2014).

(3) *Vom Frontalunterricht zum individualisierenden Unterricht:* Das Ziel, das Unterrichtsangebot vom Frontalunterricht (direct instruction; lecturing) auf „offenen Unterricht" (open education, situated learning) mit hohen Anteilen individualisierender und kooperativer Lernformen umzustellen, wird weltweit propagiert. Ganz offensichtlich herrscht hier ein durch empirische Forschungsergebnisse umfassend belegter Entwicklungsbedarf. Aber umstritten ist, wie weit die Umstellung gehen soll. Die insbesondere von den Befürwortern einer weitgehenden Digitalisierung des Unterrichts vertretene Forderung, den herkömmlichen Frontalunterricht möglichst vollständig durch offenen Unterricht zu ersetzen, halten wir für illusionär. Sie lässt sich theoretisch nicht begründen und auch schulpraktisch nicht umsetzen. Die eigentliche Kunst besteht darin, eine ausgewogene Mischung des gemeinsamen, des individualisierenden und des kooperativen Unterrichts herzustellen (zur Kritik des Trends: H. Meyer, 2015).

Wir resümieren: Die Sinnhaftigkeit der drei Trends kann kognitionspsychologisch und konstruktivistisch gut begründet und mit empirischen Forschungsergebnissen abgesichert werden. Aber im Lichte der Theorietradition von Konfuzius bis zu Humboldt, Herbart und Dewey erweisen sich die Forderungen als unausgewogen: Es gibt im Unterrichtsprozess eine grundsätzlich und nicht nur hin und wieder gültige Dialektik von Führung und Selbsttätigkeit (Klingberg, 1990). Sie kann nicht durch noch so lobenswerte Vorsätze des Lehrers, schülerorientiert unterrichten zu wollen, ausgehebelt werden. Auf Basis dieser Ausgangsthese werden wir in den nächsten zwei Abschnitten analysieren, welche Ausprägung die skizzierten didaktischen Trends in China und Deutschland erfahren haben. Dass dies nur ausschnitthaft möglich ist, ist angesichts des Umfangs und der Vielschichtigkeit der Didaktikdiskurse in den beiden Ländern selbstverständlich.

2 China: Von der Wissensvermittlung zur Kompetenzorientierung

2.1 „Verschimmelter Käse“ oder Individualisierung des Lernens?

Im Jahr 2001 startete China eine grundlegende Bildungsreform.[5] Damit einher ging eine intensive Diskussion über das Grundverständnis von Unterricht. Die Reformer forderten ein neues Qualitätsverständnis (*quality-oriented education – QOE)* und entwickelten neue Formen der Lehrerbildung und der Unterrichtsevaluation. Dabei grenzten sie sich polemisch von der bis dahin dominierenden prüfungsorientierten Unterrichtspraxis ab (*exam-oriented education – EOE*).

Einen Höhepunkt der Auseinandersetzungen bildete der Disput zwischen Cesan Wang von der Beijing Normal University und Qiquan Zhong von der East China Normal University in Shanghai. Wang kritisierte in einem langen Artikel (2004) die staatliche Bildungsreform, weil er eine Überbetonung „schülerorientierten“ Lernens sah und einen Verlust an fachlich-inhaltlichem Lehren und Lernen befürchtete. Er kritisierte die durch John Dewey inspirierte US-amerikanische „Progressive Education“, verwies auf den deutschen PISA-Schock aus dem Jahr 2000 und warnte davor, das sogenannte forschende Lernen zu sehr zu betonen. Seine eigene Position skizzierte er im Anschluss an den in China sehr bekannten sowjetischen Pädagogen Ivan Kairov.[6] Er forderte, die Subjektposition der Schüler zu stärken, aber dabei das dialektische Verhältnis des Lehrens und Lernens zu beachten.[7]

Der Shanghaier Schulpädagoge Qiqan Zhong, der maßgeblich an der Curriculumreform von 2001 beteiligt war, verteidigte die Reformen gegen Wangs Angriffe. Zusammen mit Baohua You verfasste er eine polemische Stellungnahme mit dem Titel „Verschimmelter Käse“ (Zhong & You, 2004) und behauptete, dass Wang die Zeichen der Zeit nicht erkannt habe und noch ganz in der sowjetisch geprägten Didaktik befangen sei. Zhong forderte einen schülerorientierten Unterricht, der das Selbstbewusstsein und die Kritikfähigkeit der Schüler stärkt und so den gesellschaftlichen Anforderungen der Zeit besser gerecht wird. Dies sei, so Zhong, kein Widerspruch zum Ziel eines systematischen Wissens- und Könnensaufbaus der Schüler.

Der Streit hält an und hat dazu geführt, dass man in China bis heute von einem „nördlichen“ und einem „südlichen Lager“ verfeindeter schulpädagogischer Grundpositionen spricht. In Deutschland ist der Streit vielleicht nicht so ausgeprägt, aber doch im Grundsatz ähnlich. Seit den Zeiten der Reformpädagogik wird darum gerungen, wieviel Selbststeuerung der Schüler wünschenswert ist und wieviel davon die Schule als Institution erträgt. „Auf den Lehrer kommt es an!“ rufen die einen, „hilf mir, es selbst zu tun!“ die anderen.

---

5 *New Basic Education;* vgl. den Beitrag von Li & Li in diesem Band.

6 Siehe den Beitrag von Deng, in diesem Bande.

7 Eine kurze deutschsprachige Darstellung der Didaktik Cesan Wangs bringt Xuping Ye (2017, S. 36-39).

2.2 Die „Kleine-Klassen-Kampagne“

Im Jahr 1998 startete eine Kampagne[8] zur Erneuerung der Unterrichtskultur an Primarschulen mit dem Namen *Small Class Education – SCE* (vgl. Galton et al., 2015). Ziel der Kampagne war die stärkere Aktivierung der Schülerinnen und Schüler, die Individualisierung der Lernprozesse und die Unterstützung selbstgesteuerten Lernens. So sollten gleiche Bildungschancen für alle Schülerinnen und Schüler geschaffen werden. Dem sollte eine kritisch und kreativ orientierte Unterrichtsforschung dienen (Dong, 2013). Einige theoretische Grundlagen des SCE-Konzepts wurden aus westlichen Ländern übernommen. Aber die Initiatoren der Kampagne betonen, dass die SCE-Standards in vielen Punkten mit der konfuzianischen Tradition des Lehrens und Lernens übereinstimmen (Maclean, 2017).
Die SCE-Bewegung begann in Shanghai, breitete sich schnell weiter aus nach Nanjing, Hangzhou, Dalian und in viele weitere Städte, während sich in ländlichen Regionen eher wenig tat. Im Jahr 2005 wurde in Shanghai ein Höhepunkt der Umsetzung der Reform mit der Verkleinerung der Klassenstärken von deutlich über 50 auf nun unter 30 erreicht. 44 Prozent aller Shanghaier Primarschulklassen nahmen in diesem Jahr an der Reformmaßnahme teil. Wenige Jahre später stiegen die Klassenstärken wieder deutlich an. Dies lag zum einen an den gestiegenen Geburtszahlen aufgrund des Endes der Ein-Kind-Politik, zum anderen an dem 2003 gestarteten nationalen Programm zur Förderung von Bildungsgerechtigkeit und der dafür veränderten Rechtslage, die es Kindern von „Wanderarbeitern“ erlaubte, auch in den Großstädten zur Schule zu gehen.
Im Jahr 2010 veröffentlichte das Erziehungsministerium in Beijing die *National Outlines for Medium- and long-term School Reform and Development* für die Jahre 2010 bis 2020 (Zhang & Zhenyu, 2014, p. 125). Darin wurde festgestellt, dass Small-Class-Education eines der effektivsten Verfahren zur Erhöhung der Unterrichtsqualität sei. Allerdings haben einige Wissenschaftler angemerkt, dass es noch keine verlässlichen Daten über den tatsächlichen Erfolg der Initiativen gibt (Galton et al., 2015).

2.3 Ein eigenständiger Weg, eingebunden in den internationalen Diskurs

China hat eine über 3000 Jahre lange Tradition der Wertschätzung des Lernens. Das hat Auswirkungen bis heute. Anders als in westlichen Ländern lernen die Kinder von klein auf, das Lernen für wichtig zu halten, sich in die Gemeinschaft einzuordnen und den Lehrern hohen Respekt zu zollen. Zu Beginn des 20. Jahrhunderts schien es so, als sei diese Tradition obsolet geworden und die Übernah-

8 Ähnlich wie in Deutschland gibt es auch in China viele regionale und lokale Initiativen zur Reform des Unterrichts. Anders als in Deutschland werden sie in China oft mit einem griffigen Label versehen, z.B. das „Zwei-Berühmtheiten“-Programm“, die Kampagne „Drei gute Schüler“ oder das Aktionsforschungsprogramm „Eine Stunde – drei Diskussionen“ (vgl. den Beitrag von Huang, in diesem Band).

me westlicher Bildungstheorien und Didaktiken der einzig vernünftige Weg für die Erneuerung des chinesischen Bildungssystems. Die kommunistische Machtübernahme und die Gründung der Volksrepublik im Jahr 1949 brachte dann eine radikale Abkehr von dieser Strategie. Erst im Zuge der von Deng Xiaoping (1904-1997) eingeleiteten Reformen fand eine erneute Öffnung statt, die aber mit einer Rückbesinnung auf die eigene Bildungstradition verknüpft wurde. Das konfuzianistische Bildungsideal des „Edlen", die Traditionen des Taoismus und des Buddhismus wurden ebenso in Erinnerung gerufen wie die seit John Deweys legendärem China-Aufenthalt (1919-1921) bekannte US-amerikanische Curriculumforschung und die herbartianische Tradition der deutscher Bildungstheorie.[9] Zugleich wurde betont, sich nicht ins Schlepptau dieser Traditionen begeben, sondern einen eigenen neuen Weg erarbeiteten zu wollen (vgl. Zhang & Zhenyu, 2014). Lan Ye, die sich intensiv mit den didaktischen Theorien von Herbart und Dewey auseinander gesetzt hat, schreibt, dass es falsch sei, die von ihnen verkörperten Grundpositionen gegeneinander auszuspielen:

> „Wir sollten auf der Basis von Unterschieden und Gemeinsamkeiten und deren Ursachen die beiden didaktischen Theorien (von Herbart und Dewey, die Verf.) analysieren. Nach deren kritischem Durchdenken sollten wir die Bewältigung der Probleme und der Herausforderungen auf der Basis der gesellschaftlichen Erkenntnisse zur eigenen Aufgabe machen. Die Schwächen unserer Erkenntnisse und die tatsächlichen Probleme müssen dabei „entdeckt" bzw. beachtet werden. Weiterhin kann man durch die vertiefte Praxis den von der Theorie in die Praxis führenden tatsächlichen Reformprozess kennenlernen. So kann es gelingen, die oben genannten zwei didaktischen Grundpositionen neu zu erkennen." (Lan Ye, 2013)

Anders als in Deutschland gibt es heute in China eine hoch ausdifferenzierte und von vielen Wissenschaftlern engagiert betriebene Curriculum-Diskussion; einen Teil davon bilden unterschiedliche Versuche, das Verhältnis von Didaktik und Curriculum zu bestimmen (Liu, 1996; Zhang, 2000; Deng, 2016; Ding & Wang, 2017). Wegen dieser umfangreichen Diskussionen wird in China auch vom „goldenen Zeitalter" der Curriculumforschung (Zhang & Zhenyu, 2014, S. 126) gesprochen, das durch eine Vielzahl eigenständiger Ansätze gekennzeichnet ist, während in Deutschland die Curriculumforschung nahezu zum Erliegen gekommen und durch die Diskussion über den kompetenzorientierten Unterricht abgelöst worden ist. Besonderes Interesse zeigen einige chinesischen Vertreter des Didaktik-Ansatzes an der deutschen bildungstheoretischen Didaktik. Zu nennen

9 Zur Rezeption deutscher Didaktik in China vgl. Qilong Li (1993); Peng (2011); *Deng (2016); Meyer & Meyer (2017); Ding & Wang (2017)*.

sind die Shanghaier Erziehungswissenschaftler Qilong Li (1993) und Zhengmei Peng (2011). Das große Interesse dürfte auch daher rühren, dass der deutsche Bildungsbegriff trotz ganz unterschiedlicher kultureller Rahmenbedingungen eine Nähe zum konfuzianistischen Begriff der Selbstkultivierung hat (siehe den Beitrag Deng, in diesem Bande). Demgegenüber wird die deutschsprachige *empirische* Lehr-Lernforschung in China nur sehr begrenzt zur Kenntnis genommen.

3 Deutschland: Vom Bildungsideal zum Bildungsprozess

3.1 Klassische und aktuelle Fassungen des Bildungsbegriffs

Das deutsche Bildungsverständnis ist ein Produkt der Philosophie der Aufklärung. Der Königsberger Philosoph Immanuel Kant (1724-1804) schrieb in seinen *Pädagogischen Vorlesungen*:

> „Eines der größesten Probleme der Erziehung ist, wie man die Unterwerfung unter den gesetzlichen Zwang mit der Fähigkeit, sich seiner Freiheit zu bedienen, vereinigen könne. Denn Zwang ist nötig. Wie kultiviere ich die Freiheit bei dem Zwange?" (Kant, 1964, S. 711).

Auf diese Frage sind von deutschen Autoren wie Humboldt (1767-1835), Schleiermacher (1768-1834), Herbart (1776-1841), Litt (1880-1962), Klafki (1927-2016) und Klingberg (1926-1999) immer wieder ähnliche, die dialektische Grundstruktur des Verhältnisses von Selbst- und Fremdbestimmung betonende Antworten gegeben worden. Bildung ist, so Humboldt, ein Prozess der geistigen Auseinandersetzung des „Selbst" mit der es umgebenden „Welt". Erziehung ist dann als „Aufforderung zur Selbsttätigkeit" (Fichte) eine notwendige, aber nicht ausreichende Voraussetzung für Bildung (vgl. den Beitrag von Benner, in diesem Band).

Der Münsteraner Pädagoge Herwig Blankertz (1927-1983) hat die Konsequenzen dieses Bildungsverständnisses für die Erziehungstheorie und -praxis in den 80er Jahren des letzten Jahrhunderts pointiert zusammengefasst. Er definiert als Zweck der Erziehung die Freisetzung des Subjekts zu sich selbst und leitet daraus die „edukative Eigenstruktur" der Erziehung ab. Weil die nachwachsende Generation irgendwann selbst die Verantwortung übernehmen muss, ist die Erziehung zur Mündigkeit unverzichtbar. Blankertz schreibt in einer oft zitierten Passage seines Buches „Die Geschichte der Pädagogik":

> „Thema der Pädagogik ist die Erziehung, die den Menschen im Zustand der Unmündigkeit antrifft. Erziehung muss diesen Zustand verändern, aber nicht beliebig, sondern orientiert an einer unbedingten Zwecksetzung, an der Mündigkeit des Menschen. Wo aber findet die Pädagogik den Maßstab für Mündigkeit? Nach Auskunft der Geschichte der europäischen Pädagogik ist der Maßstab nicht willkürlich gesetzt, sondern in der Eigenstruktur der Erziehung enthalten. Diese Struktur steht in Spannung zu den die Erziehung überformenden und überwältigenden, nicht-pädagogischen Normauflagen. Doch auch dann, wenn die Erwachsenen nur die Bewahrung des Vorgegebenen wünschen, nur Gehorsam, Einübung, Nachahmung und Nachfolge verlangen, liegt das Ziel in der Freigabe der Erzogenen. Denn der Nachwuchs muss das Tradierte schließlich selbstständig, in eigener Verantwortung und unter Berücksichtigung im einzelnen nicht vorhersehbarer Situationen verwalten, interpretieren und verteidigen. Wie die kommende Generation ihren Auftrag erfüllen und bewähren wird, kann inhaltlich von den Erziehern nicht vorweggenommen werden. Wer pädagogische Verantwortung übernimmt, steht im Kontext der jeweils gegebenen historischen Bedingungen unter dem Anspruch des unbedingten Zweckes menschlicher Mündigkeit – ob er das will, weiß, glaubt oder nicht, ist sekundär. Die Erziehungswissenschaft aber arbeitet ebendies als das Primäre heraus: Sie rekonstruiert die Erziehung als den Prozess der Emanzipation, d.h. der Befreiung des Menschen zu sich selbst." (Blankertz, 1982, S. 307)

Blankertz' Position wird heute nicht verworfen, aber problematisiert. Eine Reformulierung des Bildungsverständnisses hin zu einer „Theorie transformatorischer Bildungsprozesse" (Koller, 2012) sei erforderlich, weil sich die „Welt", auf die sich der Bildungsprozess des Individuums bezieht, grundlegend verändert hat. Wir befinden uns in der Zweiten Moderne (Beck, 2000). Anders als früher gibt es heute keinen festen Grund für den Aufbau bildender Horizonte, sondern eine Vielfalt von Orientierungen. Scheinbar unumstößliche normative Ideale werden als „Narrative" de-konstruiert, die zumindest für postmoderne Philosophen nicht theoretisch zu belegen oder zu widerlegen sind und deshalb alle als gleichwertig erscheinen – selbst dann, wenn sie im Lichte der Aufklärungsphilosophie krude zu sein scheinen. Die Veränderung der Welt verändert auch die Konstitutionsbedingungen des Selbst. Der Sozialisationsprozess der heute heranwachsenden Generation ist durch Zufälligkeit der Weltbezüge (Kontingenz), durch Unsicherheit und zunehmende Schwierigkeiten der Identitätsbildung gekennzeichnet.[10] Der Hamburger Bildungstheoretiker Helmut Peukert schreibt:

> „Es geht darum, als ein Selbst zu existieren, das angesichts radikaler Kontingenz- und Widerspruchserfahrungen nicht in sich zerfällt, sondern fähig ist, die Belastungen durch globale Probleme, die in den Alltag hineinreichen, nicht zu verdrängen, sondern auszuhalten und sogar produktiv und gemeinsam mit anderen nach Lösungen zu suchen" (Peukert, 1998, S. 22).

Ähnlich argumentiert Alfred Schäfer (1996, S. 23), wenn er feststellt, dass sich das Selbst heutzutage in „selbstbestimmter Unbestimmtheit" entwickeln müsse,

10 Das ist auch in empirischen Studien detailreich erforscht worden (Mills & Blossfeldt, 2003).

ohne sich an einem allseits akzeptierten Bildungsideal orientieren zu können. Eine teleologische Ordnung der Welt, auf die hin Bildungsprozesse gedacht werden könnten, gibt es schon lange nicht mehr.[11] Bildung erwirbt ein Mensch heute, wenn er sein Selbstverständnis durch Bildungsangebote „irritieren" lässt und neue Selbst- und Weltbezüge herstellt. Das ist keine völlig neue Einsicht. Die theoretischen Grundlagen finden sich schon bei Herbart und Dewey, aber die Einsicht erhält heute immer mehr Gewicht (vgl. English, 2013).

3.2 Die Kritisch-konstruktive Didaktik Wolfgang Klafkis

Die Bildungstheoretische Didaktik wurde in den 60er Jahren des 20. Jahrhunderts zum ersten großen und bis heute rezipierten westdeutschen didaktischen Modell der Zeit nach dem Zweiten Weltkrieg. Führender Vertreter war der Marburger Professor Wolfgang Klafki (geb. 1927). Er entwickelte sein ursprünglich bildungsbürgerlich-konservatives Konzept der „Didaktischen Analyse" (1963)[12] in den 80er Jahren zur Kritisch-konstruktiven Didaktik weiter (Klafki, 1991). Sie verstand sich als *kritisch*, weil Klafki die Lehrerinnen und Lehrer aufforderte, nichts, was von Politik und Administration vorgegeben wurde, ungeprüft zu lassen. Sie verstand sich als *konstruktiv*, weil das Modell eine „konkrete Utopie" sein und „Vorgriffe der Theorie, Modellentwürfe für mögliche Praxis, begründete Konzepte für veränderte Praxis, für eine humanere und demokratischere Schule" liefern wollte (Klafki 1991, S. 38). Mit implizitem Bezug auf Johann Amos Comenius weist Klafki die Allgemeine Bildung als Bildung *für alle* aus. Mit explizitem Bezug auf Johann Friedrich Herbart und andere neuhumanistische Klassiker definiert er Allgemeine Bildung als *allseitige Bildung*. Gleichfalls aus dieser Tradition heraus bestimmt er Allgemeine Bildung nun inhaltlich über *Schlüsselprobleme*, auf deren Lösung die heranwachsende Generation vorbereitet werden soll. „Allgemeinbildung" soll nicht mehr durch einen Bildungskanon im Sinne tradierter Bildungsgüter, sondern durch die Auseinandersetzung mit grundlegenden Problemen der Menschheit gesichert werden, mit Problemen, die Klafki als „epochaltypisch" bezeichnet.[13] Einige Beispiele (zitiert aus: Jank & Meyer, 2002, S. 232):

---

11 Vgl. den Beitrag von Benner, in diesem Band.

12 Übersetzung ins Englische in: Westbury et al. (2000, S. 139-175). Stefan Hopmann weist in einer schriftlichen Mitteilung an Meinert Meyer (3.2.2015) darauf hin, dass er in einer nicht-repräsentativen Umfrage 17 deutschsprachige Didaktiker gebeten hat, den Text zu nennen, der sich am besten dafür eigne, international die deutsche Didaktik zu repräsentieren. 16 von 17 der Befragten verwiesen auf Klafkis Aufsatz „Didaktische Analyse".

13 Der Begriff „epochaltypisch" wird von Klafki aber nur ungenügend geklärt; vgl. zur Kritik Meyer & Meyer (2007, S. 122ff.).

„1. Die Friedensfrage angesichts der Vernichtungspotentiale der ABC-Waffen (makrosoziologische, mikrosoziologische; massen- und gruppenpsychologische Ursachen; moralische Probleme).
2. Die Problematik des Nationalitätenprinzips, m.a.W.: Die Frage nach „Nationalität" und „Internationalität" bzw. nach Kulturspezifik und Interkulturalität.
3. Das Umweltproblem, d.h. die Frage nach Zerstörung oder Erhaltung der natürlichen Grundlagen menschlicher Existenz und damit nach der Verantwortbarkeit und Kontrollierbarkeit der wissenschaftlich-technologischen Entwicklung.
5. Das nach wie vor unbewältigt Problem der gesellschaftlich produzierten Ungleichheit innerhalb unserer (und anderer) Gesellschaften."

Klafki ergänzt sein revidiertes Modell durch ein Unterrichtskonzept, das er als „Problemunterricht" bezeichnet. Er konnte es nicht mehr bis zu einer Monografie entfalten. Deshalb bleiben viele Fragen offen, aber die Konturen sind deutlich. Aber eines ist offensichtlich: Wolfgang Klafki gilt weltweit als *der* Repräsentant deutscher Didaktik (vgl. Wang & Yang, 2009; Meyer & Meyer, 2017).

3.3 Ein Nachfolgemodell: die Bildungsgangdidaktik

Die klassische deutschsprachige Bildungstheorie litt lange darunter, keine eigenen empirischen Forschungen durchgeführt zu haben. Genau hier setzt die von Herwig Blankertz angestoßene und an Universitäten und Hochschulen in Hamburg, Marburg und Zürich entwickelte Bildungsgangdidaktik an, die sich in die erste der drei von Terhart (in diesem Bande) beschriebenen paradigmatischen Orientierungen der Didaktik einordnet. Sie kann als Nachfolgemodell der Kritisch-konstruktiven Didaktik Klafkis bezeichnet werden. Grundsätzliche Ansprüche, die an didaktische Modellbildungen zu stellen sind, werden dabei erfüllt:

- Es gibt eine umfassende bildungstheoretische Grundlegung der Bildungsgangdidaktik (Schenk, 2005).
- Es gibt eine Methodologie unterrichtsbezogener Bildungsgangforschung (Müller-Roselius & Hericks, 2011) und eine Fülle einzelner empirischer Analysen zu Bildungsverläufen von Schülerinnen und Schülern (Koller, 2008).
- Es gibt, anders als bei Terhart (2009, S. 151) unterstellt, ein Konzept zur Unterrichtsanalyse und -planung (Meyer, 2008).
- Auch die Frage, wie sich Lehramtsstudierende, Berufseinsteiger und berufserfahrene Lehrer Entwicklungsaufgaben setzen, ist gründlich untersucht worden (Hericks, 2006; Keller-Schneider, 2010).

Das Konzept der Bildungsgangdidaktik legt nahe, das als einen im Unterricht zu realisierenden *Prozess* zu betrachten, was traditionell in der klassischen Bildungstheorie immer nur als *Vorgabe* gesehen worden ist: das Curriculum. Lehrer bemühen sich darum, das Curriculum so abzuarbeiten, wie es ihnen vorgegeben ist. Sie versuchen, es als eine für die Schülerinnen und Schüler sinnvolle Welt darzustellen, obwohl sie wissen, dass diese Annahme nur selten zutrifft. Die spannende, in der Bildungsgangforschung empirisch untersuchte Frage lautet deshalb, wie die Schülerinnen und Schüler auf das curriculare Angebot der Lehrer reagieren und wie sie es mit ihren eigenen Sinnkonstruktionen kontrastieren.

Wir halten uns in diesem Beitrag kurz und erläutern nur die Grundkategorien der Bildungsgangdidaktik (im Anschluss an M. Meyer, 2016, S. 237-248):

- *Bildungsgang:* Die realen Bildungsverläufe der Schüler stehen im Mittelpunkt des Interesses. Sie sind nur selten gradlinig und so, wie es in den Fachcurricula vorgesehen ist. Sie enthalten Brüche, Schleifen, Abbrüche und Neuorientierungen. Was „bildend" wirkt, kann deshalb nicht aus Theorieannahmen deduziert werden. Es ergibt sich im Entwicklungsprozess der Schülerinnen und Schüler.
- *Entwicklungsaufgaben:* Im Anschluss an den US-amerikanischen, in der Dewey-Tradition stehenden Soziologen Robert Havighurst (1900-1991) werden Entwicklungsaufgaben als jene Aufgaben definiert, die sich Heranwachsende in der Auseinandersetzung mit der Welt selbst setzen. Das kann z.B. die Aufgabe sein, ein eigenes Wertesystem aufzubauen, sich religiös zu orientieren, seine Geschlechtsrolle zu definieren, eine Berufsorientierung zu entwickeln oder die eigenen Erwartungen an Schule und Schulerfolg zu klären. Die Bearbeitung selbstgesetzter Entwicklungsaufgaben setzt individuelle Spielräume voraus. Kants Frage, wie die Freiheit des zu Erziehenden angesichts gesellschaftlicher Zwänge kultiviert werden könne (s.o.), erhält so eine empirisch zu erforschende Gestalt (Trautmann, 2004).
- *Sinn-Konstruktion:* Die Welt an sich ist nicht sinnhaft. Sinn wird vom Individuum konstruiert. Das gilt auch für die Schule. Die Schülerinnen und Schüler „übernehmen" nicht den Sinn, den Curricula und Bildungspläne vorgeben, sondern machen sich, salopp formuliert, ihren eigenen Reim auf die Sinnwelt der Schule. Die schon vorhandenen Sinn-Konstruktionen der Schüler sind ihr „biographisches Gepäck". Sie fungieren wie ein Filter gegenüber den Lehrtätigkeiten der Lehrer und lassen nur das hindurch, was den Schülern selbst als bedeutsam erscheint. Die erfolgreiche Bearbeitung von Entwicklungsaufgaben hängt also unmittelbar mit den vorgängigen und/oder in der Lernarbeit neu aufgebauten Sinn-Konstruktionen zusammen. So wird die Fähigkeit, Sinn selbst zu konstruieren, zu einer weiteren, die oben genannten Aufgaben verbindenden Entwicklungsaufgabe (Koller, 2008).
- *Didaktische Kompetenz:* Ein Teil der Bearbeitung der Entwicklungsaufgabe „Schulerfolg haben" besteht darin, sich selbst didaktische Kompetenzen anzueignen. Sie sind nicht nur dazu da, den eigenen Lernweg effizient und effektiv zu gestalten, sie können auch der Klassengemeinschaft helfen, gemeinsam mit dem Lehrer/der Lehrerin den Unterricht vorzubereiten, durchzuführen und auszuwerten. Wie gut dies Schülerinnen und Schüler von der ersten Klasse an können, auch wenn sie gern an traditionellen Rollenzuschreibungen des Leh-

rers festhalten, ist durch eine Reihe empirischer Studien der Bildungsgangforschung belegt. Der Aufbau unterrichtlicher Partizipationsstrukturen hat deshalb in der Bildungsgangdidaktik einen zentralen Stellenwert (Meyer, Kunze & Trautmann, 2007).

Der innere Zusammenhang der vier Grundkategorien erschließt sich erst auf der Basis des von den Autoren reklamierten dialektischen Verständnisses des Verhältnisses von Lehren und Lernen, Inhalt und Methode. Der Widerspruch von Führung und Selbsttätigkeit treibt, so die von Lothar Klingberg (1990, S. 8) übernommene zentrale These, den Unterrichtsprozess voran. Die Schüler werden vom Lehrer mit Absicht in eine Objektposition versetzt, damit sie sich die vorgegebenen Unterrichtsinhalte aneignen. Aber die Aneignung kann nur gelingen, wenn sich die Schüler als selbstständige und -verantwortliche Akteure begreifen und auch von den Lehrpersonen als solche wahr- und ernstgenommen werden.

Auch in China beruft sich die Mehrzahl der Didaktiker auf eine dialektische Grundposition ihrer Modelle. Insofern könnte das „typisch deutsche“ Modell der Bildungsgangdidaktik anschlussfähig an dortige Entwicklungen sein.

Wir ziehen ein Zwischenfazit: Die zu Beginn unseres Beitrags behaupteten weltweiten Trends didaktischer Theorieentwicklung können auch in China und Deutschland nachgewiesen werden. Aufgrund der unterschiedlichen gesellschaftlichen Rahmenbedingungen entfalten sich diese Trends aber unterschiedlich. Das gilt insbesondere für das Verhältnis von Individuum und Gemeinschaft, das in den theoretischen Modellierungen unterschiedlich bestimmt wird (vgl. Ruan, 2004). Dies kann erklären, warum in chinesischen Didaktiken bis heute „Harmonie“ und in deutschen Modellen „Mündigkeit“ bzw. „Emanzipation“ als zentrale Kategorien angesetzt werden (vgl. Meyer, Meyer & Ren, 2017, pp. 206-207). Weiterhin fällt auf, dass im chinesischen Didaktikdiskurs seit Beginn der Öffnungspolitik eine intensive Auseinandersetzung mit US-amerikanischen Curriculumtheorien und auch mit der europäischen Didaktik stattgefunden hat (s.o.), während in Deutschland internationale Theorieentwürfe für die didaktische Theorieproduktion kaum eine Rolle gespielt haben und bis 1990 – von wenigen Ausnahmen abgesehen – nicht einmal ein Austausch zwischen den verfeindeten Bruderstaaten DDR und BRD stattgefunden hat.

4 Globalisierung und Bildung

Das Wort Globalisierung ist schwer zu definieren. Es handelt sich um ein „fuzzy concept“, das in verschiedenen Diskursen eine je unterschiedliche Bedeutung erhalten hat. Sehr früh tauchte der Begriff in der Ökonomie auf, kurz danach in der Ökologie, dann in der Soziologie und Systemtheorie (vgl. Beck u.a., 1997; Beck, 2000; Hofstede & Hofstede, 2005). Eher spät gelangte er dann auch in den erziehungswissenschaftlichen Diskurs (vgl. Wulf & Merkel, 2002; Scheunpflug, 2003; Peng, 2015).

4.1 Dimensionen des Globalisierungsprozesses

Globalisierung wird als Raum-Zeit-Kompression beschrieben. Es kommt zu einer „Schrumpfung" der Zeit und zur „Entgrenzung" des Raums. Daran haben die Informationstechnologien entscheidenden Anteil. Ein großer Teil des irgendwo auf der Welt produzierten Wissens kann in Echtzeit an anderen Orten genutzt werden. Ebenso zentral ist der Aufbau transnationaler kapitalistischer Wirtschaftsstrukturen. Weltkonzerne produzieren dort, wo es am billigsten ist. Arbeiter werden weltweit gegeneinander ausgespielt, der Konkurrenzdruck steigt. Weniger sichtbar, aber umso deutlicher spürbar zerbröseln traditionale Orientierungen, die den Menschen früher geholfen haben, Entwicklungsaufgaben zu formulieren und existenziell wichtige Entscheidungen zu treffen. Kontingenzerfahrungen der Individuen nehmen zu. Man hat die Qual der Wahl und es entsteht ein zumeist diffuses, manchmal auch ganz handfestes Gefühl der Unsicherheit (Beck, 1997).
Der US-amerikanische Philosoph und Historiker William E. Scheuerman (2014) nennt in seinem Grundsatzartikel in der Stanford Encyclopedia of Philosophy folgende sechs Dimensionen von Globalisierungsprozessen:
(1) Enträumlichung (*deterritorialization*)
(2) soziale Verknüpfung (*social interconnectedness*)
(3) Beschleunigung sozialer Aktivitäten (*velocity*)
(4) Langfristigkeit (*long-term process*)
(5) Mehrdimensionalität (*multi-dimensionality*)
(6) Transformativität (*transformational quality*) als Folge des Zusammenwirkens der ersten fünf Dimensionen.

Die Analogien zwischen dem in Abschnitt 3.1 skizzierten aktuellen deutschen Begriffsverständnis von Bildung und Scheuermanns Dimensionalisierung des Globalisierungsprozesses haben uns überrascht, aber sie liegen auf der Hand. Wenn Bildung das Verhältnis des Selbst zur Welt bezeichnet, dann ist Transformativität ein gemeinsames Charakteristikum von Globalisierung und Bildung. Der US-amerikanische Soziologe Richard Sennett (1998/2000) hat die damit verbundenen identitätsbedrohenden Verwerfungen als „corrosion of character" im Zeitalter des entfesselten Kapitalismus beschrieben. Und er kommt zu ganz ähnlichen Feststellungen, wie sie Peukert und Schäfer für die deutsche Bildungstradition skizziert haben (s.o.).

4.2 Reflexive Modernisierung

In den 90er Jahren gab es eine spannende Diskussion zwischen dem deutschen Soziologen Ulrich Beck und den britischen Soziologen Anthony Giddens und Scott Lash (Beck u.a., 1996) über Ursachen, Erscheinungsweisen und Folgen der Globalisierung, die auch für eine moderne Bildungstheorie einen Rahmen liefern könnte. Die Autoren fordern, eine Theorie der „Zweiten Moderne" zu entwickeln, und sie halten dafür geradezu trotzig an der Tradition der Aufklärung fest: Bildung wird zum Korrektiv, das helfen soll, den Prozess der Globalisierung zu durchschauen. Die Autoren stellen die Frage, welche Konsequenzen die Globalisierung für die Nationalstaaten und für jeden Einzelnen hat. Beck schreibt:

> „Die Semantik der ‚Globalisierung' greift an, bricht auf, zersetzt, was uneinnehmbar erschien: die ‚Festungen' des Nationalstaats, die Errungenschaften des Sozialstaats, die Macht der Gewerkschaften, nicht zuletzt die eingefleischten, Struktur und Identität ausmachenden Gewissheiten der (Erwerbs-)Arbeitsgesellschaft. (….) Das bedeutet erstens Unsicherheit, und zwar eine besondere Art, nämlich „hergestellte Unsicherheit" (Giddens). Diese wird durch reflexive Modernisierung erzeugt und gerade nicht abgebaut oder überwunden. Zweitens heißt dies aber auch Politisierung; und zwar nicht nur innerhalb des politischen Systems, sondern außerhalb des politischen Systems, in der Wirtschaft, in Technik und Wissenschaft, in Familie und Vereinen, weil überall die Grundlagen des Handelns im Kleinen wie im Großen neu ausgehandelt oder fundamentalisiert werden müssen." (Beck, in: Beck u.a., 1996, S. 8-10)

Der für unsere Überlegungen entscheidende Punkt dieser Analyse ist die Feststellung, dass die Verunsicherung Folge einer „hergestellten Modernisierung" ist, die in Selbstreflexion durchschaut werden kann und für eine Politisierung des Weltverständnisses genutzt werden könnte. Wir entdecken, dass wir die Globalisierung einschließlich ihrer negativen Folgen selbst herbeigeführt haben und deshalb auch die kollektive Verantwortung für die großen Krisen und Kriege, aber auch die kleinen, mühsam erarbeiteten Erfolge haben. Dafür steht der Slogan *think globally – act locally*, den Beck zum Kunstwort „glocalization" zusammengepresst hat.

5 Vorüberlegungen zu einer Bildungstheorie in Zeiten der Globalisierung

Wir können hier keinen Entwurf einer Bildungstheorie in Zeiten der Globalisierung vorlegen. Wir halten es auch gar nicht für sinnvoll, eine universale Bildungstheorie zu formulieren. Sie wäre aufgrund der unvermeidlichen Abstraktheit saft- und kraftlos. Aber wir können erste Grundbegriffe definieren, die als Bausteine für die in nationalen und internationalen Kontexten neu zu entwickelnden Bildungstheorien dienen können. Wir nennen in einem ersten Zugriff fünf Grundbegriffe (vgl. Roselius & Meyer, 2018):

Normativität: Wer von Bildung spricht, muss sich der Normativität des Konzepts bewusst sein. Das ist eigentlich eine Selbstverständlichkeit, die aber hier und dort durch die empirische Bildungsforschung zugedeckt wird. Eine Frage liegt dann nahe: Ist es möglich, gemeinsame normative Grundlagen für weltweit angestrebte Bildungsprozesse zu identifizieren? Wir sagen ja und nennen im Anschluss an Hongyu Wang (2014) und McCarthy et al. (2014) den Respekt, den Verzicht auf Gewalt, die Erziehung zu Toleranz und Solidarität, den Verzicht auf totalitäre Weltbilder und Rassismus. Die theoretische Begründung dieser normativen Grundlagen erfolgt in den verschiedenen Nationen sehr unterschiedlich. Wir folgen dem Votum von Blankertz (1982, S. 306), der davon ausging, dass das in der Aufklärung gestartete „Projekt der Moderne" immer noch den Rahmen liefern kann und problematisieren damit das von Jean-François Lyotard (1979) behauptete fehlende Legitimation der „großen Erzählungen", zu denen er insbesondere die Erzählung von der Emanzipation der Menschheit rechnet. Wir brauchen weiterhin „große Erzählungen" gelingender Bildungsprozesse – nicht nur in Europa und China, sondern weltweit (vgl. Kafka, 2016).

Empirische Basierung: Die Frage, wie Bildungsprozesse in der Zweiten Moderne verlaufen, kann entscheidende Hinweise für den Entwurf von Bildungstheorien und didaktischen Modellen und für die Umsetzung der Modelle im Schulalltag liefern. Sie kann über nicht eingelöste Hoffnungen aufklären, aber es darf nicht passieren, dass aus statistischen Generalisierungen Denkverbote abgeleitet werden. Erforderlich ist eine am Gelingen orientierte Forschung der „Post Standardization Era" (Hargreaves et al., 2011).

Transformativität: Alles ist im Wandel. Das einzig Beständige ist die Beständigkeit des Wandels. Deshalb muss Bildung heute als biografischer Prozess neu gedacht werden, in dem der Einzelne immer wieder neu sein Selbstverständnis, sein Verhältnis zu den Mitmenschen und sein In-der-Welt-Sein bestimmt. Dieser Prozess ist komplex, weil er in selbstbestimmter Unbestimmtheit (Schäfer, 1996) aktiv gestaltet werden muss. Transformativität wird aber auch zum Kennzeichen der Bildungstheorie selbst. Sie kann und muss sich als *work in progress* immer wieder erneuern, ohne dabei auf einen fest verbürgten nationalstaatlichen Rahmen zurückgreifen zu können (vgl. Koller, 2012; Autio, 2014, S. 27f.).

Sprachliche Vermittlung: Sprache ist das Tor zur Welt. Die Vermittlung sprachlicher Sensibilität und das Eintauchen in die Weltsicht fremder Sprachen ist deshalb ein immer wichtiger werdendes Element von Bildung. Das Erlernen einer fremden Sprache hilft, wie Wilhelm von Humboldt (1981, S. 433f.) schon vor 200 Jahren geschrieben hat, den eigenen Standpunkt als einen unter vielen möglichen zu erkennen.

Bildungsgerechtigkeit: Schon Johann Amos Comenius hatte in seiner Allgemeinen Didaktik gefordert, alle („omnes") alles („omnia") gründlich („omnino") zu lehren. Diese Forderung ist bis heute nicht eingelöst. Das haben die internationalen Schulleistungsstudien erneut deutlich gemacht. Aber wir brauchen eine neu aufgestellte Schulleistungsforschung, in der Bildungsgerechtigkeit nicht auf das möglichst konforme Erreichen gleich hoher Bildungsstandards reduziert wird. Die Forschungsergebnisse zur sozialen Kopplung von Bildung sollten genutzt werden, um die Mechanismen der Produktion von Ungleichheit zu erklären und zumindest ein Stück weit aufzubrechen.

Wir kommen zum Schluss: Bildung in Zeiten der Globalisierung neu zu durchdenken, ist eine Herausforderung, die nur dann zu meistern ist, wenn wir uns der historischen Ursprünge der Bildungsidee erneut vergewisssern, dann aber die aktuellen, durch „selbstbestimmte Unbestimmtheit" (Schäfer) gekennzeichneten Weltbezüge in den Blick nehmen. Dies führt fast zwangsläufig zu einer erneuten Politisierung der Didaktik, wie sie in der internationalen Curriculumforschung (Autio, 2014) selbstverständlich, aber in der deutschsprachigen Didaktik wenig entfaltet ist.

Literatur

Autio, T. (2014). The Internationalization of Curriculum Research. In: Pinar, W.F. (Ed.): *International Handbook of Curriculum Research*. 2nd ed. New York: Routledge, pp. 17-31.

Beck, U. (1997). *Was ist Globalisierung?* Frankfurt/M.: Suhrkamp (englische Ausgabe 2000: *What is Globalization?* Cambridge: Polity Press).

Beck, U., Giddens, A. & Lash, S. (1996): *Reflexive Modernisierung*. Frankfurt/M.: Suhrkamp.

Biesta, G.J.J. (2017). *The Rediscovery of Teaching*. London: Routledge.

Blankertz, H. (1982). *Die Geschichte der Pädagogik*. Wetzlar: Büchse der Pandora.

Boekaerts, M., Pintrich, P. & Zeidner, M. (Eds.)(2000). *Handbook of Selfregulation*. San Diego/Ca.: Academic Press.

Carlgren, I. (2011). From teaching to learning: The end of teaching or a paradigmatic shift in teacher's work? In: B. Hudson & M.A. Meyer, (Eds.): *Beyond Fragmentation*. Opladen, Farmington Hills: Barbara Budrich, pp. 31-46.

Deci, E.L. & Ryan, R.M. (Eds.)(2002). *Handbook of Self Determination Research*. Rochester: University of Rochester Press.

Deng, Z. (2016). Bringing curriculum theory and didactics together: A Deweyan perspective. In: *Pedagogy, Culture & Society*, 24 (1), pp. 75-99.

Ding, B. & Wang, F. (2017). Didactics meets curriculum studies in the context of teacher education in mainland China: A historical and comparative perspective. In: J.C.-K. Lee & K.J. Kennedy (Eds.): *Theorizing Teaching and Learning in Asia and Europe*. London, New York: Routledge, pp. 179-216.

Dong, B. (2013): 我国小班化教育的现实困境与对策 (The Development and Research on Small Class Education in China 2013). In: *Global Education* (全球教育展望). Vol. 42, No. 5. pp. 59-65.

English, A.R. (2013). *Discontinuity in Learning. Dewey, Herbart, and Education as Transformation*. Cambridge: Cambridge University Press.

Galton, M., Lai, K.C. & Chan, K.W. (2015). *Learning to teach small classes: Lessons from East Asia*. New York: Routledge.

Hattie, J. (2009). *Visible Learning*. London: Routledge.

Hargreaves, A., Liebermann, A., Fullan, M. & Hopkins, D. (Eds.)(2011). *Second International Handbook of Educational Change*. New York: Springer.

Helmke, A. (2012). *Unterrichtsqualität und Lehrerprofessionalität:* 4 . erweit. Aufl. Seelze: Klett Kallmeyer.

Hericks, Uwe (2006). *Professionalisierung als Entwicklungsaufgabe*. Wiesbaden: VS Verlag für Sozialwissenschaften.

Hofstede, G. & Hofstede, G.J. (2011): *Lokales Denken, globales Handeln*. 5. Aufl. München: Deutscher Taschenbuch Verlag.

Hudson, B. & Meyer, M. (2011): *Beyond Fragmentation: Didactics, Learning and Teaching in Europe*. Opladen, Farmington Hills: Barbara Budrich Publishers.

Humboldt, W. v. (1981). *Werke in 5 Bänden*, hrsg. von A. Flitner & K. Giel, Band 3. Darmstadt: Wissenschaftliche Buchgemeinschaft.

Jank, W. & Meyer H. (2002). *Didaktische Modelle*. Berlin: Cornelsen Scriptor.

Kafka, J. (2016). In Search of a Grand Narrative. The Turbulent History of Teaching. In: Gitomer, D.H. & Bell, C.A. (Eds.): *Handbook of Research on Teaching*. 5th ed., AERA Books, pp. 69-126.

Kansanen, P. (2011). The curious affair of pedagogical content knowledge. In: Hudson, B. & Meyer, M.: *Beyond Fragmentation*. Opladen, Farmington Hills: Barbara Budrich, pp. 77-90.

Kant, I. (1804/1964). *Sämtliche Werke*, hrsg. von W. Weischedel, Bd. II. Darmstadt: Wissenschaftliche Buchgesellschaft.

Klafki, W. (1963). Didaktische Analyse als Kern der Unterrichtsvorbereitung. In: Ders.: *Studien zur Bildungstheorie und Didaktik*. Weinheim: Beltz, S. 126-153.

Klafki, W. (1991). *Neue Studien zur Bildungstheorie und Didaktik*. 2. erweit. Aufl. Weinheim, Basel: Beltz.

Klingberg, L. (1990). *Lehrende und Lernende im Unterricht*. Berlin: Volk und Wissen.

Koller, H.-C. (Hrsg.)(2008). *Sinnkonstruktion und Bildungsgang. Zur Bedeutung individueller Sinnzuschreibungen im Kontext schulischer Lehr-Lernprozesse*. Opladen, Farmington Hills: Barbara Budrich.

Koller, H.-C. (2012): *Bildung anders denken. Einführung in die Theorie transformatorischer Bildungsprozesse*. Stuttgart.

Lee, J.C.-K. & Kennedy, K.J. (Eds.)(2017): *Theorizing Teaching and Learning in Asia and Europe*. London and New York: Routledge.

Li, Q. (1993): 德国教学论流派 *(Deutsche Didaktische Modelle)*. Xi'an: Shanxi People's Education Press (陕西人民教育出版社).

Liu, Y.W. (1996). 试析课程论与教学论的关系 (An analysis of the relationship between curriculum theory and didactics). In: 教育研究 *(Educational Research)*, 17 (4), pp. 10-16.

Lyotard, J.-F. (1979/2005). *Das postmoderne Wissen. Ein Bericht*. Wien: Passagen Verlag.

Maclean, R. (Ed.)(2017). *Life in schools and classrooms: Past, presence and future*. Singapore: Springer Nature Singapore Pte. Ltd.

McCarthy, C., Bulut, E. & Patel, R. (2014). Race and Education in the Age of Digital Capitalism. In: Pinar, W.F. (Ed.): *International Handbook of Curriculum Research*. 2nd ed. New York: Routledge, pp. 32-44.

Meyer, H. (2015). *Unterrichtsentwicklung*. Berlin: Cornelsen.

Meyer, H. & Meyer, M.A. (2017). Zur internationalen Rezeption der Veröffentlichungen Wolfgang Klafkis. In: A. Köker & J. Störtländer (Hrsg.): *Kritische und konstruktive Anschlüsse an das Werk Wolfgang Klafkis*. Weinheim, Basel: Beltz, S. 180-209.

Meyer, M.A. (2008). Unterrichtsplanung aus der Perspektive der Bildungsgangforschung. In M.A. Meyer, S. Hellekamps & M. Prenzel (Hrsg.): *Perspektiven der Didaktik. Sonderheft 9 der Zeitschrift für Erziehungswissenschaft*, S. 117-138.

Meyer, M.A. (2016): Bildungsgangdidaktik. In: R. Porsch (Hrsg.): *Einführung in die Allgemeine Didaktik.* Berlin, New York: Waxmann, S. 229-268.

Meyer, M.A., Kunze, I. & Trautmann, M. (Hrsg.)(2007). *Schülerpartizipation im Englischunterricht.* Opladen, Farmington Hills: Barbara Budrich.

Meyer, M.A. & Meyer, H. (2007). *Wolfgang Klafki. Eine Didaktik für das 21. Jahrhundert?* Weinheim, München, Basel: Beltz.

Meyer, M.A., Meyer, H. & Ren, P. (2017). The German Didaktik Tradition Revisited. In: J.C.-K. Lee & K.J. Kennedy (Eds.): *Theorizing Teaching and Learning in Asia and Europe.* London and New York: Routledge, pp. 179-216.

Mills, M. & Blossfeld, H.-P. (2003): Globalization, Uncertainty and Changes in Early Life Courses. In: *Zeitschrift für Erziehungswissenschaft.* Jg. 6, Heft 2/2003, S. 188-218.

Müller-Roselius, K. & Hericks, U. (Hrsg.)(2013). *Bildung – Empirischer Zugang und theoretischer Widerstreit.* Opladen, Berlin, Toronto: Barbara Budrich.

Peng, Z. (2011). 德国教育学概观—从启蒙运动到当代 (*A Brief Introduction to German Pedagogy since Enlightment*). Beijing: Beijing University Press.

Peng, Z. (2015). 求取与反思：新世纪以来全球教育改革研究及中国教育传统的初步考察. (*Transfer und Reflexion: Eine Studie zu globalen Bildungsreformen mit Blick auf die chinesische Bildungstradition*). Fuzhou: Fujian Bildungsverlag.

Peukert, H. (1998): Zur Neubestimmung des Bildungsbegriffs. In: Meyer, M.A. & Reinartz, A. (Eds.): *Bildungsgangdidaktik. Denkanstöße für pädagogische Forschung und schulische Praxis.* Opladen: Leske & Budrich, pp. 17-29.

Pinar, W. . (2011). *The Character of Curriculum Studies: Bildung, Currere, and the Recurring Question of the Subject.* New York: Palgrave Macmillan.

Pinar, W.F. (Ed.)(2014): *International Handbook of Curriculum Research.* 2nd ed. New York: Routledge.

Roselius, K. & Meyer, M.A. (2018). Key Paper: *Bildung* in Globalizing Times. In: *Zeitschrift für Erziehungswissenschaft*, Jg. 21, H. 2 (in Vorb.).

Ruan, Q, (2004). *Der Weg zur Emanzipation der Individualität in China* (中国个性解放之路). Shanghai: East China Normal University Press.

Schäfer, A. (1996). *Das Bildungsproblem nach der humanistischen Illusion.* Weinheim: Deutscher Studien Verlag.

Scheerens, J. (2016). *Educational Effectiveness and Ineffectiveness.* Dordrecht, Heidelberg, New York: Springer.

Schenk, B. (Hrsg.)(2005). *Bausteine einer Bildungsgangtheorie.* Wiesbaden: VS Verlag für Sozialwissenschaften

Scheuerman, W. (2014): Globalization. In: *The Stanford Encyclopedia of Philosophy* (Summer 2014 Edition), Edward N. Zalta (Ed.), URL: http://plato.stanford.edu/archives/sum2014/entries/globalization/– (letzter Zugriff: 7.3.2017).

Scheunpflug, A. (2003): Stichwort: Globalisierung und Erziehungswissenschaft. In: *Zeitschrift für Erziehungswissenschaft*, Jg. 2, S. 159-172.

Sennett, R. (1998). *The Corrosion of Character.* New York London: Norton & Company.

Terhart, E. (2009). *Didaktik.* Stuttgart: Reclam.

Trautmann, M. (Hrsg.)(2004). *Entwicklungsaufgaben im Bildungsgang.* Wiesbaden: VS Verlag für Sozialwissenschaften.

Uljens, M. & Ylimaki, R. (Eds.)(2017). *Bridging Educational Leadership, Curriculum Theory and Didaktik. Non-affirmative Theory of Education.* Cham (Switzerland): Springer International Publishing AG.

Wang, C.S. (2004). 认真对待 „轻视知识“ 的教育思潮—再评由 „应试教育“ 向素质教育转轨提法的讨论 (A Critical Reflection on the Thought of ,Despising Knowledge‘ in Chinese Basic Education). In: *Beijing University Education Review*. Vol. 2, No. 3. pp. 5-23.

Wang, Z. & Yang H. (2009). The Development of Klafki's Teaching-theory. Thought and Evaluation. In: *Journal of Schooling Studies*, Vol. 6 No. 12, pp. 10-14 (in Chinese).

Wang, H. (2014). A Nonviolent Perspective on Internationalizing Curriculum Studies. In: Pinar, W.F. (Ed.): *International Handbook of Curriculum Research*. 2nd ed. New York: Routledge, pp. 67-76.

Westbury, I., Hopmann, S. & Riquarts, K. (Eds.)(2000). *Teaching as a Reflective Practice. The German Didaktik Tradition*. Mahwah, New Jersey: Lawrence Erlbaum Associates Inc.

Wulf, C. & Merkel, C. (Hrsg.)(2002). *Globalisierung als Herausforderung der Erziehung. Theorien, Grundlagen, Fallstudien*. Münster: Waxmann.

Xu, B. (2007). Von der Wissens- zur Kompetenzorientierung? Zur Diskussion über Bildungsstandards in China am Beispiel des Mathematikunterrichts. In: D. Benner (Hrsg.): *Bildungsstandards*. Paderborn: Schöningh, S. 187-201.

Ye, L. (2013): 课堂教学过程再认识：功夫重在论外 (The Re-Exploration of Classroom Instruction Process: Efforts beyond Opinions). In: *Curriculum, Teaching Material and Method*. Vol. 33. No. 5., pp. 3-13.

Ye, X. (2017). *Eine vergleichende Untersuchung zum Qualitätsverständnis von Unterricht in chinesischen und deutschen Lehrwerken der Didaktik*. Oldenburg: BIS-Verlag.

Zhang, H. (2000). On the Integration of Curriculum Studies and Didactics. In: *Educational Research*, (2), pp. 52-58.

Zhang, H. & Zhenyu, G. (2014). Curriculum Studies in China: Retrospect and Prospect. In: Pinar, W.F. (Ed.): *International Handbook of Curriculum Research*. 2nd ed. New York: Routledge, pp. 118-133.

Zhong, Q. & You, B. (2004): 发霉的奶酪 – 认真对待„轻视知识“ 的教育思潮>读后感 (Verschimmelter Käse – Rezension zu Wangs Beitrag 2004). In: *Global Education* (全球教育展望). Vol. 33, No. 10. pp. 3-7.

Teil IV: Unterrichtsqualität

Lan Ye

Kriterien guten Unterrichts

Die Frage, wie guter Unterricht aussieht, ist immer ein lohnendes Diskussionsthema. Das, was wir heute dazu sagen, bildet aber erst den Startpunkt und nicht schon den Endpunkt einer solchen Diskussion. Es ist schwierig, vorab genaue und spezifische Kriterien für die Unterrichtsbewertung festzulegen. Aber es ist möglich, allgemeine Kriterien zu benennen und in einem Austauschprozess alle Beteiligten in die Arbeit und Entwicklung von Kriterien einzubinden. Hierzu entwickelt mein Text vier Hinweise.[1]

1 Die Entwicklung einer forschungsorientierten Reformpraxis

Dem Satz: „Nur in Abhängigkeit zu den zugrunde gelegten Bewertungskriterien kann die Frage beantwortet werden, ob die Curriculumreform erfolgreich ist oder nicht", stimme ich nur teilweise zu. Warum? Weil wir in der in China realisierten Reformpraxis herausgefunden haben, dass die Nutzung traditioneller Bewertungskriterien eine Curriculumreform auch behindern kann. Deshalb frage ich mich, ob unsere Curriculumreform schon dann zum Erfolg führt, wenn alle Bewertungskriterien klar definiert worden sind. Sicherlich benötigt die Curriculumreform neue Curriculumstandards, neue Unterrichtsmedien und -materialien und die Einrichtung von Experimentalschulen. Das ist auch schon realisiert. Aber auf der Ebene der tatsächlich in der Schulpraxis verwirklichten Reform sind wir noch weit vom Erreichen unserer Ziele entfernt. Deshalb ist es gegenwärtig unsere wichtigste Aufgabe, uns dafür einzusetzen, Reformvorhaben erst einmal wirklich in der Praxis umzusetzen und die dabei entstehenden Probleme zu erforschen. Die Reform der Praxis erfolgt nicht nur in eine Richtung, sondern macht zwei „Umwandlungen" erforderlich: Zum einen muss die leitende Idee eines neuen Curriculums in ein reales Curriculum übertragen werden, zum anderen müssen die im Curriculum enthaltenen Standards zu subjektiven Orientierungen der einzelnen Lehrerinnen und Lehrer verdichtet und dann auch in reale Lehr-Lerntätigkeiten

1 Chinesischer Titel des Beitrags: 什么样的课算一堂好课 (aus: Journal of Schooling Studies (基础教育) (2004/2015), Nr. 7, S. 13-16); übersetzt aus dem Chinesischen von Juan Guo (East China Normal University, Shanghai) und Xuping Ye (Anhui Normal University, Wuhu), durchgesehen von Yuan Ma (Tongji University, Shanghai) und Dietrich Benner. Die Fußnoten stammen von den Herausgebern.

umgesetzt werden. Im praktischen Vollzug kann dann geprüft werden, ob die vorgegebenen Curriculumstandards noch zu verbessern, zu ergänzen oder neu zu gestalten sind.
Wir sollten bei der Durchführung der Curriculumreform eine offene Haltung entwickeln. „Offene Haltung" meint zum einen die Bereitschaft, die Umsetzung des Curriculums in praktisches Handeln zu erforschen; sie zeigt sich zum anderen in dem Willen, bei der Reform mutig zu sein. In diesem Prozess sollten die Entscheidungsträger der Curriculumreform sowie die Autoren von Lehrmaterialien und die Wissenschaftler den Kontakt mit Lehrerinnen und Lehrern nicht in der Rolle von Vorgesetzten suchen, sondern die Erfahrungen und die Weisheit der Praktiker für die Curriculumreform nutzen. Dazu ist es erforderlich, die in der Praxis entstehenden Probleme und Fragen zu klären und dabei die durch den Reformprozess bei den Lehrern entstehenden Unsicherheiten zu berücksichtigen. Umgekehrt sollten auch unsere Lehrerinnen und Lehrer den Prozess der Curriculumreform als einen Prozess wahrnehmen, in dem sie ihre persönliche fachliche Professionalität erhöhen und die Transformation neuer Erziehungs- und Bildungsideen in eine gelingende Unterrichtspraxis selbst mitgestalten können. Sie sollten nicht darauf warten, genaue Verfahrensvorschriften und strikte Bewertungskriterien vorgegeben zu bekommen.
Ich habe den Eindruck, dass die in der aktuellen Reformpraxis der *Neuen Grund- und Mittelstufenbildung*[2] modisch gewordenen ‚Modelle' und ‚Verfahren' die praktischen Erfahrungen, die Klugheit und die Handlungskompetenzen der Lehrerinnen und Lehrer so stark unterdrücken, dass diese daran gehindert werden, selbst Fragen zu stellen, nachzudenken und kreativ zu werden. Lehrpersonen, deren Handlungsspielräume derart eingeschränkt werden, warten am Ende nur noch darauf, fertige ‚Modelle' und fertige ‚Verfahren' geliefert zu bekommen. Die meisten Lehrer möchten ja gern aktiv am Reformprozess teilnehmen. Aber nicht wenige meinen, dass man das neue Curriculum mit fertig bereitgestellten Instrumenten zügig umsetzen und schnell mit der Reform beginnen könne. Diese Denkhaltung ist nicht gut für die Vertiefung und Intensivierung der Curriculumreform. Reale Curriculumreform erfordert ein tiefes Eindringen in die leitenden pädagogischen Ideen. Wenn das nicht stattfindet und man sich nicht selbst einsetzt, nicht selbst denkt und selbstständig praktiziert, kann die Reform nicht zu einem echten, nachhaltig wirkenden Ergebnis führen.
Die Steigerung der Professionalität der Lehrerinnen und Lehrer kann an zwei Kriterien festgemacht werden: Erstens sollten Lehrer selbst über ihre eigene Unterrichtspraxis nachdenken. Zweitens sollten Lehrer den aktuellen Moden nicht blind folgen, sondern sie kritisch beurteilen. Das Wichtigste ist aber, die neuen

---

2 Lan Ye bezieht sich auf die im Jahr 2001 eingeleitete *Neue-Grundbildungs-Reform für Grund- und Mittelstufenschulen,* an der sie wesentlichen Anteil hatte (vgl. den Beitrag von Li & Li, in diesem Band).

Maßnahmen der Curriculumreform forschungsorientiert zu entwickeln und zu realisieren und so aus dem gesamten Reformprozess einen Forschungsprozess zu machen, in dem sich unsere Erkenntnisse vertiefen und sich die neuen Ideen auch tatsächlich in unserem Unterricht zeigen und neue Erkenntnisse zu neuen Kriterien „guten Unterrichts" führen.

2 Forschung und Diskussion über die der Unterrichtsbewertung zugrunde liegende pädagogische Leitidee

Das Bewerten von Unterricht ist ein unentbehrlicher Bestandteil im Entwicklungsprozess und ein wichtiger Hebel, um den Reformprozess voranzutreiben. Aber bevor man über einzelne Bewertungskriterien diskutiert, muss man zuerst klären, was überhaupt unter einer angemessenen Bewertung zu verstehen ist. Die Frage, wie man den Unterricht beurteilt, ist weder theoretisch noch praktisch betrachtet etwas Neues. Jede Schule hat schon lange eigene Bewertungskriterien entwickelt. Aber wenn wir erwarten, dass die neuen Bewertungskriterien von außen vorgegeben werden, werden die notwendigen Diskussionen in den Schulen nicht weiter vertieft.

Hinter jedem einzelnen Bewertungskriterium steckt eine pädagogische Leitidee. Wir müssen lernen, die früher bei der Unterrichtsbeobachtung genutzten Bewertungskriterien zu analysieren und zugleich die ihnen zugrunde liegenden Bewertungsideen zu reflektieren. Dabei muss uns klar sein, welche Leitvorstellungen der aktuell praktizierten Unterrichtsbewertung zugrunde liegen und wie diese zu beurteilen sind. Erst dann können wir begründen, warum wir den Unterricht mit diesen, nicht mit jenen Kriterien bewerten und warum die alten Kriterien angepasst werden sollen.

Bei der Entwicklung der Leitidee müssen *drei Ebenen* unterschieden werden:

- erstens die theoretische Ebene;
- zweitens die praktische Ebene, einschließlich der an neuen Theorien orientierten Reflexion;
- drittens die Ebene der persönlichen Erfahrungen der Lehrerinnen und Lehrer, ihrer eigenen Vorstellungen, ihres persönlichen Bewusstseins bzw. ihrer Erkenntnismethoden sowie weiterer Faktoren.

Ohne eine vorausgegangene tiefe Auseinandersetzung mit der pädagogischen Leitidee eines neuen Curriculums entsteht die Gefahr, dass der Bewertungspraxis sehr verschiedene Leitideen zugrunde gelegt werden, von denen dann jede daran interessiert ist, sich jeweils selbst zu rechtfertigen. Eine wichtige Grundlage für die aktuelle Diskussion über die pädagogische Leitvorstellung besteht darin, das

Ziel zu verfolgen, *Qualitätsbildung*[3] zu verwirklichen. Erst danach sollte man über konkrete Bewertungskriterien des Unterrichts diskutieren. Anders gesagt: Die pädagogische Leitidee bezieht sich mindestens auf zwei Fragen, und erst wenn diese geklärt sind, können konkrete Bewertungskriterien festgelegt werden:

- Die *erste Frage* lautet: Was versteht man unter Unterricht? Diese Frage bezieht sich nicht nur auf Erkenntnisse über den Wert und die Funktion schulischen Unterrichts insgesamt, sondern auch auf Erkenntnisse über einzelne Merkmale des Unterrichts (über seine Ziele, Prozesse und Effekte) und auf Wechselwirkungen zwischen den oben genannten drei Ebenen. Wer diese Faktoren unterschiedlich interpretiert, hat auch ein unterschiedliches Bewertungsverständnis. Die leitenden Ideen, die Zielstellung und die charakteristischen Merkmale, der Prozess und die Effekte von Unterricht stehen nicht unabhängig nebeneinander. Vielmehr sind die pädagogischen Leitideen so etwas wie die ‚Seele' des Unterrichts und die charakteristischen Merkmale bestimmen das ‚Wesen' des Unterrichts. Dessen Verständnis geht dann wieder in unser Verständnis von Zielstellung, Prozess und Wirkungen des Unterrichts ein.
- Die zweite Frage lautet: Welche pädagogische Leitidee soll der Bewertungspraxis zugrunde gelegt werden? Diese Frage bezieht sich darauf, warum überhaupt bewertet wird, was den Charakter der Bewertung ausmacht, wer bewertet, welches die beiden Seiten im Bewertungsprozess sind und welche Beziehungen zwischen ihnen bestehen, wie bewertet wird und weitere Fragen.

Erst wenn diese Fragen geklärt sind, folgt die Frage nach den *Formen* der Unterrichtsbewertung. Zurzeit wird dabei häufig die Form des „parallelen Konzepts"[4] benutzt, bei dem aber die Gefahr besteht, dass die ‚Seele' der Bewertung vernachlässigt wird. Auch das sogenannte Ratingkonzept[5] wird gegenwärtig oft verwendet und dann meist ohne hierarchische Stufungen eingesetzt. Bevor wir über konkrete Bewertungskriterien diskutieren, sollten wir in eine gründliche Diskussion über die leitende Idee der Bewertung eintreten. Sonst würden wir uns nur an konkrete Bewertungskriterien binden, ohne die ihnen zugrunde liegende ‚Seele' zu erkennen.

3 Forschungen zur Rationalität und Tauglichkeit der Reform

Für die Entwicklung einer neuen pädagogischen Leitidee der Praxis der Unterrichtsbewertung ist nicht nur eine ernsthafte theoretische Auseinandersetzung

---

3 Seit dem Jahr 1999 wird in China der Begriff Qualitätsbildung genutzt, um ein anspruchsvolles Lernen zu beschreiben: vgl. die „Grundsatzentscheidungen des Zentralkomitees der Kommunistischen Partei Chinas über die Vertiefung der Bildungsreform und die Beförderung der Qualitätsbildung" (中共中央关于深化教育改革全面推进素质教育的决定 (1999); siehe auch Xuping Ye (2017, S. 99).

4 Vgl. Abschnitt 3 im Beitrag von Li & Li, in diesem Band.

5 Vgl. die Ausführungen zum Evaluations-Indexsystem im Beitrag Li & Li.

erforderlich, sondern auch eine tiefe Analyse der laufenden Reformpraxis. Das heißt, die Entwicklung der pädagogischen Leitidee stellt nicht nur ein theoretisches Problem dar, sie erfordert auch die Überprüfung der heutigen Reformpraxis. Wir sollten uns alle an der Curriculumreform beteiligen, über die traditionelle Idee der Unterrichtsbewertung diskutieren und dann eine neue Idee entwickeln. Die Lehrer sollten aus ihrer eigenen Praxis heraus die Reformpraxis kritisieren, sie selbst erforschen, analysieren und zu verbessern versuchen. Ich glaube, dass die gegenwärtige Curriculumreform einerseits sehr stark durch die Tradition beeinflusst wird, andererseits aber auch viele neue Dinge, neue Formen und neue Ziele entwickelt hat. Während dieses neu Hinzukommende in die Praxis eindringt, wirken aber alte Probleme in neuer Erscheinung fort.

Der Einfluss der Tradition besteht darin, dass die Praxis, den Unterricht nach vorgefertigten starren Programmen durchzuführen, fortbesteht: Der Lehrer legt die Laufbahn fest, die Schüler laufen auf der Laufbahn; der Lehrer formuliert den Rhythmus der Schülertätigkeiten, die Schüler lernen passiv nach diesem Rhythmus. Nach traditionellem Unterrichtsverständnis ist dieser stark vorprogrammierte Unterricht sehr erfolgreich. Deshalb stehen sich zurzeit in der Reform neue und alte Verständnisse konfrontativ gegenüber. Gerade die jungen Lehrer können dann kein klares Verständnis des Neuen entwickeln, weil sie den früher praktizierten Unterricht gar nicht kennen. Sie können die Probleme, die Grenzen und die tief verwurzelten Gefahren des traditionellen Unterrichts nicht im Blick auf Gegenwart und Zukunft durchschauen. Sie erkennen auch nicht, wo der traditionelle Unterricht von der angestrebten inneren Ordnung der Erziehung abweicht. Deshalb müssen die altbekannten Elemente des traditionellen Unterrichts immer wieder neu analysiert und kritisch reflektiert werden, bevor neue Bewertungskriterien formuliert werden.

Tut man dies, so entwickelt sich bei den Lehrern und bei den Wissenschaftlern die Bereitschaft, die Reformpraxis an einem neuen Verständnis von Lehr-Lernprozessen und von Unterricht auszurichten und mutig zu experimentieren. Reformorientierte Versuche dieser Art stellen für die Forscher eine Reflexionsarbeit für experimentelle Praxis dar. Bloße Nachahmer würden die Reform formalistisch und dogmatisch gestalten. Wir neigen ja allgemein dazu, gute Ergebnisse der Reformpraxis zu formalisieren und zu dogmatisieren, so dass Reformideen und -erfahrungen erstarren, bevor sie wirklich entwickelt worden sind. Wir müssen also bei der heute laufenden Reform bewusst vermeiden, dass die Reformideen formalisiert und dogmatisiert werden.

– Was bedeutet *„formalisiert"*? Es bedeutet, dass bei der Reform auf Oberflächliches, statt auf echt Wirksames und Sachbezogenes geachtet wird. Heute werden viele Neuerungen stark formalisiert eingeführt, z.B. Gruppendiskussionen und die Nutzung von Multimedia. Man tut etwas, weil es gemacht werden muss. Man ändert etwas, weil es geändert werden muss, aber man beschäftigt sich nicht mit der Frage, warum man etwas verändern soll. Ich halte diese Form von Tätigkeiten für nicht zielführend. Wirkliche Reformen müssen von Menschen gewählt, gewollt und ausgeführt werden. Dass man einige neue Formen im Unterricht einfach benutzt, sagt noch nicht, dass es sich um guten Unterricht handelt.

- Was bedeutet *„dogmatisiert"* in Abgrenzung zu „formalisiert"? Das Problem des Dogmatismus besteht darin zu ignorieren, dass der Unterricht ein Handlungsprozess ist, der in einer konkreten Situation von konkreten Personen durchgeführt wird. Man vernachlässigt dann die situationsspezifische Konkretisierung und verallgemeinert lediglich eine bestimmte Rahmenvorgabe durch Übertragung auf beliebige Unterrichtssituationen, unter Absehung vom jeweiligen Fach, von den konkreten Schülern, von der einzelnen Schule und den mitwirkenden Lehrerinnen und Lehrern. So wird zum Beispiel das Abfragen der Schüler in allen Schulstufen, von der ersten Klasse der Grundschule über die Mittelschule und Oberschule bis zur Universität, als eine bloße Technik eingesetzt. Selbst das „forschende Lernen" behandelt man auf diese Weise dogmatisch, indem auf jeder Stufe vom Kindergarten an forschend gelernt wird – ohne theoretische Ordnung, ohne Beachtung des Entwicklungsprozesses der Schüler, ohne Schwerpunktsetzung und ohne konkretes Konzept. Unter solchen Bedingungen wird das Lernen für die Schüler langweilig und gesichtslos, weil die Dogmatisierung der Reform weder die Bedürfnisse der Schülerinnen und Schüler noch die konkrete Situation, in der sie sich befinden, berücksichtigt.

Wenn man die beiden Phänomene des formalisierten und des dogmatisierten Unterrichts nicht ernst nimmt, sie nicht erforscht und nicht verändert, werden sie ein großes Hindernis für die Entwicklung eines neuen Curriculums darstellen.

4 Fünf Kriterien guten Unterrichts

Für „guten Unterricht" gibt es keine absoluten Standards. Aber Unterricht muss einige grundlegende Forderungen erfüllen, um guter Unterricht genannt werden zu können. Für die *Neue Grund- und Mittelstufenbildung* gelten nach meiner Auffassung folgende fünf Kriterien:

Erstes Kriterium: Sinnstiftung. (Wenn der Unterricht keinen Sinn stiftet, wozu brauchen ihn dann die Schüler?)
Im guten Unterricht ist das Lernen für die Schüler sinnvoll. Den vordergründigen Sinn stellt der Erwerb neuer Kenntnisse dar. Ein tieferer Sinn besteht darin, dass die Schüler eigene Fähigkeiten entwickeln und ausbilden. In diesem Prozess kann der Schüler positive Emotionen erleben, die ihn zum Weiterlernen motivieren. Dann werden sich die Lernenden aktiv in den Lernprozess einbringen. Wenn sich

für die Schüler nach dem Unterricht nichts verändert hat, ist der Unterricht für sie sinnlos gewesen. Dasselbe ist der Fall, wenn für die Schüler alles bereits „klar" ist, was der Lehrer lehrt und ihnen beibringen will. Auch dann ist Unterricht sinnlos. Deshalb ist das erste Kriterium für guten Unterricht die Sinnstiftung.

Zweites Kriterium: Effizienz und Effektivität (Alle Schüler sollen durch Unterricht gefördert werden!)
Dieses Kriterium hat zwei Aspekte: Der Unterricht muss effizient gestaltet werden. Nach dem Unterricht wird gefragt, wie viele Schülerinnen und Schüler in der Klasse (darunter gute, mittlere sowie schwache) effektiv im Lernen gefördert worden sind. Es wird aber auch nach dem Effektivitätsgrad gefragt. Bei einigen Schülern ist die Effektivität größer, bei anderen niedriger. Wenn der Unterricht für die Schüler ineffektiv oder nur für wenige Schüler effektiv ist, dann ist er insgesamt nicht gut. Guter Unterricht zielt darauf ab, dass er „reich" und „gefüllt" sein muss. Wenn alle Schüler etwas zu tun haben, wenn alle Schüler durch den Unterricht verändert werden, dann ist der Unterricht gefüllt und voller Energie.

Drittes Kriterium: Kreativität, Echtheit und Reichhaltigkeit[6]. (Der Unterricht darf nicht vorprogrammiert werden!)
Guter Unterricht darf nicht vorprogrammiert durchgeführt werden, weil im Unterricht Lehrer und Schüler mit ihren echten Gefühlen, mit ihrer Weisheit, mit ihren Ideen und Kompetenzen zusammenarbeiten. Dabei geht es um einen interaktiven Prozess, der ein lebendiges Lernklima erfordert. Es ist ein Prozess, in dem nicht nur Unterrichtsressourcen eine Rolle spielen, sondern in dem der Unterrichtsverlauf aktiv und dynamisch gestaltet wird. Solcher Unterricht kann als kreativ, echt und reichhaltig bezeichnet werden.

Viertes Kriterium: Orientierung am Schulalltag (Selbst dann, wenn ein Minister beim Präsentationsunterricht[7] dabei ist, sollte man den Unterricht so wie immer machen!)
Unsere Lehrer werden vom Präsentationsunterricht stark beeinflusst. Wenn der Unterricht überprüft wird, kommt es oft vor, dass sich die Lehrer übermäßig auf den Unterricht vorbereiten. Schon vor dem Präsentationsunterricht haben sie sich hart in die Arbeit vergraben und auch die Schüler sind aufgeregt. Während des Unterrichts spielen sie dann Vorbereitetes vor. Wegen der übermäßigen Vorbereitung kommt nichts Neues in der Stunde zustande, der Unterricht wird nur eine Präsentation der Vorbereitungen, obwohl er doch den Schülerinnen und Schülern helfen soll, Neues zu lernen. Der eigentliche Wert des Unterrichts ist darin

6 Im Chinesischen steht hier 丰实 (Fēng Shí). Der Ausdruck lässt sich nicht mit einem einzigen Wort übersetzen.

7 Damit wird in ein China häufig praktizierte Unterricht bezeichnet, an dem Kollegen, Vorgesetzte, Experten und Bildungsadministratoren teilnehmen.

zu sehen, dass er einen öffentlichen Raum bietet, in dem Gedanken aufeinander stoßen und Diskussionen stattfinden, so dass durch die Interaktion zwischen Lehrer und Schülern etwas Neues entsteht. Deshalb wendet sich die *Neue Grund- und Mittelstufenbildung* gegen das übliche „Ausleihen" geeigneter Klassen für die Durchführung von Präsentationsstunden. Sie akzeptiert „Seminarunterricht" statt „Präsentationsunterricht" und betont das Präsentieren nicht mehr so stark. Selbst wenn der Minister im Klassenzimmer sitzt, sollte der Lehrer sich so verhalten, als ob niemand sonst dabei wäre. Der Lehrer soll Unterricht für die Schüler geben, nicht für andere Anwesende. Ein solcher Unterricht ist wirklicher Unterricht. Er findet unter alltäglichen Bedingungen statt, ohne dass andere dem Lehrer bei der Vorbereitung helfen.

Fünftes Kriterium: Verbesserungsbedürftigkeit. (Echter Unterricht ist immer verbesserungsbedürftig, er hat immer Schönheitsmängel!)
Unterricht ist niemals perfekt. Ein zu 100 Prozent perfekter Unterricht ist sehr wahrscheinlich simuliert und gefälscht. Echter Unterricht hat immer auch Schönheitsmängel. Das Ziel, perfekten Präsentationsunterricht geben zu wollen, ist falsch. Er bringt den Lehrern überflüssigen psychischen Stress und eine übertriebene Vorbereitung, die sich nicht im Ergebnis niederschlägt. Kurz: der Unterricht ist immer verbesserungsbedürftig, nur ein sich als verbesserungsbedürftig und -fähig ausweisender Unterricht kann als „echter Unterricht" bezeichnet werden.

Fazit: Die fünf Kriterien der Sinnstiftung, der Effizienz und Effektivität, der Kreativität-Echtheit-Reichhaltigkeit, der Alltagsorientierung und der Verbesserungsbedürftigkeit sind leicht aufzustellen, aber es ist schwer, ihnen zu genügen. Nur wenn Lehrer sich an diesen Kriterien orientieren, können sie ihre Professionalität erhöhen und weitherzig und großzügig werden. Und nur dann werden sie den Unterricht als einen Prozess voller Freude und klug geregelter Weisheit erleben und ihn genießen!

Literatur

Ye, L. (2004). 为生命实践教育学派的创建而努力 *(Versuch zur Begründung des didaktischen Modells der Lebenspraxis).* In: Educational Research (教育研究). Vol. 289. Nr. 2, pp. 33-37.

Ye, L. (2006). „新基础教育" 论一关于当代中国学校变革的探究与认识 *(Über die Neue Grund- und Mittelstufenbildung. Erkenntnisse aus der Forschung zur gegenwärtigen Schulreform in China). Beijing: Educational Science Publishing House (*教育科学出版社).

Ye, L. (2015). *Educational Framework for Life + Practice-Pedagogy.* Shanghai: East China Normal University Press.

Ye, X. (2017). *Eine vergleichende Untersuchung zum Qualitätsverständnis von Unterricht in chinesischen und deutschen Lehrwerken der Didaktik.* Oldenburg: BIS-Verlag.

Hilbert Meyer und Xuping Ye

Unterrichtsqualität in China und Deutschland – Versuch eines systematisierenden Vergleichs[1]

1 Was ist Qualität?

Ein Qualitätsurteil ist die Feststellung, dass etwas für gut oder für schlecht befunden wird. Wenn es sich um Unterricht handelt, kann unter Qualitätsgesichtspunkten sehr Verschiedenes beurteilt werden: der Verlauf des Unterrichts oder seine Ergebnisse, die Handlungen des Lehrers/der Lehrerin oder der lernenden Schülerinnen und Schüler, die Arbeitsbedingungen des Lehrers oder die Lernbedingungen der Schüler und anderes mehr. Die Personen, die die Beurteilung vornehmen, können Lehrer, Schüler, Eltern, Schulleiter, Wissenschaftler, Schulverwaltungsbeamte oder Politiker sein. Die Urteile können pauschal oder detailliert, qualitativ (von „großartig" bis „schlimm") oder quantifizierend (von „stark ausgeprägt" bis „nicht vorhanden") vorgenommen werden.

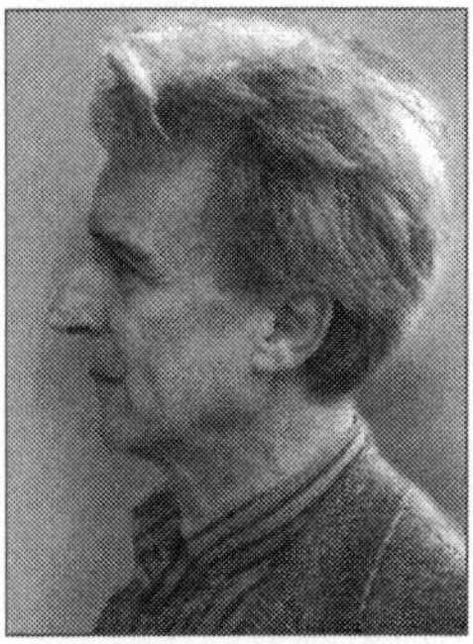

Eine anspruchsvolle theoretische Klärung des Qualitätsbegriffs hat der Regensburger Erziehungswissenschaftler Helmut Heid entwickelt. Er betont, dass Qualitätsaussagen Urteile über Sachverhalte sind und nicht mit den Sachverhalten selbst verwechselt werden dürfen. Pointiert fasst er zusammen: „Qualität ist kein Objekt der Beurteilung, sondern das Resultat der Beurteilung eines Objekts. Qualität kann man nicht sehen, und alles, was man sehen kann, ist nicht Qualität." (Heid, 2013, S. 405).

Ein vollständiges, wissenschaftlichen Ansprüchen genügendes Qualitätsurteil erfordert in Anlehnung an Heid:

(a) die Benennung des Gegenstands/Themas/Verhaltens, auf das sich das Qualitätsurteil beziehen soll – im Folgenden als *Qualitätsmerkmal* bezeichnet (= was?);

(b) die Klärung des *Zwecks,* dessentwegen das Qualitätsmerkmal stark gemacht werden soll (= wozu?);

1 Originalbeitrag auf Grundlage eines Vortrags auf dem Second Sino-German Didactics Dialogue in Oldenburg (2015).

(c) den Nachweis, dass das Qualitätsmerkmal *maßgeblich durch das unterrichtliche Handeln des Lehrers/der Lehrerin und der Schüler stark gemacht* wurde und nicht ein Effekt außerunterrichtlicher Variablen ist (= wodurch?);
(d) die *Beurteilung* (= wie gut?)
(e) und eine moralische „*Unbedenklichkeitsprüfung*", mit der geklärt wird, ob die Beurteilung unabhängig von ihrer Zwecktauglichkeit ethisch akzeptabel und nicht verwerflich ist.

Ein kleines Beispiel: (a) Gegenstand des Qualitätsurteils eines Unterrichtsbeobachters sei das in einer jahrgangsübergreifenden Grundschulklasse eingeführte „Helfersystem". (b) Es soll das kooperative Lernen der Schülerinnen und Schüler stärken und die Lehrerin entlasten. (c) Die Beobachtung ergibt, dass die große Mehrzahl der Schüler die bei der Einführung vereinbarten Helfer-Spielregeln einhält. Die Befragung der Lehrerin ergibt, dass sie sich entlastet fühlt. (d) Die Beurteilung lautet: Das Helfersystem ist in dieser Klasse erfolgreich eingeführt – es ist ein Qualitätsmerkmal dieser Klasse. (e) Es gibt keine ethischen Bedenken bei der Nutzung eines Helfersystems. Anzumerken bleibt, dass das Urteil über das Qualitätsmerkmal nicht vollständig ist: Der Beobachter vermutet ja nur, dass die Einführung der Spielregeln ursächlich für das gelobte Schülerverhalten ist, aber eine punktuelle Beobachtung liefert dafür keinen klaren Beleg.
Qualitätsurteile sind immer *normativ* und von den Wertvorstellungen und Schwerpunktsetzungen der urteilenden Akteure abhängig. Was der eine mit guten Argumenten für guten Unterricht hält, kann ein anderer mit ebenfalls guten Argumenten für schlechten Unterricht halten. Qualitätsurteile haben immer auch eine *empirische Basis.* Sie enthalten Annahmen darüber, wie Unterricht funktioniert und welche Effekte er hat. Der Unterschied zwischen normativen und deskriptiven Aussagen kann durch die begriffliche Unterscheidung zwischen „Kriterien" und „Merkmalen" verdeutlicht werden:
- *Qualitätskriterien* (Gütekriterien) legen fest, was für wertvoll gehalten wird und gestärkt werden sollte.
- *Qualitätsmerkmale* (Unterrichtsvariablen) beschreiben, was der Fall ist oder sein kann.

Es ist empfehlenswert, zwischen *Struktur-, Prozess-* und *Produktqualität* von Unterricht zu unterscheiden (Meyer, 2015, S. 172). Urteile zur Strukturqualität bewerten die Rahmenbedingungen und Voraussetzungen gelingenden Unterrichts. Urteile zur Prozessqualität bewerten die Qualität der Lehrhandlungen der Lehrperson und der Lernhandlungen der Schülerinnen und Schüler. Urteile zur Produkt- bzw. Ergebnisqualität bewerten die eingetretenen Wirkungen und gegebenenfalls auch die nicht beabsichtigten Nebenfolgen.

Im Mittelpunkt unseres Beitrags stehen Modellierungen von *Prozessqualität.* Im chinesischen Didaktikdiskurs werden sie zumeist „Curriculumstandards“[2], im deutschsprachigen Raum „Qualitätskriterien“ oder „Unterrichtsstandards“[3] und im internationalen Diskurs „opportunities-to-learn-standards“ genannt. Sie dürfen nicht mit „Bildungsstandards“ verwechselt werden, die als Output-Kriterien für die Normierung der von den Schülerinnen und Schülern erreichten Kompetenzniveaus entwickelt worden sind (Benner, 2007a). Sie lassen aus methodologischen Gründen keine direkten Rückschlüsse auf die erreichte Qualität einzelner Unterrichtsmerkmale zu.

Um Beliebigkeit von Urteilen zu vermeiden, ist eine didaktische bzw. bildungstheoretische Rahmung wünschenswert, in der die philosophisch-ethischen und pädagogischen Grundlagen von Qualitätskriterien erläutert werden. An ihnen mangelt es insbesondere bei den von den Schulverwaltungen verantworteten Qualitätskatalogen.

Eine wichtige „Spielregel“: Wer die Unterrichtsqualität einer Schule beurteilen will, darf sich nicht damit begnügen, hohe Ergebnisqualität zu messen. Er bzw. sie muss klären, wie hoch der Lernfortschritt der Schüler gemessen an ihren Startbedingungen gewesen ist. Das nennen die englischsprachigen Forscher den „value-added-Ansatz“ (Fullan, 2010, p. 27). Dann können kleine Erfolge von Schulen in sozialen Brennpunkten gewichtiger sein als Spitzenergebnisse der Schülerinnen und Schüler von Eliteschulen.

2 Modellierungen von Unterrichtsqualität

Es ist in China ebenso wie in Deutschland üblich geworden, verschiedene Einzelmerkmale für hohe Unterrichtsqualität in Qualitätskatalogen zusammenzuführen. Diese stellen keine Qualitäts*urteile* dar, sondern liefern theoretisch mehr oder weniger gut begründete *Vorschläge*, unter welchen Aspekten und in welchen Dimensionen Qualitätsurteile getroffen werden *sollten.* Qualitätskataloge finden sich in didaktischen Lehrwerken und Rahmentheorien für empirische Forschung, aber auch in Dokumenten der Schuladministration. Sie werden z.B. in der Ausbildung von Lehramtsstudierenden, in der Lehrerweiterbildung, beim kollegialen Hospitieren oder bei der Konstruktion von Beobachtungsbogen der Schulinspektion herangezogen. Sie liefern ferner eine Grundlage für die Entwicklung von Testitems, wie sie in large-scale-assessments (PISA u.a.) genutzt werden. Die Testitems dürfen nicht mit unterrichtlichen Lehr- und Lernaufgaben verwechselt werden, auch wenn sie anschlussfähig an diese sein sollten (Benner, 2007b).

2 Siehe Abschnitt 2.1 im Beitrag von Zheng, Wang & Lin, in diesem Bande, und Xu (2007, S. 193).

3 Siehe die Auflistung von zehn Unterrichtsstandards in Meyer (2015, S. 22-33).

2.1 Vier Beispiele

Wir vergleichen im Folgenden zwei chinesische Qualitätskataloge von Lan Ye (aus ihrem Beitrag in diesem Bande) und von Jinzhou Zheng[4] mit zwei deutschen Katalogen von Andreas Helmke und Hilbert Meyer.[5]

Lan Ye (2004)	**Jinzhou Zheng** (2007)	**Andreas Helmke** (2012)	**Hilbert Meyer** (2004/2015)
(1) Sinnstiftung für die Schüler (2) Effizienz und Effektivität des Unterrichts (3) Kreativität, Echtheit und Reichhaltigkeit des Unterrichts (4) Orientierung am Schulalltag (5) Verbesserungsbedürftigkeit jeglichen Unterrichts	(1) lebensweltorientierter Unterricht (2) Selbsttätigkeit förderndes Lernen (3) auf Wirksamkeit bedachte Interaktion zwischen Lehrern und Schülern (4) fächerübergreifender Unterricht (5) dynamischer Unterrichtsprozess (6) Optimierung der Unterrichtsressourcen (7) strukturorientierte Unterrichtsinhalte (8) ganzheitliche Lehrstrategie (9) individuelles Lernen (10) diversitätsorientierte Evaluation	(1) Effizienz der Klassenführung (2) Klarheit und Strukturiertheit des Unterrichts (3) Konsolidierung, Sicherung (4) Aktivierung der Schüler (5) Motivierungsqualität (6) lernförderliches Klima (7) Schülerorientierung (8) Kompetenzorientierung (9) Umgang mit Heterogenität (10) Angebotsvielfalt/Methodenvariation	(1) Klare Strukturierung des Unterrichtsprozesses (2) Hoher Anteil echter Lernzeit (3) Lernförderliches Klima (4) Inhaltliche Klarheit (5) Sinnstiftendes Kommunizieren (6) Methodenvielfalt und Methodentiefe (7) Individuelles und gemeinsames Fördern (8) Intelligentes Üben (9) Transparente Leistungserwartungen (10) Vorbereitete Umgebung

Die herangezogenen Unterrichtsqualitäts-Kataloge weisen formale und inhaltliche Gemeinsamkeiten auf: Sie betonen, dass der Unterricht klar strukturiert wer-

4 Jinzhou Zheng ist Professor und Vizepräsident der *China Executive Leadership Academy Pudong* in Shanghai und Absolvent der East China Normal University.

5 Weitere chinesische Kataloge listen Yang & Wang in ihrem Beitrag zu diesem Band; einen Überblick zur deutschsprachigen Diskussion bringen Jürgens & Standop (2010).

den muss; sie sagen wenig zur Auswahl der Unterrichtsinhalte; sie sagen viel zur unterrichtsmethodischen Gestaltung. Alle geben an, dass die Reihungen in den Katalogen keine Rankinglisten darstellen – jedes Kriterium ist ebenso wichtig wie dies alle Kriterien zusammen sind.

Der Umfang der Übereinstimmungen zwischen den Katalogen ist nicht überraschend. Die Autoren berufen sich ja zumeist auf denselben internationalen Forschungsstand, der z.B. für die Variable „klare Strukturierung" sehr hohe Effektstärken berechnet. Überraschend ist ganz etwas anderes: Trotz der Annäherung der Positionen auf der Ebene der Qualitätskataloge gibt es bei der Frage, was das Wesen des Unterrichts und was die wichtigsten durch Unterricht zu bewältigenden Aufgaben sind, weder im chinesischen noch im deutschen Didaktikdiskurs einen übergreifenden Konsens (vgl. Dingren Li, 2001; Yang, 2010; Lüders, 2014). Deshalb ist eine Rückbesinnung auf die theoretischen Grundlagen von Qualitätskatalogen erforderlich und sinnvoll. Sie fordert zugleich zu einer Kritik der Qualitätskataloge heraus.[6]

Bei der Herstellung von Qualitätskatalogen sollten bestimmte Konstruktionsregeln beachtet werden (vgl. Meyer, 2015, S. 175):

- Die gesuchten Kataloge sollten sich auf die *ganze* im Unterricht zu bewältigende Aufgabe beziehen. Die von empirischen Forschern gern aus forschungstechnischen Gründen vorgenommenen Aspektverengungen auf einzelne Unterrichtsvariablen sind für diesen Zweck nicht zielführend.
- Die Kataloge sollten nicht einseitig auf Lehrerhandeln fixiert sein (dafür gibt es die Kataloge zur Lehrqualität), sondern auch den Anteil der Schülerinnen und Schüler an der Herstellung hoher Unterrichtsqualität erfassen.
- Bei der Zusammenstellung der Kataloge ist interdisziplinäre Kooperation geboten, um Perspektivenvielfalt zu erreichen. Deshalb sollte eklektisches Vorgehen bei der theoretischen Rahmung toleriert werden, solange Gütekriterien für das Zusammenfügen der Teile (wie Plausibilität, Widerspruchsfreiheit, Angemessenheit und Stimmigkeit; vgl. Zierer 2010, S. 429) beachtet werden.
- Die Variable „Hoher Lernerfolg" fehlt zu recht in den vier Katalogen. Ein hoher Lernerfolg ist ja das Ergebnis des Starkmachens einzelner Merkmale hoher Unterrichtsqualität und deshalb rein logisch kein Prozess-, sondern ein Produktmerkmal.

Empirische Analysen – z.B. von Kirschner et al. (2006) zum forschenden Lernen, von Helmke (2012) zur Methodenvielfalt, von Herzig (2014) zur Wirksamkeit digitaler Medien, von Zheng, Wang & Lin zur Diskussionsmethode (in diesem Bande) – geben Anlass, die Wichtigkeit einzelner Merkmale zu überdenken. Allerdings sagen Wirksamkeitsstudien ja nur aus, wie gut oder schlecht bestimmte Unterrichts-

6 So wird die von Benner (in diesem Bande) herausgearbeitete Unterscheidung von Bildung *und* Erziehung und die mit ihr zusammenhängende Differenz zwischen edukativen und bildenden Wirkungen in den oben genannten Katalogen nicht thematisiert.

merkmale im statistischen Durchschnitt in den letzten 15 oder 20 Jahren irgendwo in der Welt realisiert worden sind, nicht aber, welche Potenziale in den Variablen stecken, wenn sie besser als bisher realisiert werden (vgl. Meyer, 2015, S. 166).

2.2 Methodologische Probleme der Urteilsfindung

Es gibt Hürden und Fallstricke, die bei der Konstruktion und Nutzung von Qualitätskatalogen zu beachten sind:

(1) *Die Gefahr des „naturalistischen Fehlschlusses“:* Bei der Konstruktion der Kataloge gilt – aus rein logischen Gründen – der Grundsatz, dass aus dem, *was ist,* nicht abgeleitet werden darf, *was sein soll!* Man erläge sonst dem sogenannten „naturalistischen Fehlschluss“, der immer dann vorliegt, wenn man „Güte“ für eine Eigenschaft eines Sachverhalts selbst und nicht für die Beurteilung der Qualität eines Sachverhalts hält (siehe Abschnitt 1). Deshalb ist es grundsätzlich unzulässig, aus empirischen Befunden herzuleiten, was guter Unterricht sein soll.[7] Empirische Befunde zu Einzelmerkmalen dienen der Plausibilisierung und dem Nachweis der Machbarkeit bzw. Viabilität, nicht aber der Begründung von Qualitätsurteilen.

(2) *Das Deduktionsproblem:* Die oben abgebildeten Qualitätskataloge sind sehr abstrakt gehalten – und das aus gutem Grund. Sie sollen ja zur Beurteilung möglichst vieler unterschiedlicher Unterrichtssituationen genutzt werden können. Um im Schulalltag „handhabbar“ zu sein, müssen sie daher kompakt formuliert werden. Weil es aber unmöglich ist, aus abstrakten Kriterien konkrete Urteile und unmittelbare Handlungsoptionen direkt und zweifelsfrei abzuleiten, entsteht bei der Nutzung der Kataloge ein Deduktionsproblem: Die einzelnen Qualitätskriterien müssen im Blick auf konkrete Unterrichtssituationen „kleingearbeitet“ werden. Dies geschieht aber nicht in Form einer logischen Ableitung aus Prämissen. Vielmehr ist die Herleitung ein hermeneutisch vermittelter Prozess des Sinnverstehens, in den subjektive Deutungen der Akteure und viele Zusatzentscheidungen eingehen (Meyer, 1972). Daraus folgt, dass die Kriterien trotz ihrer mehr oder weniger umfangreichen Erläuterungen unterschiedlich ausgelegt und angewendet werden können und dass nur Fachleute auf der Basis intimer Kenntnis der zu beurteilenden Unterrichtskultur vernünftig mit Qualitätskatalogen umgehen können.

(3) *Das Fehlen empirischen Wissens zu Ursache-Wirkungsketten:* Der in unserer Qualitätsdefinition (Abschnitt 1) geforderte Nachweis, dass ein beobachtetes Prozessmerkmal oder ein bestimmtes Unterrichtsergebnis tatsächlich durch das unterrichtliche Handeln der Akteure und nicht durch andere Variablen verursacht worden sind, ist kompliziert und immer nur annäherungsweise zu führen. Zwar

7 Deshalb sind die von Hattie (2009/2013) aufgelisteten Effektstärken-Tabellen auch keine Kriterienkataloge in dem von uns definierten Sinne!

hat die Wirksamkeitsforschung große Fortschritte gemacht (vgl. die Synthesen von Metaanalysen bei Hattie, 2009/2013 und Scheerens, 2016), aber die Mehrzahl der Forscher ist der Überzeugung, dass sich einzelne Prozessmerkmale nicht herauslösen und als alleinige Ursache für bestimmte Unterrichtsergebnisse ausweisen lassen. Erst durch das Starkmachen einer *Kombination* von Qualitätsmerkmalen entstehen die gewünschten Effekte. Aber genau dies, nämlich das Zusammenwirken verschiedener Variablen von Unterrichtsqualität, ist noch nicht gut erforscht! Die Empiriker flüchten sich dann gern in den Satz: „Viele Wege führen nach Rom!" (vgl. Weinert & Helmke 1997, S. 251). Das hilft dem Praktiker, der wissen will, ob er auf einem guten Weg ist, nicht weiter, auch wenn es ihn von dem Druck entlastet, für alles einen empirischen Beleg liefern zu müssen. Die von Lee Shulman (2004) analysierte „Weisheit der Praxis" ist und bleibt deshalb eine gute Grundlage für Qualitätsurteile, solange eine reflexive Distanz zur eigenen Praxis hergestellt wird!

(4) *Die Unterscheidung von Oberflächenstrukturen des Unterrichts und Tiefenstrukturen des Lernens und Lehrens:* Eine weitere Komplizierung entsteht dadurch, dass bei der Beurteilung einzelner Unterrichtsmerkmale zwischen Oberflächen- und Tiefenstrukturen des Unterrichts unterschieden werden muss.[8] Oberflächenstrukturen sind sichtbare und zumeist einfach zu beobachtende und zu messende Variablen, z.B. das Arbeitstempo der Schüler oder der Redeanteil der Lehrperson. Tiefenstrukturen, wie z.B. das von den Schülern erreichte Kompetenzniveau, die Lehrerglaubwürdigkeit oder das „tiefe Verstehen" von Unterrichtsinhalten, sind deutlich schwieriger zu identifizieren. Wird die Unterscheidung zwischen Oberflächen- und Tiefenstrukturen nicht beachtet, kommt es schnell zu Fehlinterpretationen der Ursachen von Lernerfolg.

Ein Beispiel: Aus dem Tatbestand, dass die Shanghaier Schülerinnen und Schüler in der PISA-IV-Studie in allen Zieldomänen die Spitzenplätze belegt haben (OECD, 2010, S. 41 u. 141) und aus der Beobachtung, dass der dort erteilte Unterricht im Vergleich zu deutschen Klassenzimmern auf der Oberfläche als stark lehrerzentriert charakterisiert werden muss (vgl. den Beitrag von Zheng, Wang & Lin, in diesem Bande), darf nicht gefolgert werden, dass das Unterrichtsmerkmal „hohe Lehrerzentriertheit" ursächlich für den hohen Lernerfolg der Schülerinnen und Schüler ist. Ursächlich sind, wie Helmke (2012, S. 93-99) im Blick auf die Unterrichtspraxis in Südost-Asien erläutert, vermutlich ganz andere Variablen der Tiefenstruktur, z.B. die Persönlichkeitsstruktur der Lehrperson, gegenseitig gezollter Respekt und sozialisationsbedingter Lerneifer.

---

8 Die ersten deutschsprachigen Autoren, die diese Unterscheidung in den Didaktikdiskurs eingeführt und theoretisch begründet haben, waren Oser & Baeriswyl (2001). In der internationalen Forschung ist diese Unterscheidung inzwischen ebenfalls zum Standard geworden (vgl. Hattie, 2009, p. 28; 2013, S. 34). Aber die beiden Konstrukte sind noch nicht ausreichend geklärt. Einzelne Wissenschaftler kommen zu sehr unterschiedlichen Zuordnungen zu den zwei Ebenen.

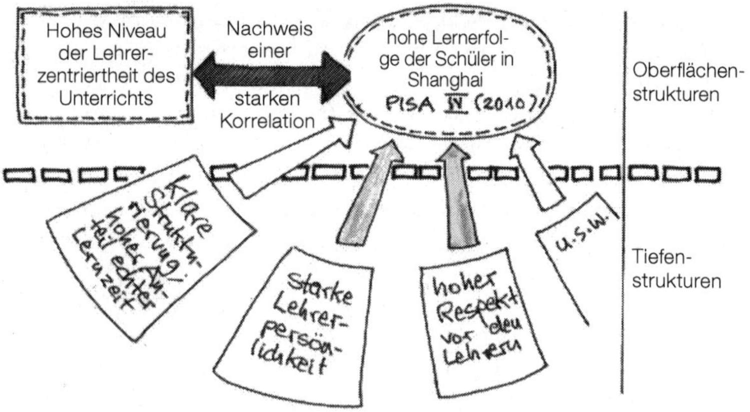

Wir wissen daher nicht, ob die Lehrerzentriertheit des Shanghaier Unterrichts wirklich ursächlich für den hohen Lernerfolg ist oder nicht. Es könnte ja sein, dass diese Schüler in Zukunft noch bessere Leistungen zeigen, wenn ihr Unterricht – wie von Lan Ye und Jinzhou Zheng gefordert – stärker individualisiert wird.

(5) Die *Suche nach dem tertium comparationis:* Wenn in bi-nationalen oder internationalen Vergleichsstudien einzelne Unterrichtsmerkmale aus unterschiedlichen Kulturen eins zu eins miteinander verglichen werden, kommt es oftmals zu Fehlurteilen. Man nimmt z.B. ein wichtiges Qualitätskriterium aus dem einen Land als Bezugsnorm und schaut nach, ob es im anderen Land ebenfalls gewürdigt und im Unterricht vergleichbar stark ausgeprägt ist. Das könnte z.B. in Deutschland die von vielen Autoren vertretene Forderung einer demokratischen Unterrichtskultur sein (Klafki, 2002, S. 41-62; Meyer, 2004, S. 13). In der Mehrzahl der chinesischen Didaktiken und Qualitätskataloge finden sich entsprechende Aussagen nicht. Stattdessen wird gefordert, im Unterricht „Humanität" und „Harmonie" herzustellen und Interessenunterschiede auszugleichen (vgl. Xuping Ye, 2017, S. 34-54; M. Meyer et al. 2017, p. 204). Ein Eins-zu-eins-Vergleich aus deutscher Perspektive käme dann zu der Feststellung, dass „demokratische Orientierung" in der chinesischen Didaktik keine große Rolle spielt. Umgekehrt könnte aus chinesischer Perspektive festgestellt werden, dass im deutschen Didaktikdiskurs die Kategorie „Harmonie" keine Rolle spielt. Aber hieraus abzuleiten, dass der chinesische Unterricht schlecht sei, oder zu folgern, dass der deutsche Unterricht gut sei, wäre mehr als naiv. Denn bei einem solchen Urteil werden die gesellschaftlichen Kontextbedingungen in China und Deutschland ausgeblendet. Wer vergleichen will, benötigt deshalb immer einen geeigneten Vergleichspunkt, ein „tertium comparationis" (das Dritte des Vergleichs). Es muss abstrakter als die Einzelmerkmale definiert werden und für beide Kulturen passen. Im obigen Beispiel könnte das z.B. die

Kategorie „Partizipationsstrukturen im Unterricht" sein. Daraus folgt: Es ist bei Vergleichsstudien unverzichtbar, bei jedem einzelnen Qualitätsurteil zu fragen, welche Bedeutung es im jeweiligen Bildungssystem hat und ob es systemadäquat umgesetzt worden ist oder nicht.

Ein erstes Zwischenfazit: Die Konstruktion und die Arbeit mit Qualitätskatalogen sind anspruchsvoll. Man benötigt umfassendes theoretisches Wissen und praktisches Know-how über die Gelingensbedingungen von Unterricht, um zu vernünftigen Urteilen zu kommen.

3 Modellierungen von Lehrqualität

Wir unterscheiden in diesem Beitrag Unterrichts- und Lehrqualität. Letztere beantwortet die Frage: Was ist eine gute Lehrerin, ein guter Lehrer? Wir könnten es uns mit der Beantwortung der Frage leicht machen und sagen: Eine gute Lehrperson sorgt dafür, dass die im vorherigen Abschnitt beschriebenen Merkmale guten Unterrichts, z.B. Lan Ye's Kriterium der Sinnstiftung oder Helmkes und Meyers Kriterium des lernförderlichen Unterrichtsklimas, stark gemacht werden. Aber die eigentliche Frage ist damit noch nicht beantwortet: Denn *woraus besteht dieses „sorgt dafür, dass …"*? Die Antwort hierauf kann nicht aus den Merkmalen guten Unterrichts abgeleitet werden. So käme ja kein Erkenntniszugewinn, sondern nur ein und „logisches Ausmelken" der Merkmale und damit eine Dopplung der Kriterien zustande. Für die Definition von Lehrqualität ist darum ein eigenständiger theoretischer Begründungszusammenhang erforderlich. Dafür gibt es in der deutschsprachigen Professionalisierungsforschung und auch in China eine ganze Reihe theoretischer Orientierungsrahmen (vgl. Fend 2008, S. 318-350; Kunter, Baumert u.a., 2011; Chen, 2007).

3.1 Fünf Beispiele

Ein erster chinesischer Katalog für Lehrqualität stammt von dem Shanghaier Erziehungswissenschaftler Guisheng Chen.[9] Einen zweiten Katalog übernehmen wir von Xingyu Lu aus seinem Aufsatz „Standards of a high-quality course" (Lu, 2010)[10]. Einen US-amerikanischen Katalog auf Basis einer Meta-Analyse zum „effective teaching" haben Good, Wiley & Florez (2009) vorgelegt. Es folgen auf deutscher Seite das „Modell für Unterrichtsqualität" der COACTIV-Forschergruppe (Kunter, Baumert u.a., 2011, S. 87ff.), das sich bei genauerem Hinsehen als Katalog für *Lehr*qualität im oben definierten Sinne entpuppt, und unser eigener Kriterienkatalog für Lehrerprofessionalität (aus: Meyer, 2015, S. 179ff.).

9 Guisheng Chen (geb. 1933) war Professor für Theorie der Erziehungswissenschaft an der East China Normal University in Shanghai; seine Arbeitsschwerpunkte: Marxistische Erziehungswissenschaft, Erziehungsgedanken von Mao Zedong, Lehrerprofessionalisierung. Er hat eine Aufsatzserie veröffentlicht, die wir in der Tabelle zusammengefügt haben (Chen, 2003a; 2003b; 2004; 2006; 2007; 2008).

10 Xingyu Lu ist Professor an der Shanghai Academy of Education and Science.

Guisheng Chen (2007)	**Xingyu Lu** (2010)	**Thomas Good, Caroline Wiley & Ida Florez** (2009)	**COACTIV-Forschergruppe (Kunter u.a.**, 2011)	**Hilbert Meyer** (2015)
I. Professionalität: (1) Der Lehrer als *Wissenschaftler* ist orientiert an erziehungswissenschaftlichen Standards (2) Der Lehrer als *Experte* verfügt über umfangreiches fachliches Wissen (3) Der Lehrer als *Intelligenz* beherrscht die Erziehungskunst *II. Reflexibilität:* (4) Der Lehrer ist *Vorbild* für Lernende *III. Berufliche Moral:* (5) Der Lehrer übernimmt *Verantwortung* für das vermittelte Wissen, für die Lernenden und für die Gesellschaft	*übergeordnetes Kriterium:* „Förderung der Verstehensprozesse der Schüler" *Einzelkriterien:* (1) Unterstützung der Interpretationsfähigkeit (2) Erklärung von Sachverhalten (3) Hilfen bei der Anwendung (4) Förderung von Einsicht (5) Förderung von Empathie (6) Stärkung des Selbstbewusstseins	(1) Appropriate expectations (2) Proactive and supportive class-rooms (3) Opportunity to learn (4) Curriculum alignment (5) Coherent content (6) Thoughtful discourse (7) Scaffolding student's ideas and task involvement (8) Practice/application (9) Goal-oriented assessment	(1) Effiziente Klassenführung (classroom-management) (2) Potenzial zur kognitiven Aktivierung (3) Konstruktive Unterstützung der Lernenden	*I. Professionswissen:* (1) Allgemeindidaktisches Wissen (2) Fachwissenschaftliches Wissen (3) Fachdidaktisches Wissen *II. Didaktisch-methodisches Handwerkszeug:* (4) Kooperative Führung, gemeinsam mit den Schülern (5) Geschickte Vermittlung von Kompetenzen (6) Individuelle und gemeinsame Förderung der Schüler (7) Faire Leistungsbeurteilung und Selektion *III. Berufsethos:* (8) Verlässliche Beziehungsarbeit mit den Schülern (9) Professionelle Teamarbeit im Kollegium (10) Arbeit an sich selbst

Auch bei diesen Qualitätskatalogen lassen sich Affinitäten und Gemeinsamkeiten in den Diskursen feststellen – insbesondere dann, wenn man die Detailerläuterungen der Autoren einbezieht. Es beeindruckt, wie deutlich bei Lu (2012), bei Good et al. (2009) und bei der COACTIV-Gruppe (2011) die Förderung der Verstehensprozesse der Schülerinnen und Schüler betont wird. Es fällt weiterhin auf, dass in den beiden deutschen Katalogen ein Kriterium wie „curriculum alignment“ (= Ausrichtung am vorgegebenen Lehrplan) fehlt. Über die Gründe können wir hier nur spekulieren. Wichtig ist aber, dass „gute Lehrerarbeit“ nicht auf Effizienz und Effektivität reduziert wird, wie es im Katalog von Good et al. der Fall ist. So sieht dies auch der bekannte US-amerikanische Wissenschaftler David Berliner, wenn er unter „quality teaching“ eine geschickte Verknüpfung von normativ bestimmtem „good teaching“ mit empirisch-analytisch basiertem „effective teaching“ versteht (Berliner, 2005).

3.2 Reflexivität

Die aktuelle chinesische und deutschsprachige Diskussion zur Lehrqualität ist eng mit der Kompetenzdebatte verbunden. Nicht nur einzelne Wissenschaftler haben dazu Beiträge geliefert (vgl. Kunter, Baumert u.a., 2011; Berndt u.a., 2017) – auch die deutsche Kultusministerkonferenz hat im Jahr 2004 „Standards der Lehrerbildung“ veröffentlicht. Zentrales Thema ist dabei die Frage, wie die Lehrerreflexion gestärkt werden kann. Dazu einige Anmerkungen:

(1) *Reflective Teaching:* In der englischsprachigen Didaktikdiskussion gilt Reflexivität von Lehrpersonen im Anschluss an John Deweys Buch „How we think“ (1910/1933) und Donald Schöns „The Reflective Practitioner“ (1983) als ein herausgehobenes Qualitätsmerkmal, wobei betont wird, dass Qualität erst durch die geschickte Verknüpfung von Aktion und Reflexion entsteht.[11] Auch in China wird dieses Konzept propagiert (Xiong, 1999). US-amerikanische Autoren wie Zeichner und Craig betonen, dass Reflexivität eine politische Dimension besitzt, weil sie Teilautonomie gegenüber der Schuladministration voraussetzt und die demokratische Weiterentwicklung der Institutionen „Schule“ und „Lehrerbildung“ zum Ziel hat. Bisher konnte jedoch noch nicht nachgewiesen werden, dass Lehrpersonen, die nach dem Konzept des Reflexive Teaching aus- und weitergebildet worden sind, besseren Unterricht machen als andere (Zeichner & Liu, 2010, p. 79).[12]

---

11 siehe hierzu Nona Lyons „Handbook of Reflection and Reflective Inquiry“ (2010); dabei ist für viele englischsprachige Autoren die deutsche bildungstheoretische Didaktik ein Musterbeispiel für Reflexionsorientierung (vgl. Westbury et al., 2000; Autio, 2014).

12 In diesem Artikel findet sich auch eine ausführliche Darstellung und Kritik des Umgangs mit dem Reflective-teaching-Konzept in China (Zeichner & Liu, 2010, S. 75-79).

(2) *„Pädagogischer Takt“:* Wer oder was trägt Sorge dafür, dass das von der Lehrperson akkumulierte Reflexionswissen tatsächlich für die Arbeit im Klassenzimmer genutzt wird? Schon vor über 200 Jahren hat Johann F. Herbart dafür den Begriff des „pädagogischen Takts“ geprägt (Herbart, 1997, S. 44). Dieser bezeichnet das Vermögen, vorhandenes Theoriewissen situationsspezifisch klug zu nutzen. Was Herbart damals formulierte, ist auch heute noch Forschungsstand: Eine professionelle Lehrperson kann die komplexe Struktur von Unterrichtssituationen aufgrund weniger Informationen angemessen erfassen, sie intuitiv genau beurteilen und dann auch zügig entscheiden, was zu tun ist. Sie hat kein naiv-lineares Theorie-Praxis-Verständnis, sondern verfügt über ein vertieftes Wissen um Wechselbeziehungen zwischen Theorie und Praxis (Bromme, 1992).

(3) *„Das Schweigen der Könner“:* Der Österreichische Berufs- und Wirtschaftspäd-‘agoge Georg Hans Neuweg (1999) hat das implizite Wissen von Lehrpersonen analysiert und kam zu dem Schluss: Gute Lehrer können mehr, als sie zu artikulieren wissen. Das entlastet im Alltag, ist aber zugleich ein Stück weit unprofessionell. Es wäre besser, wenn die Könner wüssten, warum sie so erfolgreich sind, und sich bemühen, ihre Kompetenz mit anderen Kolleginnen und Kollegen zu teilen.

(4) *„Erfahrungsfalle“:* Anders als lange vermutet, gibt es keine empirischen Belege dafür, dass mit der zeitlichen Dauer der Berufserfahrung auch die Reflexions- und Handlungskompetenzen von Lehrpersonen ansteigen (vgl. Kleickmann et al., 2013, p. 98). Tina Hascher (2005) nennt dieses Phänomen die „Erfahrungsfalle“: Man filtert, was man wahrnimmt, hält es für gut und nimmt Änderungsbedarf nicht mehr wahr. Um dies zu vermeiden, sind kooperative Arbeitsformen in der Lehrerweiterbildung unverzichtbar.

Ein zweites Zwischenfazit: Reflexivität stellt sich nicht von selbst ein. Sie wächst in einer Spirale von Aktion und Reflexion (Schön, 1983; Altrichter & Posch, 2007, S. 321-340). Sie kann durch Arbeit an sich selbst und durch Kommunikation im Team unterstützt werden. Dazu sind in den letzten Jahrzehnten einige Instrumente wie Tagebuchschreiben, Lesson Studies, Aktionsforschung und die Arbeit in Professionellen Lerngemeinschaften entwickelt worden. Sie werden von Huang, Yan & Wang sowie Neubrand & Xu in ihren Beiträgen in diesem Band ausführlich thematisiert.

3.3 Die politische Dimension der Arbeit mit Qualitätskatalogen

Bei der Festsetzung und Nutzung von Qualitätskatalogen wird immer auch Macht ausgeübt. Das ist nicht grundsätzlich zu kritisieren. Es ist eine legitime Aufgabe der für die Schulentwicklung verantwortlichen Politiker und Schuladministratoren zu versuchen, die Unterrichtsentwicklung über die Festlegung von

Qualitätskriterien zu steuern. Zwei theoretisch und zugleich schulpraktisch folgenreiche Fragen lauten dann aber, mit welchem Konzept von Lehrerprofessionalität bei diesen Steuerungsversuchen gearbeitet wird und wie effektiv sie sind. Anders formuliert: Was nützt oder schadet es, den Lehrpersonen Teilautonomie zuzugestehen? Und: Was erlaubt und was verhindert ein „Durchregieren“ von oben nach unten?

(1) *Komplexität der vor Ort zu lösenden Aufgaben:* Das Unterrichten ist für die Lehrerinnen und Lehrer aus verschiedenen Gründen in den letzten Jahrzehnten deutlich komplizierter und auch anspruchsvoller geworden. Daraus folgt nach Auffassung der Mehrzahl der deutschsprachigen Schulentwicklungsforscher (Rolff, 1993) und auch chinesischer Autoren wie Lan Ye (2015), dass Lehrpersonen vor Ort erhebliche Handlungsspielräume benötigen, um die ihnen übertragenen Aufgaben kreativ und problemangemessen lösen zu können. Wie weit die Spielräume reichen müssen, um erfolgreich arbeiten zu können, ist noch nicht gut ausgelotet.[13]

(2) *Top down oder bottom up?* Wenn die Akteure auf der Makroebene mächtig sind, haben sie größere Chancen, ihre Vorstellungen zur Qualitätssicherung von oben nach unten durchzusetzen. Wenn die Akteure auf der Meso- und Mikroebene mächtig sind, können sie versuchen, eigene Ideen und Konzepte von Unterrichtsqualität von unten nach oben durchzusetzen. Bottom up-Entwicklungen hat es in Deutschland z.B. bei der Einführung des „Offenen Unterrichts“ und bei den frühen Versuchen zum inklusiven Unterricht gegeben. Der kanadische Schulentwicklungsforscher Michael Fullan (1999, S. 71) stellt auf der Basis empirischer Analysen zu Schulentwicklungsprozessen fest, dass es das Beste sei, wenn sich Top-down- und Bottom-up-Initiativen durchmischen und dabei gegenseitig stützen und ergänzen. Das fordert Lan Ye (in diesem Bande).

(3) *Fehlendes Screening zur Unterrichtswirklichkeit:* Wir wissen in Deutschland auf Basis des Bildungsmonitorings (KMK, 2006) eine ganze Menge über die Lernergebnisse und Leistungsstände der Schülerinnen und Schüler, aber noch zu wenig über die Unterrichtswirklichkeit, die diese Ergebnisse verursacht oder zumindest beeinflusst hat. So sieht es auch Terhart (Abschnitt 3 seines Beitrags, in diesem Band), wenn er feststellt, dass in Deutschland so etwas wie ein Kataster der Unterrichtswirklichkeit „in der Breite“ fehlt. Ähnliches kann zur Situation in China gesagt werden. Auch hier gibt es eine ganze Menge quantifizierter Daten zu Einzelaspekten (Wellnitz 2014; Maclean, 2017), aber viel Unklarheit darüber, in welchem Umfang und auf welchem Niveau die propagierten Curriculumstandards tatsächlich landesweit im Schulalltag umgesetzt werden. Ein Beispiel: In China, aber auch im deutsch-

13 Eine ausführliche Analyse für den deutschsprachigen Raum bringt Heinrich (2007) auf Basis des Governance-Ansatzes der Analyse von Steuerungsprozessen.

sprachigen Raum wird von fast allen Autoren gleichermaßen gefordert, den Unterricht stärker zu individualisieren und das selbstregulierte Lernen zu fördern. Ein oberflächlicher Blick in chinesische und deutsche Klassenzimmer zeigt, dass die Individualisierung des Unterrichts in deutschen Schulen weiter fortgeschritten ist. Aber präzise Daten, etwa durch eine *vergleichende* chinesisch-deutsche Studie zum erreichten Niveau der Individualisierung des Unterrichts, liegen noch nicht vor!

(4) *Rekontextualisierung der Vorgaben:* Staatliche Dokumente zur Qualitätssicherung und Weiterentwicklung haben auf den verschiedenen Ebenen staatlicher Steuerungsbemühungen unterschiedliche Funktionen. Um diese Funktionen genauer erfassen zu können, bietet sich die international übliche Unterscheidung von Mikro-, Meso- und Makroebene des Bildungssystems an. Dazu hat der Schweizer Erziehungswissenschaftler Helmut Fend einen umfassenden Theorierahmen entwickelt. Fend (2006; 2008) stellt auf der Basis seiner empirischen Studien fest, dass auf der Meso- und der Mikroebene nicht nur hin und wieder, sondern grundsätzlich eine Übersetzung und Umdeutung der Vorgaben der Makroebene stattfindet. Das nennt er „Rekontextualisierung". Dabei unterscheidet er zwischen primären und sekundären Rekontextualisierungsprozessen:

– *Makroebene:* Analysen auf dieser Ebene beschäftigen sich mit zentralen politischen Vorgaben zur Qualitätssicherung und -entwicklung und mit den dafür genutzten Umsetzungsstrategien und Kontrollmechanismen. Solche Vorgaben finden sich in Schulgesetzen und Curricula, Lehrerweiterbildungskonzepten, „Bewertungstabellen" und „Orientierungsrahmen" für Schulqualität (vgl. Xuping Ye, 2017, S. 108-126).
– *Mesoebene – sekundäre Rekontextualisierung:* Auf dieser Ebene geht es um die Frage, wie an Einzelschulen, z.B. bei der Erarbeitung schuleigener Curricula, mit staatlichen Vorgaben umgegangen wird: strenge Befolgung, lässiger Umgang, Umdeutung oder gar Nicht-zur-Kenntnisnahme? Für eine vorgabenkonforme Übersetzung gibt es in China auf allen Verwaltungsebenen (Zentralregierung, Provinzen, Städte, Stadtbezirke) ein hoch ausdifferenziertes Unterstützungssystem, während in Deutschland aufgrund des Kulturföderalismus ein buntes Gemisch von Initiativen und Verantwortungsregelungen zu beobachten ist.
– *Mikroebene – primäre Rekontextualisierung:* Sie beschäftigt sich mit der Frage, wie Lehrerinnen und Lehrer im Unterrichtsalltag mit den Schülern zusammen arbeiten (Ko-Konstruktion) und welche Rolle dabei die staatlichen Vorgaben spielen. Deutsche Studien mahnen hier zur Nüchternheit. Neue Curricula fordern nicht nur ein neues Methodenrepertoire der Lehrer, son-

dern auch eine Neuorientierung ihrer unterrichtsbezogenen Wertvorstellungen. Es ist aber ein schwieriger und langwieriger Lernprozess, um tief verwurzelte persönliche Vorstellungen von Unterrichtsqualität durch neue Vorstellungen zu ersetzen. In China scheint demgegenüber die Akzeptanz neu eingeführter Curriculumstandards deutlich höher zu sein (siehe den Beitrag von Zheng, Wang & Lin, in diesem Band), auch wenn dies noch wenig über ihre tatsächliche Umsetzung im Klassenzimmer aussagt.

Die Frage, welche Formen, welche Chancen und welche Fallstricke der Rekontextualisierung von Vorgaben es in Deutschland gibt, ist in einer Reihe von Studien untersucht worden (Heinrich, 2007; Fend, 2008; Amrhein, 2011; Zeitler u.a., 2012). Wie solche Prozesse in China ablaufen, ist demgegenüber – wenn wir nichts übersehen haben – noch nicht gut erforscht.

Ein drittes Zwischenfazit kann daher lauten: Die Tatsache, dass administrative Vorgaben auf der Meso- und Mikroebene neu gedeutet und professionell umgesetzt werden müssen, erfordert Teilautonomie der Akteure! Dies gibt den Lehrpersonen Würde und Macht. Sie sind keine Handlanger des Systems, sondern Fachleute für Lehren und Lernen, die für die unverzichtbare „Transformation gesellschaftlicher Einflüsse in pädagogisch legitime Einflüsse" (Benner, 2015, S. 108ff.) Sorge tragen müssen.

4 Fehlanzeige für „Lernqualität" und ein erster Vorschlag

In den letzten 15 Jahren sind im deutschsprachigen Raum Hunderte von Büchern und Aufsätzen zu Themen wie „Guter Unterricht", „gute Lehrerinnen und Lehrer" und „gute Schule" erschienen. Es gibt auch viele empirische Befunde zu einzelnen Variablen lernförderlichen Schülerverhalten, z.B. zur Effektivität des kooperativen Lernens, zur Feedbackkultur oder zur Metakognition. Aber es fehlen bildungstheoretisch begründete normative Kataloge zu der Frage: Was ist ein guter Schüler/eine gute Schülerin? Ein merkwürdiges Theorie- und Forschungsdefizit!
Manche Lehrpersonen und auch die Mehrzahl der Eltern und Schüler verstehen unter einem „guten Schüler" einen Schüler, der gute Zensuren nach Hause bringt. Aber das ist keine theoretisch befriedigende Definition. Sie hätte ja zur Folge, dass Schüler, die es bis in die deutsche gymnasiale Oberstufe bzw. in die zweite Stufe der chinesischen Mittelschule geschafft haben, grundsätzlich „gut" sind, während Schüler an einer Sonderschule grundsätzlich „schlecht" sind. Was ein guter Schüler ist, sollte nicht im Blick auf den erreichten Leistungsstand, sondern didaktisch im Blick auf das Engagement im Unterrichtsprozess begründet werden. Dann können auch Schüler mit sonderpädagogischem Förderbedarf sehr gute Schüler und umgekehrt Schüler in einem gymnasialen Leistungskurs, die sich nicht anstrengen, schlechte Schüler sein. In einem ersten Zugriff definieren wir fünf Kriterien:

Qualitätskriterien für eine gute Schülerin/einen guten Schüler

1. *Arbeitsbündnis:* Ein guter Schüler/eine gute Schülerin ist bereit, ein Arbeitsbündnis mit der Lehrperson einzugehen und sich beim Lernen helfen zu lassen. (Ein Arbeitsbündnis ist ein didaktisch-sozialer Vertrag des Lehrers und der Schüler, in dem die gegenseitig geltenden Rechte und Pflichten ausgehandelt worden sind.)
2. *Verantwortungsübernahme:* Eine gute Schülerin/ein guter Schüler übernimmt Verantwortung für den eigenen Lernprozess und auch für den Arbeitsprozess der ganzen Klasse.
3. *Toleranz und Empathie:* Eine gute Schülerin/ein guter Schüler akzeptiert die Heterogenität von Haltungen und Weltanschauungen in der Klasse und vermeidet Ausgrenzungen und Mobbing.
4. *Didaktische Kompetenz:* Eine gute Schülerin/ein guter Schüler entwickelt didaktische Kompetenzen. Sie/er formuliert Vorschläge zur gemeinsamen Unterrichtsgestaltung und -auswertung.
5. *Metakognition:* Eine gute Schülerin/ein guter Schüler ist bereit und in der Lage, über ihren/seinen eigenen Lernprozess, über ihre/seine Rolle im Klassenverband und über ihr/sein Engagement im Unterricht nachzudenken und sein Verhalten gegebenenfalls zu verändern.

Kurz gefasst: Ein guter Schüler ist ein Mensch, der sich beim Lernen vom Lehrer/von der Lehrerin helfen lässt. Dies ist keine pathetische, sondern eine sehr nüchterne Definition, die auch Helmkes Angebots-Nutzungs-Modell zur Erklärung der Wirkungsweisen von Unterricht (2012, S. 71) zugrunde liegt.

5. Qualitative Inhaltsanalyse zu ausgewählten chinesischen und deutschen Lehrwerken der Didaktik

Wir haben eingangs betont, dass ein didaktischer Theorierahmen für Qualitätskataloge hilfreich ist, um die einzelnen Kriterien angemessen zu deuten. Deshalb lohnt es sich, den didaktischen Theoriehintergrund der Kataloge auszuleuchten. Xuping Ye (2017) hat in einer qualitativen Inhaltsanalyse auf der Basis der Auswertungsstrategien von Mayring (2003) und Kelle & Kluge (2010) das Verständnis von Unterrichtsqualität in zwei chinesischen und zwei deutschen Lehrwerken zur Didaktik untersucht, von denen aufgrund ihrer hohen Auflagen angenommen werden kann, dass sie einen Einfluss auf die Qualitätssicherung und die Lehrerbildung ihrer Länder haben.[14] Die Methodologie der Studie braucht hier nicht erläutert zu werden. Inte-

14 (1) Bindge Li (2000): „Didaktik" (20. Aufl. 2017); (2) Lan Ye: „Kriterien guten Unterrichts" (2004); Übersetzung in diesem Bande) ergänzt in der Qualitativen Inhaltsanalyse durch das Grundlagenwerk: Lan Ye (2006; reprint 2014): „Über die Neue Grund- und Mittelstufenbildung"; (3) Andreas Helmke (2004): „Unterrichtsqualität und Lehrerprofessionalität" (6. Aufl. 2015); Hilbert Meyer (2004): „Was ist guter Unterricht?" (11. Aufl. 2016).

ressant sind die Ergebnisse des Vergleichs, Wir fassen die analysierten Unterschiede tabellarisch zusammen (vgl. Xuping Ye, 2017, S. 141-156):

	Bingde Li (2000)	**Lan Ye** (2004; 2006)	**Andreas Helmke** (2012)	**Hilbert Meyer** (2004)
Kernbotschaften	Im Mittelpunkt steht die Optimierung des *Lehrprozesses*, „in dem die Schüler unter Anleitung des Lehrers die Welt kennenlernen und die von der älteren Generation gesammelten Kenntnisse und Erfahrungen aufnehmen".	Eine radikale Erneuerung des Unterrichts in Richtung auf eine verstärkte *Lebens- und Praxisorientierung* ist erforderlich. Der Unterricht soll dadurch sinnstiftend, kreativ, reichhaltig und echt werden.	Schüler müssen lernen, das *Angebot des Lehrers aktiv zu nutzen.* Der Lehrer muss lernen, das Angebot den Lernvoraussetzungen mit Hilfe gründlicher Lernstandsdiagnosen anzupassen.	Der Unterricht entfaltet sich in einer *Dialektik von Führung und Selbsttätigkeit* (Klingberg). Der Lehrer bemüht sich, eine demokratische Unterrichtskultur aufzubauen.
Maßnahmen und Reflexionsgrundlagen	Dem dienen die *gründliche Planung* des Unterrichts durch die Lehrperson, die klare Führung, geschickt ausgewählte Methoden, Schülerfeedback und Hausaufgabenkontrolle.	Dem dient die Reflexion der pädagogischen Grundhaltung der Lehrer. Dabei kann *Aktionsforschung* den Lehrern helfen, Reflexivität herzustellen.	Dem dient die Beachtung vorliegender empirischer Forschungsergebnisse zur Heterogenität von Lerngruppen, zur Effektivität von Methoden usw.	Dem dient der Versuch des Lehrers, ein *Arbeitsbündnis* mit den Schülern zu schließen.

Es gibt eine Reihe von *Gemeinsamkeiten* bei den vier Autoren: (1) Alle halten eine Reform der Unterrichtspraxis für geboten. (2) Alle fordern eine hohe Aktivität der Schüler im Lernprozess. (3) Alle fordern, die Selbstreflexivität der Lehrpersonen zu stärken und ihr Rollenverständnis zu überprüfen.

Aber es gibt auch deutliche *Unterschiede* im Bildungsverständnis. Sie zeigen sich insbesondere bei der konkreten Ausgestaltung der Lehrerrolle und beim Stellenwert, der empirischem Lehrerwissens eingeräumt wird. Es fällt darüber hinaus auf, dass in chinesischen Didaktiken die Förderung der Gesundheit der Schüler eine große Rolle spielt (vgl. Abschnitt 2.1 im Beitrag von Yang & Wang, in diesem Bande.) Vielleicht hängt die Betonung dieses Kriteriums auch damit zusammen, dass der Leistungsdruck, der auf chinesischen Schülern lastet, offensichtlich höher als in europäischen Ländern ist. Eine vergleichende empirische Studie zu dieser Frage haben wir nicht gefunden.

Wir halten fest: Die chinesische Didaktikdiskussion ist ähnlich wie die deutschsprachige hoch ausdifferenziert. Es gibt in beiden Ländern fruchtbare, z.T. auch kontrovers geführte Debatten über die Grundlagen innovativen Unterrichts. In beiden Ländern ist zugleich umstritten, wie weit die Öffnung des Unterrichts für selbstreguliertes Lernen und stärkere Schülerpartizipation gehen kann und soll.

6 Wohin soll die Reise gehen?

Es gibt einen weltweiten Trend der didaktischen Theoriebildung. Er lautet: „From Teaching to Learning". Wir halten diesen Slogan für falsch, weil er eine unangemessene Verkürzung der von der Didaktik zu lösenden Aufgabe enthält. Der Perspektivwechsel von Lehren zum Lernen ist plausibel im Blick auf den Zustand schulischen Unterrichts weltweit, aber die Fokussierung auf das Lernen macht nur Sinn, wenn sie auch wieder zum Lehren zurückführt und für die Entwicklung neuer Konzepte der lehrenden Unterstützung des Lernens genutzt wird (vgl. Biesta, 2017). Darum muss der Slogan ausdifferenziert werden. Das hat Ingrid Calgren (2011) in der Aufsatzsammlung „Beyond Fragmentation" von Hudson & M. Meyer getan und drei europaweit erkennbare Tendenzen der Theoriebildung skizziert. Sie führen vom „teaching a course" zum „teaching for understanding" und dann vom „teaching for understanding" weiter zum „teaching for capabilities". Diese drei Tendenzen lassen sich auch in den in Abschnitt 5 skizzierten vier Didaktiken aufzeigen, wobei Bingde Li eher für „teaching a course", Lan Ye eher für „teaching for understanding" und Helmke und Meyer eher für „teaching for capabilities" stehen.
Trendanalysen sind interessant, aber sie dürfen nicht zur Richtschnur für die Theoriebildung genommen werden. Sie beschreiben Entwicklungstendenzen, aber sie ersetzen nicht das theoretisch begründete Urteil. Wir behaupten: Didaktik lebt von der Vielfalt lokaler, regionaler und nationaler Ideen und praktischer Versuche. Deshalb ist es *nicht* sinnvoll, so etwas wie eine *Welt-Didaktik* zu konstruieren. Es geht nicht darum, die Vielfalt der Didaktik-Diskurse auf einen globalen gemeinsamen Nenner zu bringen, der ja nur hoch abstrakt und inhaltsleer sein könnte. Was wir brauchen, ist ein internationaler didaktischer Diskurs, der hilft, reflexive Distanz gegenüber den eigenen Vorurteilen aufzubauen, die Stärken der eigenen Didaktiktradition zu erkennen, aber auch die blinden Flecken des eigenen didaktischen Denkens und Handelns wahrzunehmen.

Literatur

Altrichter, H. & Posch, P. (2007). *Lehrerinnen und Lehrer erforschen ihren Unterricht.* 4. überarb. Aufl. Bad Heilbrunn: Kinkhardt.

Amrhein, B. (2011). *Inklusion in der Sekundarstufe.* Klinkhardt: Bad Heilbrunn.

Autio, T. (2014). The Internationalization of Curriculum Research. In: W.F. Pinar (Ed.): *International Handbook of Curriculum Research.* 2nd ed. New York: Routledge, pp. 17-31.

Benner, D. (Hrsg.)(2007a). *Bildungsstandards.* Paderborn: Schöningh.

Benner, D. (2007b). Unterricht – Wissen – Kompetenz. Zur Differenz zwischen didaktischen Aufgaben und Testaufgaben. In: D. Benner (Hrsg.): *Bildungsstandards.* Paderborn: Schöningh, S. 123-138.

Benner, D. (2015). *Allgemeine Pädagogik.* 8. überarb. Aufl. Weinheim, Basel: Juventa.

Berliner, D. (2005). The near impossibility of testing for teacher quality. In: *Journal of Teacher Education*, 56(3), pp. 205-213.

Berndt, C., Häcker, T. & Leonhard, T. (Hrsg.) (2017). *Reflexive Lehrerbildung revisited.* Bad Heilbrunn: Klinkhardt.

Biesta, G.J.J.(2017). *The Rediscovery of Teaching.* London: Routledge.

Bromme, R. (1992). *Der Lehrer als Experte.* Bern, Göttingen, Toronto: Huber.

Carlgren, I. (2011). From teaching to learning: The end of teaching or a paradigmatic shift in teacher's work?. In: Hudson, B. & Meyer, M.A. (Eds.): *Beyond Fragmentation. Didactics, Learning and Teaching in Europe.* Opladen, Farmington Hills: Barbara Budrich, pp.31-46.

Chen, G. (2003a). „专家型教师" 辨析 (Diskussion zum Lehrer als Experte). In: *Jiangxi Educational Research* (江西教育研究). No. 4. pp. 6-7.

Chen, G. (2003b). „学者型教师" 辨析 (Diskussion zum Lehrer als Wissenschaftler). In: *Teacher's Journal* (中国教师). No. 6. pp. 20-21.

Chen, G. (2004). 也谈 „智慧型教师" (Diskussion zum Lehrer als Intelligenz). In: *Jiangxi Educational Research* (江西教育研究). No. 5. pp. 6, pp. 34.

Chen, G. (2006). 漫话教师 „自我反省" (Über die Reflexibilität von Lehrerinnen und Lehrern). In: *Lehren und Erziehen* (教书育人). No. 10. pp. 5.

Chen, G. (2007). „教师专业化" 辨析 (Diskussion zur Professionalität der Lehrkräfte). In: *Teacher's Journal* (中国教师). No. 12. pp. 19-23.

Chen, G. (2008). 略论 „教师的职业精神" (Diskussion zur beruflichen Moral der Lehrkräfte). In: *Contemporary Educational Science* (当代教育科学). No. 5. pp. 6-8.

Dewey, J. (1933): *How we think.* Boston, M.A.: Heath.

Fend, H. (2006). *Neue Theorie der Schule.* Wiesbaden: VS Verlag für Sozialwissenschaften.

Fend, H. (2008). *Schule gestalten.* Wiesbaden: VS Verlag für Sozialwissenschaften.

Fullan, M. (1999). *Die Schule als lernendes Unternehmen.* Stuttgart: Klett-Cotta.

Fullan, M. (2010). *All Systems Go.* Thousand Oaks/California: Corvin Press & Ontario Principal's Council.

Good, T.L., Wiley, C. & Florez, I.R. (2009). Effective Teaching: An Emerging Synthesis. In: Saha, L., J. & Dworkin, A.G. (Eds.). *International Handbook of Research on Teachers and Teaching. Part 2,* New York: Springer, pp. 803-816.

Hascher, T. (2005). Die Erfahrungsfalle. In: *journal für lehrerinnen- und lehrerbildung.* Jg. 5, H.2, S. 40-46.

Hattie, J. (2009). *Visible Learning.* London: Routledge. (deutsch 2013: Lernen sichtbar machen. Baltmannsweiler: Schneider Verlag Hohengehren).

Heid, H. (2013). Logik, Struktur und Prozess der Qualitätsbeurteilung von Schule und Unterricht. In: *Zeitschrift für Erziehungswissenschaft.* Jg. 16, Heft 2, S. 405-431.

Heinrich, M. (2007). *Governance in der Schulentwicklung.* Wiesbaden: VS Verlag für Sozialwissenschaften.

Helmke, A. (2015). *Unterrichtsqualität und Lehrerprofessionalität.* 6. überarb. Aufl. Seelze: Klett-Kallmeyer.

Herbart, J.F. (1997). *Systematische Pädagogik*, hrsg. von D. Benner. Weinheim: Deutscher Studienverlag.

Herzig, B. (2014). *Wie wirksam sind digitale Medien im Unterricht?* Gütersloh: Bertelsmann Stiftung.

Jürgens, E. & Standop, J. (Hrsg.)(2010). *Was ist „guter Unterricht"?* Bad Heilbrunn: Klinkhardt.

Kelle, U. & Kluge, S. (2010): *Vom Einzelfall zum Typus.* 2. überarb. Aufl. Wiesbaden: VS Verlag für Sozialwissenschaften.

Kirschner, P.A., Sweller, J. & Clark, R.E. (2005). Why Minimal Guidance During Instruction Does Not Work: An Analysis of the Failure of Constructivist, Discovery, Problem-Based, Experiential, and Inquiry-Based Teaching. In: *EDUCATIONAL PSYCHOLOGIST*, 41 (2), pp. 75-86.

Klafki, W. (2002). *Schultheorie, Schulforschung und Schulentwicklung im politisch-gesellschaftlichen Kontext.* Weinheim, Basel: Beltz.

Kleickmann, T., Richter, D., Kunter, M. et al. (2013). Teachers' Content Knowledge and Pedagogical Content Knowledge: The Role of Structural Differences in Teacher Education. In: *Journal of Teacher Education.* Vol 64 (I), pp. 91-106.

KMK (2006): *Gesamtstrategie der Kultusministerkonferenz zum Bildungsmonitoring.* München: Wolters-Kluwer.

Kunter, M., Baumert, J., Blum, W. u.a. (Hrsg.)(2011). *Professionelle Kompetenz von Lehrkräften.* Münster: Waxmann.

Li, Bingde (2000): 教学论 *(Didaktik).* Beijing: People's Education Press (人民教 育出版).

Li, Dingren (2001). 教学论研究二十年（1979-1999) *(Zwanzig Jahre Didaktische Forschung: 1979-1999).* Beijing: People's Education Press (人民教育出版社).

Lu, X. (2010). Standards of a high-quality course. In: *Teaching and Management,* 2010 (2), pp. 30-31.

Lüders, M. (2014). Erziehungswissenschaftliche Unterrichtstheorien. In: *Zeitschrift für Pädagogik,* Jg. 60, H. 6, S. 832-849.

Lyons, N. (Ed.)(2010). *Handbook of Reflection and Reflective Inquiry.* Heidelberg et al.: Springer.

Maclean, R. (Ed.)(2017). Life in schools and classrooms: Past, presence and future. Singapore: Springer Nature Singapore Pte. Ltd.

Mayring, P. (2003). *Qualitative Inhaltsanalyse.* Weinheim, Basel: Beltz.

Meyer, H. (1972). *Einführung in die Curriculum-Methodologie.* München: Kösel.

Meyer, H. (2004): *Was ist guter Unterricht?* Berlin: Cornelsen Scriptor.

Meyer, H. (2015). *Unterrichtsentwicklung.* Berlin: Cornelsen.

Meyer, M.A., Meyer, H. & Ren, P. (2017). The German Didaktik Tradition Revisited. In: J.C.-K. Lee & K.J. Kennedy, Eds.: *Theorizing Teaching and Learning in Asia and Europe. A Conversation between Chinese Curriculum and European Didactics.* London and New York: Routledge, pp. 179-216.

Neuweg, G.H: (1999). *Könnerschaft und implizites Wissen.* Münster, New York u.a.: Waxmann.

OECD (2010). *PISA 2009: Ergebnisse: Was Schülerinnen und Schüler wissen und können.* Gütersloh: W. Bertelsmann.

Oser, F. & Baeriswyl, F. (2001). Choreographies of Teaching: Bridging Instruction to Learning. In: Richardson, V. (Ed.): *Handbook of Research on Teaching.* 4th Edition. Washington: American Educational Research Association, pp. 1031-1065.

Rolff, H.-G. (1993). *Wandel durch Selbstorganisation.* Weinheim, München: Juventa.

Scheerens, J. (2016). *Educational Effectiveness and Ineffectiveness.* Dordrecht, Heidelberg, New York: Springer.

Schön, D.A. (1983). *The Reflective Practitioner.* London: Temple Smith.

Shulman, L.S. (2004). *The Wisdom of Practice.* San Francisco: Jossey-Bass.

Weinert, F.E. & Helmke, A. (Hrsg.)(1997). *Entwicklung im Grundschulalter.* Weinheim: Beltz, PsychologieVerlagsUnion.

Wellnitz, C. (2014). *Von den Siegern lernen? Bildung und Erziehung in der Volksrepublik China.* München: Oldenbourg.

Xiong, C.W. (1999). *Reflective teaching.* Shanghai: East China Normal University Press.

Xu, B. (2007). Von der Wissens- zur Kompetenzorientierung? Zur Diskussion über Bildungsstandards in China am Beispiel des Mathematikunterrichts. In: Benner, D. (Hrsg.): *Bildungsstandards.* Paderborn: Schöningh, S. 187-201.

Yang, X. (2010). The practical reform and the theory reconstruction of the instruction: Looking back the past 30 years. In: *Curriculum, Teaching material and Method,* 2010(9), pp. 27-31.

Ye, Lan (2004). 什么样的课算一堂好课 (Kriterien guten Unterrichts). In: *Journal of Schooling Studies* (基础教育). No. 7. pp. 13-16.

Ye, Lan (2006). „新基础教育" 论—关于当代中国学校变革的探究与认识 *(Über die Neue Grund- und Mittelstufenbildung. Erkenntnisse aus der Forschung zur gegenwärtigen Schulreform in China).* Beijing: Educational Science Publishing House (教育科学出版社).

Ye, Lan (2015), *Educational Framework for the Life & Practice Concept of Schooling.* Shanghai: East China Normal University Press.

Ye, Xuping (2017). *Eine vergleichende Untersuchung zum Qualitätsverständnis von Unterricht in chinesischen und deutschen Lehrwerken der Didaktik.* Oldenburg: BIS-Verlag.

Zeichner, K. & Liu, Y.K. (2010). A Critical Analysis of Reflection as a Goal for Teacher Education. In: N. Lyons (Ed.): *Handbook of Reflection and Reflective Inquiry.* Heidelberg: Springer, pp. 67-84.

Zeitler, S., Heller, N. & Asbrand, B. (2012). *Bildungsstandards in der Schule.* Münster: Waxmann.

Zheng, Jinzhou (2007). Ten standards in the reform of instruction. In: *Theory and Practice of Education,* 2007(7), pp.28-33.

Zierer, K. (2010). *Alles prüfen. Das Beste behalten.* Baltmannsweiler: Schneider Verlag Hohengehren.

Xiaowei Yang und Juan Wang

Verbesserung der Unterrichtsqualität – Die Perspektive der Aktionsforschung[1]

Shanghai hat wegen seiner guten Ergebnisse in den *PISA-Schulleistungsstudien*[2] und im *Grünen Evaluations-Index*[3] weltweite Beachtung gefunden. Und auch die Qualität des chinesischen Bildungswesens hat die Aufmerksamkeit auf sich gezogen. Das hat dazu beigetragen, dass die chinesischen Wissenschaftler erneut über Unterrichtsqualität und Unterrichtsbeurteilung nachgedacht und sich u.a. die folgenden Fragen gestellt haben: In welchem Umfang spiegeln die fachlichen Leistungen der Schülerinnen und Schüler die tatsächliche Qualität des Unterrichts? Bedeuten hohe Schülerleistungen in den PISA-Tests, dass der Unterricht von hoher Qualität ist? Wie können wir die Unterrichtsqualität noch weiter verbessern?

1 Was ist Unterricht von hoher Qualität?

Unsere Vorstellung von Unterrichtsqualität schließt die Frage ein, welches Verständnis wir von der Eigenart des Unterrichts, von seinen Funktionen, aber auch von den normativen Grundlagen des Unterrichts haben (vgl. Yang & Zhang, 2006; Yang, 2010). Die Formulierung „qualitativ hochwertiger Unterricht" besagt, dass er die gewünschten Wirkungen erreicht. Aber natürlich gibt es in unterschiedlichen Epochen, bei unterschiedlichen Bezugsnormen und im Blick auf unterschiedliche Dimensionen von Unterrichtsqualität auch unterschiedliche Antworten auf die Frage, was hochwertiger Unterricht ist.

---

1 Originalbeitrag, übersetzt aus dem Englischen von Hilbert Meyer mit Assistenz von Xiaowei Yang & Juan Wang; Fußnoten von den Herausgebern.

2 Bei der ersten Teilnahme der Stadt Shanghai an den PISA-Tests im Jahr 2009 erreichten die Shanghaier Schülerinnen und Schüler in allen drei gemessenen Leistungsbereichen (literacy, maths, science) weit vor Hongkong, Korea und Finnland einen Spitzenplatz (vgl. OECD, 2010, S. 55 u. 141), der auch in der vierten PISA-Studie 2015 bestätigt wurde (vgl. OECD, 2016).

3 Darin geht es um eine ökologisch orientierte Entwicklung der Stadt, einschließlich des Bildungssystems (siehe auch Abschnitt 2.1 dieses Beitrags).

1.1 Unterschiedliche Qualitätsverständnisse in unterschiedlichen historischen Epochen

Unterschiedliche Qualitätsverständnisse können gut an der in China intensiv diskutierten Frage festgemacht werden, in welchem Verhältnis Didaktik und Curriculum zueinander stehen:

(1) *Das Qualitätsverständnis im Ansatz „Curriculum ist ein Element des Unterrichts"*
Auf Grundlage der Leistungen von Johann Amos Comenius (1592-1670), Johann Friedrich Herbart (1776-1841), Konstantin D. Ushinsky (1824-1871)[4] und anderen haben europäische Pädagogen in den vergangenen Jahrhunderten schrittweise ein Verständnis von Unterricht entwickelt, demzufolge dieser eine entscheidende Grundlage für das Erreichen der Bildungsziele ist, während das Curriculum nicht mehr leistet, als Unterrichtsinhalte bereitzustellen. Nach diesem Verständnis ist das Schulbuch der „Träger" des Curriculums und dieses ein Element des Unterrichts. Der Begriff „Unterricht hoher Qualität" bezeichnet in diesem Zusammenhang einen Unterricht, in dem die gesetzten Bildungsziele erreicht werden.

(2) *Das Qualitätsverständnis im Ansatz „Unterricht ist ein Element des Curriculums"*
Im Zuge der Einführung der Pflichtschule entwickelten Länder wie die Vereinigten Staaten im 19. und 20. Jahrhundert ein Kerncurriculum, das sich jeder neue Bürger aneignen und nutzen sollte. Im Zuge des historischen Prozesses entstand ein Verständnis von Unterrichtsqualität, demzufolge Unterricht als ein Element des Curriculums beschrieben werden kann. In dieser Bedeutung bezeichnet Curriculum einen Bildungsprozess, in den der Unterrichtsprozess eingeschlossen ist. Mit anderen Worten: Unterricht ist so etwas wie ein „Mikrokosmos" des Curriculums und ein konkreter Weg zu seiner Umsetzung. „Unterricht hoher Qualität" ist dann ein Unterricht, der die Zielsetzungen des Curriculums erreicht.

Beide Epochen (Curriculum ist ein Element des Unterrichts und Unterricht ist ein Element des Curriculums) hat es auch in China gegeben. Einige Autoren definieren Unterrichtsqualität im Blick auf den Bildungszweck des Unterrichts, andere im Blick auf die Zwecksetzung des Curriculums. Darüber hinaus gibt es noch weitere Vorstellungen von gutem Unterricht, die auch zu unterschiedlichen Maßstäben für die Beurteilung hoher Unterrichtsqualität führen. Von ihnen ist im Folgenden die Rede.

---

4 Ushinsky war ein ukrainisch-russischer Schriftsteller, Schulbuchautor und Pädagoge, der als einer der Begründer der wissenschaftlichen russischen Pädagogik gilt. Während er in West- und Ostdeutschland so gut wie unbekannt ist, wurden in China während der Zeit der engen Kooperation mit sowjetischen Pädagogen einige seiner Werke übersetzt. In der Ukraine wird er heute wieder als ein national bedeutsamer Pädagoge verehrt.

1.2 Unterschiedliche Qualitätsverständnisse bei unterschiedlichen Bezugsnormen

Das Qualitätsverständnis variiert, je nachdem, an welcher Bezugsnorm es orientiert ist. Auch in dieser Frage hat sich das chinesische Qualitätsverständnis schrittweise entwickelt.

(1) *Effizienz- und effektivitätsbezogenes Verständnis von hoher Unterrichtsqualität*
In den ersten Jahren der Reform und der Öffnungspolitik in China nach 1978 entwickelte sich in der ganzen chinesischen Gesellschaft eine Wertorientierung, nach der überall „Effizienz" eine gewisse Priorität hat, bei der aber auch „Bildungsgerechtigkeit" hergestellt werden sollte. In dieser Phase wurde betont, dass Effizienz und Effektivität des Unterrichts verbessert werden müssen. Dabei wurden einige Maßnahmen und Leistungsaspekte bevorzugt beachtet, wie z.B. die Reform des Mathematikunterrichts und das von der bekannten Schulleiterin Xinlan Ma vorgenommene Schulbuch-Experiment, bei dem in Primarschulen das gesamte Unterrichtspensum statt in fünf in drei Jahren bewältigt werden sollte. In einem anderen, von Songguang Zhao vorgenommenen Experiment zum Mathematikunterricht wurde sogar versucht, einen umfassenden Mathematiklehrgang in zwei Jahren durchzuführen.

(2) *Förderung von Bildungsgerechtigkeit durch Unterricht hoher Qualität*
Im Zuge der Vertiefung der chinesischen Reform- und Öffnungspolitik und im Zusammenhang mit der rapiden Verstädterung wurde Bildungsgerechtigkeit zu einem grundlegenden, aber nicht leicht zu verwirklichenden Wert. Als die chinesische Regierung die Hauptverantwortung dafür übernahm, gleiche unterrichtliche Startbedingungen für alle zu schaffen, wurde der auf die Bedürfnisse des Einzelnen bezogene Grundsatz „Gleiche Behandlung im Bildungsprozess" zu einer herausgehobenen bildungspolitischen Forderung und insofern auch zu einem Qualitätskriterium.
Weil Bildung und Erziehung vor allem im Schulunterricht vermittelt werden, wird es zu einem entscheidenden Qualitätskriterium, ob die Lehrerinnen und Lehrer ihren Schulleitern folgen und z.B. den folgenden Aussagen zustimmen: „Jeden Schüler/jede Schülerin gerecht behandeln – No child left behind!" Oder: „Jeden Schüler in Abhängigkeit zu seiner Begabung unterschiedlich behandeln!" Oder: „Schüler mit sonderpädagogischem Förderbedarf besonders unterstützen!" Auch einige Wissenschaftler haben diese Position vertreten und z.B. formuliert: „Die Menschen zuerst" oder „Faire Behandlung aller Schüler" oder auch „Vielseitige Beurteilung der unterschiedlichen Fähigkeiten und Talente und Respekt", um so ein korrektes Verständnis von hoher Unterrichtsqualität auszudrücken (Yu, 2010).

(3) *Förderung von Interessenvielfalt und Kreativität durch Unterricht hoher Qualität*
Schulleiter vertreten oft die Position, dass der Unterricht die Fähigkeit und Bereitschaft der Schülerinnen und Schüler erhöhen soll, sich auf Neues ein-

zulassen, und dass deshalb die Schülerinteressen in den Blick genommen, die Selbsttätigkeit beim Lernen gestärkt sowie die Fähigkeit, etwas selbst zu erkunden, gefördert werden müssen. Dabei gehen sie davon aus, dass Interessenvielfalt und Kreativität *(innovative literacy)* im Unterricht selbst geübt werden müssen, damit sich das Wissen, das Denkvermögen und die Persönlichkeit der Schüler entfalten können.

Grund- und Sekundarschulen sollten die Interessenbildung der Schülerinnen und Schüler kultivieren. Auch in den weiterführenden Schulen sollte eine hohe Anspruchshaltung der Schüler gefördert werden. Dann können sie Schritt für Schritt berufsbezogene Interessen ausbilden und einen breiten Wissens- und Ideenhorizont für ihr zukünftiges Leben entfalten. Die Schulen sollten auch das selbstständige Lernen der Schüler fördern, dabei auf die Effizienz und die Nachhaltigkeit der Entwicklung achten und ihnen beibringen, wie man forschend lernt und experimentiert (Tang, 2009).

1.3 Unterschiedliche Qualitätsverständnisse im Blick auf unterschiedliche Dimensionen von Qualität

Das Qualitätsverständnis variiert, je nachdem welche Aspekte von Unterricht in den Mittelpunkt gerückt werden.

(1) *Ein Verständnis hoher Unterrichtsqualität im Blick auf unterschiedliche Komponenten von Qualität*
Einige Forscher haben vorgeschlagen, vier Dimensionen von Unterrichtsqualität zu unterscheiden: die Qualität der Wissensvermittlung, die Qualität der Intelligenzentwicklung, der Persönlichkeitsbildung und der Potenzialentwicklung einschließlich der Gesundheitsförderung (Liu, 1993). Allerdings sind diese vier Aspekte nicht gleichwertig. Wenn man an Testanwendungen denkt, werden Wissenserwerb und Intelligenzentwicklung als wichtiger ansehen. Wenn wir das lebenslange Lernen der Menschen in den Blick nehmen, sollten Persönlichkeitsbildung und Potenzialentwicklung der Schüler als noch entscheidender angesehen werden.

(2) *Ein Verständnis von hoher Unterrichtsqualität im Blick auf Weiterentwicklung und Transformation von Unterricht*
In einer traditionellen Betrachtungsweise von Unterrichtsqualität wird mehr auf „Unterweisung" und „Lernen" geachtet. Aber man kann Unterricht im Blick auf die lernenden Subjekte auch auf Offenheit für Neues und auf Nachhaltigkeit der Entwicklung beziehen. Dem entspricht der „schülerorientierte" Unterrichtsansatz, in dem mehr auf die Bedürfnisse der Schüler und den von ihnen erreichten Entwicklungsstand geachtet wird (Zhu, 2009).

(3) *Definition hoher Unterrichtsqualität im Blick auf seine Lernwirksamkeit*
Forscher haben darauf hingewiesen, dass in China viele Untersuchungen zum Thema Lernwirksamkeit durchgeführt wurden, dass dabei aber manchmal

ein eindimensionales Verständnis von Unterrichtsqualität entwickelt worden ist. Dementsprechend ist die Untersuchung der Lernwirksamkeit auf die Erforschung von Unterrichtsmethoden, Unterrichtstechnologien und den Schulbucheinsatz begrenzt worden.

(4) *Unterricht hoher Qualität im Sinne einer ganzheitlichen Förderung der Schülerinnen und Schüler*
Diese Sichtweise konzentriert sich auf die allseitige Förderung der Schülerinnen und Schüler und die Kultivierung ihrer Lernkompetenzen. Dabei wird zumeist das Verhältnis von Unterricht und Lernen zum Ausgangspunkt genommen. Es geht primär um die Entfaltung des selbstständigen Lernens und um die Anstrengungen des Lehrers, kreative und herausfordernde Lerngelegenheiten zu schaffen und den Schülern die Möglichkeit zu geben, kooperative und forschende Lernformen kennenzulernen (Liu Wanhai, 2012).

2 Wie kann hohe Qualität des Unterrichts identifiziert werden?

2.1 Umfassende Evaluation der Qualität von Unterrichtsergebnissen und ihrer Einflussfaktoren – das Beispiel der „Grünen Index Evaluation"

Auch wenn die Shanghaier Schüler herausragende Leistungen in der PISA-Schulleistungsstudie 2009 nachweisen konnten (s.o.), gibt es einige Fragen. die zu weiterem Nachdenken zwingen (Yang & Zhang, 2016). Deshalb hat die Stadt Shanghai im Jahr 2011 die *Green Index Evaluation* auf der Basis breit angelegter Untersuchungen zur aktuellen Unterrichtssituation eingeführt und eine Reihe von Schlüsselfaktoren im Blick auf das fachliche Lernen der Schüler festgelegt.
Das Evaluationssystem schließt die folgenden Variablen ein, die in jedem Jahr im Blick auf beobachtete Fortschritte überprüft werden: (1) das Niveau fachlichen Lernens, (2) die Lernmotivation der Schüler, (3) ihre Belastung durch den Fachunterricht, (4) die Lehrer-Schüler-Beziehungen, (5) die Lehrmethoden der Lehrer, (6) die Leitungsfunktion des Schulleiters bei der Umsetzung des Curriculums, (7) das Niveau fachlichen Lernens im Blick auf den sozialen und ökonomischen Hintergrund der Schüler, (8) ihr moralisches Verhalten, (9) ihre physische und psychische Gesundheit.
Für jede dieser Variablen ist eine Anzahl spezifischer Indikatoren, Beobachtungsschwerpunkte und Evaluationsmethoden festgelegt worden. Auf Basis der im Pflichtcurriculum formulierten Standards wurde das *gesunde Wachstum* der Schülerinnen und Schüler im Evaluationssystem zum Grundwert erklärt, mit dem Ziel, die Unterrichtspraxis unmittelbar zu verbessern. Das hat das schulische Change-Management, die vielfältige Gestaltung des Unterrichts und die Qualität der Lehrerarbeit gefördert. Es trug auch dazu bei, Reformen in sich anschließenden Feldern, z.B. in der Reform der Moralerziehung, in der Weiterentwicklung

der Curricula und bei der Einführung von Supervision u.a.m. zu unterstützen (Yin, 2014).

2.2 Beurteilung des Curriculums und des Implementationsprozesses auf Basis der Curriculumstandards

Curriculumstandards, die von der Zentralregierung erlassen werden, definieren und reflektieren nationale Erwartungen an die Unterrichtsgestaltung und an die Lernergebnisse. Sie erläutern, was die Schülerinnen und Schüler auf Basis ihres Unterrichts wissen und können sollen.

Die Orientierung an diesen Standards entspricht dem Verständnis des im Jahr 2001 erlassenen *Neuen Grundbildungs-Curriculums*, das die Kultivierung der individuellen Fähigkeiten und Fertigkeiten der Schüler, ihre ganzheitliche Entwicklung und die Stärkung der Reflexionsfähigkeit der Lehrer in den Mittelpunkt rückt.[5] Deshalb taugte das traditionelle Verständnis von Unterrichtsqualität nicht mehr. Ein neues Verständnis war gefordert, das auf den Grundsätzen „Schülerinnen und Schüler zuerst", „Kompetenzen zuerst" und „Entwicklung der Schüler zuerst" aufbaute (Zhu, 2006).

Bei der Diskussion über die Qualität des Fachunterrichts haben einige Wissenschaftler vorgeschlagen, bei der Unterrichtsbeurteilung die Curriculumstandards des Faches *Geografie* zugrunde zu legen, weil darin beispielhaft eine ganzheitliche Beurteilung der Entwicklung des Wissens und Könnens, der Prozesse und Methoden, der emotionalen Haltungen und der Wertvorstellungen der Schülerinnen und Schüler in den Mittelpunkt gerückt worden ist (vgl. Yang & Shen, 2014).

Wir müssen auch die Art und Weise verändern, in der die Lehrer ihre Schüler beurteilen, d.h. dass wir nicht länger nur auf die Testergebnisse schauen, sondern auch den Unterrichtsprozess selbst und die Evaluation der Schülererfahrungen in den Blick nehmen. Schülerbeurteilung auf wissenschaftlicher Basis sollte mehr auf die ganzheitlichen Unterrichtsziele und auf die Ausdifferenzierung der eingesetzten Mittel achten. Dann können wir ein rationales Beurteilungsverfahren aufbauen, in dem formative mit summativer und quantitative mit qualitativer Evaluation verknüpft werden.

2.3 Curriculumstandards für die Beurteilung von Lehrgängen hoher Qualität

Der „Lehrgang" ist die Grundeinheit, über die in der chinesischen Öffentlichkeit und auch im Alltagsbetrieb der Schulen intensiv diskutiert wird. „Lehrgang" ist ein Begriff mit chinesischen Wurzeln, dessen Bedeutungsumfang aber durch die traditionelle deutsche und russische Pädagogik beeinflusst worden ist. Dabei wurden die Inhalte des Schulbuchs heruntergebrochen in eine Reihe von Teilinhal-

5 Vgl. zur „Neuen Grundbildung" den Beitrag von Li & Li, in diesem Band.

ten; jeder Abschnitt wurde mit angemessenen Lehrhinweisen und Lernmethoden versehen. Die Teilinhalte wurden in 40- bis 45-Minutenabschnitte untergliedert. Und jeden einzelnen Abschnitt haben wir dann eine „Unterrichtsstunde“ (*lesson*) genannt. Die Abfolge der einzelnen Abschnitte bildet dann das zusammenhängende Lehrprogramm.

Aber was ist dann ein Lehrgang hoher Qualität? Darüber haben Lehrer, Berater und Wissenschaftler ganz unterschiedliche Vorstellungen.

Lan Ye[6] hat fünf Standards für Unterricht hoher Qualität definiert: (1) Lebens- und praxisorientierte Arbeit, (2) Wirksamkeit, (3) Sinnstiftung (jeder Schüler kann etwas im Unterricht lernen), (4) Einfachheit und (5) nützliche Nebeneffekte.

Yunhuo Cui[7] hat die Ansicht vertreten, dass die Standards zu dem Satz zusammengefasst werden können: „Effektiv lernen – beim Lernen Spaß haben – und befriedigende Ergebnisse haben.“

Jinzhou Zheng (2007)[8] hat folgende zehn Unterrichtsstandards formuliert: (1) lebensweltorientierter Unterricht, (2) Selbsttätigkeit förderndes Lernen, (3) auf Wirksamkeit bedachte Interaktion zwischen Lehrern und Schülern, (4) fächerübergreifender Unterricht, (5) ein dynamischer Unterrichtsprozess, (6) Optimierung der Unterrichtsressourcen, (7) strukturorientierte Unterrichtsinhalte, (8) ganzheitliche Lehrstrategie, (9) individuelles Lernen, (10) diversitätsorientierte Evaluation.

Xingyu Lu (2012)[9] vertritt die Ansicht, dass das wichtigste Kriterium für hohe Lehrgangsqualität die Frage ist, ob der Unterricht die Lernvoraussetzungen der Schüler trifft. Deshalb macht er das Kriterium „Förderung der Verstehensprozesse der Schüler“ zu einem hervorgehobenen Standard für die Evaluation hoher Unterrichtsqualität und nennt dann sechs Dimensionen: (1) Interpretation, (2) Erklärung, (3) Anwenden, (4) Einsicht, (5) Empathie und (6) Selbstbewusstsein (Lu, 2012). Schulleiter können diese sechs Dimensionen nutzen, um zu beurteilen, ob die Lehrer tatsächlich die Verstehensprozesse ihrer Schüler fördern.

Die Diskussion, welche Curriculumstandards die besten sind, wird in China intensiv betrieben und sicherlich auch in Zukunft fortgeführt. Aber noch wichtiger ist die Frage, wie die Lehrerinnen und Lehrer mit den Standards umgehen. Diese Frage wird in den nächsten beiden Abschnitten erörtert.

---

6 Lan Ye ist Professorin der East China Normal University, die entscheidenden Anteil an der chinaweiten Curriculumreform aus dem Jahr 2001 hatte (vgl. den Beitrag von Lan Ye, und die ausführliche Erläuterung der Reform durch Li & Li, beide in diesem Bande).

7 Yunhuo Cui ist Direktor des maßgeblich an der chinesischen Schul- und Unterrichtsreform beteiligten Institute of Curriculum and Instruction an der East Chinas Normal University Shanghai.

8 Jinzhou Zheng ist Professor und Vizepräsident der *China Executive Leadership Academy Pudong* in Shanghai und Absolvent der East China Normal University.

9 Xingyu Lu ist Professor an der Shanghai Academy of Education and Science.

3 Verbesserung des Unterrichts und der Lehrerforschung

3.1 Schaffung neuer Ressourcen durch die Entwicklung schuleigener Curricula

Auch in China wird erwartet, dass die Schulen die nationalen Curricula zu schuleigenen Curricula weiterentwickeln und an die spezifische Situation ihrer Schüler und die Ressourcen der Schule anpassen. In den letzten Jahren wurde eine ganze Menge erfrischend neuer Konzepte in China eingeführt, z.B. Ansätze zum Drama-Unterricht, zum globalen Lernen, zum Philosophieren mit Kindern usw. *Drama-Unterricht* bezieht sich darauf, dass szenische Arbeitsformen im Unterricht eingesetzt werden. Dabei geht es darum, die Kreativität, das Improvisationstalent, die Nachahmung, das Spiel u.a.m. zu fördern. Nordeuropäische Wissenschaftler gehen davon aus, dass dafür eigene Lehrgänge erforderlich sind, in denen Schlüsselkompetenzen der Kinder kultiviert werden, z.B. die Nutzung der Muttersprache und der Fremdsprachen, die Entwicklung mathematischer, digitaler und technologischer Fähigkeiten und Fertigkeiten. Fächer wie chinesischer Muttersprachunterricht, Mathematik, Fremdsprachen und Naturwissenschaft sind aber auch gut geeignet, um diese Kompetenzen im fächerübergreifenden Unterricht zu kultivieren. In einen solchen Prozess ist Kunsterziehung automatisch eingeschlossen. In Norwegen ist Drama-Unterricht sogar das wichtigste Fach im Bereich bildender Künste. So kann Drama-Unterricht eine wichtige Rolle in verschiedenen Fächern spielen. Er hilft, eine umfassende interaktive Plattform aufzubauen und Interaktionsprozesse zwischen den „Mitspielern" zu gestalten.

3.2 Forschungen zur Reform des Fachunterrichts

Es gibt in China umfangreiche Forschungen zur Reform des Fachunterrichts. Einige innovative Arbeitsformen wie „Bilderbuch-Unterricht", Arbeit mit Mindmaps, fachliche Unterstützung und Qualitätsverbesserung sind dabei besonders populär:
Bilderbuch-Unterricht: Wenn man (mit Jerome Bruner) enaktive, ikonische und symbolische mentale Repräsentationen der Kinder unterscheidet, dann ist „Bilderbuch-Unterricht" insbesondere für jüngere Altersstufen sehr gut geeignet. Es ist üblich, den Unterrichtsprozess in die Phasen „Einführen – Erarbeiten – Vertiefen und Üben" einzuteilen. Bilderbuch-Unterricht kann dabei mit angemessenen Arbeitsformen in allen drei Phasen das Beste leisten: In der Einführungsphase können sich die Lehrpersonen darauf konzentrieren, kognitive Interessen der Schüler zu wecken. In der Erarbeitungsphase sind die Bilderbücher das Gerüst, um die Denkprozesse der Kinder zu leiten. In der Vertiefungs- und Übungsphase können die Lehrer eine Vielzahl von Arbeitsformen wie Schreiben, Malen oder Spielen wählen, um Denken und Handeln der Schüler zu aktivieren und ihnen dabei mehr Bildungsmöglichkeiten und eigene Rechte zu geben.

Mindmaps: Mindmapping, bei dem die Schüler zu einem vorgegebenen Schlüsselwort nach festgelegten Regeln eine Kette von Assoziationen herstellen, ist ein sehr wertvolles Lernwerkzeug und Instrument zur Aktivierung aller Hirnregionen, das auch von der Psychologie, der Neurologie, der Linguistik und anderen Disziplinen empfohlen wird. Die Technik des Mindmapping erlaubt es auf unnachahmliche Weise, die Effektivität und Tiefe des Denkens zu erhöhen. Dabei besteht die grundlegende Prämisse darin, dass „die Sprache des Gehirns aus der Assoziation von Bildern" besteht.

3.3 Schulbasierte Forschung in professionellen Lerngemeinschaften

Schulen auf dem chinesischen Festland ermutigen ihre Lehrerinnen und Lehrer, Forschung in Lehrerteams auf Bezirksebene, auf Schul- und auf Fächerebene durchzuführen, um typische Probleme ihrer Unterrichtsarbeit zu lösen. Zusammenarbeit und Diskussion bestimmen den Forschungsprozess. Das verbessert nicht nur den Unterricht selbst, sondern trägt auch zur professionellen Weiterentwicklung der Lehrerinnen und Lehrer bei. Das möchten wir kurz anhand des „Vorweg-und-Hinterher-Modells" (*Forward and Follow-Up Model*) der schulbasierten Lehrerforschung erläutern.

Der ‚Vorher-Hinter-Prozess' bildet eine spiralförmige Schleife und liefert so wiederholte Anlässe zur Weiterbildung. Das ‚Vorweg' bezieht sich dabei auf das dem direkten Forschen vorausgehende vorbereitende Lernen der Lehrer. Das ‚Hinterher' bezieht sich auf das umfangreiche Weiterforschen nach der Forschung im engeren Sinne:

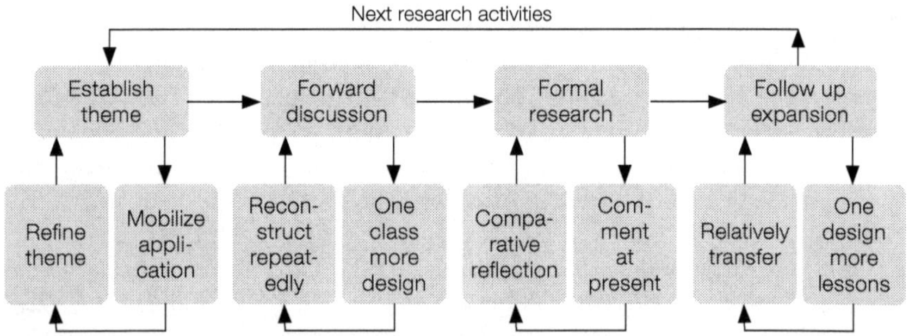

Das ‚Vorweg-und-Hinterher-Modell' konzentriert sich auf Probleme, die im beruflichen Entwicklungsprozess von Lehrerinnen und Lehrern entstehen. Es achtet auf ihre Bedürfnisse; es fördert das persönliche Engagement und gibt zeitnah angemessene Hilfestellungen. Während des Weiterbildungsprozesses werden Dialogplattformen eingerichtet. Auf die Effektivität der Zusammenarbeit und auf die Bereitstellung ausreichender Ressourcen und Nutzungsmöglichkeiten wird geachtet, um auf diese Weise den Lehrern zu helfen, die eigene Entwicklung bewusst wahrzunehmen.

4 Aktionsforschung in China

Seit im Jahr 1987 der erste Artikel über Aktionsforschung in einer Zeitschrift veröffentlicht worden ist, ist Aktionsforschung[10] als ein Instrument zur Qualitätssicherung in das chinesische Bildungswesen eingeführt worden. Sie trägt dazu bei, Probleme der Unterrichtspraxis zu lösen, die Curriculum- und die Unterrichtsreform voranzubringen und die berufliche Weiterbildung der Lehrer durch eigene Forschungstätigkeit und Fortbildung zu stärken.
Umfang: Dem CNKI-Index (*China Academic Journals Full-text Database*) kann man entnehmen, dass seit 2002 jährlich mehr als 100 Artikel und im Jahr 2015 sogar 373 Artikel zur Aktionsforschung veröffentlicht worden sind. Von 1987 bis 2017 waren es insgesamt 3294 Artikel und 367 Essays zur Aktionsforschung insgesamt (Gesundheitsförderung, Bildungswesen usw.). Ein neuer Höhepunkt in der erziehungswissenschaftlichen Aktionsforschung wurde im Jahr 2015 mit 89 Beiträgen erreicht.[11]
Kooperation mit Wissenschaftlern: Nicht nur praktisch tätige forschende Lehrer, sondern auch theoretisch orientierte Forscher haben der Aktionsforschung Aufmerksamkeit geschenkt. Sie haben die Methodologie der Forschungsarbeit entwickelt und die Methode des wissenschaftlichen Vergleichens eingeführt und beides auf eine breite Grundlage gestellt. Sie haben mit Expertenlehrern diskutiert und Aktionsforschung zur Grundlage für Forschungskooperationen zwischen Universitäten und Primar- und Sekundarschulen gemacht. So haben z.B. Guisheng Chen und sein Team von der East China Normal University in der Stadt Shanghai und in den benachbarten Städten Wuxi und Liyang eine Reihe von Aktionsforschungsprojekten an Primar- und Sekundarschulen zur Klassenführung und zur Schülerselbsttätigkeit und zu weiteren Themen durchgeführt. Lianghua Liu, ebenfalls Professor an der East China Normal University, und sein Team haben Beiträge zur Unterrichtsreform, zur Teamzusammenarbeit und zu der neu konzipierten nationalen Kampagne „Drei-gute-Schüler" veröffentlicht.

10 Aktionsforschung (Cooperative Action Research) ist international und insbesondere in englischsprachigen Ländern stark aufgestellt, während sie in Deutschland – anders als in Österreich – noch ein Nischendasein fristet (vgl. Noffke & Somekh, 2009; Hollenbach & Tillmann, 2011).

11 Im Jahr 2015 konnten im CSSCI (Chinese Social Science Citation Index) 758 wissenschaftliche Artikel zur Aktionsforschung (zur Pädagogik, zum Gesundheitssystem usw.) abgerufen werden (vgl. Wei & Li, 2016). Seit dem Jahr 2002 werden im Index auch Bachelor-, Master- und Promotionsarbeiten erfasst und seit 2005 gibt es jedes Jahr mehr als 100 Dissertationsveröffentlichungen zur Aktionsforschung, allein im Jahr 2015 waren es 352. Zwischen 2002 und 2017 gab es 3198 Abschlussarbeiten zur Aktionsforschung, darunter 115 Dissertationen.

Thematische Schwerpunkte: Der CSSCI-Datenpool (*Chinese Social Sciences Citation Index*) belegt, dass sich die aktuelle erziehungswissenschaftliche Aktionsforschung auf fünf Hauptthemen konzentriert: auf die Unterrichtspraxis, auf die Curriculumreform, auf schuleigene Aktionsforschung, auf die Lehrerweiterbildung und auf theoretische Grundlagen und empirisch-analytische Forschung; letztere mit einem erheblichen Anteil von 38% (vgl. Wei & Li, 2016). Viele Beiträge zur Theorie der Aktionsforschung machen auch Analysen zu Argumentationsstrukturen der Aktionsforschung und zur Qualität deskriptiver Forschung (Lu & Jing, 2012).
Qualitätsanalysen: Insgesamt 195 Metaanalysen zu erziehungswissenschaftlicher Aktionsforschung an Primar- und Sekundarschulen sind zwischen 1997 und 2011 durchgeführt worden. Dabei ist festgestellt worden: (1) Die Mehrzahl der Forschungsberichte benennt das Forschungsproblem und den Forschungszweck klar und deutlich. (2) Mehr als 60 Prozent der Fragestellungen stammt von den Lehrern selbst und bezieht sich auf spezifische Probleme der eigenen Unterrichtspraxis und ihre Reflexion. (3) Ungefähr 80% der Berichte enthalten detaillierte Forschungspläne; aber nur in 28% der Fälle gibt es mehr als zwei Durchläufe im Aktions-Reflexions-Zyklus. (4) Nahezu 40% der Berichte liefern datengestützte Evidenz; aber 18% der Berichte haben keine ausreichende Datengrundlage und kommen ohne sie zu ihren Schlussfolgerungen (Chen, 2014).
Fehlerquellen: Abgesehen davon, dass sich einige Berichte „auf Theorie fokussieren, aber die Praxisfragen vernachlässigen", gibt es Probleme insofern, als der Umfang wiederholter Forschung zum selben Thema niedrig ist und dass es manchmal wenig relevante Ergebnisse gibt (nur „Aktion" und wenig „Forschung"), so dass oberflächliche Interpretationen der Unterrichts-Phänomene und vorschnelle Generalisierungen vorgenommen werden. Theoretiker haben darauf hingewiesen, dass es *sechs Arten von Fehlerquellen* gibt: (1) Aktion ohne Problemdefinition; (2) Problembeschreibung ohne Ursachenanalyse; (3) Planung ohne Erläuterung des Forschungsdesigns, (4) fehlende Flexibilität angesichts der Dynamik der Projekte; (5) Unterrichtsbeobachtung ohne Reflexion der Beobachtungskriterien und (6) Reflexion ohne Reflexionsschleifen (Zhong & Li, 2012).
Als weiteres Problem kommt hinzu: Die „Forschung" in der Aktionsforschung bezieht sich auf die Logik der Wissenschaften und nicht auf die Handlungslogik der Berufsarbeit und des Alltagslebens. Die „Aktion" in der Aktionsforschung bezieht sich auf die Klärung der Forschungsziele und die Vorbereitung und Durchführung des Forschungsprozesses. Aber die Forschungstätigkeit muss auch die Systematik der Forschungsmethoden beachten; sie ist nicht nur Aktion, sondern auch Forschung. Deshalb sollten sich Erziehungswissenschaftler an die bekannten Gütekriterien der Forschung halten, wenn sie Aktionsforschungsmethoden einsetzen, um die Qualität der akademischen Forschung zu erhöhen (Zhong & Li, 2012).
Verbesserungsmöglichkeiten: Die Forscher haben auch die Richtung beschrieben, in die Verbesserungen zielen sollten: Die interdisziplinäre Orientierung sollte bei-

behalten werden; das Problem sollte präzis fokussiert werden; Verstehens- und Beurteilungsprozesse sollten sorgfältiger bedacht werden; die Konzepte müssen klargelegt, „Methodismus“, bei dem nicht geklärt wird, ob die Forschungsmethode ziel- und inhaltsadäquat ist, muss vermieden werden; die Theoriebildung sollte einen größeren Stellenwert bekommen. Nur so kann sich die erziehungswissenschaftliche Forschung in China positiv entwickeln (Lu & Jing, 2012).

Zusammenfassend ist festzustellen, dass sowohl die Ausrichtung der Theorie auf unterrichtspraktische Fragen als auch die Ausrichtung der Praxis auf die Einhaltung von Forschungsstandards nur einem gemeinsamen Zweck dienen sollten: die Qualität von Erziehung und Unterricht durch die Verbesserung der Qualität der Forschung zu erhöhen! Dann kann aus der Aktionsforschung eine ‚Unterrichtsverbesserungs-Aktion‘ werden. Und dann entsteht durch die Zusammenarbeit von Universitäten und Schulen so etwas wie eine verbesserte „Qualitäts-Kontrollgruppe“. Die Verbesserung der Unterrichtsqualität wird dann im Durchlauf durch den Zyklus von „Planen, Handeln, Beobachten und Reflektieren“ zu einem wichtigeren Wert als die Beachtung wissenschaftlicher Normen.

Literatur

Chen, H. (2014). Meta-research of Action Research in Primary and Secondary Schools. In: *Education Research and Experiment*, 2014 (6), pp.15-19.

Hollenbach, N. & Tillmann, K.-J. (2011). *Teacher research and school development. German Approaches and international perspectives.* Opladen, Farmington Hills: Barbara Budrich Publishers & Bad Heilbrunn: Klinkhardt.

Liu, H. (1993). Discussion about instruction quality. In: *Journal of Liaoning Institute of Education,* 1993 (4), pp. 75.

Liu, W. (2012). Rebuild the view of instruction quality: research from the perspective of effective instruction. Shanghai: *Global Education Prospects*, 2012 (10), pp.16-17.

Lu, L. & Jing, X. (2012). Action Research in China: Review and Reflection. In: *Journal of Education*, 2012 (1), p. 50.

Lu, X. (2012). Standards of a high-quality course. In: *Teaching and Management,* 2010 (2), pp. 30-31.

Noffke, S. & Somekh, B. (2009). *The SAGE Handbook of Educational Action Research.* Thousand Oaks/California: SAGE.

OECD (2010). *PISA 2009. Ergebnisse: Was Schülerinnen und Schüler wissen und können.* Gütersloh: W. Bertelsmann.

OECD (2016). *PISA 2015 Results (Volume I): Excellence and equity in education.* Paris: OECD.

Tang, S. (2009). New instruction quality led by school education innovation. In: *Chinese Journal of Education*, 2009 (3), p. 29.

Wei, S. & Li, S. (2016). Review of Education action research. In: *Journal of Ningbo education college,* 2016 (1), pp. 87-88.

Yang, M. & Shen, C. (2014). Research on the main indicators and dimensions of instruction quality evaluation: take geography instruction in junior school as an example course. In: *Education Research*, 2014 (3), p. 178.

Yang, X. & Zhang, T. (2006). *Teaching Theory.* People's Education Press.

Yang, X. (2010). The practical reform and the theory reconstruction of the instruction: Looking back the past 30 years. In: *Curriculum, Teaching material and Method,* 2010(9), pp. 27-31.

Yang, X. & Zhang, Q. (2016). Re-understanding and Action of Teaching Quality Improvement. In: *Curriculum, Teaching material and Method,* 2016(7), pp.17-24.

Yin, H. (2012). Promote the reforms of evaluation and education transformation. In: *Research in Education Development,* 2012 (15-16), p. 11.

Yu, X.Q. (2010). Focusing on the quality of instruction: concept and behaviors as a principal. In: *Jiangsu Education Nanjing,* 2010 (9), p. 30-31.

Zheng, Jinzhou (2007). Ten standards in the reform of instruction. In: *Theory and Practice of Education,* 2007(7), pp.28-33.

Zhong, B. & Li, Y. (2012). Common mistakes in action research applications: based on a review of education journal papers over the past six years. In: *Modern Distance Education Research,* 2012 (5), p. 31.

Zhu, X.Y. (2006). Analysis on the view of instruction quality in the context of new curriculum reform. In: *Jiangxi Education Scientific Research Journal,* 2006 (7), pp. 62-77.

Zhu, X.Y. (2009). Reshaping the view of instruction quality. In: *Education Scientific Research,* 2009 (10), p. 56.

Teil V:
Lehrerbildung

Michael Neubrand und Binyan Xu

Reflektieren anregen und Metakognition fördern: Basisfähigkeiten der Professionalisierung von Mathematiklehrerinnen und -lehrern[1]

„Reflektieren" über Mathematik, über mathematisches Arbeiten und über die Verwendung von Mathematik ist vielschichtig: Es bezieht sich auf eine Vielfalt von Sachverhalten (innermathematische, mathematikhistorische, gesellschaftliche) und Situationen (individuelle und solche im sozialen Gefüge des Mathematikunterrichts), verfolgt unterschiedliche Ziele (von konkreter Lernunterstützung über das Problembearbeiten und -lösen bis hin zur allgemeinen Bildung) und ist in schulischen Lehr-Lern-Prozessen letztlich unverzichtbar, denn es schafft einen Rahmen für die didaktische Konstruktion im Unterricht. Die Fähigkeit, reflektierende Aktivitäten in den Mathematikunterricht zu integrieren, gehört darum zu den Kernkompetenzen von Lehrerinnen und Lehrern im Fach Mathematik. Wir stellen in diesem Aufsatz (kurz) dar, wie man dieses weite Feld mit Blick auf den Mathematikunterricht in einem breit verstandenen Konzept metakognitiven Reflektierens ordnen kann, das nicht nur für die Planung und Durchführung von Mathematikunterricht, sondern auch zur Interpretation empirischer Befunde, z.B. im deutsch-chinesischen Vergleich, hilfreich ist.

1 Die Unverzichtbarkeit von Reflexion für nachhaltiges Lehren und Lernen

Drei Argumentationslinien können begründen, warum Reflektieren als eine der zentralen Aktivitäten beim Lehren und Lernen von Mathematik anzusehen ist (vgl. unter vielen weiteren Quellen z.B. Neubrand, 2000; Sjuts, 2003; Artelt & Moschner, 2005; Schmitt, 2017):
Eine erste Perspektive blickt auf das *individuelle Denken*: Reflektieren erscheint hier vor allem als metakognitive Aktivität. Nowińska (2016) nennt hierfür drei Bereiche: (a) die Planung des eigenen Denkens auf ein bestimmtes Ziel hin, meist die Lösung eines Problems, (b) die Kontrolle und Abschätzung des Nutzens der bisher durchgeführten Schritte und (c) die Rückschau auf den gewählten

1 Originalbeitrag für diesen Band auf Grundlage eines Vortrags auf dem Third Sino-German Didactics Dialogue in Shanghai (2016).

Lösungsweg und dessen Bewertung unter übergeordneten Gesichtspunkten (benutzte Hilfsmittel, Effektivität, Eleganz). Metakognitive Aktivitäten verschaffen dem Lernen Nachhaltigkeit und Einsicht (vgl. Hattie, 2013, S. 224). Die explizite, d.h. didaktisch geführte Stärkung metakognitiver Aktivitäten im Mathematikunterricht kann das Selbstreflektieren der Schülerinnen und Schüler anleiten und vertiefen, ja sogar Leistungen in Tests erhöhen, wie ein deutsch-chinesischer Vergleich aufzeigen wird (siehe unten). Aber diese individuelle Perspektive muss ergänzt werden, so dass Wege sichtbar werden, metakognitive Aktivitäten lehrend zu unterstützen. Orientierungen dafür zeigen die beiden folgenden Perspektiven auf.

Die *epistemologische Perspektive* zeigt, zweitens, auf, dass Begriffsbildung, gerade in der Mathematik, nicht allein Sache des systematischen Stoffaufbaus ist. Vielmehr werden (mathematische) Begriffe gebildet, indem bewusst und reflektierend mathematische Einsichten entwickelt und weiterentwickelt – und eben nicht einfach geändert – werden. Das kann im Unterricht dadurch unterstützt werden, dass Lehrpersonen von Bedeutungen mathematischer Operationen und Sachverhalte in realen Kontexten ausgehen, die subjektiver oder sogar idiosynkratischer Natur sein können, und von dort progressiv zur kodifizierten wissenschaftlichen Bedeutung fortschreiten. Entsprechend unterstützt und realisiert einsichtsvolles Lernen solche Bedeutungsverschiebungen, wenn in didaktischen Prozessen die – kontinuierlichen oder auch sprunghaften – Veränderungen sichtbar gemacht werden (vgl. den Beitrag von Benner, in diesem Band).

Drittens verlangt die *bildungstheoretische Perspektive* (Neubrand, 2015) das Reflektieren des Sinns der Gegenstände, die im Unterricht verhandelt werden. Dazu gehören nicht zuletzt Problembearbeitungen und Einsichten, die zeigen, wie dieses Wissen in gesellschaftlichen Verwendungszusammenhängen eingesetzt und manchmal auch missbraucht wird. Die PISA-Studie hat dies direkt angesprochen: „Mathematical literacy" zielt ab auf „understanding the role of mathematics [...] in ways that meet the needs of [...] a constructive, concerned and reflective citizen" (OECD, 2004, p. 37; vgl. auch Neubrand, 2003). Durch Reflektieren soll also bewusst gemacht werden, dass mathematisches Wissen und Können stets mit offen angesprochenen oder auch manchmal versteckten gesellschaftlichen Zwecken und Zielen einhergehen, positiv betrachtet als Beherrschung technischer Prozesse, negativ, wenn Zwecksetzungen hinter einem Vorhang angeblich wissenschaftlicher Evidenz verschleiert werden.

Der Sinn einzelner Gegenstände oder auch des ganzen Faches liegt aber nicht nur im alltäglichen Gebrauch von Mathematik, sondern beeinflusst auch die innermathematische Konstitution mathematischer Modellierungen und Operationen. Dazu gibt es sogar (deutsche) PISA-Aufgaben, etwa solche, die der Bedeutung des Formalisierens nachgehen (Cohors-Fresenborg et al., 2004). Auch auf der fachlichen Ebene selbst wird Sinn generiert. Das gilt sowohl allgemein, etwa indem man Mathematik als ein (allerdings durchaus für Fehlinterpretationen anfälliges) Paradigma rationalen Vorgehens zu begreifen lernt. Sinn kann aber für spezifische mathematische Gegenstände auch dadurch gewonnen werden, dass man das Feld, in dem ein Begriff steht, systematisch und historisch im Unterricht eruiert. Auch die Bewusstheit darüber, dass solche Begriffsbildungsprozesse nicht nur kognitive Herausforderungen, sondern viele andere Aspekte (darunter ökonomische, soziale und politische) ansprechen (Kaenders & Kvasz, 2011) und zuletzt sogar affektiv bedeutsam sein können, kann ein Ziel des lehrend initiierten und lernend vollzogenen Reflektierens sein.

Die genannten drei Perspektiven sind nicht nur für den Unterricht, sondern auch für die Lehrerausbildung von grundlegender Bedeutung, denn sie begründen ein Verständnis von Mathematikdidaktik, das die Unterrichtsvorbereitung und das Unterrichtshandeln orientiert und bestimmt. Entsprechende Komponenten gehören darum in die Lehrerausbildung: ein Verständnis für das individuelle Lernen, Klarheit über spezifische Abstraktions- und Begriffsbildungsprozesse, die explizite Thematisierung der Fragen nach dem Sinn. Das ist auch in der allgemeinen Didaktik anerkannt. So beschäftigt sich in diesem Band Zhong-Jing Huang mit den Grundzügen der Lehrerweiterbildung in der Stadt Shanghai. Das „reflektierende individuelle Lernen", die „Arbeit in professionellen Lerngemeinschaften" und die „netzwerkbasierte Schulentwicklung" gibt er als die Eckpfeiler dieser Weiterbildung an. Die drei Perspektiven benötigen fachlich-curriculare Anker, wie sie in dem hier entfalteten breiten Reflexionskonzept zu finden sind.

Der erste Teil unseres Beitrags (Abschnitt 2) nimmt hauptsächlich die bildungstheoretische und die epistemologische Perspektive ein. Es geht also zunächst weniger um individuelle Prozesse, als vielmehr um eine Abklärung des mathematikdidaktischen Potenzials, das in einer Reflektion über das Fach selbst steckt. Metakognition wird dabei lehr-lerntheoretisch als Bewusstmachen spezifisch mathematischer Arbeitsprozesse betrachtet. Das Potenzial der Stärkung individueller Metakognitionen dominiert den zweiten Teil des Beitrags (Abschnitt 3). Im Abschnitt 4 erläutern wir an einem konkreten Beispiel, wie das Reflektieren angeleitet werden kann, und im Abschnitt 5 berichten wir anhand eines zweiten Beispiels, wie erfolgreich chinesische und deutsche Schülerinnen und Schüler eine reflexionsorientierte Mathematikaufgabe bearbeiten konnten.

2 Grundprobleme des Reflektierens im Mathematikunterricht

Um Reflektieren im Mathematikunterricht zu konzeptualisieren und umzusetzen, muss man über Fragen wie die folgenden nachdenken (Neubrand, 1990; 2000):

- Die *Inhalte des Diskurses:* Was ist überhaupt inhaltlich möglich, wenn über Mathematik im Mathematikunterricht – sowohl seitens der Lehrerinnen und

Lehrer als auch auf der Seite der Schülerinnen und Schüler – reflektiert werden soll? Welche inhaltlichen und methodisch-didaktischen Aufbereitungen des Reflektierens sind denkbar?

- *Interessen und Fähigkeiten* der Schülerinnen und Schüler: Welche Ebenen des bewussten Reflektierens sind Schülerinnen und Schülern zugänglich? Wie anspruchsvoll kann man sein? Wie kann man ohne Authentizität zu verlieren dennoch reflektierende Fragen auf das Niveau von Schülerinnen und Schülern transformieren?
- *Adäquate Strukturen* für das Reflektieren im Mathematikunterricht: Welche Art von (Mathematik-)Unterricht ist angemessen, wenn reflektierende Aktivitäten berücksichtigt werden sollen? Wie ist dabei die Rolle der Lehrerinnen und Lehrer zu sehen?

Solche Basisfragen sollten stets im Hintergrund mitbedacht werden. Der hier gewählte Ansatz geht davon aus, dass Reflektieren im Mathematikunterricht am ehesten als *„Sprechen über Mathematik"* (Neubrand, 1990) zu realisieren ist. Entscheidend ist dann, die erforderlichen inhaltlichen Situationen für dieses „Sprechen" herzustellen und zu nutzen, insbesondere das Potenzial auch von scheinbar einfachen Gelegenheiten zu erkennen, das Reflektieren also als eine ubiquitäre Grundstruktur des Mathematikunterrichts zu sehen. „Sprechen über Mathematik" kann dann auf unterschiedlichen, von einfachen bis zu elaborierteren Ebenen stattfinden:

- Direkt auf den mathematischen Stoff bezogen sind reflektierende Fragen wie die nach der Korrektheit eines Beweises, nach der Angemessenheit und den Grenzen einer Definition, nach den regulären und den Ausnahmefällen in einem Algorithmus, nach logischen Abhängigkeiten und Zusammenhängen über längere Distanzen, usw. zu behandeln. Man kann dies die *Ebene des Wissens über mathematische Gegenstände* (Objektebene) nennen.
- Allgemeinerer Natur ist es, über spezifische mathematische Arbeitsweisen nachzudenken und zu sprechen. Dazu gehört etwa, heuristische Strategien gezielt und bewusst einzusetzen (Bruder & Collet, 2011), spezifische mathematische Arbeitstechniken wie Systematisieren, Klassifizieren (Neubrand, 1981) oder Abstrahieren bewusstzumachen, sich über Beweistechniken zu verständigen, das Spannungsverhältnis zwischen mathematischem Schließen und Alltagsdenken auszuloten, den vernünftigen Gebrauch von Plausibilitätsüberlegungen einzuordnen, u.a.m. Solche reflektierenden Explikationen findet man schon in der klassischen mathematikdidaktischen Literatur, z.B. bei Pólya (1945). Dies lässt sich als *Ebene des bewussten Handwerkens* beschreiben.
- Darüber hinaus geht ein Sprechen über Mathematik, das danach fragt, was diese spezifische Disziplin ausmacht. Fragen wie die nach der Rolle von Anwendungen und deren Beziehungen zur begrifflichen Seite der Mathematik (d.h.

das Potenzial und die Grenzen mathematischer Modelle) sind hier anzusprechen, oder die Frage, welche Funktionen Beweise haben (nachträgliche Bestätigungen oder notwendige Einbettungen), oder wie Abstraktion, Idealisierung sowie Induktion, Deduktion und Abduktion als charakteristisch für die Mathematik gelten können. Auch hierzu gibt es in der Mathematikdidaktik eine lange Tradition (z.B. Freudenthal, 1983). Es ist dies die *Ebene des Hinterfragens des mathematischen Arbeitens.*

Noch allgemeiner sind Fragen auf der *wissenschaftstheoretischen oder epistemologischen Ebene.* Dazu gehören Überlegungen zum Wesen, zur Eigenart, zu den Typen mathematischen Wissens, intern oder auch im Vergleich mit anderen Wissenschaften, oder Vorstellungen über die Entstehung der Wissenschaften im Spannungsfeld gesellschaftlicher und technologischer Entwicklungen. Auch diese Ebene ist im mathematikdidaktischen Diskurs präsent (vgl. etwa Davis & Hersh, 1989 oder Lakatos, 1976; zur Umsetzung in den Mathematikunterricht auch Schmitt, 2017).

Die eingangs genannten drei Perspektiven für Reflexionen im Mathematikunterricht finden sich auf allen diesen Ebenen. So ist Metakognition in den Aspekten des bewussten Handwerkens enthalten, etwa wenn gezielt heuristische Strategien eingesetzt werden, aber auch eine Ebene tiefer, wenn über die Funktionen mathematischer Modelle nachgedacht wird. Reflektieren in bildungstheoretischer Perspektive ist sowohl auf der Ebene des Hinterfragens mathematischen Arbeitens als auf dem epistemologischen Level anzutreffen. Selbst auf der Objektebene haben Reflexionen einen unverzichtbaren Platz: Welche Ideen und Arbeitstechniken stehen hinter einem Ausschnitt des mathematischen Stoffes? Solche Fragen regen zu metakognitiven Aktivitäten und zum reflektierenden Lernen und Lehren an (Neubrand, 1981; Sjuts, 2003).

Die genannten Ebenen sollte man sich nicht zu scharf gegeneinander abgegrenzt vorstellen. Vor allem sollte man weniger darauf achten, inwiefern man wohl formulierte Antworten geben kann, und stärker gewichten, ob man auf den entsprechenden Ebenen angemessene, möglicherweise auch noch unausgegorene Fragen zu stellen vermag. Auch wenn Lehrerinnen und Lehrer von ihren Schülerinnen und Schülern nicht erwarten können, dass sie sich differenziert und wissenschaftlich korrekt ausdrücken, so können sie diese doch mit allgemeinen Fragen konfrontieren: Was bedeutet es, wenn wir sagen, dass wir dieses Ergebnis „mathematisch korrekt" hergeleitet haben? Wie sehr können wir uns darauf verlassen, dass uns die Mathematik die Antwort auf ein technisches Problem gibt? Welche anderen Gesichtspunkte (z.B. ökonomische Zusammenhänge und Gerechtigkeitsfragen) sind bei mathematischen Problembearbeitungen bedeutsam? Usw.

Für die Lehrerinnen und Lehrer bedeutet das, die sich anbietenden Gelegenheiten für das Reflektieren als „Sprechen über Mathematik" zunächst einmal als solche wahrzunehmen und dann adäquat in den Unterricht einzubeziehen. Dies macht den Kern der auf metakognitives Agieren und Reflektieren bezogenen professionellen Kompetenz von Lehrpersonen im Mathematikunterricht aus. Um eine solche Kompetenz entwickeln zu können, bedürfen Lehrerinnen und Lehrer eines ausgewiesenen flüssigen und adaptiven professionellen Wissens über die Mathematik selbst, über Einsichten in die Eingebettetheit der Entstehung der Mathematik in gesellschaftliche Entwicklungsprobleme und die Funktionen der Mathematik in der Gesellschaft sowie über die Wege, wie die Mathematik auf Individuen treffen kann. Für die Entwicklung solcher Einsichten sind die oben angesprochenen zentralen Komponenten einer reflexionsorientierten Lehrerausbildung unerlässlich.

Entsprechende Komponenten in die Lehrerausbildung einzubauen, ist die originäre Aufgabe der Mathematikdidaktik, allgemeiner: jeglicher Fachdidaktik. Das hat schon Herwig Blankertz (1970; 1983) immer wieder herausgearbeitet: Gegen eine naive Beschränkung der Fachdidaktik auf praktizistische Übernahmen fachlicher Gegebenheiten verweist er darauf, dass die bildungstheoretischen und didaktischen Fragen gerade die Fachwissenschaften zur Überschreitung ihrer Grenzen herausfordern, nicht gegen, sondern mit den Didaktiken zum gegenseitigen Nutzen (Blankertz, 1970, S. 46f.). Aus dieser Sicht folgt aber: „Lehrveranstaltungen zur Didaktik der Mathematik dürfen nicht als ein vorgängiger Blick ins Referendariat angesehen werden, sondern als die Konfrontation der Mathematik mit ihrer eigenen Lehrbarkeit." (Blankertz, 1983, S. 258) Die o.g. Ebenen fachlicher, epistemischer und kognitiver Reflexionen im „Sprechen über Mathematik" können Möglichkeiten zur konkreten Umsetzung dieser Ideen in der Lehrerausbildung aufzeigen.

„Sprechen über Mathematik" bedingt auch personale und subjektive Momente, die sich ebenfalls auf allen drei Ebenen finden lassen. Das Reflektieren der Bedingungen mathematischen Arbeitens und ihre metakognitive Bewusstmachung führen zu individuellen Dispositionen, die für jede wissenschaftliche Betätigung einzufordern sind. So verlangt erfolgreiches Problemlösen Geduld und das Überwinden von Enttäuschungen; mathematische Beweise kommen nicht ohne Sorgfalt noch in kleinsten Details aus; selbstkritisch zu sein gegenüber den eigenen Denkfortschritten, ist eine durchgehende Voraussetzung für wissenschaftliches Arbeiten; eine gute Balance zwischen persönlichem Engagement und distanzierter Haltung zu finden, ist gerade bei den Anwendungen der Mathematik unabdingbar, usw. Im Sprechen über Mathematik kommen entsprechende persönliche Haltungen substanziell unterfüttert auf die Agenda des Mathematikunterrichts.

3 Reflektieren im Mathematikunterricht benötigt einen didaktischen Rahmen und daher ein spezifisches Wissen der Lehrerinnen und Lehrer

Reflektieren im Mathematikunterricht stellt sich nicht von selbst ein. Es benötigt eine solide Vorbereitung durch die Lehrerinnen und Lehrer. Dazu gehört einerseits die Auswahl adäquater Inhalte und die Kenntnis lohnender didaktischer Zugänge, die Reflektieren erst ermöglichen (Bruder, 2007). Die Lehrerinnen und Lehrer müssen aber auch in der Lage sein, den jeweiligen Stand des Wissens und Könnens der Schülerinnen und Schüler zu verstehen. Binyan Xu et al. (2017) haben das an der Frage untersucht, wie Schülerinnen und Schüler mathematische Probleme stellen und inwieweit Lehrerinnen und Lehrer die verschiedenen Arten der von den Schülerinnen und Schülern gestellten Probleme verstehen.

Chancen und Probleme eines reflexionsorientierten Mathematikunterrichts hat Oliver Schmitt (2017) in einer Studie zum Unterricht über Lineare Algebra am Gymnasium herausgearbeitet, die sowohl die theoretischen Grundlagen als auch die praktischen Realisierungschancen untersucht. Schmitt orientiert sich an der „Tätigkeitstheorie", die auf die frühen sowjetischen Psychologen (Galperin, Vygotsky; siehe Bruder & Schmitt, 2016) zurückgeht und später von Lompscher und anderen aufgegriffen und weiterentwickelt wurde (Giest & Lompscher, 2006). Er weist auf den inhärenten Widerspruch zwischen Lernen und Reflektieren hin: Reflexionen benutzen immer schon etwas, das bereits im Vorhinein gelernt sein sollte, und umgekehrt erweist sich Reflexion als dem Lernen förderlich.

Um Reflexionen im Mathematikunterricht anzuregen, braucht man daher einen adäquaten Startpunkt, der es erlaubt, Reflexionen fruchtbar zu initiieren. Ein solcher Startpunkt für Reflexionen muss von vorneherein theoretischer Natur sein, denn er soll ja schon auf den essentiellen Kern des zu verhandelnden Stoffes hinweisen; der Startpunkt muss somit größere Perspektiven des zu vermittelnden Inhalts erschließen und im Unterrichtsprozess diskursiv entfaltet werden können. Die Tätigkeit der Schülerinnen und Schüler bezieht sich dabei sowohl auf die Reflexion über das Fach (wie wir es in diesem Abschnitt betonen), als auch auf die metakognitive Reflexion über das eigene Denken, die nach Giest & Lompscher (2006) immer mit der zuvor genannten fachlichen Reflexion einhergeht (vgl. Schmitt, 2017; insbesondere Kap 2.1.2 – 2.1.5). Lehrerinnen und Lehrer haben daher den Startpunkt als sogenanntes „Ausgangsabstraktum" (Bruder & Schmitt, 2016, p 17; Schmitt 2017, Kap 2.1.4) zu definieren, „in dem die wichtigsten Merkmale und Relationen des Lerngegenstands abgebildet werden und das damit einen ganzheitlichen Rahmen bildet, in den die konkreten Einzelheiten integriert und gedächtnismäßig verankert werden können" (Schmitt, 2017, S. 42 unter Rückgriff auf Zitate aus Dawydow, Lompscher und Giest). Als Lehrstrategie

kommt damit weniger ein induktives Vorgehen als vielmehr das sog. „Aufsteigen vom Abstrakten zum Konkreten“ zum Tragen.
Lehrerinnen und Lehrer benötigen hierzu ein spezifisches Wissen, diese Reflexionen im Mathematikunterricht gezielt einleiten zu können. Schmitt nennt dieses Wissen „Reflexionswissen“ (2017). Es beinhaltet Wissen über die Mathematik und das jeweilige Thema als Ganzes, aber eben nicht allein im Sinne von „content knowledge“, sondern mit der Grundproblematik der Lehrbarkeit und Lernbarkeit des Gegenstands (vgl. nochmals Blankertz, 1983) als Bezugspunkt. Es umfasst Wissen über personale, historische, gesellschaftliche und gegenstandstheoretische Aspekte des jeweiligen Themas. Dieses Wissen ist nach Schmitt (2017) explizit und deklarativ; es kann daher, z.B. in der Lehrerausbildung, auch gelehrt und gelernt und von Studierenden angeeignet und erfasst werden.
Ansätze dieser Art berühren essentielle Fragen der Ausbildung von Lehrerinnen und Lehrern. Es wird heute oft Lee Shulman zitiert, wenn es um die Komponenten wissenschaftlicher Lehrerausbildung geht: content knowledge (CK), pedagogical content knowledge PCK) und pedagogical knowledge (PK). Diese Beschreibung bietet eine gute erste Orientierung. Man muss aber im Sinne des von uns in diesem Beitrag weit gefassten Reflexionswissens beachten, dass schon bei Shulman CK nicht einfach die Reproduktion fachlicher Inhalte als solche meint, sondern dass PCK ganz entscheidend übergreifende Aspekte des Faches mit einbezieht und dass selbst PK auf fachliche Konkretionen angewiesen ist. Shulmans Denken schließt das ein: „Within the category of pedagogical content knowledge I include, the most useful forms of representation of a subject area's ideas, the most powerful analogies, illustrations, examples, explanations, and demonstrations.“ (Shulman 1986, p. 9) Es zielt direkt auf fachgebundene Reflexionen. Das Reflexionswissen wird also auch hier als zentrale Komponente des professionellen Wissens von Lehrerinnen und Lehrern angesehen.

4 Erstes Beispiel: Einen Beweis durch fortlaufende Reflexion über den jeweiligen Erkenntnisstand kreieren

Um auch fachlich (mathematisch) nicht speziell ausgebildete Leserinnen und Leser zu erreichen, wird zur Illustration der skizzierten Zusammenhänge ein zunächst recht natürlich erscheinendes Problem herangezogen: Es gibt (natürliche) Zahlen mit vielen, und solche mit nur wenigen Teilern. Die Zahl 59 ist eine Primzahl (das wäre auch schon ein zum Reflektieren einladendes Problem: Woher weiß ich das? Wie wenig muss ich tun, um es zu bestätigen? Warum sind die Primzahlen so wichtig?), hat also nur die beiden sog. „trivialen“ Teiler 1 und sich selbst. Aber die darauffolgende Zahl 60 hat ziemlich viele Teiler: 1, 2, 3, 4, 5, 6, 10, 12, 15, 20, 30, 60. Es ist also – historische und mathe-

matische Reflexion! – eigentlich nicht verwunderlich, dass das erste bekannte Stellenwertsystem gerade die 60 als Grundzahl nahm: Die ca. 4000 Jahre alte Mathematik Mesopotamiens konnte mit dieser Wahl Größen systemkonform in 2, 3, 4, 5, 6 Teile zerlegen; immer „ging es auf" oder war „kurz hinter dem Komma" darstellbar. Unser Dezimalsystem schafft das noch nicht einmal mit der Drittelung, die bekanntlich auf periodische Dezimalbrüche führt.
Woran also liegt es, wie viele Teiler eine Zahl hat? Das Prinzip ‚je größer desto mehr' gilt offenbar nicht. Gibt es vielleicht eine Formel, die die Anzahl der Teiler mitteilt? (Die erste Reflexion könnte schon so beginnen: Wie kommt man überhaupt auf solche Fragen? Sind dies etwa *die* „mathematischen" Fragen?) – Im Folgenden geht es nicht um Realisierung im Mathematikunterricht (in einem 5. Schuljahr durchaus denkbar), sondern darum, was man mit angehenden Lehrerinnen und Lehrern in der fachlichen Grundausbildung tun könnte.
Reflexionsorientiertes Vorgehen beginnt *nicht* mit einem Beweis einer schon vorgegebenen Formel. Vielmehr soll das Problem Anlass sein, über mathematisches Arbeiten nachzudenken, die Formel zu erzeugen und nicht nur zu bestätigen, also die Haltung eines „bewussten Handwerkens" einzunehmen. Im Lehrbuch von Neubrand & Möller (1992) haben wir dazu eine Art Doppel-Notation verwendet: In der jeweils ersten Zeile erscheinen das Problem und seine inhaltliche Weiterentwicklung in mathematischer Sprache, in den Zeilen darunter stehen die Denkweisen und die Überlegungen, die den mathematischen Prozess dynamisch am Laufen halten und den nächsten mathematischen Schritt bedingen. (Natürlich geben wir hier eine idealisierte, von der spezifischen sozialen und kommunikativen Situation des Unterrichts abstrahierte Darstellung.)

(1) *Wie viele* Teiler hat eine natürliche Zahl *n*?
Es ist immer eine gute Strategie, ein Problem von einer abstrakten und statischen Formulierung in eine auf das Handeln bezogene Strategie zu übersetzen. Wir fragen also lieber:

(2) Wie kann man die Teiler einer Zahl *zählen*?
Aber was heißt schon Zählen? Will man effektiv vorgehen, zählt man nicht *ab*, sondern sucht nach Mustern in der zu zählenden Gesamtheit. Muster aber findet man am besten dann, wenn man die zu zählenden Dinge (bildlich?!) *darstellt.*

(3) Wie kann man die Teiler einer Zahl (bildlich, übersichtlich) *darstellen*?
Am besten, wenn man sich zunächst an einem Beispiel orientiert. Aber beachte: Nicht das Beispiel selbst interessiert, sondern das, was an ihm „allgemein" ist.

(4) Beispiel: $n = 175 = 5^2 \cdot 7$
Die Teiler von $n = 175$ sind diese: 1, 5, 7, 25, 35, 175. Das ist „nur" eine Liste. Listen aber sind schwer zu zählen. Wir ordnen daher *anders*, nämlich lexikographisch nach den Primfaktoren (Faktor 5 zuerst): $5^0 7^0$, $5^0 7^1$, $5^1 7^0$, $5^1 7^1$, $5^2 7^0$, $5^2 7^1$. Jetzt erkennt man: Nur auf die Exponenten kommt es an. Mit dieser Er-

kenntnis sieht man auch das allgemeine Muster: Die Exponentenpaare sind (0, 0),(0,1),(1,0),(1,1),(2,0),(2,1). – *Aha!* Paare stellt man in Koordinatensystemen dar: x-Achse für die Exponenten der 5, y-Achse für die Exponenten der 7:

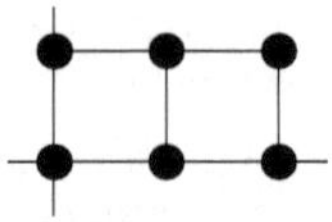

(5) Das Muster ist ein Rechteck, zählbar mit der Formel *Länge* × *Breite.*
Es gibt 3 × 2 = 6 Teiler von 175.
Analyse: Woher kamen die Faktoren 2 und 3? Von den höchsten Exponenten der Primfaktoren, aber die Grenzen sind zu beachten.
Jetzt kann man verallgemeinern:

(6) *Satz:* Ist $n = p^r q^s$ (p, q Primzahlen), dann gibt $(r+1) \times (s+1)$ die Anzahl der Teiler von n an.

Bis hierher hat man natürlich nur den Fall der Zahlen, die aus zwei Primteilern aufgebaut sind, diskutiert. Weitere Verallgemeinerungen sind nötig, aber nicht mehr schwer. Für die oben genannte Zahl $60 = 2^2 3^1 5^1$ erhält man dann $(2+1) \cdot (1+1) \cdot (1+1) = 3 \times 2 \times 2 = 12$ Teiler – und es stimmt.

Der reflexionsorientierte Rückblick zeigt, dass sich hier die Formel und der Beweis sozusagen ganz von selbst aus Prinzipien des mathematischen Handelns ergeben haben. Mit diesem Vorgehen konnten weitaus mehr Ideen miteinander verknüpft werden als mit dem „üblichen" Vorgehen des nachträglichen bestätigenden Beweises. „Sprechen über Mathematik" fand hier auf der Ebene des bewussten Handwerkens statt.

5 Zweites Beispiel: Empirische Evidenz der Wirksamkeit metakognitiver Aktivitäten: Ein chinesisch-deutscher Vergleich

Mehrmals haben Binyan Xu (ECNU) und Johann Sjuts (Universität Osnabrück und Studienseminar Leer) Vergleiche zwischen chinesischen (aus Shanghai, allgemeine Grundschule) und deutschen (aus Leer, Gymnasien) Schülerinnen und Schülern durchgeführt (vgl. Sjuts & Xu, 2006, 2007). Eine Aufgabe, an der dies geschah, war die folgende:

Setze diese Folgen fort:

2	5	8	11	14	…	…	…
1	3	7	15	31	…	…	…
0	5	15	30	50	…	…	…

Offenbar ist die Folge in der zweiten Zeile die anspruchsvollste, obwohl man insgesamt auch dafür keine elaborierten arithmetischen Kenntnisse braucht. Immer genügen einfache Rechnungen, die als solche weder den deutschen noch den chinesischen Schülerinnen und Schülern Schwierigkeiten machen. Die eigentliche Herausforderung besteht also nicht im Rechnen, sondern darin, die jeweils vorgenommenen (kleinen) Rechenschritte im Ganzen zu kontrollieren. Dann aber sind die beobachteten Unterschiede bemerkenswert:

Shanghai, 2005, Klasse 5 (N = 397)	78,5% korrekte Lösungen, alle drei Folgen
Leer, 2005, Klasse 5 (N = 460)	58,1% korrekte Lösungen, alle drei Folgen
Leer, 2004, Klasse 5 (N = 145)	54,7% korrekte Lösungen, alle drei Folgen
Leer, 2004, Klasse 6 (N = 174)	64,1% korrekte Lösungen, alle drei Folgen
Leer, 2004, Klasse 7 (N = 139)	75,3% korrekte Lösungen, alle drei Folgen

Wie kann man sich solche Unterschiede erklären, die im Übrigen (siehe Sjuts & Xu, 2007) sowohl in der Gesamtsicht als auch bei den einzelnen Teilaufgaben (erste, zweite und dritte Folge) recht stabil über die deutschen Klassen hinweg sind? Warum brauchen die deutschen Gymnasiasten zwei Jahre länger, um auf vergleichbare Ergebnisse wie die chinesischen Schülerinnen und Schüler zu kommen? Um diese Frage zu beantworten, gilt es die Ergebnisse auszudifferenzieren. Zunächst betrachten wir, wie die beiden Populationen C = „Shanghai 2005, Klasse 5, N = 397“ und D = „Leer 2005, Klasse 5, N = 460“ bei den drei Folgen abschneiden.

	erste Folge	**zweite Folge**	**dritte Folge**
C	92,4%	67,8%	75,3%
D	96,1%	26,3%	52,0%

Das Abschneiden bei der ersten (tendenziell auch bei der dritten) Folge zeigt, dass auch die deutschen Schülerinnen und Schüler hinreichend gut rechnen können. Man wird Erklärungen daher bei kognitiven und metakognitiven Prozessen suchen müssen. Die kognitiven Anforderungen sind bei der ersten und der dritten Folge eher gering; hier müssten also hauptsächlich metakognitive Aktivitäten von Bedeutung sein. Bei der zweiten Folge ist zwar das Bildungsgesetz der Folge komplizierter. Hat man dies jedoch gefunden, geht es nur noch darum, es beim Ausrechnen der weiteren Folgenglieder nicht aus den Augen zu verlieren. Das ist eine metakognitive Aktivität, und in ihr scheinen die Unterschiede zwischen deutschen und chinesischen Schülerinnen und Schülern zu liegen.
Diese Interpretation verstärkt sich, wenn genauer aufgeschlüsselt wird, wie viele Schülerinnen und Schüler alle drei der in der Aufgabe durch Punkte ange-

deuteten folgenden Glieder richtig erkannt haben, und wie viele nur weniger Folgeglieder erkennen. Letztere erkennen zwar das Gesetz der Folge, beachten es aber dann nicht mehr. Das wäre ein Hinweis auf mangelnde Selbstkontrolle, also auf ein metakognitives Defizit. Am deutlichsten zeigt sich der Effekt bei der zweiten Folge:

	alle 3 Folgenglieder richtig	1 oder 2 Folgenglieder richtig
C	67,8%	80,9%
D	26,3%	50,7%

Tatsächlich liegt somit in der sorgfältigen Kontrolle des jeweils Erkannten, nämlich in der Fähigkeit zur metakognitiven Kontrolle, ein erhebliches Potenzial, die Lösungsquote der Aufgabe zu steigern. Die zur Bewältigung (auch) einfacher Aufgaben erforderliche Metakognition steigt zwar im Verlauf der Schuljahrgänge. Aber die Leistungsunterschiede bei gleichem Alter zwischen China und Deutschland sind doch deutlich ausgeprägt.
Metakognition aber bedarf der schulischen Förderung. Die vorgelegten Ergebnisse zeigen, dass das in China offenbar durchaus gelingt, in Deutschland aber eher dem natürlichen Alterszuwachs überlassen bleibt. Metakognition aktiv zu fördern ist nicht zuletzt eine Frage der entsprechenden Lehrerprofessionalität.

6 Abschlussbemerkung

Das Reflektieren und Anregen metakognitiver Aktivitäten hat sich als tief verankert in deutschen und auch in chinesischen „Didaktik"-Traditionen erwiesen. Weitergehend haben wir zu zeigen versucht, dass Realisierungen dieser Ansätze möglich sind, jedoch eine entsprechend ausgebildete Professionalität der Lehrerinnen und Lehrer voraussetzen. Wie sich solche Professionalität entwickeln kann, zeigen Ansätze aus der ECNU (siehe mehrere Beiträge in diesem Band). Wie mathematisches Reflektieren und metakognitive Aktivitäten im Mathematikunterricht konkret bis hin zu den Leistungen der Schülerinnen und Schüler wirksam werden können, zeigt der kleine deutsch-chinesische Vergleich. Unsere Überlegungen machen rückblickend aber auch deutlich, dass gerade auf diesem Feld die allgemeine Didaktik und die Fachdidaktiken fruchtbar zusammenarbeiten müssen und können.

Literatur

Artelt, C. & Moschner, B. (Hrsg.)(2005). *Lernstrategien und Metakognitionen.* Münster: Waxmann.
Baten, E., Praet, M. & Desoete, A. (2017). The relevance and efficacy of metacognition for instructional design in the domain of mathematics. In: *ZDM – Mathematics Education,* 49, pp. 613-623.

Blankertz, H. (1970). *Theorien und Modelle der Didaktik*. München: Juventa (4. Auflage).

Blankertz, H. (1983). Thesen zur Stellung der Mathematikdidaktik an einer Universität. In: *Journal für Mathematik-Didaktik 4 (3)*, S. 253-259.

Bruder, R. (2007). Lerngelegenheiten für Reflexionen im Mathematikunterricht. In: A. Peter-Koop & A. Bikner-Ahsbahs (Hrsg.). *Mathematische Bildung – mathematische Leistung. Festschrift für Michael Neubrand zum 60. Geburtstag*. Hildesheim: Franzbecker, S. 305-316.

Bruder, R. & Collet, C. (2011). *Problemlösen lernen im Mathematikunterricht*. Berlin: Cornelsen Verlag Scriptor.

Bruder, R. & Schmitt, O. (2016). Joachim Lompscher and his activity theory approach focusing on the concept of learning activity and how it influences contemporary research in Germany. In: A. Bikner-Ahsbahs et al. (Eds.). *Theories in and of mathematics education. Theory Strands in German speaking countries* (ICME-13 Topical Surveys). Cham: Springer International Publishing AG Switzerland (Open access), pp. 13-20.

Cohors-Fresenborg, E., Sjuts, J. & Sommer, N. (2004). Komplexität von Denkvorgängen und Formalisierung von Wissen. In: M. Neubrand (Hrsg.). *Mathematische Kompetenzen von Schülerinnen und Schülern in Deutschland: Vertiefende Analysen im Rahmen von PISA-2000*. Wiesbaden: VS – Verlag für Sozialwissenschaften, S. 109-144.

Davis, P.J. & Hersh, R. (1980). *The mathematical experience*. Boston, MA: Birkhäuser.

Freudenthal, H. (1983). *Didactical phenomenology of mathematical structures*. Dordrecht, Netherlands: Reidel.

Giest, H. & Lompscher, J. (2006). *Lerntätigkeit – Lernen aus kulturhistorischer Perspektive. Ein Beitrag zur Entwicklung einer neuen Lernkultur im Unterricht*. Berlin: Lehmanns Media.

Hattie, John (2013). *Lernen sichtbar machen*. Baltmannsweiler: Schneider Verlag Hohengehren.

Huang, Z.-J. (2018). Schulreformerfahrungen in Shanghai aus der Perspektive der Lehrerweiterbildung. (*In diesem Band*)

Kaenders, R. & Kvasz, L. (2011). Mathematisches Bewusstsein. In: M. Helmerich, K. Lengnink, G. Nickel & M. Rathgeb (Hrsg.). *Mathematik Verstehen. Philosophische und Didaktische Perspektiven*. Wiesbaden: Vieweg & Teubner; Springer Fachmedien, S. 71-85.

Lakatos, I. (1976). *Proofs and refutations. The Logic of Mathematical Discovery*. Cambridge, UK: Cambridge University Press.

Neubrand, M. (1981). Das Haus der Vierecke – Aspekte beim Finden mathematischer Begriffe. In: *Journal für Mathematik-Didaktik* 2 (1), S. 37-50.

Neubrand, M. (1990). Über Mathematik sprechen – Möglichkeiten und Beispiele aus der Analysis. In: M. Glatfeld (Hrsg.)(1990). *Finden, Erfinden, Lernen: Zum Umgang mit Mathematik unter heuristischem Aspekt*. Frankfurt; Bern; New York; Paris: Peter Lang, S. 62-83.

Neubrand, M. (2000). Reflecting as a Didaktik construction: Speaking about mathematics in the mathematics classroom. In: I. Westbury, S. Hopmann & K. Riquarts (Eds.): *Teaching as a Reflective Practice: The German Didaktik Tradition*. Mahwah, N.J.; London: Lawrence Erlbaum Associates, pp. 251-265.

Neubrand, M. (2003): „Mathematical literacy"/„Mathematische Grundbildung": Der Weg in die Leistungstests, die mathematikdidaktische Bedeutung, die Rolle als Interpretationshintergrund für den PISA-Test. In: *Zeitschrift für Erziehungswissenschaft*, 6(3), S. 338-356.

Neubrand, M. (2015). Bildungstheoretische Grundlagen des Mathematikunterrichts. In: R. Bruder, L. Hefendehl-Hebeker, B. Schmidt-Thieme & H.-G. Weigand (Hrsg.): *Handbuch der Mathematikdidaktik*. Berlin; Heidelberg: Springer, S. 51-73.

Neubrand M. & Möller, M. (1992). *Einführung in die Arithmetik – Ein Arbeitsbuch für Studierende des Lehramts der Primarstufe*. Hildesheim: Franzbecker.

Nowińska, E. (2016). *Leitfragen zur Analyse und Beurteilung metakognitiv-diskursiver Unterrichtsqualität.* (Schriftenreihe des Forschungsinstituts für Mathematikdidaktik; Heft 64). Osnabrück: Forschungsinstitut für Mathematikdidaktik e.V.

OECD (2004). *Learning for Tomorrow's World – First Results from PISA 2003.* Paris: OECD.

Pólya, G. (1945). *How to Solve it.* Princeton, NJ: Princeton University Press.

Schmitt, O. (2017). *Reflexionswissen zur linearen Algebra in der Sekundarstufe II.* Wiesbaden: Springer Fachmedien.

Shulman, L. (1986). Those who understand: Knowledge growth in teaching. In: *Educational Researcher,* 15 (2), pp. 3-14.

Sjuts, J. (2003): Metakognition per didaktisch-sozialem Vertrag. *Journal für Mathematik-Didaktik 24 (1),* S. 18-40.

Sjuts, J. & Xu, B. (2006). Befunde aus empirischen Studien zum mathematischen Denken unter besonderer Berücksichtigung von Metakognition. In: *Beiträge zum Mathematikunterricht,* 2006, S. 505-508.

Sjuts, J. & Xu, B. (2007). Mehr Erfolg in Mathematik mit Metakognition? Ergebnisse einer chinesisch-deutschen Vergleichsuntersuchung. In: *SEMINAR,* 2007 (2), S. 59-75.

Xu, B., Cai, J., Liu, Q. & Hwang, S. (2017). Teachers' knowing and understanding students' mathematical thinking related to problem posing. In: *Mathematical Thinking and Learning* (submitted Sept. 2017).

Zhong-Jing Huang

Schulreformerfahrungen in Shanghai aus der Perspektive der Lehrerweiterbildung[1]

1. Einleitung

Eines der Geheimnisse des Erfolgs der Shanghaier Schulreform besteht in der Verbesserung der beruflichen Weiterbildung der Lehrerinnen und Lehrer. In diesem Beitrag werden drei Bausteine der Shanghaier Lehrerweiterbildung vorgestellt:
- die Konzeption einer Stärkung des *reflektierenden individuellen Lernens,*
- die Arbeit in *professionellen Lerngemeinschaften*
- und das Programm einer *netzwerkbasierten Schulentwicklung.*

In allen drei Bereichen geht es darum, die Nutzung theoretischer Erkenntnisse in der Praxis stärker abzusichern, den Lehrpersonen zu helfen, ihr implizites Wissen explizit zu machen und zu reflektieren und das explizierte Wissen öffentlich zu diskutieren und zu einem gemeinsam geteilten expliziten Wissen weiterzuentwickeln. Bei der Beschreibung der Entwicklungslinien in diesen Feldern gehen wir von drei Annahmen aus: erstens von der Einsicht, dass evidenzbasierte Selbstreflexion der Lehrpersonen wichtiger ist als eine bloße Ansammlung von Erfahrungswissen, zweitens von der Überzeugung, dass professionelle Autonomie wichtiger ist als Interventionen von außen, und drittens von der Erfahrung, dass die persönliche Entwicklung der Lehrpersonen wichtiger ist als eine gleichförmige Durchsetzung zentral vorgegebener Anforderungen.

2 Die Praxis der Lehrerweiterbildung in Shanghai

Shanghai ist eine der größten Städte Chinas. Sie sie ein ökonomisches Zentrum mit einem hohen Anteil an Arbeitsmigranten aus anderen Provinzen. Nach den Daten des Statistikbüros der Stadt beträgt das Pro-Kopf-Einkommen in Shanghai mehr als 14.000 US-Dollar. Die blühende ökonomische Entwicklung liefert eine solide Grundlage für den Aufbau des Schulwesens. Shanghai hat 24 Millionen

1 Der Beitrag stellt die überarbeitete Fassung eines Vortrags auf dem Second Sino-German Didactics Dialogue in Oldenburg (2015) dar; übersetzt aus dem Englischen von Hilbert Meyer mit umfänglicher Assistenz des Autors; die erläuternden Fußnoten stammen von den Herausgebern.
Dieses Forschungsprojekt wurde unterstützt vom National Social Science Fund of China (Project No. VDA 160002).

Einwohner, darunter 14 Millionen Bewohner mit unbefristetem und 10 Millionen Menschen mit befristetem Aufenthaltsrecht. Die große Zahl von Bewohnern mit befristetem Aufenthaltsrecht und von Ausländern, die in Shanghai leben, bringt Vitalität in die Stadt. Sie produziert aber auch einen starken Bevölkerungsdruck mit großen Lasten für die Sicherung der schulischen Versorgung. Wie soll den Bedürfnissen der großen Zahl von Kindern der Bewohner mit befristetem Aufenthaltsrecht begegnet werden?[2] Wie soll das erforderliche hoch qualifizierte Personal rekrutiert werden? Wie kann am Ort ein „Schulsystem auf Weltniveau" geschaffen werden?

Seit der Veröffentlichung der Ergebnisse der vierten PISA-Studie im Jahr 2010 wurde über das Shanghaier Schulsystem weltweit berichtet und diskutiert.[3] Man nimmt an, dass die Qualität der Lehrerbildung und die hohe Professionalität der Lehrerinnen und Lehrer zwei wesentliche Ursachen für die Spitzenleistungen der Shanghaier Elementar- und Sekundarschulen sind.[4] Auf der Suche nach den Geheimnissen des Bildungserfolgs in Shanghai konzentrieren wir uns im Folgenden insbesondere auf die Lehrerweiterbildung und analysieren die in Shanghai gemachten Weiterbildungserfahrungen. Der Beitrag baut auf vorhandenen Forschungsergebnissen auf und verbindet diese mit Erfahrungen, die wir bei der Mitwirkung an Weiterbildungsmaßnahmen gemacht haben, sowie mit Ergebnissen aus eigenen Untersuchungen zur Unterrichtspraxis.

Die Lehrerweiterbildung in Shanghai verbindet die bereits genannten drei Ansätze reflektierenden individuellen Lernens, der Einrichtung professioneller Lerngemeinschaften (peer coaching) und der Begründung einer netzwerkbasierten Schulentwicklung miteinander:

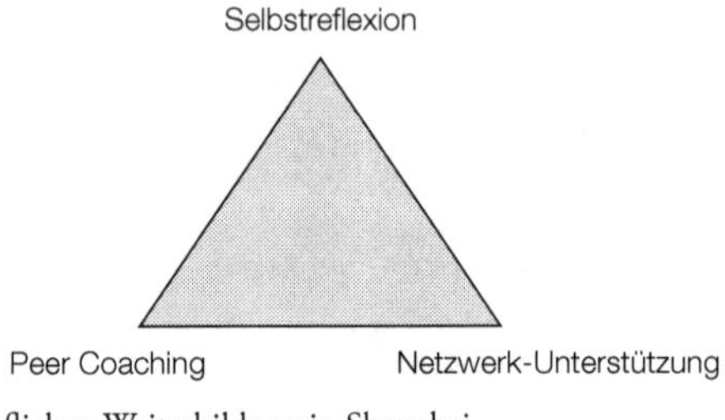

Abb. 1: Dreieck der beruflichen Weiterbildung in Shanghai

2 Damit sind insbesondere die Kinder der Wanderarbeiter gemeint, die nach alter Rechtssprechung nur an ihrem Geburtsort Anspruch auf kostenlose Beschulung haben.

3 In allen drei im Jahr 2009 getesteten Domänen (literacy, mathematics, science) haben die Shanghaier Schülerinnen den Spitzenplatz mit deutlichem Abstand zu Hongkong, Korea und den europäischen Nationen erreicht (vgl. OECD 2010, S. 55 u. 141).

4 Die Elementarstufe in Shanghai umfasst die Jahrgänge 1 bis 5, die zweigeteilte Mittelschule die Jahrgänge 6 bis 12, untergliedert in die Unterstufe vom 6. bis 9. Jahrgang und die Oberstufe vom 10. bis 12. Jahrgang. Bis zum 9. Jahrgang gilt die Schulpflicht.

2.1 Reflektierendes individuelles Lernen

John Dewey hat in seinem Buch „How we think“ (1910; chinesische Ausgabe: Jiang, 2004) und in weiteren Arbeiten das Problem des reflektierenden Denkens untersucht. Nach seinen Forschungen sind drei Haltungen für eine Stärkung der Reflexionstätigkeit von Bedeutung: nämlich Offenheit, Verantwortlichkeit und Ernsthaftigkeit (Dewey, 1910/Jiang 2004; vgl. Zeichner, 1996). Reflexionstätigkeit hat somit mehrere Dimensionen: Sie ist eine Form des nachträglichen Reflektierens; sie ist zugleich eine zielorientierte bewusste und freiwillige Tätigkeit, die sich auf das Vertrauen in ein eigenes, selbst entwickeltes Wissen gründet, und sie ist eine Tätigkeit, die sich auf die Fähigkeit gründet, selber Begründungen für das eigene Tun zu entwickeln und Schlussforderungen aus den gewonnenen Erfahrungen zu ziehen (Xiong, 1999).

Dewey versucht in seinen Erörterungen zu zeigen, in welche Richtung die Fähigkeit zu reflektieren weiterentwickelt werden kann. Demgegenüber konzentrieren sich die Arbeiten des US-amerikanischen Wissenschaftlers Donald Schön (1983) auf die empirische Klärung der Frage, wie das Reflektieren in der täglichen Berufsarbeit konkret aussieht. Nach Schön lassen sich drei Reflexionstypen unterscheiden: der Typ eines Handelns auf Grundlage unausgesprochenen Reflektierens, der Typ eines expliziten Reflektierens während des Handelns und der Typ einer nachträglichen Reflexion des Handelns (vgl. Zeichner & Liston, 1996). Alle drei Reflexionstypen sind erforderlich für professionelles Handeln. Deshalb schlägt Schön vor, dass die Lehrpersonen den Klassenraum wie ein Labor betrachten, dass sie selbst den Zusammenhang von Aktion und Reflexion untersuchen und sich so zu professionellen Künstlern entwickeln sollen.

Es fällt auf, dass das Unterrichten immer wieder als eine „Kunst“ beschrieben worden ist, die es Lehrpersonen erlaubt, kontinuierlich über ihre Arbeit, so hart sie auch gewesen sein mag, nachzudenken. Für Lehrpersonen, die nur Erfahrungen sammeln, ohne sie zu reflektieren, gilt, dass sie immer nur dieselben Handlungen wiederholen, ohne die dabei gemachten Erfahrungen zu interpretieren und zu beurteilen. Die Shanghaier Lehrerweiterbildung versteht sich dagegen explizit als Anleitung zur Reflexion gemachter Erfahrungen, die z.B. durch das Führen eines Lerntagebuchs mit fallbasierten Notizen und Reflexionen organisiert werden kann.

2.1.1 Reflexion auf der Basis von Tagebucharbeit und Notizen-Schreiben

Ein wichtiger Ansatz im Bereich der Kompetenzentwicklung von Lehrpersonen ist die von John Hattie, dem Autor der Studie „Lernen sichtbar machen“, entwickelte Strategie des „sich selbst Verstehens“ bzw. des den „eigenen Einfluss Verstehens“ (Hattie, 2009/2016). Wer ein guter Lehrer/eine gute Lehrerin werden will, muss nicht nur das Curriculum kennen, Forschungsmaterialien zur Kenntnis nehmen und Forschungsergebnisse über das Lernen der Schülerinnen und Schüler studieren, sondern über sich selbst nachdenken und sich auch selbst „studieren“.

Reflexionstätigkeit kann im Medium von Reflexionstagebüchern, autobiografischen Notizen, pädagogischen Erzählungen (*narratives*) sowie Betrachtungen zum beruflichen Werdegang u.a.m. geleistet werden. Dann entdecken Lehrer ihre eigene Persönlichkeit, ihre kognitiven Stile, ihre Wissensstrukturen und anderen Charakteristika ihrer Unterrichtstätigkeit. Sie verstehen ihre eigenen Stärken durch die Reflexion ihres eigenen Professionalisierungsprozesses, sie diagnostizieren eigene Defizite und fassen Mut, ihrer zukünftigen Entwicklung besondere Aufmerksamkeit zu schenken, ihre Stärken weiter zu entwickeln und mit ihren Schwächen umzugehen.

Das Führen eines Reflexionstagebuchs verlangt von Lehrpersonen, die eigene Unterrichtspraxis zu beschreiben und die dabei einfließenden Erfahrungen und Gefühle zu reflektieren. Dies ist der direkteste und einfachste Weg, ein Selbst-Monitoring zustande zu bringen. Ein Reflexionstagebuch enthält Zusammenfassungen und Planungsüberlegungen und liefert so ein Fazit der bei der Arbeit gemachten Erfahrungen. Es schließt auch die Analyse der beim Unterrichten entstandenen Probleme ein. Es benennt pädagogische Zielvorstellungen und erlaubt eine Tiefenanalyse, um erkannte Probleme konstruktiv zu bearbeiten. In ein Reflexionstagebuch können auch detaillierte Dokumentationen und Analysen zu aufregenden, problematischen oder herausragenden Begebenheiten des eigenen Unterrichts aufgenommen werden.

Arbeit mit einem Reflexionstagebuch ist ein Prozess der Selbsterkenntnis. Die Dokumentation jedes Gedankens kann Bezüge und Vergleichsmöglichkeiten für weitere Reflexionen liefern. Wenn Lehrer ihr Reflexionstagebuch abgeschlossen haben, sollten sie es nicht beiseitelegen, sondern sich über ihre Sichtweisen mit Kollegen austauschen und mit Experten darüber sprechen.

Ein Beispiel: Eine Lehrerin einer Shanghaier Grundschule hat ihre Arbeit mit einem Reflexionstagebuch in Notizform festgehalten. Sie schreibt:

> „In unserer Schule wird normalerweise erwartet, jede Woche ein kleines Stück im Tagebuch zu schreiben bzw. Notizen zu machen – egal ob du eine Novizin oder ein Schulleiter bist. Für gute Ergebnisse vergibt die Schule am Ende jedes Halbjahrs Auszeichnungen. Lehrer, die gelungene Essays schreiben, werden aufgefordert, ihre Erfahrungen mit den Kolleginnen und Kollegen bei einem Treffen am Halbjahresende auszutauschen. Die Schule veröffentlicht auch ausgewählte und ausgezeichnete Beispiele dieser Essays." (He, 2013).

2.1.2 Reflexion auf der Basis von Fallstudien

In Fallstudien können Praxissituationen genauer beschrieben und analysiert werden sowie mögliche Schlussfolgerungen reflektiert und dann auch gezogen werden. Eine pädagogische Fallstudie bezieht erziehungswissenschaftliches Theoriewissen ein. Sie kann so eine wichtige Ergänzung zum Studium der Erziehungswissenschaft darstellen und helfen, das Theoriewissens bei der Lösung praktischer pädagogischer Probleme anzuwenden. In der Fallstudie werden kluge Einsichten explizit gemacht. Sie hilft, eine Vielfalt möglicher Schlussfolgerungen zu bedenken und so die Vielschichtigkeit des eigenen Denkens zu erhöhen. Nehmen Fallstudien auf reale Fälle auf der Grundlage von theoretischen Vorüberlegungen Bezug, so kann der Fall rückblickend neu interpretiert werden, die am Fall gemachten pädagogischen Erfahrungen können nochmals reflektiert werden und so dazu beitragen, das eigene pädagogische Handeln besser zu verstehen. So genutzt, stellen pädagogische Fallstudien ein neues Verfahren der Lehrerweiterbildung dar, das eine Brücke zwischen pädagogischer Theorie und schulischer Praxis schlägt. Zugleich sind sie ein effektiver Weg, um berufsbezogene Kompetenzen zu stärken. Pädagogische Fallstudien können Lehrenden helfen, einen klaren Blick auf ihre pädagogischen Wertvorstellungen zu werfen und Probleme tiefer zu analysieren sowie den Denkweg, den Entscheidungsprozess, die Problemlösung und die Forschungsgrundlagen der eigenen Arbeit besser zu verstehen. Eine wichtige Form von Fallstudien sind kollegial organisierte *Lesson Studies*. Dabei wird ein bestimmtes Unterrichtsthema ausgewählt, um eine Unterrichtseinheit bzw. eine Stunde von 40 Minuten für ein Feedback und für die Verfeinerung der Planung zu nutzen.

Ein erstes Beispiel: In einer Unterrichtsstunde mit dem Titel „Kleine Kaulquappen finden ihre Mutter" entgegnet eine Lehrerin auf die Frage eines Schülers, „warum die Hinterbeine der kleinen Kaulquappen als erstes wachsen" zunächst, dass sie eine solche Frage nicht erwartet habe und antwortet dann allzu hastig: „Das liegt an den Wachstumsregeln".

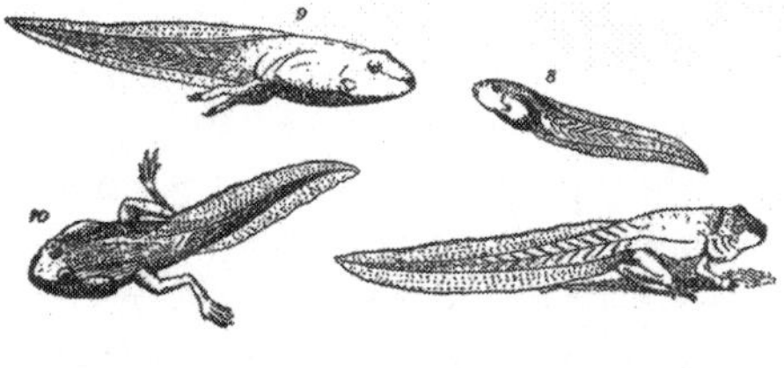

In einer Feedbackrunde diskutieren die Lehrerin und ihre Kollegin, was an der Lehrerantwort falsch war und wie man die Schülerfrage am besten beantwortet hätte. Wäre nicht eine angemessenere Antwort auf die Schülerfrage gewesen, sie zu ermuntern, Kaulquappen selbst aufzuziehen und zu beobachten? (An et al., 2010) ◀

Ein zweites Beispiel: Lehrpersonen im Shanghaier Qingpu-Bezirk nutzen Fallstudien als Grundlage für Aktionsforschungsprojekte. Sie kooperieren mit Experten zu einem von ihnen selbst festgelegten Forschungsthema und machen einen Forschungsplan. Dafür haben sie eine Strategie mit Namen *Eine Stunde – drei Diskussionen* entwickelt. Dabei werden in jeder Klasse Forschungsaktivitäten für eine 30 bis 40 Minuten lange Unterrichtseinheit durchgeführt. Vorher sind ein oder zwei Experten von anderen Schulen oder von Forschungsinstituten der Stadt[5] zur Beratung gewonnen worden. Einschlägige Literatur wird gemeinsam gelesen, Erfahrungen werden ausgetauscht. Dann wird eine schon einmal gehaltene Stunde beispielhaft herausgegriffen. Die bei der Durchführung der Stunde beobachtete Lücke zwischen Theorie und Wirklichkeit wird ermittelt und eine verbesserte Stundenplanung gemacht. Ein Lehrer hält die Stunde auf Basis der verbesserten Planung. Danach reflektiert er gemeinsam mit den anderen Kollegen, die den Unterricht beobachtet haben, erneut die Lücke zwischen Planung und Realisierung. Dann überarbeitet der Lehrer seine Stundenplanung und hält sie noch einmal. Danach folgt die dritte Praxisdiskussion, in der die Lehrer den gesamten Diskussionsprozess reflektieren und im Anschluss daran einen Forschungsbericht schreiben (Zheng, 2004).

2.2 Kooperation in einer professionellen Lerngemeinschaft

Lehrerarbeit trägt ohne Zweifel individuelle Züge. Deshalb wird der Lehrerberuf zumeist als „einsame Profession" angesehen. So schrieb Lee Shulman: „Wir fühlten uns im Klassenraum hilflos. Wir schlossen die Klassenzimmertür und erfuhren, wie einsam Lehrerarbeit macht." (Shulman, 2004). Diese Form der Individualisierung hat für die Lehrerweiterbildung große Hürden aufgebaut. Deshalb ist die Bildung einer professionellen Lerngemeinschaft mit dem Ziel, die kollegiale Kooperation zu stärken, der Schlüssel zum Erfolg der Weiterbildung.

Wesentliche Merkmale einer Professionellen Lerngemeinschaft sind zum einen eine gemeinsame Vision und Mission, zweitens sorgfältig ausgewählte und auf Nachhaltigkeit angelegte Fragestellungen und drittens effektive Kommunikationsformen.

In Shanghai gibt es zwei Formen professioneller Lerngemeinschaften: organisiert von der Schuladministration und ohne sie: Die Einrichtung administrativ vorgegebener Arbeitsgruppen ist ein Bestandteil der formalen Schulorganisation. Sie kann sich auf die Arbeit in fachdidaktischen Forschergruppen, in Arbeitsgruppen zur gemeinsamen Stundenplanung oder in Lehrerteams für einzelne Schüler-Jahrgangsstufen sowie die Tätigkeit von Mentoren u.a.m. beziehen. Die zentrale Organisation ist ein typisches Merkmal solcher Gruppen. Es gibt aber auch Gelegenheiten für ein nicht-administrativ geregeltes Vorgehen in Form einer freiwilligen Zusammenarbeit, z.B. bei der Arbeit in Expertenlehrer-Studios, in Leseclubs, in einem akademischen Zirkel u.a.m.

Ein Beispiel für freiwillige Zusammenarbeit – der Club der verbesserten Stunden: Eine Shanghaier Primarschule hat sich freiwillig dazu entschlossen, eine nicht-administrative Arbeitsgruppe zu bilden und sich den Namen *Club der verbesserten Stunden* (*Polished Lesson Club*) gegeben. Da-

5 In Shanghai haben die Schulabteilungen der einzelnen Stadtbezirke eigene Forschungsinstitute aufgebaut – siehe Abschnitt 2.3.1.

durch sollen Berufseinsteiger ermutigt werden, die an der Schule üblichen Praktiken kennenzulernen und zu übernehmen und sich so schnell wie möglich in die bestehende Schulkultur einzugliedern. Eine Beobachterin schreibt:

> „Lehrer nehmen freiwillig an der Clubarbeit teil. Sie unterstützen sich gegenseitig und sind dabei gemeinsam unabhängig. Dem entsprechen die Rechte und Pflichten der Clubmitgliedschaft. Die nicht-administrative Organisationsform ist locker und angenehm. Die Gespräche zwischen den Club-Mitgliedern sind von Gleichberechtigung und gegenseitigem Respekt getragen. Jeder benennt das Problem und umgeht es nicht, weil nur so eine konstruktiv orientierte Reflexion möglich wird. Die Diskussionsatmosphäre ist frei und leicht und unterscheidet sich von der formellen administrativen Durchführung. (…) So konnte ein Kreislauf von Lernen, Handeln, Reflektieren und Verbessern hergestellt und die Qualität des Unterrichts und der Weiterbildung deutlich verbessert werden." (He, 2013)

Sitzungen des *Clubs der verbesserten Stunden* können unterschiedlich genutzt werden: Von mehreren Lehrern wird ein Stundenentwurf für ein und dieselbe Stunde entwickelt und in der Gemeinschaft diskutiert. Oder ein und derselbe Lehrer macht zwei oder drei verschiedene Entwürfe für eine bestimmte Stunde, die durchgeführt und diskutiert werden. Das Verfahren „kommt aus der Alltagspraxis" und „führt zu ihr zurück". Die Diskussionsimpulse lauten z.B.: „Benenne das Problem und achte darauf, es zu reflektieren"; „stimuliere die Interessenbildung und beobachte, wie sich die Interessen der Schüler entwickeln"; „achte auf die Lernwirksamkeit und auf die Lernvoraussetzungen der Schüler"; „achte auf einen einfach gestalteten Lernprozess und auf den Lernzuwachs der Schüler". Charakteristisch ist für dieses Vorgehen, dass das Untersuchungsthema immer den Aspekt der Klassenführung einschließt, dass es um die Lernergebnisse und die Kontinuität der Lernprozesse geht und dass dabei die Untersuchungsergebnisse „wie Schneebälle" größer und größer werden. Es beeindruckt, dass in der kurzen Zeitspanne von drei Jahren an der genannten Schule insgesamt 75 Club-Sitzungen sowie 80 Gruppensitzungen zu unterschiedlichen Untersuchungsfragen durchgeführt und mehr als 200 Skripte zu Fallstudien mit Reflexionen hergestellt wurden; 52 von ihnen wurden ausgezeichnet (He, 2013). ◀

Ganz gleich, ob es sich um von der Schuladministration vorgegebene oder frei vereinbarte Arbeitsgemeinschaften handelt, die Lehrergruppen konzentrierten sich auf konkrete Klassen, auf konkrete Stundenentwürfe, auf eigene Unterrichtsbeobachtungen und Schülerfeedback zur Verbesserung des Unterrichts. Die Lehrer gründeten jeweils Lerngemeinschaften derselben Jahrgangsstufe und desselben Faches. Das Ziel bestand darin, Lernsituationen zu gestalten, Lehrmaterialen herzustellen und Unterrichtsmethoden auszuprobieren (Abbildung 2):

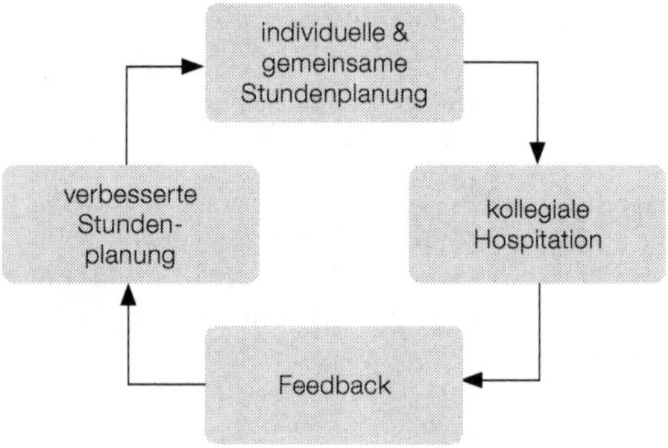

Abb. 2: Vier Arbeitsschritte in der kooperativen Weiterbildung

Der normale Arbeitsablauf sah dann so aus, dass (a) eine Stunde individuell und dann auch gemeinsam geplant, (b) die Stunde von einer Lehrperson gehalten und von den Kollegen beobachtet, (c) eine Feedbacksitzung angesetzt und (d) die Stundenplanung anschließend überarbeitet wurde.
Bei diesem Kooperationsverfahren kommen kollegiale Beobachter in den Klassenraum. Sie beobachten den Unterricht und dokumentieren den Unterrichtsprozess durch fokussierte oder offene Beobachtung. Zusätzlich machen sie Audio- und Videoaufnahmen, um die Unterrichtssituation zu dokumentieren und um sich bei der Stundenauswertung darauf beziehen zu können. Nach der Stunde beginnt eine Feedbackrunde. Als erstes reflektiert der beobachtete Lehrer seine Stunde, verweist auf Vor- und Nachteile und Möglichkeiten zu einer alternativen Durchführung. Dann geben die Beobachter ein Feedback und Ratschläge zur Weiterentwicklung der Unterrichtssituation und zur persönlichen Kompetenzentwicklung. Natürlich kann der Arbeitsablauf angepasst und verändert werden, je nachdem wieviel Zeit zur Verfügung steht und was die Situation erfordert.
Zwei Voraussetzungen erleichtern es in China, eine professionelle Lerngemeinschaft zu bilden. Die eine ist in der chinesischen Kulturtradition angelegt, die eine „relationale" ist und Praktiken kennt, welche die Zusammenarbeit von Person zu Person betonen. So gibt es seit jeher eine starke Tradition kollektiven Arbeitens, wodurch die Grundlagen für das gemeinsame Lernen und Kooperieren zwischen Lehrern gelegt werden. Die andere Voraussetzung wird durch das Schulsystem selbst gesichert. In chinesischen Primarschulen gilt, anders als in den meisten europäischen Ländern, generell das Fachlehrerprinzip. Die Klassenräume der Schüler und die Lehrerbüros sind räumlich getrennt. Lehrpersonen desselben Fachs halten sich in den Pausen im selben Raum auf. Das ist nicht nur praktisch für die Kommunikation der Fachlehrer untereinander und für die Organisation der Untersuchungstätigkeit im selben Fach. Das macht es auch leichter, Zeit zu finden, um voneinander zu lernen, was für viele Lehrer in westlichen Ländern ein großes

Problem ist. Begünstigt wird die Zusammenarbeit von Lehrpersonen in China aber auch durch eine geringere Pflichtstundenzahl sowie die Regel, dass alle Lehrpersonen von 8 bis 17 Uhr in den Schulen anwesend sind.

2.3 Netzwerkbasierte Schulentwicklung

Schulentwicklung erfolgt in Shanghai immer häufiger in Netzwerken. Eine der Netzwerk-Varianten ist das Lehrerforschergruppen-System (*teaching research group system*) mit einem „Zweifachen Exzellenz-Programm" („Berühmter Schulleiter und berühmte Lehrerteams"), eine andere Variante bilden Netzwerk-Allianzen. Das Lehrerforschergruppen-System nimmt die gesamte Breite der Alltagsarbeit der Lehrer in den Blick. Netzwerk-Allianzen fördern die Weiterbildung durch kollegiumsübergreifende Zusammenarbeit auf Internet-Basis.

2.3.1 Das System der Lehrerforschergruppen

Eine Lehrerforschergruppe kann ganz allgemein Fragestellungen der Lehr-Lernforschung bearbeiten oder auf ein bestimmtes Unterrichtsfach ausgerichtet sein. Die Gruppen haben nicht nur Forschungsaufgaben, sondern auch administrative Funktionen. Sie übernehmen für die Schulleitung Verwaltungsaufgaben mit einigen verpflichtenden Merkmalen. Die Stadt Shanghai ist die erste Provinz in China, die für diese Arbeit auf drei Ebenen spezielle Lehrerforschungs-Agenturen eingerichtet hat:

- eine Forschungsabteilung auf der Ebene der Stadtverwaltung, angesiedelt bei der obersten Schulbehörde der Stadt Shanghai;
- Forschungssektionen auf der Ebene der Schulabteilungen der Stadtbezirke;
- Forschungs-Arbeitsgruppen auf der Ebene der Einzelschulen.

Die Forschungsabteilung auf Ebene der Stadtverwaltung bietet Serviceleistungen und Anleitungen für die gesamte Stadt. Die auf der Ebene der Stadtbezirke gebildeten Forschungssektionen sind für die lokalen Schulen und Lehrer zuständig und bearbeiten lokale Entwicklungsprogramme; sie unterstützen Vorhaben zur Unterrichtsforschung und sorgen für die Verbreitung fortschrittlicher Unterrichtstechniken. Auf der Ebene der Einzelschule findet eine schulbezogene Unterrichtsforschung statt. So bietet das System eine zwischen zentraler, regionaler und lokaler Arbeit vermittelnde interaktive Plattform für die Lehrerweiterbildung. Es liefert organisatorische Hilfen und stabilisiert Verfahren, mit denen Unterrichtsforschung auf der Ebene der Einzelschulen kontinuierlich gestärkt werden kann. Auch wenn Lehrpersonen lange an ein und derselben Schule arbeiten und nie wechseln, können sie sich selbst und ihre eigene Schule auf diese Weise weiterentwickeln.
Houqing Yin, der frühere Direktor des Schulkomitees der Stadt Shanghai, und Youqun Ren, Professor an der East China Normal University, haben dies so beschrieben und bewertet:

> „Die mehr als 60 Jahre umfassenden Shanghaier Erfahrungen mit dem Lehrerforschergruppen-System zeigen, dass überall dort, wo es ein gesundes und aktives Lehrerforschungssystem gibt, die Lehrer ihre Überzeugungen vom Lehr-Lernprozess schnell erneuern und neue Vorstellungen vom Lehr-Lernprozess dauerhaft in ihre Unterrichtspraxis aufnehmen. Darüber hinaus kann die Unterrichts- und Schulreform ihre volle Energie aus den Bottom-up-Initiativen gewinnen. Wenn die orientierenden Wertvorstellungen und die Entwicklungsstrategien der Schulverwaltung angemessen sind, dann wird die Wechselwirkung von Top-down und Bottom-up-Initiativen auch die Schulreform voranbringen. Deshalb hat das Lehrerforschergruppen-System eine durch nichts zu ersetzende wichtige Rolle für die Sicherung der Qualität der Grundbildung erhalten." (Yin & Ren, 2013)

Eine entscheidende Rolle spielen auf jeder der drei Ebenen aktive *Lehrerforscher*. Die meisten von ihnen sind hervorragende Expertenlehrer mit reichen Unterrichtserfahrungen und stark entwickeltem Theoriewissen. Sie übernehmen eine Doppelrolle bei der Bewältigung von administrativen und berufsbezogenen Aufgaben. Ihre Hauptarbeit besteht darin, Entscheidungsgrundlagen für die Schulverwaltungsabteilungen zu liefern. Sie haben aber auch die Aufgabe, Unterrichtsmaterialien herzustellen und sich an der Schulinspektion und der Unterrichtsevaluation zu beteiligen, Lehrerforschungsvorhaben zu organisieren, die gemachten Erfahrungen zusammenzufassen und zu verbreiten sowie Lehrpersonen anzuleiten und Fachteams aufzubauen.

Eine Survey-Studie über die Shanghaier Lehrergruppenforschung, die Jie Wang (2011) für die Shanghaier Akademie der Erziehungswissenschaften durchgeführt hat, zeigt, dass jemand, der sich für die Position eines Lehrerforschers bewirbt, zwei Voraussetzungen erfüllen muss. Er muss über langjährige Unterrichtserfahrungen verfügen und als guter Lehrer anerkannt sein und er muss die Kompetenz haben, Weiterbildungsveranstaltungen angemessen zu gestalten. Anzumerken bleibt, dass in den zurückliegenden Jahren der Anteil der administrativen Aufgaben der Expertenlehrer reduziert und der Anteil ihrer professionellen Unterstützungstätigkeit erhöht werden konnte.

2.3.2 Das Programm „Berühmter Schulleiter und berühmter Lehrer"

Die soziale und ökonomische Entwicklung Shanghais führt zu immer höheren Ansprüchen an das Bildungssystem. So wird Qualitätsentwicklung zu einer dringenden Notwendigkeit. Deshalb tritt an die Stelle einer beliebigen Bereitstellung von „Lerngelegenheiten" die gezielte Erzeugung von „Lerngelegenheiten mit hoher Qualität". Ein wichtiges Kriterium hierfür ist, dass die Begabungen der Schüler so gefördert werden, dass sie sich nach Abschluss der Schule besser an die eingetretenen gesellschaftlichen Veränderungen anpassen können.

Die Regierung der Stadt Shanghai hat viel Geld investiert, um diese Ziele zu erreichen und dazu das *Zwei-Exzellenzen-Programm „Berühmter Schulleiter und berühmter Lehrer"* aufgelegt, mit dem die Professionalität von Lehrpersonen gesteigert und kultiviert werden soll. Das Ziel besteht darin, in 3 bis 5 Jahren in

Shanghai und darüber hinaus im ganzen Land eine Gruppe berühmter Lehrpersonen und Schulleiter auszubilden und sie in einem Zeitraum von 5 bis 10 Jahren in Shanghai und darüber hinaus bekannt zu machen und in der Unterrichtsentwicklung einzusetzen. Dieser Personenkreis soll anschließend führende Funktionen in der Grundbildungsreform[6] übernehmen (Su, 2008).

Im Jahr 2006 startete das erste *Zwei-Exzellenzen-Programm*. Es wurde in Module (allgemein/spezialisiert/praktisch/persönlichkeitsbildend) gegliedert, zwischen denen die Teilnehmer eine Auswahl treffen konnten. Es folgte einem bedürfnisorientierten, praktisch ausgerichteten sowie fähigkeitsorientierten Entwicklungskonzept. Es hatte theoretische und praktische Anteile, kombinierte gemeinsame mit persönlichen Entwicklungsaufgaben sowie Einzel- mit Gruppenarbeit. Aus ihm entstand schrittweise ein kooperatives Netzwerk zwischen Schulen, Stadtbezirken der Stadt Shanghai und auch zwischen Shanghai und anderen Kommunen. Das *Zwei-Exzellenzen-Programm* war für die Elite des Bildungswesens der Stadt attraktiv, auch berühmte Professoren der East China Normal University nahmen daran teil. Die Plattform trat auch als Gastgeber für Konferenzen mit Grund- und Mittelschulleitern aus Beijing auf. Unter Anleitung des Gastgebers gab es eine ganze Reihe von Aktivitäten zur Weiterbildung und Kompetenzentwicklung, wie z.B. offene Anfängerkurse, Workshops, Lesson-Studies und andere Formen wechselseitigen Lehrens und Lernens. Die Teilnehmer tauschten sich über die Stärken, Schwächen, Chancen und Irrwege der eigenen Entwicklung aus und suchten gemeinsam nach Lösungen und neuen Wegen. Das Ergebnis der Diskussionen war, dass eine Win-Win-Situation mit gegenseitigem Nutzen für alle Beteiligten bei der Bewältigung von Entwicklungsaufgaben entstanden ist.

Im internationalen *California-Shanghai Principal Shadow Project* aus dem Jahre 2008 konnten zehn Shanghaier Schulleiter in Kalifornien ein Dutzend öffentlicher Elementar- und Sekundarschulen besuchen, vier Wochen lang in den Schulen arbeiten und eine Woche lang an Fortbildungs- und Inspektionsveranstaltungen teilnehmen. Das Projekt hat die Visionen der Shanghaier Schulleiter auf großartige Art und Weise erweitert. Einer der Schulleiter war tief davon beeindruckt, dass der Schulleiter seiner Besuchsschule alle Schülerinnen und Schüler beim Namen kannte (Su, 2008).

2.3.3 Reglement zur Lehrerweiterbildung

1980 startete die Schulkommission der Stadt Shanghai ein städtisches Weiterbildungskonzept mit dem Namen *Reglement zur Lehrerweiterbildung an Shanghaier Grund- und Mittelschulen* und führte damit ein neues System der berufsbegleitenden Fortbildung ein. Die Schulkommission schrieb vor, dass alle Lehrpersonen in fünf Jahren 360 Stunden Fortbildung absolvieren müssen, ältere Kollegen an den Mittelschulen sogar 540 Stunden. Darüber hinaus gab es streng geregelte Fortbildungspflichten für neu ernannte Schulleiter und für Berufseinsteiger. Für die Teilnahme

6 Zur 2001 gestarteten Grundbildungsreform vgl. den Beitrag von Li & Li in diesem Band.

an diesen Fortbildungen wurde eine „Kredit-Bank" eingerichtet, die Kreditpunkte vergibt. Die erworbenen Kreditpunkte dienen als Grundlage für die Lehrerqualifizierung und für die alle 5 Jahre durchzuführende Zertifizierung der Lehrer.[7]
Das Programm enthielt zielgruppenspezifische Fortbildungen, abgestimmt auf verschiedene Phasen der professionellen Entwicklung. Berufseinsteiger erhielten eine standardisierte einjährige Ausbildung, in der sie praktische Erfahrungen sammelten und ihre beruflichen Kompetenzen stärkten; erst danach durften sie an öffentlichen Schulen unterrichten und arbeiten. Berufserfahrene Lehrpersonen erhielten eine spezielle Fortbildung, um ihre Reflexionsfähigkeit und ihr Verständnis der Lernprozesse der Schülerinnen und Schüler weiterzuentwickeln. Expertenlehrer erhielten ein Fortbildungsangebot auf höchstem Niveau, um schrittweise ihren Lehrstil zu optimieren und ihre Unterrichtsideen zu verbessern. Ziel war, dass sie sich zu Führungspersonal „mit Rückgrat" entwickeln und später als Meisterlehrer für Berufseinsteiger und als Ausbilder von Mentoren tätig werden können, die das gemeinsame Lernen in Mentoren-Systemen anleiten.

2.3.4 Netzwerk-Allianzen

In Shanghai werden drei Hauptansätze der Netzwerkarbeit praktiziert: die *internet-basierte Allianz*, die *Zusammenarbeit im Rahmen von Schulnetzwerken* und die Arbeit in *Schul-Allianzen*:
Der *erste Ansatz* konzentriert sich auf die *Weiterbildung einzelner Lehrerinnen und Lehrer.* Moderne Informationstechnologie liefert dafür eine breite Plattform, um sich über das Netzwerk ausbilden zu lassen. Dafür sind verschiedene Instrumente entwickelt worden: Dienstleistungen des öffentlichen Beschaffungswesens der Stadt können für unterschiedliche Fortbildungsbedürfnisse genutzt werden. Die Universitäten haben Online-Kurse für Lehrer entwickelt. Die Stadtbezirke haben regionale Unterstützungsplattformen eingerichtet, die mit Hilfe des Internets Forschungs- und Fortbildungsangebote für Lehrer machen. Die Netzwerk-Plattform veröffentlicht auch Forschungsergebnisse sowie Handreichungen mit Weiterbildungs- und Management-Lösungen und unterstützt die Nutzung unterrichtsbezogener Forschungsergebnisse, aber auch die Auswertung von Daten, den Aufbau von Video- und Audio-Büchereien und anderes mehr. Die Plattform führt einzelne Lehrpersonen, Lehrerforschergruppen und Schulen aus unterschiedlichen Stadtteilen zusammen und hilft, Partnerschaften aufzubauen. Die Plattform wird auch für eine neue Form von Leistungsbeurteilung und Lehrer-Zertifizierung genutzt. Jede Lehrperson hat ein autorisiertes eigenes Konto, auf dem sie durch die Teilnahme an Online-Fortbildungen Kreditpunkte sammeln kann (s.o.).
Der *zweite Ansatz* konzentriert sich auf die *Zusammenarbeit von Schulen* im Rahmen von Schulnetzwerken. Um die Entwicklung leistungsschwächerer Schulen in

7 Lehrpersonen (auch die Professoren der Universitäten) werden in China nicht auf Lebenszeit ernannt. Sie müssen sich in regelmäßigen Abständen (in Shanghai: alle 5 Jahre) neu zertifizieren lassen. Dafür müssen sie umfangreiche Fortbildungen, auch als Online-Kurse, nachweisen.

ländlichen Gebieten zu unterstützen, hat die Stadtregierung von Shanghai einen Lehreraustausch durch dienstliche Abordnung „auf Augenhöhe“ eingeführt. Er soll die Chancengleichheit der Schüler im Bildungssystem erhöhen. Es handelt sich um ein groß angelegtes und gut finanziertes Programm der Shanghaier Regierung, in dem Schulen auf hohem Entwicklungsstand Schulen mit niedrigerem Entwicklungsstand unterstützen, um ihre Organisationsstruktur und Schulkultur zu verbessern. Dazu hat die Stadtregierung im Jahr 2005 einen Vertrag mit verschiedenen NGOs (z.B. die *Successful Education Group,* das *Shanghai Pumo Education Development Center,* das *Shanghai Fushan Cultural and Educational Communication and Management Consulting Center*) geschlossen, um öffentliche Schulen, die sich in Schwierigkeiten befinden, zu unterstützen. Durch diesen Aufbau von Schulnetzwerken lassen sich direkte Eingriffe der Stadtregierung in einzelne Schulen vermeiden und Übergänge vom Regierungs-Modell in das Governance-Modell der Schulentwicklung institutionalisieren. Schrittweise wurde so ein effektives Modell für das Zusammenspiel von Regierungshandeln, Schulautonomie und sozialer Partizipation geschaffen.

Der *dritte Ansatz* setzt auf *Schulallianzen.* Dabei nehmen Eliteschulen eine Funktion als Schlüsselpunktschulen ein. Es gibt Kooperationen zwischen „Eliteschule + neu gegründeten Schulen“, „Eliteschule + Privatschulen“, „Eliteschule + leistungsschwachen Schulen“, „Eliteschule + Schulen im ländlichen Raum“. Die Allianzen können hierarchisch und nicht-hierarchisch strukturiert sein. In nicht-hierarchischen Allianzen haben alle Mitglieder des Netzwerks denselben Status, so dass auch die Schulleiter der leistungsschwächeren Schulen gleiche Rechte und Pflichten haben. In hierarchisch konstruierten Allianzen besitzen die Leiter der Schulen mit hoher Qualität Weisungsbefugnisse; die Leiter der geförderten Schulen werden als stellvertretende Schulleiter tätig. Verantwortlich für den Aufbau von Schulallianzen in diesem Sinne waren z.B. die bekannte *Qibao Education Group,* die *Jianping Education Group* oder die *Dahushan Education Group.* Die Schulallianzen hatten mehrere positive Effekte. Sie verbreiterten die Ressourcen für die Entwicklung hoher Unterrichtsqualität und linderten so die durch schulische Ungleichheit entstandenen Widersprüche im Schulsystem; sie gaben gefährdeten Schulen Entwicklungsmöglichkeiten; sie erweiterten die Lehrerkooperation zwischen den Schulen und schufen eine größere „Bühne“ und den Raum und die Gelegenheiten für Lehrerweiterbildung.

Ein weiterer Weg zu einer ausgewogenen Schulentwicklung, der vor allem in Vorstädten mit schnell wachsender Bevölkerung genutzt wird, wird unter dem Namen *Eine Schule – Mehrere Standorte* beschritten. Oft wird dabei eine dienstliche Abordnung von Führungspersonal vorgenommen und ein verantwortlicher Schulleiter sowie ein horizontal und vertikal organisiertes Management eingesetzt, das dafür Sorge trägt, dass die eingesetzten Ressourcen nicht verwässert, sondern auf hohem Niveau genutzt werden und in die Fläche hinein wirken, so dass mehrere Schulen von den Bemühungen profitieren können.

3 Erklärungsansätze für den Erfolg beruflicher Weiterbildung

Wie im Abschnitt 2 erläutert, sind die drei Kernelemente der Shanghaier Lehrerweiterbildung das *reflektierende individuelle Lernen*, die *gemeinsame Arbeit in professionellen Lerngemeinschaften* und die *netzwerkbasierte Schulentwicklung*. Dabei bilden Selbstreflexion und Aktionsforschung die Grundlage, die professionelle Lerngemeinschaft den Schlüssel und die netzwerkbasierte Unterstützung die wichtigste Gelingensbedingung für eine solide Entwicklung. Die drei Elemente liefern drei unverzichtbare Potenziale. Durch ihr Zusammenwirken entstehen in der Lehrerweiterbildung drei Transformationsprozesse: Theoriewissen wird in die Praxis hineingetragen, implizites Lehrerwissen wird explizit gemacht und individuelles Wissen wird veröffentlicht und geteilt.

3.1 Theoriewissen in die Praxis hineintragen!

Ein Schlüssel zum Erfolg der Lehrerweiterbildung liegt in der angemessenen Gestaltung des Theorie-Praxis-Verhältnisses. Dabei wird zwischen Veränderungsprozessen und Reformen von der Theorie in die Praxis und von der Praxis in die Theorie unterschieden. Darin nehmen Lehrerforscher und Universitätsforscher unterschiedliche Rollen ein. Ein Lehrer, der forscht, ist stärker in die Aktionsforschung eingebunden. Er betreibt Forschung für das Handeln, über das Handeln und beim Handeln. Das Ziel besteht darin, praktische Probleme in Lehr-Lernprozessen zu lösen, und nicht darin, neue Theorien zu entwickeln. Selbst dann, wenn neues Theoriewissen entstehen sollte, ist dies nur ein Nebenprodukt und nicht die Hauptaufgabe der Aktionsforschung. So wird durch die gemeinsam durchlaufenen Aktionsforschungsphasen von „Planung – Aktion – Beobachtung – Reflexion" eine zweifache Umformung erreicht: Die Aktionsforschung leistet sowohl einen Beitrag zur Umformung von Theorie in Praxis als auch zur Umformung von Praxis in Theorie.

Bei der *Umformung von Theorie in Praxis* geht es darum, dafür Sorge zu tragen, dass Lehrerinnen und Lehrer ihr Theoriewissen auch tatsächlich im Unterricht nutzen. Das schließt ein, dass sie die spezifischen Bedürfnisse ihrer Schülerinnen und Schüler kennen und beachten. Zugleich sollen die spezifischen Chancen und Möglichkeiten der schulischen Lernumgebung genutzt werden. Die Schanghaier Lehrerbildung hat hierbei viele Anregungen aus der Ausbildung von Ärzten erhalten. So erhielten „klinische" Ausbildungsphasen, Fallarbeit und Feldanalysen, wie sie von Lee Shulman empfohlen werden, einen hohen Stellenwert. Es geht um die „Weisheit der Praxis" (Shulman, 2004). Die zu klärende Frage lautet nicht: „Wer ist der beste Lehrer?", sondern: „Wann, wo und wie bin ich als Lehrer sehr gut?"

Bei der *Umwandlung von Praxis in Theorie* geht es darum, genauer zu klären, wie Lehrer denken, wie sie bewusst reflektieren und schrittweise bis zu einer theoretischen Bewusstheit aufsteigen können. Shulman (1988) hat gesagt: Wenn ein Lehrer Fragen wie die folgenden klar beantworten kann, ist er ein besserer Erzieher:

„Wie weiß ich, was ich weiß? Wie kann ich wissen, warum ich dies tue? Warum lasse ich die Schülerinnen und Schüler auf diese Weise und nicht anders handeln oder denken?“ Die Fähigkeit, diese Fragen zu beantworten, bezeichnet den Kern dessen, was Lehrerprofessionalität ausmacht. Sie fordert vom Lehrer, sowohl über seine praktischen Erfahrungen als auch über sein theoretisches Verständnis nachzudenken (Xu, 2003). Dies macht eine Veränderung im Rollenverständnis von Lehrern erforderlich: vom früheren „Instrukteur“ zum Unterrichtsforscher, und von dort zum „reflektierenden Praktiker“.

3.2 Implizites Wissen explizit machen!

Die Erfahrung hat uns gelehrt, „dass wir mehr wissen, als wir erzählen können“. Und ein chinesisches Sprichwort sagt: „Manches ist eher empfunden als klar ausgedrückt!“ Der ungarisch-britische Philosoph Michael Polanyi (1957) hat ein schönes Bild für die Funktion dieser Form des Wissens gewählt: „Wir können ein Gesicht aus tausend Gesichtern erkennen. Aber wir können so gut wie nie sagen, *wie* wir es erkannt haben.“ Es geht um eine Form impliziten Wissens, das nur schwer in geschriebener Sprache oder auf einer Landkarte oder in einer mathematischen Formel ausgedrückt werden kann. Es ist immer ein situationsspezifisches und persönliches Wissen (Shi, 2001). Dennoch ist es möglich, innerhalb gewisser Grenzen das implizite in explizites Wissen zu verwandeln. Deshalb sollte sich die Lehrerbildung nicht nur um die Vermittlung systematischen, formatierten und kodierten Wissens bemühen, sondern akzeptieren, dass das implizite Wissen immer dabei ist. Lehrerwissen ist wie ein Eisberg: Nur ein kleiner Teil ragt aus dem Wasser und ist sichtbar, der größere Teil ist unsichtbar.

Bei Aktivitäten einer professionellen Lerngemeinschaft wie z.B. gemeinsamen Stundenplanungen, Unterrichtshospitationen und Feedback-Treffen durchläuft das Lehrerwissen einen Prozess kontinuierlichen Wandels vom impliziten zum expliziten Wissen und dann auch wieder zurück in implizites Wissen. Es ist wie beim Erlernen des Autofahrens. Zu Beginn wird dem Anfänger all das, was ein Fahrer wissen sollte, in Form expliziten Wissens beigebracht. Aber wenige Jahre später wird er dieses Wissen vergessen haben; es ist zu internalisierten Fertigkeiten geworden (Zhang, 2002). Für die Externalisierung des impliziten Wissens von Lehrern gibt es eine Vielzahl von Möglichkeiten, z.B. das Tagebuchschreiben, das Verfassen von Essays, Fallstudien, Feedbackrunden usw. (s.o., Abschnitt 2). Diese Arbeitsformen sind inzwischen an Shanghaier Grund- und Mittelschulen üblich geworden – nicht nur im Rahmen offizieller Lehr- und Forschungstätigkeiten, sondern auch im Alltag der Lehrerinnen und Lehrer.

3.3 Individuelles Wissen öffentlich machen und mit anderen teilen!

Ein dritter Schlüssel zum Erfolg der Lehrerbildung besteht darin, vom „einsamen Individuum“ zur „Lerngemeinschaft“ überzugehen. Lehrer sollten voneinander lernen und so Aufgaben lösen, die sie allein nicht lösen können. Lee Shulman schrieb (2004): „Wir müssen den Zustand der Lehrerarbeit verändern: vom Privatbesitz zur Gemeinschaft." Deshalb sollte eine Lerngemeinschaft den folgenden drei Grundsätzen folgen:

(1) *Das Aktivierungsprinzip.* Lee Shulman sagte dazu: „Ein Lehrer sollte im Prozess des wahren und nachhaltigen Lernens zu einem aktiven Lerner werden; er sollte nicht passiv bleiben, nicht nur Zuschauer, Delegierender oder Wissenssammler sein!" (Shulman, 2004)

(2) *Das Reflexionsprinzip*: Lehrpersonen sollten nicht nur darüber nachdenken, was sie tun, sondern auch, warum sie es tun, warum einiges richtig, warum anderes falsch ist. Methoden zur Stärkung der Lehrerreflexion können das Tagebuchschreiben, Fallstudien, Videoanalysen, Portfolios usw. sein (s.o.).

(3) *Das Kooperationsprinzip.* Damit sind das wechselseitige Lehren und Lernen unter Lehrern und die kollegiale Zusammenarbeit zur gegenseitigen Unterstützung und Wissensergänzung gemeint. Die Wirksamkeit der Zusammenarbeit beruht auf gegenseitigem Respekt und Vertrauen zwischen den Gruppenmitgliedern. Es kommt darauf an, durch fortlaufenden Dialog, durch Kommunikation, Austausch und Zusammenarbeit das individuelle Wissen öffentlich zu machen und es dann mit jedem Gruppenmitglied zu teilen, um auf diese Weise ein lernförderliches „Ökosystem" zu schaffen.

4 Zukünftige Herausforderungen

Es gibt in der Shanghaier Lehrerweiterbildung viel innovative Praxis und auch eine Reihe von Theorien und Modellen zur genaueren Analyse des Erfolgs von Weiterbildungsmaßnahmen. Aber es gibt auch Widersprüche und Paradoxien, die einer weiteren Diskussion bedürfen. Zu den zukünftigen Herausforderungen gehören: mehr „evidenzbasierte Unterstützung statt Anhäufung von Erfahrungen"; mehr „professionelle Autonomie statt Intervention von oben"; mehr „persönliche Entwicklungsspielräume statt zentral vorgegebener Anforderungen".

Mehr evidenzbasierte Unterstützung statt Anhäufung von Erfahrungen: Bei beruflichen Tätigkeiten wie Stundenplanung, Unterrichtsbeobachtung und Feedback-Treffen stützen sich Lehrpersonen in aller Regel auf ihre bisherigen Erfahrungen und nicht auf datengestützte Evidenz. In Zukunft sollte es die Shanghaier Lehrerweiterbildung schaffen, Beobachtungs- und Aktionsforschungsmethoden einzusetzen, um geeignete Instrumente für Unterrichtsforschung und Evaluation zu entwickeln und so die empirische Forschung im Blick auf quantitative und qualitative Forschung zu stärken und die Forschungskompetenzen der Expertenlehrer zu fördern.

Mehr professionelle Autonomie als Interventionen von oben: Sowohl in wissenschaftlicher als auch in juristischer Perspektive sollte der Lehrerberuf mehr professio-

nelle Autonomie erhalten. Das heißt, Lehrpersonen sollten in Abhängigkeit zum erreichten Qualifikationsniveau größere berufsbezogene Rechte, Freiheiten und Urteilspielräume zugestanden bekommen. Aber die Realität ist leider die, dass die professionelle Autonomie der Lehrer immer noch stark begrenzt wird, oft aufgrund von Eingriffen von oben, z.B. durch eine zentrale administrative Top-down-Intervention oder durch Vorgaben von Universitätsforschern. In Zukunft sollte die Shanghaier Lehrerweiterbildung auf Basis einer ausgewogenen Kombination von administrativen Vorgaben und individuellen Entscheidungsspielräumen gestaltet werden. Respekt der vorgesetzten Behörden gegenüber der professionellen Autonomie der Lehrer stärkt sie und weckt zugleich den Enthusiasmus und die innere Motivation für die Fortsetzung der Weiterbildung.
Mehr persönliche Entwicklungsspielräume anstelle von zentral vorgegebenen Anforderungen: Gemeinsam erarbeitete Konzepte, gemeinsame Unterrichtsvorbereitungen und gemeinsame Reflexionsarbeit sollten in der Lehrerarbeit in Zukunft noch stärker betont werden. Dabei stellt sich eine Reihe von Fragen: Wie kann in einer Lehrerforschergruppe das Verhältnis zwischen gemeinsamer Unterrichtsplanung und individuellem Unterrichten noch besser ausbalanciert werden? Wie soll dabei das Verhältnis von gemeinsamer Planung und individueller Kreativität bestimmt werden? Und wie sollen die Grenzen zwischen individuellen „privaten“ Rechten und dem kollektiven öffentlichen Recht bestimmt werden? Lehrerforschungsaktivitäten unterliegen einer Reihe rigider Vorgaben und vereinheitlichter Standards, aber wie soll man sie mit den je unterschiedlichen Schulkulturen verknüpfen und wie dabei den je unterschiedlichen Niveaus in der Kompetenzentwicklung der Lehrerinnen und Lehrer gerecht werden?

5 Schluss

Zukunft ist nicht der Ort, zu dem wir hingehen wollen, sondern der Ort, den wir erschaffen wollen! Die Shanghaier Schulreform hat sich gewandelt: vom Grundsatz gleicher Bildungschancen für alle hin zur Entwicklung eines hohen Niveaus der Chancengleichheit für alle. Und auch die Shanghaier Lehrerweiterbildung hat sich gewandelt: von einer an Abschlüssen orientierten Lehrerbildung hin zu einer kompetenzorientierten Lehrerbildung, von der geschlossenen hin zur offenen Lehrerbildung, von der universitären hin zur schulbasierten Lehrerbildung. Dabei wurden vielfältige positive Erfahrungen gesammelt, z.B. im Blick auf die Beachtung der Bedürfnisse der Lehrer, im Blick auf die Bildung von Lehrerteams, auf die Durchführung der Fortbildung, die Einrichtung professioneller Lerngemeinschaften, auf den Lehreraustausch zwischen Schulen, den Aufbau von Netzwerk-Plattformen, auf die Stärkung der Erziehungsaufgaben und die Verknüpfung der Erziehungsideen mit dem professionellen Wissen, den berufsbezogenen Fähigkeiten und der Berufsmoral der Lehrer.

Zur selben Zeit steht die Shanghaier Lehrerweiterbildung vor einer Reihe von Herausforderungen. Noch genauer erforscht werden sollten: das Verhältnis von Theorie und Praxis, von Persönlichkeitsbildung und Einheitlichkeit, von Vorgaben und Wahlmöglichkeiten, von Bürokratie und Profession, von Top-down-Design und Bottom-up-Initiativen, von Rechten und Pflichten, von Freiheit und Verantwortung in der Lehrerweiterbildung.

Der kanadische Wissenschaftler Michael Fullan hat geschrieben: „Der Wandel ist eine Reise und kein festgelegter Plan." (Fullan, 2004; 1999, S. 47). Dieser Satz ist gut geeignet, um die Reform der Lehrerweiterbildung in Shanghai zu beschreiben. Sie ist noch immer auf dem Weg!

Literatur

An, G.Q. et al. (2010). Classroom Observation Tool Design. In: *People Education*, 23, pp. 46-48.

Chen, J. (2003). *Understanding Expertise in Teaching: Case Studies of Second Language Teachers* (Original author: Amy B.M. Tsui, 2003). Beijing: People Education Publisher.

Dewey, J. (1910). *How we think*. (Chinesische Ausgabe: Jiang 2004).

Fullan, M. (2004). *Change forces: Probing the depths of educational reform.* Beijing: Education Science Publisher. Deutsche Ausgabe: M. Fullan (1999): Die Schule als lernendes Unternehmen. Stuttgart: Klett-Cotta).

Hattie, J. (2009). *Visible Learning.* New York (2009). Deutsche Ausgabe: Hattie (2013). Baltmannsweiler: Schneider Verlag Hohengehren; chinesische Ausgabe: Hattie (2017) Beijing.

He, F. (2006). *The world is flat* (original: T. Friedman, 2007). Changsha: Hunan Science and Technical Publisher.

He, X.F. (2013). *Teaching studies and growth: Improve teacher curriculum leadership*. Beijing: Education Science Publisher.

Jiang, W.M. (Ed.)(2004). *John Dewey. How we think.* Beijing: People Education Publisher.

Jin, Y.L. (Ed.) (2015). *John Hattie: Visible learning for teachers: Maximizing impact on learning.* Beijing: Education Science Publisher. (Original: John Hattie 2012: Visible Learning for Teachers. London, New York: Routledge).

Loughran, J. (2006). *Developing a Pedagogy of Teacher Education: Understanding teaching and learning about teaching.* London, New York: Routledge.

OECD (2010). *PISA 2009. Ergebnisse: Was Schülerinnen und Schüler wissen und können.* Gütersloh: W. Bertelsmann.

Polanyi, M. (1957). *The Study of Man*, London: Routledge & Kegan Paul.

Shi, Z.Y. (2001). *Knowledge Transition and Education Reform.* Beijing: Education Science Publisher.

Schön, D.A. (1983). *The Reflective Practitioner. How Professionals Think in Action.* London: Temple Smith. Chinesische Ausgabe: Wang, Y.L. (Ed.)(2014).

Shulman, L.S. (1986). *Those who understand: Knowledge growth in teaching.* Educational Researcher, 15 (2), pp. 1-14.

Shulman, L.S. (1988). The Dangers of Dichotomous Thinking in Education. In: P. Grimmet & G. Erickson (Eds.): *Reflections on Teacher Education.* New York: Teachers College Press.

Shulman, L.S. (2004). *The Wisdom of Practice: Essays on Teaching, Learning and Learning to Teach.* San Francisco: Jossey-Bass. (Chinese translation 2014, edited by Y.L. Wang, Shanghai: East China Normal University Press)

Su, J. (2008). Set up network platform for leading principals and leading teacher development. In: *Wenhui Daily*, Dec. 9th 2008, first edition.

Wang, J. (2011). From professional tutoring to professional support: A survey and reflection on teaching researchers in Shanghai. In: *People Education*, 9, pp. 44-47.

Wang, Y.L. (Ed.)(2014). *Lee Shulman: The Wisdom of practice: Essays on teaching, learning, and learning to teach.* Shanghai: East China Normal University Press (Original: L.S. Shulman, 2004).

Wellnitz, C. (2014). *Von den Siegern lernen? Bildung und Erziehung in der Volksrepublik China.* München: Oldenbourg.

Westbury, I., Hopmann, S. & Riquarts, K. (Eds.)(2000). *Teaching as a Reflective Practice. The German Didaktik Tradition.* Mahwah, New Jersey: Lawrence Erlbaum Associates Inc.

Xiong, C.W. (1999). *Reflective teaching.* Shanghai: East China Normal University Press.

Xu, B.M. (2003). Understanding Expertise in Teaching. Beijing: People Education Press.

Yin, H.Q. & Ren, Y.Q. (2013). Shanghai achieves transcendence in the world coordinate system. *Wenhui Daily*, 8th of August, 9th edition.

Zeichner, K.M. & Liston, D.P. (1996). *Reflective Teaching: An Introduction.* Lawrence Erlbaum Associates, Inc.

Zhang, M.X. (2002). Make professional knowledge explicit and improve teacher professional development. In: *Educational Research*, 1, pp. 14-19.

Zheng, H.Q. (2004). *A Teacher and Researcher.* Shanghai: Shanghai Educational Publishing House.

Verzeichnis der Autorinnen und Autoren

1. **Dietrich Benner**, Dr., ist emeritierter Professor für Allgemeine Erziehungswissenschaft an der Humboldt Universität zu Berlin. Er hat intensive Kontakte zur East China Normal University in Shanghai, an der er seit 2004 regelmäßig als Honorarprofessor tätig ist. Seit mehreren Jahren ist er gemeinsam mit Roumiana Nikolova, Stanislav Ivanov und Erziehungswissenschaftlern vor Ort in Forschungsprojekten zur Analyse der moralischen Kompetenzentwicklung von Schülerinnen und Schülern in Berlin, Hamburg, NRW, Wien, Warschau und Shanghai (ETiK International) tätig.
2. **Malte Brinkmann**, Dr., ist Professor für Allgemeine Erziehungswissenschaft an der Humboldt Universität zu Berlin und Lehrstuhlnachfolger von Dietrich Benner. Seine Forschungsschwerpunkte sind die Theorie der Bildung und Erziehung mit den Schwerpunkten Phänomenologische Erziehungswissenschaft, pädagogisch-phänomenologische Videographie, Theorie und Empirie des Lehrens und Lernens und Theorie und Praxis des Übens.
3. **Zongyi Deng**, Dr., ist Außerplanmäßiger Professor am National Institute of Education an der Nanyang Technological University Singapore. Er hat einen Master of Education an der South China Normal University in Guangzhou (China) erworben und ist an der Michigan State University/USA promoviert worden. Seine Arbeits- und Forschungsschwerpunkte sind Curriculumforschung, Didaktik und „educational policies"; zahlreiche Veröffentlichungen zur Geschichte der Didaktik, zur Rezeption deutscher Didaktik in China und zum Verhältnis von Didaktik und Curriculumtheorie.
4. **Tilman Grammes**, Dr., ist Professor für die Didaktik sozialwissenschaftlicher Fächer und der Politik an der Universität Hamburg. Seine Arbeits- und Forschungsschwerpunkte sind die Grundlagentheorie der sozialwissenschaftlichen Fachdidaktiken, die Demokratiepädagogik und die Europa-Bildung, der Medieneinsatz im Fachunterricht u.a.m. Er hat Schulbücher und Unterrichtsmedien entwickelt; Studienaufenthalte an Universitäten und Schulen in Japan und in China: an der East China Normal University, der Qufu Normal University und der Central China Normal University in Wuhan.
5. **Zhong-Jing Huang**, Ph.D, ist Professor für Erziehungswissenschaft an der Fakultät für Erziehungswissenschaft und Dekan des Department of Education, East China Normal University, Shanhai. Er ist Vizedirektor des Nationalen Instituts für Schulreform und Schulentwicklung in Beijing. Er hat umfangreiche Forschungen zur Erziehungspolitik, zur Schulreform und zur Vergleichenden Erziehungswissenschaft durchgeführt; Mitherausgeber des

„Review of Educational Policy in China“ und von „Global Education“. Er ist Mitglied des Beirats der National Educational Association, der National Didactics Association und der National Educational Policy and Law Association.

6. **Eckhard Klieme**, Dr., ist Professor und Direktor am Deutschen Institut für Internationale Pädagogische Forschung in Frankfurt/M. Er leitet die Abteilung Bildungsqualität und Evaluation. Seine Arbeits- und Forschungsschwerpunkte sind: Unterrichtsforschung, Schulqualität, lernbegleitende Diagnostik und international vergleichende Bildungsforschung. Er hat mehrere Videostudien zu Qualität und Wirksamkeit von Unterricht durchgeführt (u.a. TALIS-Videostudie) sowie nationale und internationale Schulstudien (u.a. PISA 2012, 2015 und 2018). Im Jahr 2013 nahm er einen Gastaufenthalt an der Beijing Normal University wahr.
7. **Susanne Kuger, PD**, Dr.in, ist Leiterin der Abteilung „Methoden der Dauerbeobachtung“ am Deutschen Jugendinstitut, München. Ihre Arbeits- und Forschungsschwerpunkte: Struktur und Effektivität von Anregungsprozessen im Vorschul- und Schulalter; Unterrichtsforschung, Schulqualitätsforschung und Forschung zur Pädagogik der frühen Kindheit; zwei weitere Schwerpunkte: internationale vergleichende Bildungsforschung und die empirische Modellierung von Effektivitätsanalysen.
8. **Cunjin Li** ist Doktorand von Prof. Li Zhengtao an der East China Normal University. Von 2015 bis 2016 hat er am Interdisziplinären Zentrum für Historische Anthropologie der Freien Universität Berlin studiert. Sein Berliner Betreuer war Christoph Wulf. Seine Arbeits- und Forschungsschwerpunkte sind Pädagogische Anthropologie und Lehrerausbildung.
9. **Zhengtao Li**, Dr., ist Professor an der „School of Education Science“ an der East China Normal University Shanghai und Direktor des Institute of Curriculum and Instruction. Er hat bei der Shanghaier Professorin und Schulreformerin Lan Ye promoviert. Seine Arbeits- und Forschungsschwerpunkte: Anthropologie und Philosophie der Erziehung. Er hat zahlreiche Auszeichnungen für hervorragende wissenschaftliche Leistungen erhalten und viele Veröffentlichungen vorgelegt, z.B. zu: „‚Performance‘: A New Perspective to Interpretative Educational Activities“ (2006); „An Introduction of Educational Anthropology“ (2009), „The World of Educational Science“ (2010).
10. **Lijia Lin** ist Dozent (Associate Professor) an der School of Psychology and Cognitive Science der East China Normal University, Shanghai. Seine Forschungsfelder sind Lernmotivationsforschung, multimediales Lernen, Spieltheorien und Lernen, Blended Learning.
11. **Hilbert Meyer**, Dr., ist emeritierter Professor an der Carl von Ossietzky Universität Oldenburg. Seine Arbeitsschwerpunkte sind Allgemeine Didaktik, Unterrichtsmethodik und Unterrichtsentwicklung. Wiederholte Gastaufent-

halte an der East China Normal University in Shanghai und an der Anhui Normal University Wuhu.

12. **Meinert A. Meyer**, Dr., ist Professor im Ruhestand an der Universität Hamburg. Seine Arbeits- und Forschungsschwerpunkte: Allgemeine Didaktik, Bildungsgangdidaktik, Gymnasiale Bildung, Historische und Vergleichende Erziehungswissenschaft. Gemeinsam mit Brian Hudson (University of Sussex/GB) hat er den Band „Beyond Fragmentation: Didactics, Learning and Teaching in Europe" (Opladen 2011) herausgegeben. Gastaufenthalte an der Central China Normal University in Wuhan, East China Normal University in Shanghai und der Anhui Normal University in Wuhu. Meinert Meyer ist der 10 Minuten ältere Zwillingsbruder von Hilbert Meyer.
13. **Michael Neubrand**, Dr., ist Professor im Ruhestand für Didaktik der Mathematik an der Carl von Ossietzky Universität Oldenburg. Er hat als Mitglied des deutschen PISA-Konsortiums und Ko-Leiter des DFG-Projekts COACTIV zum Themenkreis Leistungsmessung geforscht. Einen Schwerpunkt bilden bildungstheoretische Grundlagen des Mathematikunterrichts.
14. **Tao Peng**, M.A., hat seinen Masterabschluss an der Central Normal University in Wuhan gemacht. Er ist Doktorand an der Humboldt Universität zu Berlin. Sein Dissertationsprojekt zum Forschungsprogramm ETiK-International wird von Dietrich Benner und Jürgen Henze betreut.
15. **Zhengmei Peng**, Dr., ist Professor für Vergleichende Erziehungswissenschaft und Direktor des Institute of International and Comparative Education an der East China Normal University Shanghai. Sein Doktorvater ist Li Qilong, der intensiv an der Rezeption der deutschen Bildungstheoretischen Didaktik in China beteiligt war. Seine Arbeits- und Forschungsschwerpunkte sind die Vergleichende Erziehungswissenschaft und die Geschichte der Pädagogik mit dem Schwerpunkt auf deutscher Schultheorie. Eines seiner Bücher hat den Titel „A brief Introduction to German Pedagogy since Enlightenment" (Beijing University Press 2011). Er hat John Hatties „Visible Learning" ins Chinesische übersetzt (2016, Publishing House Beijing). Er ist der Erfinder der 2013 gestarteten Serie von *Chinesisch-Deutschen Didaktik-Dialogen*.
16. **Anna-Katharina Praetorius**, Dr.in, ist Professorin für Erziehungswissenschaft mit dem Schwerpunkt pädagogisch-psychologische Lehr-Lernforschung und Didaktik an der Universität Zürich/Schweiz. Sie hat bei Andreas Helmke promoviert und während ihrer Post-Doc-Zeit mit Eckhard Klieme zusammengearbeitet. Ihre Arbeits- und Forschungsschwerpunkte sind Unterrichtsqualität, diagnostische Kompetenz von Lehrpersonen und deren berufliche Motivation.
17. **Yi Qi** ist als Senior Research Associate wissenschaftliche Mitarbeiterin am Educational Testing Service (ETS) in Princeton, New Jersey, USA; M.A. an der University of Missouri-Columbia, Abschluss Advanced Studies in Instruc-

tional Design, Development, and Evaluation an der Syracuse University; Forschungsschwerpunkte: Methodologie und Strategien der Leistungsmessung.

18. **Ewald Terhart,** Dr., ist Professor für Schulpädagogik und Allgemeine Didaktik an der Westfälischen Wilhelms-Universität Münster. Seine Arbeits- und Forschungsschwerpunkte sind: Allgemeine Didaktik, Lehrerbildung und Professionalisierungsforschung. Er war und ist in zahlreichen nationalen Gremien als Politikberater tätig.
19. **Juan Wang**, Dr.in, ist Dozentin am Institute of Higher Education, Shanghai University of Science Technology. Ihre Forschungsschwerpunkte sind Hochschulbildung und Ausbildung in Ingenieurwissenschaften.
20. **Mei Wang,** Dr.in, ist Dozentin der School of Open Learning and Education an der East China Normal University, Shanghai. Ihre Forschungsfelder sind Lehr-Lernforschung, Lehrtheorien und Erziehungstechnologie.
21. **Binyan Xu,** Dr.in, ist Professorin für Erziehungswissenschaft am College of Teacher Education an der East China Normal University Shanghai. Sie ist an der Universität Osnabrück bei Elmar Cohors-Fresenborg mit einer mathematikdidaktischen Arbeit promoviert worden. Ihre Arbeits- und Forschungsschwerpunkte sind Theorie und Praxis mathematischen Lernens; Vergleichende Studien zum Mathematikunterricht, Arbeiten zum subjektzentrierten Curriculum. Sie hat vielfältige Kontakte nach Deutschland und einen entscheidenden Anteil am Aufbau bi-nationaler Forschungskooperationen. Im Jahr 2004 hat sie ein Humboldt Research Fellowship an der Humboldt Universität zu Berlin wahrgenommen.
22. **Xiaowei Yang**, Dr., ist Professor an der School of Education Science der East China Normal University Shanghai und Direktor des Instituts für Schulreform und Entwicklung der East China Normal, einem nationalen Forschungszentrum des Erziehungsministeriums der Volksrepublik. Seine Arbeits- und Forschungsbereiche sind Erziehungstheorie, Curriculumtheorie, Schulentwicklung und Implementation von Forschungsergebnissen auf lokaler Ebene. Er ist Mitglied zahlreicher nationaler Forschungsgemeinschaften.
23. **Lan Ye**, Dr.in, ist Professorin im Ruhestand am Institute of Curriculum and Instruction an der East China Normal University Shanghai. Sie ist die entscheidende Ideengeberin und empirische Forscherin zur Reform der chinesischen Grund- und Mittelstufenbildung. Dazu hat sie im Jahr 2006 ein Grundlagenwerk veröffentlicht (Ye Lan: „Über die Neue Grund- und Mittelstufenbildung"). Zahlreiche weitere Veröffentlichungen zur Unterrichts- und Schulentwicklung.
24. **Xuping Ye**, Dr.in, ist Professorin an der Anhui Normal University in Wuhu. Sie arbeitet als Vizedirektorin am Wanjing College der Anhui Normal University. Zurzeit hat sie eine leitende Funktion beim Aufbau eines Master-Studiengangs für Vergleichende Erziehungswissenschaft an der Anhui Nor-

mal University. Im Jahr 2017 ist sie an der Universität Oldenburg mit einer Vergleichenden Analyse zum Qualitätsverständnis von didaktischen Lehrwerken in China und Deutschland promoviert worden. Ihr Betreuer war Hilbert Meyer. Ihre Arbeitsschwerpunkte sind Übersetzungsforschung, Allgemeine Didaktik und Vergleichende Erziehungswissenschaft.

25. **Kun Zhang**, M.A., hat seinen Master an der East China Normal University gemacht. Er ist Doktorand an der Fakultät für Erziehungswissenschaft der Universität Hamburg im Fach Politikdidaktik. Sein Betreuer ist Tilman Grammes. Das Promotionsvorhaben hat den Titel „Von der Selbstisolation zur Integration in der Welt – Das politisch-ideologische Weltbild der Volksrepublik China in chinesischen Schulbüchern."
26. **Lili Zheng**, M.A., hat Ihren Master im Jahr 2006 an der Shenyang Normal University gemacht. Sie arbeitet als Dozentin an der Henan University of Animal Husbandry and Economy. Zurzeit ist sie Doktorandin an der Universität Hamburg; ihr Betreuer ist Meinert Meyer. Ihr Promotionsvorhaben hat das Thema: „Englischlernen in China. Eine Studie zu Motivation und Sinnkonstruktion im Tertiärbereich".
27. **Tainian Zheng**, Dr., ist außerordentlicher Professor und Vizedirektor am Institute of International and Comparative Education an der East China Normal University Shanghai. Seine Arbeits- und Forschungsschwerpunkte sind die Internationale und Vergleichende Erziehungswissenschaft, Lernforschung und Hochbegabtenforschung.
28. **Yi Zhu**, Dr., ist Dozent an der Sichuan Normal University, Chengdu, China. Von 2015 bis 2016 war er Promotionsstudent am Fachbereich Erziehungswissenschaft der Universität Hamburg und ist dann an der Central China Normal Universität (Wuhan) in China promoviert worden. Sein Hamburger Betreuer war Tilman Grammes. Seine Arbeits- und Forschungsschwerpunkte sind: Vergleichende und Internationale Politische Bildung; political sciences und„civic cultures in the world".

Bildnachweise

1.) Die Titel-Vignette ist konzipiert von Li Qilong, Shanghai, und gezeichnet von dem bekannten Shanghaier Kalligraphen Fanbo Meng. Die Übersetzung der 8 Schriftzeichen lautet: „Lehren mit guter Methode“ – „fleißiges Lernen“ – „hartes Üben“

2.) S. 16: Großplastik Konfuzius (Quelle: Wikipedia, Fotografie © Havelbaude)
3.) S. 26: Portraitzeichnung Mong Dsi (Quelle: Wikimedia Commons, Cold Season)
4.) S. 31: Porträtzeichnung Hsün Tzu (Quelle: Wikipedia)
5.) S. 45: Portraitbüste Sokrates (Quelle: Wikipedia)
6.) S. 47: Portraitbüste Platon (Quelle: Wikipedia, Fotografie © Bibi Saint-Pol)
7.) S. 48: Portraitbüste Aristoteles (Quelle: Wikipedia, Fotografie © Jastrow)
8.) S. 58: kolorierter Kupferstich Jean Jacques Rousseau (Privatbesitz Herwig Blankertz)
9.) S. 52: Kupferstich Johann Gottlieb Fichte (Quelle: Wikipedia)
10.) S. 55: Stahlstich Johann Friedrich Herbart (Privatbesitz Hilbert Meyer)
11.) S. 59: Fotografie John Dewey (Privatbesitz Dietrich Benner)
12.) S. 71: Fotografie Wolfgang Klafki (Privatbesitz Hilbert Meyer)
13.) S. 98: Fotografie Lan Ye (Privatbesitz Lan Ye)
14.) S. 122-128: Unterrichtsfotos; Copyright Forschungsprojekt SZeNe
15.) S. 185: Unterrichtsfoto Hamburg (Besitz des Autors)
16.) S. 188: Unterrichtsfoto Yiyuan (Besitz des Autors)
17.) S. 198: Klassenfoto (Besitz der Autorin)
18.) S. 204: Kopfzeichnung Immanuel Kant (Quelle: Wikipedia, Gemälde von Becker)
19.) S. 203: Fotografie Lan Ye (Privatbesitz Lan Ye)
20.) S. 204: Fotografie Herwig Blankertz (Privatbesitz Hilbert Meyer)
21.) S. 206: Fotografie Wolfgang Klafki (Privatbesitz Hilbert Meyer)
22.) S. 209: Fotografie Lothar Klingberg (Privatbesitz Hilbert Meyer)
23.) S. 227: Fotografie Helmut Heid (Privatbesitz Hilbert Meyer)
24.) S. 281: Kaulquappen, Biologielehrbuch 1898 (Schulbuchsammlung H. Meyer)